JN413921

2025 **삼성병원 취업**을 위한

간호사 GSAT

2025 삼성병원 취업을 위한

간호사 GSAT

개정7판 1쇄 발행 2025년 7월 18일

지은이 이진우, 주선희, 간호취업연구소
펴낸이 황현식

주간 김선주
기획·편집 김윤성
디자인 김태은
인쇄 새한문화사

펴낸곳 홍지문
주소 서울특별시 강동구 양재대로98길 16
전화 070-7427-6003
팩스 02-6280-8550
이메일 hongjimun.book@gmail.com
등록번호 제2020-000008호(2020.01.17)

ISBN 979-11-6361-275-9(13320)
정가 28,000원

2025 **삼성병원 취업**을 위한

간호사 GSAT

이진우, 주선희, 간호취업연구소 지음

한 권으로 끝내는
삼성병원 GSAT의 모든 것

2025 개정판

간호사 취업 베스트셀러 1위

예스24 간호사 분야 취업/필기 부문 1위
(2024년 10월 1주차 주별 베스트 기준)

머리말

2017년판

이 책을 펴내며

간호사가 된 후, 알고 지내던 후배와 오랜만에 만나는 자리에서 있었던 일입니다. 최근 실습을 마치고 돌아온 후배로부터 몇 가지 질문을 들었습니다. 채용에 대해 병원 정보를 어떻게 얻어야 하는지, 필기시험 준비는 언제부터 시작해야 하는지, 면접 준비는 어떻게 하는지 등 병원 취업 준비과정에 대한 질문이었습니다.

저도 간호사가 되기 위해서 많은 시간과 노력을 투자했지만, 이를 체계적으로 정리해서 말하기란 그리 쉬운 일이 아니었습니다. 그럼에도 불구하고 후배는 많은 도움을 받아서 고맙다는 말을 했습니다. 그리고 이런 내용을 책으로 쉽게 접할 수 있으면 좋겠다는 이야기를 했습니다. 그냥 지나칠 수 있는 가벼운 이야기였지만, 후배의 말은 저의 마음 한구석에 늘 짐처럼 남아있었습니다. 바쁜 근무시간을 쪼개 후배들의 질문을 정리했고 하나둘씩 원고가 쌓여갔습니다.

저와 간호취업연구원들은 간호학과 학생들의 취업에 대한 고민을 공유하고 함께 해결하기 위해 채용정보를 분석하고 연구했습니다. 취업을 앞둔 간호학과 학생들의 고민을 누구보다 잘 알기에 무엇보다 현실적인 취업 방향을 알려주고자 노력했습니다. 간호학과 학생들의 취업에 대한 막연한 두려움과 걱정을 덜어 주고 싶었습니다. 이 같은 진실된 마음으로 필요한 내용만 담아 '간호사 취업 시리즈'를 출간하였습니다.

'간호사 취업 시리즈'의 목적은 단순히 취업을 위한 기술을 알려주는 것이 아닙니다. 최신 간호사 채용 시장에 대한 폭넓고 정확한 정보를 통해 목표하는 병원을 찾는데 도움을 주는데 있습니다. 궁극적으로 원하는 병원에 합격해서 행복하고 보람찬 일을 할 수 있도록 도움을 주고 싶었습니다. 또한, 개인으로서 간호사라는 직업에 대한 의미와 신규 간호사로서 임상에서 도움 될 만한 내용 등 가장 기본적이고 필요한 내용이지만 어디에서도 알 수 없었던 내용까지 담았습니다.

'간호사 취업 시리즈'를 통해 더 이상 취업에 대한 고민 없이 가고자 하는 병원에 입사해 멋진 간호사로 성장할 수 있길 바랍니다.

2017년 1월 주선희, 간호취업연구소

이 책의 특징

2025년 채용 최신 필기시험 기출문제 완벽 반영

- 현직 간호사 선생님과 다년간 병원 취업을 연구한 전문가들이 2025년 삼성병원 채용 GSAT 필기시험 문제를 완벽 분석해 '간호사 GSAT'에 반영했습니다.
- 최신 기출 경향이 반영된 유형학습과 모의고사를 통해 기초부터 실전까지 '간호사 GSAT' 한 권으로 끝낼 수 있습니다.
- 삼성병원 간호사 취업을 위한 GSAT 전문 도서로 문제 난이도, 최신 기출문제로 출제 경향을 완벽 반영해 체계적으로 구성한 GSAT 도서입니다.

단계별 학습으로 고득점 획득 가능

- '유형 특징 및 학습 포인트 → 예제 → 연습문제 → 조각 모의고사 → 실전 모의고사 → 셀프체크' 단계로 구성되어 기본 유형 이해부터 실전 감각까지 단계별로 학습할 수 있습니다.
- 유형 특징 및 학습 포인트를 통해 출제 경향 및 학습 방향을 정확히 파악해 GSAT 고득점을 달성할 수 있습니다.

실전에 완벽하게 대비할 수 있도록 실전 감각 향상

- 실제 시험과 비슷한 환경에서 연습할 수 있도록 기출문제를 반영한 모의고사와 OMR 카드를 통해 시간 관리 능력과 실전 감각을 향상시킬 수 있습니다.
- 모의고사를 풀어본 뒤 '셀프 체크'를 통해 부족한 유형을 정확히 알 수 있어 실제 시험에 완벽하게 대비할 수 있습니다.

이 책의 구성 및 활용법

①

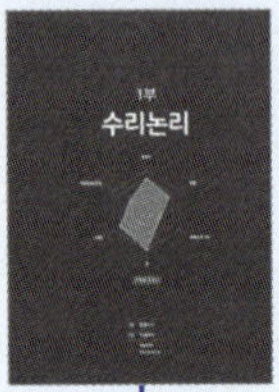

유형별 중요도 및 유형 소개

- GSAT에서 출제되는 3개 과목의 유형별 중요도와 출제 형식에 대해 간략하게 설명되어 있어 문제를 쉽게 파악할 수 있습니다.
- 본격적인 학습을 시작하기 전 세부 유형별 출제 비중을 방사형 그래프로 확인할 수 있습니다.

②

유형 특징 & 학습 포인트

- 유형 특징: 세부 유형별 출제 경향, 난이도, 문제 특징 등을 수록해 각 과목에 대해 충분히 이해할 수 있어 구체적인 학습전략을 수립할 수 있습니다.
- 학습 포인트: 수험생들이 학습할 내용에 대한 이해와 접근법을 정리했으며, 자주 출제되는 문제를 중심으로 필수 공식, 예시를 정리해 문제를 쉽게 해결할 수 있도록 했습니다.

③

예제

- GSAT 출제 경향 이해는 물론 문제 풀이 감각을 익힐 수 있습니다.
- 각 문제별 상세한 해설을 통해 문제 이해도를 높일 수 있으며, '문제해결 TIP'을 통해 효율적인 풀이법을 익힐 수 있어 문제 풀이 시간을 단축시킬 수 있습니다.

④

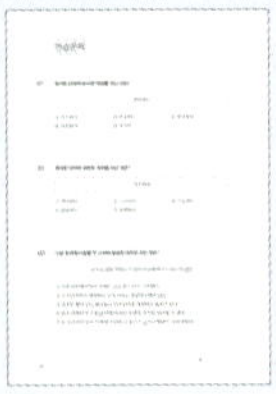

연습문제

- 출제 경향을 반영한 문제를 풀면서 자신의 부족한 부분과 자신 있는 부분을 확인할 수 있습니다.
- 예제보다 조금 더 높은 난도로 실전에 가까운 문제를 단계별로 익힐 수 있습니다.

5

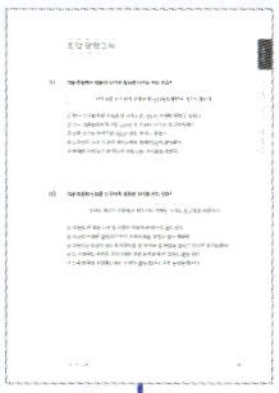

조각 모의고사

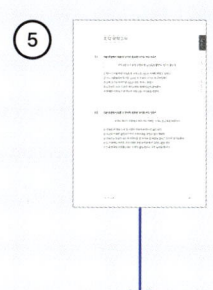

- 각 과목별로 학습이 끝나면 실제 시험과 동일하게 구성된 모의고사 한 세트를 풀어보며 학습 내용을 점검할 수 있습니다.

6

실전 모의고사 + OMR 카드

- 2025년 채용 최신 GSAT 기출문제를 완벽 분석해 난이도, 문제 유형 등을 반영한 문제로 실전 감각을 향상시킬 수 있습니다.
- OMR 카드 작성과 정확한 시간 배분으로 실제 시험에 응시하는 것 처럼 문제를 풀어본다면 더욱 효과적인 학습이 가능합니다.
- 모의고사는 총 3회분으로 반복하여 실전 연습을 할 수 있습니다.

7

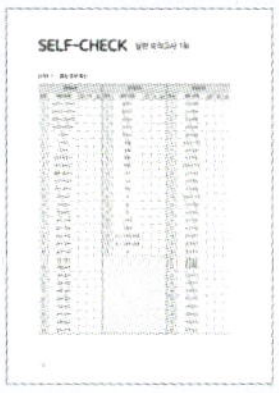

셀프 체크

- '모의고사 셀프 체크'는 자신의 부족한 세부 영역이 어떤 과목인지 쉽게 확인할 수 있습니다. 채점하면서 틀린 부분을 확인하며 바로바로 자신이 보완할 부분을 찾아 학습한다면 실력을 빠르게 향상시킬 수 있습니다.

삼성서울병원 소개

시설정보

병상 수								
일반입원실		중환자실			정신과개방		정신과폐쇄	
상급	일반	성인	소아	신생아	상급	일반	상급	일반
81	1378	115	29	59	1	16	1	26

격리병실	무균치료실	분만실	수술실	응급실	물리치료실
35	25	8	53	63	28

신생아실	회복실	인공신장실	강내치료실	방사선옥소
30	43	34	0	5

미션과 비전

미션	우리는 생명존중의 정신으로 최상의 진료, 연구, 교육을 실현하여 인류의 건강하고 행복한 삶에 기여한다.
비전	미래의료의 중심 SMC 최고의 의료기술로 중증 고난도 환자를 맞춤 치료하여 최고의 치료 성과를 구현하는 병원
슬로건	함께하는 진료 함께하는 행복
전략 방향	환자중심 - 환자를 최우선으로 하는 환자 중심 병원 중증 고난도 - 최고의 치료성적을 내는 중증 고난도 집중 병원 첨단 지능 - 미래의료를 선도하는 첨단 지능형 병원 메디컬 클러스터 - 新치료법을 구현하는 메디컬 혁신 클러스터 케어 네트워크 - 의료사회와 상생하는 케어 네트워크 허브
우리의 약속 (CARE GIVER)	우리의 행복이 곧 환자의 행복입니다! - 서로를 인정하고 먼저 존중하겠습니다. - 최고의 실력으로 SMC의 자부심이 되겠습니다. - 함께 일할 때 더 빛나는 우리가 되겠습니다. - 먼저 듣고 마음을 담아 설명하겠습니다. - 공감하는 마음이 환자 이해의 시작입니다. - 우리의 혁신이 SMC의 미래입니다.

간호본부

비전	최상의 간호경험을 통한 환자행복	
미션	우리는 인간존엄성을 바탕으로 최상의 간호를 제공하여 인류의 건강하고 행복한 삶에 기여한다.	
핵심가치	- 공감배려 Compassion - 상호협력 Collaboration - 혁신추구 Innovation - 최고지향 Excellence	
전략방향과 전략과제	Quality & Patient safety 환자 안전과 질	- 국제 수준의 질 지표 선도 - 임상추론을 통한 통합적 간호과정 적용 - 환자중심의 협력적 의사소통 - 인재 및 자원 운용의 최적화
	Healing Environment 치유적 환경	- 개별화된 환자 맞춤형 간호 실현 - 간호사의 자긍심과 행복 향상 - 치유적 환자경험을 위한 환경 조성 - 포용적 조직문화 확립
	Professional Advancement 전문성	- 중증 고난도 환자 간호 역량 향상 - 역량기반 경력개발체계 확대 - 간호전문영역 확장 - 능동적 학습문화 정착
	New Knowledge, Innovation & Improvement 새로운 지식, 혁신과 개선	- 우수한 연구 / EBP 환경 조성 및 지식 생산 - 미래지향적 융합간호 환경 구축 - 첨단기술에 기반한 간호의 새로운 가치 창출 - 지속적인 질 향상 활동

삼성서울병원 채용정보

2026
삼성서울병원
채용 기준

모집시기	- 모집기간 : 2025년 7월 11일(금) ~ 2025년 7월 23일(수) 오전 09:00까지 - 근무지역 : 서울특별시 강남구 일원동 삼성서울병원 - 모집규모 : 000명				
채용절차	서류접수 → 직무적합성평가(서류전형) → 직무적성검사(GSAT) → 1차 면접 → 2차 면접 → 건강검진				
지원자격	- 2026년 2월 기준 간호대학 졸업(예정)자 및 기졸업자 - 2026년 2월 간호사 면허 취득 예정자 또는 면허 소지자 - 공고 마감일 기준 유효한 다음 중 한 가지 이상의 공인어학성적 보유자				
	TOEIC	TOEFL	NEW TEPS	OPIC	TOEIC SPEAKING
	730	83	278	IM2	130

GSAT 시험 정보

2025
삼성서울병원 채용
GSAT 기준

출제 경향

삼성서울병원의 필기시험은 GSAT로 삼성그룹사에서 실시하는 일반 GSAT와 동일한 유형으로 출제된다. 과거 삼성서울병원 GSAT는 삼성그룹의 일반 GSAT보다 상당히 쉬운 난도로 출제되었으나 최근에는 난이도가 상승하였다.

2024년에 실시된 GSAT는 온라인 시험으로 진행되었으며, 수리논리, 추리, 직무상식 세 영역만 출제되었다. 서류 전형에 합격한 지원자는 시험 일주일 전 예비소집을 진행하게 되며, 시험 당일과 동일한 장소, 환경에서 진행해야 한다. 휴대폰으로 응시 환경을 볼 수 있도록 카메라를 설치하고, 컴퓨터로 문제를 풀게 된다.

수리논리, 추리, 직무상식 순으로 시험이 진행되며 사전에 올려주는 문제 풀이용지에만 문제를 풀 수 있으므로 반드시 출력하여 준비할 수 있도록 한다. 시험이 끝난 후 응시 당일 문제풀이 용지의 사진을 찍어서 지정한 사이트에 업로드해야 하며, 기한 내 제출하지 않을 경우 불이익이 있을 수 있으므로 유의하도록 한다.

2021년도 부터 GSAT 직무상식 영역은 30문제로 문제 수가 증가하였다. 약물 계산 문제가 1/3정도로 높은 비중을 차지하며 단순 계산부터 응용문제까지 다양한 유형으로 출제되고 있다. 이외 성인간호학에서 대부분의 문제가 출제되고 있으며 기타 간호학에서는 약간의 문제만 출제되고 있다.

시험 일정

날짜	2024년 10월 26일(토)

시험 과목

과목명	문제 수	시간
수리논리	20	30분
추리	30	30분
직무상식	30	30분

합격 후기

서류전형

지원서의 경력 사항에는 인턴십, 교내 동아리 활동, 서비스업 아르바이트 경력을 넣었습니다. 직무와 연관성이 높거나 어필하고 싶은 활동들 다 넣으셔도 됩니다. 하지만, 주의하실 점은 지원서에 적힌 모든 내용들은 면접에서 질문받을 수 있기 때문에 자신 있게 대답할 수 있는 것들로 선택하시길 바랍니다. 저의 경우, 아르바이트, 인턴십에 대해 아주 자세히, 꼬리의 꼬리 질문까지 하셨습니다.

자기소개서 작성 전, 경험을 하나의 형식으로 정리해두면 편합니다. 저는 '두괄식 표현 - 문제/상황 - 내 노력 - 결과 - 느낀 점, 깨달은 점' 으로 모든 경험을 간결히 정리해두었습니다. 이후, 각종 병원의 문항에 맞게 앞, 뒤를 조금씩 변형하며 활용했습니다. 자기소개서를 반복해서 쓰다 가장 크게 느꼈던 점은 자기 자신을 먼저 알고, 몇 가지 키워드로 강조해 표현하는 것이 중요하다는 것입니다. 여러 가지 장점과 특징을 언급하는 것도 좋을 순 있지만, 자기소개서를 쭉 읽은 후에 이 사람이 어떤 사람인지 확실히 느껴지는 게 더 설득력 있다고 생각합니다. 따라서, 본인의 경험들을 읽어 보며, 혹은 평소 본인이 어떤 사람인지 떠올려 보며 어필할 키워드를 정해보시길 바랍니다. 저는 세심함, 타인 맞춤형, 소통 등의 키워드를 잡고 작성했습니다. 어렵다면 병원의 인재상 중에서 본인과 가장 가까운 특징을 뽑아볼 수도 있습니다.

필기시험

GSAT는 정말 간준모 카페의 힘을 빌렸습니다. 저는 GSAT 스터디 스파르타 1기에 선정되었고 추후에 후기 작성해서 널스에듀 강의 15% 할인권도 받았어요! 막연하게 '어떡하지?' 고민을 하고 있던 차에 스파르타 1기에 당첨이 되었습니다. 홍지문 '삼성병원 취업을 위한 간호사 GSAT' 책 1교시 영역을 하루 만에 다 풀고, 2교시 영역은 다음 날에 풀고, 이런 식으로 하면서 매일 문제를 풀었던 것 같아요.

다만 저는 저와 약속을 했던 것이

1) 수리 추리는 천천히 풀되 정확도를 높이자. 잘하는 부분부터 천천히 풀고, 푼 것은 다 맞아보자.
2) 직무의 경우 약물 문제는 다 맞추자! 그리고 내가 아는 것은 일단 다 풀어보자. 틀리더라도 30문제 중에 15개 이상은 맞추는 방향으로 잡아보자!

이렇게 두 가지였습니다. 그리고 실제로 이를 실행하기 위해서 노력했습니다.

면접과정

삼성서울병원은 풀 정장을 입어야 했습니다. 위아래 검정 정장을 입고, 저는 정장 바지를 입었습니다. 구두는 깔끔하게 검은색으로 4cm 정도 높이로 신었습니다. 실제 면접장에서는 치마와 바지를 입은 비율이 1:1 정도였고, 본인에게 잘 어울리는 걸 선택하면 될 것 같습니다. 저는 1차 면접은 그냥 깔끔하게 뒤로 묶었고, 2차 면접은 샵에 들러서 머리(뒤로 머리망을 넣어서 하는 어피 머리)와 메이크업을 받고 갔었는데 확실히 샵에 갔다가 간 것이 더 신경 썼다는 느낌이 들어서 자신감 있게 할 수 있었습니다. 시간적 여유가 있다면 경영진 면접 정도는 샵에 들러도 괜찮을 것 같습니다.

1차 면접은 직무 면접이지만 삼성서울병원의 경우 인성 질문의 비율이 적지 않기 때문에 인성 질문도 대비해야 합니다. 직무 면접은 홍지문 초록이(오직 간호대생을 위한 간호사 면접)로 공부하시고, 특히 상황 면접 파트를 많이 읽어보시면 도움이 됩니다. 저는 서류 발표 후에 스터디 없이 혼자 준비했고 널스에듀 '아산 실무진 면접 케이스 완벽 대비서'로 공부하면 다양한 케이스가 있어서 대비하기에 좋습니다.

2차 면접은 경영진 면접으로, 인성 질문으로만 구성되기 때문에 스터디보다는 혼자 자신의 경험에 대해 정리하고 질문에 대비하는 식으로 준비하는 것이 더 도움이 될 것 같습니다. 면접관 분들은 모두 나이대가 높으신 분들이 많기 때문에, 그분들과 동년배인 부모님 앞에서 준비한 면접 대답을 해보시는 것을 매우 추천드립니다. 아무래도 그분들의 시선에서 저희의 대답이 어떻게 보일지 가장 잘 아시기 때문에 많이 도움이 되었습니다. 인성 질문은 예상 질문에 모두 답을 달 생각은 하지 마시고, 한 다섯 가지 정도의 케이스를 준비한 뒤 모든 질문을 준비된 케이스로 연결 지어서 대답하면 기억하기도 편하고, 강조하고자 하는 부분만 넣어서 대답할 수 있어서 좋습니다. 그리고 본인의 자소서에 대해서 잘 숙지하는 것은 기본입니다.

목차

1부 수리논리

2부 추리

3부 직무상식

4부 실전 모의고사

1부
수리논리

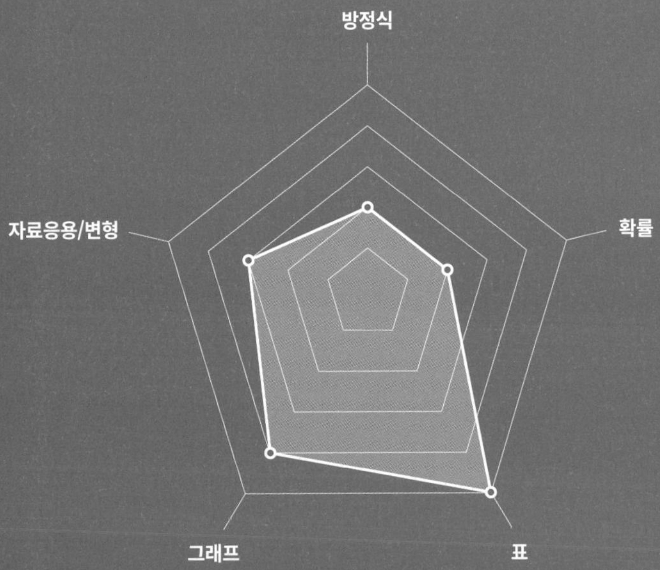

유형별 중요도

1장 응용수리

유형 특징

GSAT의 응용수리는 기초적인 연산능력을 요하는 유형으로 일차방정식, 연립방정식, 일차부등식, 경우의 수, 확률 등 중·고등학교 수준의 수학 개념을 활용한 문제가 출제된다. 과거에는 응용수리에서 6문제 내외의 문항이 출제되었으나, 최근에는 2문제 정도가 출제되고 있다.

본 교재에서는 방정식과 확률로 나누어 세부 유형을 구분하였다. 방정식에서는 농도, 거리·시간·속력, 함께 일하기, 가격 등의 조건을 활용한 일차방정식과 연립방정식이 출제된다. 확률에서는 경우의 수, 조건부 확률 등의 계산 문제가 출제된다. 응용수리는 최근 정형화된 형태로 출제되는 경향을 보인다. 과거 출제된 소재가 반복되며, 유사한 유형의 문제가 출제되고 있다. 잘 준비를 한다면 체감 난도가 낮은 편이므로 유형별 출제형태, 주요 개념 등을 철저히 학습하자.

학습 포인트

조건을 파악하는 독해력이 중요하다.

응용수리 유형은 짧게는 1~2줄, 길게는 4~5줄의 글로 조건이 제시된다. 이를 식으로 나타낼 수 있어야 한다.

빠르고 정확한 계산이 필요하다.

식을 빠르고 정확하게 계산해야 한다. 수리논리에 주어진 시간이 많지 않으므로 가능하면 30초 정도에 한문제를 풀 수 있도록 연습하자.

수식을 세울 수 있는 핵심 개념을 잘 정리하자.

응용수리의 핵심은 문제의 내용을 수식으로 정리하는 것이다. 이를 위한 주요 개념은 일종의 공식으로 볼 수 있다. 다음 내용을 읽고 숙지하지 못한 개념은 암기하도록 하자.

기본 공식

1) 농도	• 농도(%) = $\frac{\text{용질의 무게}}{\text{용액의 무게}}$ × 100 • 용질의 무게 = 용액의 무게 × $\frac{\text{농도(\%)}}{100}$
2) 거리 · 속력 · 시간	• 거리 = 속력 × 시간 • 속력 = $\frac{\text{거리}}{\text{시간}}$ • 시간 = $\frac{\text{거리}}{\text{속력}}$
3) 함께 일하기	• 전체 일 = 1 • 단위시간 동안 한 일 = $\frac{1}{\text{소요시간}}$
4) 가격	• 판매가격 = 원가 + 이익
5) 경우의 수	• n명을 일렬로 배열 : n! • n명을 원형으로 배열 : (n-1)! • n명 중 r명을 순서를 정해 선출 : ${}_nP_r$ • n명 중 r명을 순서에 관계없이 선출 : ${}_nC_r$
6) 확률	• 모든 경우의 수 = n • 사건 A가 일어날 경우의 수 = r • P(A) = $\frac{r}{n}$

1 방정식

문제에 제시된 상황을 바탕으로 방정식으로 세워서 해결하는 유형

예제 1

A사와 B사의 작년에 재직 중이었던 임직원 수는 총 600명이었다. 올해 재직 중인 임직원 수는 A사가 전년 대비 10% 증가하고, B사가 전년 대비 20% 감소하여 A사와 B사의 올해 재직 중인 총 임직원 수는 전년 대비 총 60명 감소했다고 할 때, 작년에 재직 중이었던 B사 임직원 수와 A사 임직원 수의 차이는 몇 명인가?

① 184명 ② 200명 ③ 216명 ④ 232명 ⑤ 248명

문제풀이

작년에 재직 중이었던 A사 임직원 수를 x, B사 임직원 수를 y라고 하면 다음과 같은 식이 성립한다.

$x + y = 600$

$1.1x + 0.8y = 540$

$\therefore x = 200, y = 400$

따라서 작년에 재직 중이었던 B사 임직원 수와 A사 임직원 수의 차이는 400 - 200 = 200명이므로 정답은 ②이다.

정답 ②

예제 2

제품 1개를 만드는 데 X는 15시간, Y는 6시간이 걸리고, Y와 Z가 같이 제품 21개를 만드는 데 총 60시간이 걸린다. X, Y, Z 세 명이 같이 360시간 동안 만들 수 있는 제품은 모두 몇 개인가?

① 150개 ② 152개 ③ 154개 ④ 156개 ⑤ 158개

문제풀이

X, Y가 각각 1시간 동안 일하는 양은 X가 $\frac{1}{15}$ 이고, Y가 $\frac{1}{6}$ 이다. Z가 1시간 동안 일하는 양을 $\frac{1}{z}$ 이라고 하면 다음과 같은 식이 성립한다.

$(\frac{1}{6}+\frac{1}{z}) \times 60 = 21$

$\therefore \frac{1}{z}=\frac{11}{60}$

따라서 X, Y, Z 세 명이 같이 360시간 동안 만들 수 있는 제품은 $(\frac{1}{15}+\frac{1}{6}+\frac{11}{60}) \times 360 = 150$ 개이므로 정답은 ①이다.

정답 ①

문제해결 TIP

방정식 유형의 경우 제시된 상황을 식으로 정확하게 표현하는 것이 핵심이다. 지문을 읽을 때 어떻게 식을 도출할 것인지 집중해서 살피도록 하자.

2 확률

경우의 수, 확률 등을 구하는 유형

예제

S부서가 이용할 수 있는 회의실은 101~104호 총 4개이며, S부서 직원 A~F 6명이 동시에 예약하려고 한다. E와 F 모두 회의실 예약에 성공할 확률은 얼마인가?

① $\frac{1}{15}$ ② $\frac{2}{15}$ ③ $\frac{4}{15}$ ④ $\frac{1}{3}$ ⑤ $\frac{2}{5}$

문제풀이

6명 중 4명이 회의실 예약에 성공하는 경우의 수는 ${}_6P_4 = 6 \times 5 \times 4 \times 3 = 360$가지이다. E와 F 모두 예약에 성공하는 경우의 수는 E와 F가 예약에 성공하고, 남은 4명 중 2명이 예약에 성공하는 경우의 수와 동일하다. 이를 정리한 경우의 수는 ${}_4C_2 = \frac{4 \times 3}{2 \times 1} = 6$가지이지만, 예약에 성공한 4명을 4개 호실에 배정해야 하므로 $6 \times 4! = 6 \times 4 \times 3 \times 2 \times 1 = 144$가지이다.

따라서 E와 F 모두 회의실 예약에 성공할 확률은 $\frac{144}{360} = \frac{2}{5}$ 이므로 정답은 ⑤이다.

정답 ⑤

문제해결 TIP

여사건을 활용해 이 문제를 풀 수 있다. 다만 여사건을 사용할 때 주의할 점은 'E와 F가 모두 예약에 성공한다.'의 여사건은 'E 또는 F가 예약에 실패한다.'라는 점이다.

즉, E 또는 F가 예약에 실패하는 경우의 수는 E가 예약에 실패하는 경우의 수와 F가 예약에 실패하는 경우의 수에서, 중복되는 경우의 수인 'E와 F 모두 예약에 실패하는 경우의 수'를 빼서 구할 수 있으므로 ${}_5P_4 + {}_5P_4 - 4! = 216$가지임에 유의해야 한다.

2장 자료해석

유형 특징

GSAT 자료해석의 출제 유형은 비교적 정형화되어 있다. 그러나 문제에 주어지는 자료가 방대하기 때문에 많은 수험자들이 어려워하는 영역이다. 또한 문제의 자료가 긴 만큼 풀이에도 많은 시간이 소요된다. 따라서 앞서 공부한 응용수리에서 시간을 단축한 후 자료해석에 임하는 것이 좋다.

본 교재에서는 자료해석의 유형을 표, 그래프, 자료응용/변형 유형으로 구분하였다. 각 유형에 따라 풀이 과정에서 주의해야 하는 부분이 조금씩 다르므로 학습시 유의하도록 하자.

학습 포인트

1) 문제를 읽음과 동시에 자료도 간략하게 읽어내야 한다.

자료해석의 문제 자체는 길지 않다. 따라서 문제를 읽는 과정에서 자료의 제목과 단위, 형태 등을 미리 파악한 후 선택지를 읽으면 시간을 단축할 수 있다. 간략하게 자료를 읽는 방법을 마지막 부분에 정리해 두었으니 미리 연습하자.

2) 독해력이 기본이다.

자료해석은 수치로 된 자료를 해석하는 독해력과 글로 된 선택지를 해석하는 통합적인 독해력이 필요하다. 독해력을 바탕으로 자료의 흐름을 파악하고, 정확한 계산이 필요하지 않은 경우에는 근사치 계산, 분수 비교 등을 이용해 시간을 단축시킨다.

3) 주어진 자료로만 해석한다.

자료를 통해 얻을 수 있는 정보가 아니라면 절대로 알 수 없는 것이다. 자신의 상식을 대입하지 않도록 하자.

4) 상대 수치(% 자료, 지수 자료)에 유의하자.

상대적인 자료가 제시된 경우에는 자료의 의미를 정확히 파악해야 한다. 추가적인 조건 없이 절대적인 양을 비교할 수 없음에 주의하자.

자료 읽기

1) 제목 / 단위	주로 자료 상단에 제시되는 것으로 자료에서 가장 먼저 눈에 띄는 정보이다. 이를 통해 자료 전체를 읽지 않아도 어떤 자료인지 미리 파악할 수 있다.
2) 축	항목 사이의 관계를 통해 대략적인 해석방향을 결정할 수 있다. 특히 시계열자료인 경우 추세 중심으로 자료를 해석하고 횡단면 자료인 경우 비교 중심으로 자료를 해석한다.
3) 주석	주석에 수식이 주어지는 경우, 그 수식을 이용한 계산이 문제에 포함될 가능성이 있다.

1

표

정보가 표로 제시된 자료를 해석하는 유형

예제

다음은 A국의 정보통신업 세부 업종에 관한 자료이다. 이에 대한 설명으로 옳지 않은 것은?

<표> 정보통신업 세부 업종별 사업체 및 종사자, 연구원 수

(단위: 개, 명)

구분		출판업	컴퓨터프로그래밍 및 시스템 관리업	정보서비스업
2020년	사업체 수	13,600	7,800	3,300
	종사자 수	190,000	114,000	44,700
	연구원 수	35,000	9,120	3,200
2021년	사업체 수	14,900	7,500	3,350
	종사자 수	205,620	116,250	48,240
	연구원 수	35,000	11,625	3,400
2022년	사업체 수	16,390	7,700	4,020
	종사자 수	214,650	120,000	50,250
	연구원 수	39,000	10,800	5,610

① 2022년에 출판업 사업체 수는 전년 대비 10% 증가했다.

② 2021년 사업체당 종사자 수가 가장 많은 업종은 컴퓨터프로그래밍 및 시스템 관리업이다.

③ 2021~2022년에 컴퓨터프로그래밍 및 시스템 관리업의 전체 종사자 수 중 연구원의 비중은 전년 대비 매년 증가했다.

④ 2021~2022년에 정보서비스업 종사자 수의 전년 대비 증감 추이는 정보서비스업 연구원 수의 전년 대비 증감 추이와 동일하다.

⑤ 2020년 대비 2022년에 출판업의 연구원 수 증가량은 컴퓨터프로그래밍 및 시스템 관리업의 연구원 수 증가량과 정보서비스업의 연구원 수 증가량의 합보다 작다.

문제풀이

컴퓨터프로그래밍 및 시스템 관리업의 전체 종사자 수 중 연구원의 비중은 2020년에 9,120 / 114,000 × 100 = 8%, 2021년에 11,625 / 116,250 × 100 = 10%, 2022년에 10,800 / 120,000 × 100 = 9%이다. 따라서 정답은 ③이다.

① 전년 대비 2022년에 출판업 사업체 수의 증가율은 (16,390 - 14,900) / 14,900 × 100 = 10%이다.

② 2021년 사업체당 종사자 수는 출판업이 205,620 / 14,900 = 13.8명, 컴퓨터프로그래밍 및 시스템 관리업이 116,250 / 7,500 = 15.5명, 정보서비스업이 48,240 / 3,350 = 14.4명이므로, 사업체당 종사자 수가 가장 많은 것은 컴퓨터프로그래밍 및 시스템 관리업이다.

④ 2021~2022년에 정보서비스업 종사자 수와 정보서비스업 연구원 수의 전년 대비 증감 추이는 '증가 - 증가'로 동일하다.

⑤ 2020년 대비 2022년에 출판업의 연구원 수 증가량은 39,000 - 35,000 = 4,000명이다. 또한 2020년 대비 2022년 컴퓨터프로그래밍 및 시스템 관리업의 연구원 수 증가량은 10,800 - 9,120 = 1,680명이고, 정보서비스업의 연구원 수 증가량은 5,610 - 3,200 = 2,410명이므로 두 업종의 연구원 수 증가량의 합은 1,680 + 2,410 = 4,090명이다.

정답 ③

문제해결 TIP

자료해석을 신속히 풀기 위해서는 어림셈에 익숙해져야 한다. 곱셈과 나눗셈을 할 때는 근사치를 활용해 계산을 한다.

또한, 자주 나오는 분수의 소수 값($\frac{1}{8}$ = 0.125, $\frac{1}{4}$ = 0.25, $\frac{3}{8}$ = 0.375 등), 제곱수(11^2 = 121, …, 19^2 = 361) 등을 기억해 두면 빠른 계산에 도움이 된다.

2 그래프

정보가 그래프로 제시된 자료를 해석하는 유형

예제

다음은 대기업(상시종업원 300인 이상인 업체)과 중소기업(상시종업원 300인 미만인 업체) 간의 상생협력 현황에 관한 자료이다. 이에 대한 분석으로 옳은 것을 고르면?

<그래프> 대기업, 중소기업 상생협력 현황

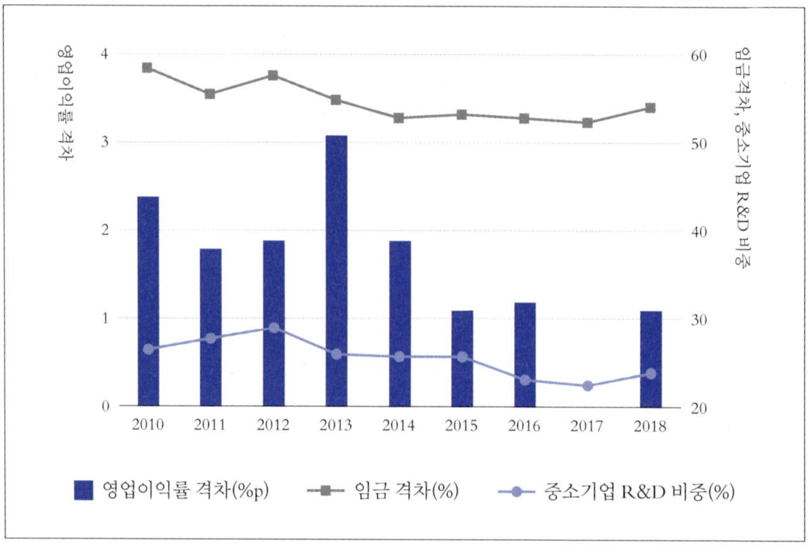

※ 영업이익률 차이: 대기업 영업이익률 - 중소기업 영업이익률
※ 임금 격차: 대기업 대비 중소기업의 임금수준(대기업 = 100)
※ 중소기업 R&D 비중: 전체 기업 중 중소기업(벤처기업 포함)의 R&D 예산 비중

① R&D 예산 중 대기업의 비중은 70% 이상이다.
② 대기업 영업이익률보다 중소기업 영업이익률이 더 컸던 시기가 한 번 이상 있다.
③ 중소기업의 임금수준은 대기업보다 50% 이상 낮다.
④ 대기업과 중소기업 사이의 영업이익률 격차가 가장 컸던 시기와 중소기업 R&D 비중이 가장 낮았던 시기는 동일하다.
⑤ 시간이 지날수록 대기업과 중소기업 간의 협력이 강화되고 있다.

문제풀이

먼저 자료를 간략하게 살펴보자. 해당자료는 대기업 중소기업 상생협력 현황이라는 자료로 대기업과 중소기업의 영업이익률 격차, 임금격차, 중소기업 R&D의 비중을 제시하고 있다. 주의할 점은 영업이익률 격차는 표 왼쪽 축에 있는 수치를, 임금격차, 중소기업 R&D 비중은 표 오른쪽 축에 있는 수치를 봐야 한다는 점이다. 그리고 단위에 주의해야 하자. 영업이익률 격차에 쓰인 단위는 %p인데 이는 %값의 단순 격차를 나타내는 단위이다. 예를 들어 대기업과 중소기업의 이익률이 각각 8%, 4%라면 영업이익률 격차는 4%p로 표기할 수 있다. 그러나 %단위를 활용하면 대기업의 중소기업 이익률의 2배이므로 100% 차이가 난다고 표기해야 한다. 중소기업 R&D 비중은 전체 기업 중 중소기업의 R&D 예산 비중이다. 자료에 따르면 중소기업 R&D 비중이 30% 미만이므로 대기업 R&D 비중은 70% 이상이다.

② 자료의 영업이익률 차이는 대기업 영업이익률에서 중소기업 영업이익률을 뺀 값이다. 이 값이 (+)를 유지한다는 것은 대기업 영업이익률이 중소기업 영업이익률보다 크다는 것을 의미한다. 자료에 의하면 2010~2016년, 2018년 영업이익률은 항상 (+)이므로 대기업의 영업이익률이 중소기업의 영업이익률보다 항상 크다. 여기서 2017년에 주의해야 한다. 2017년에는 영업이익률 격차가 0이다. 이는 둘 사이의 영업이익률이 같음을 의미하는 것이므로 중소기업의 영업이익률이 더 크다고 생각해서는 안 된다.

③ 조사기간 동안 대기업과 중소기업의 임금 격차는 50에서 60 사이이다. 이것은 대기업의 임금수준을 100이라고 두었을 때 중소기업의 임금수준이 50~60 정도 된다는 것이다. 따라서 중소기업의 임금수준이 대기업보다 50% 이상 낮다는 것은 옳지 않다.

④ 영업이익률 격차가 가장 컸던 것은 2013년이고 중소기업 R&D 비중이 가장 낮았던 것은 2017년이다. 오히려 영업이익률 격차가 가장 작았던 시기와 일치한다.

⑤ 대기업과 중소기업 간의 협력 상황은 주어진 자료로는 알 수 없다.

정답 ①

문제해결 TIP

두 가지 이상의 그래프가 하나로 제시될 때에는 축 확인이 굉장히 중요하다. 각각의 그래프가 같은 축을 이용하고 있다면 상관없지만 위 예제처럼 서로 다른 축을 이용하는 경우에는 혼동할 위험이 있다. 따라서 범례를 꼼꼼하게 파악하고 적절한 축의 수치를 읽어내야 한다.

3 자료응용 / 변형

제시된 자료를 바탕으로 새로운 내용을 추론하거나 변형하는 유형

예제

다음은 S사와 T사의 임직원 연봉에 관한 자료이다. S사와 T사의 임직원 연봉에는 일정한 규칙이 있다고 할 때, 7년 차 S사 임직원의 연봉과 T사 임직원의 연봉의 차는 얼마인가? (단, 연봉 계산 시 매년 천 원 단위에서 반올림한다.)

〈표〉 S사와 T사의 임직원 연봉

(단위 : 만 원)

구분	S사	T사
1년차	3,500	3,000
2년차	3,850	3,700
3년차	4,235	4,400
4년차	4,659	5,100
⋮	⋮	⋮
7년차		

① 980만 원 ② 989만 원 ③ 998만 원
④ 1,007만 원 ⑤ 1,016만 원

문제풀이

위 예제는 제시된 조건을 바탕으로 제시되지 않은 특정 시점의 값을 추론하는 형태의 문제이다. 이처럼 GSAT에서는 자료를 변형하거나 추론하는 형태의 문제가 매년 출제되고 있다. 복잡하게 문제가 서술되어 있어도 하나씩 따져보면 자료의 규칙은 단순한 형태인 경우가 많다.

S사와 T사의 임직원 연봉의 추이를 통해 규칙을 찾아야 한다.

- S사의 임직원 연봉 추이 S사의 임직원 연봉은 2년 차에 1년 차보다 3,850 / 3,500 = 1.1배, 3년 차에 2년 차보다 4,235 / 3,850 = 1.1배, 4년 차에 3년 차보다 4,659 / 4,235 ≒ 1.1배 증가하였으므로 매년 약 10%씩 증가하고 있다. 그러므로 S사의 임직원 연봉은 5년 차에 4,659 × 1.1 ≒ 5,125만 원, 6년 차에 5,125 × 1.1 ≒ 5,638만 원, 7년 차에 5,638 × 1.1 ≒ 6,202만 원이다.

- T사의 임직원 연봉 추이 T사의 임직원 연봉은 2년 차에 1년 차보다 3,700 - 3,000 = 700만 원, 3년 차에 2년 차보다 4,400 - 3,700 = 700만 원, 4년 차에 3년 차보다 5,100 - 4,400 = 700만 원 증가하였으므로 매년 700만 원씩 증가하고 있다. 그러므로 T사의 임직원 연봉은 초항이 3,000, 공차가 700인 등차수열이며, 7년 차에 T사의 임직원 연봉은 3,000 + (7 - 1) × 700 = 7,200만 원이다.

따라서 7년 차 S사 임직원의 연봉과 T사 임직원의 연봉은 각각 차례로 '6,202만 원, 7,200만 원'이고, 차는 7,200 - 6,202 = 998만 원이므로 정답은 ③이다.

정답 ③

문제해결 TIP

자료응용 / 변형 유형 중 규칙을 찾는 형태의 문제는 수열을 이용하는 경우가 많다. 등차수열, 등비수열, 계차수열, 피보나치 수열 등과 같은 기본적인 수열 규칙과 관련 공식을 미리 눈에 익혀두자.

연습문제

정답 페이지 4~7

01 전년 대비 2025년에 A사 남성 직원은 50명 증가했고, 여성 직원은 30명 증가했다. 2025년 A사 직원은 전년 대비 16% 증가했으며, 2024년 A사 직원의 남녀 비율은 4 : 6일 때, 2025년 A사 여성 직원은 몇 명인가?

① 285명 ② 300명 ③ 315명 ④ 330명 ⑤ 345명

02 S사의 20~40대 사원은 총 100명이다. 40대 사원은 30대 사원보다 15명 많고, 20대 사원은 30대 사원의 절반이라고 할 때, S사의 30대 사원은 몇 명인가?

① 17명 ② 26명 ③ 34명 ④ 40명 ⑤ 49명

03 K병원에 여자 7명, 남자 3명의 신입 간호사가 입사하였다. 신입 간호사들은 병동, 중환자실, 응급실 3개의 부서로 배치된다. 각 부서별로 여자는 2명 이상, 남자는 1명 이상이 배치되어야 한다. 신입 간호사를 배치하는 경우의 수는 모두 몇 가지인가?

① 315가지 ② 630가지 ③ 1,890가지
④ 2,520가지 ⑤ 3,780가지

04 A대리와 B사원이 어떤 과제를 수행하고 있다. 두 사람 중에서 적어도 한 사람이 과제를 해결할 수 있는 확률은 $\frac{26}{27}$이고, B사원이 혼자서 과제를 해결할 수 있는 확률은 $\frac{7}{9}$이라고 할 때, A대리가 혼자서 과제를 해결할 수 있는 확률은 얼마인가?

① $\frac{5}{6}$　② $\frac{6}{7}$　③ $\frac{8}{9}$　④ $\frac{11}{12}$　⑤ $\frac{13}{14}$

05 다음은 2024년 나프탈렌 산업 현황에 관한 자료이다. 자료에 대한 설명으로 옳은 것은?

<표 1> 2024년 나프탈렌 생산 및 수출입 현황

(단위 : 억 원)

구분	1분기	2분기	3분기	4분기
생산액	46,620	40,170	44,660	46,080
수출액	25,080	23,320	22,540	26,350
수입액	18,900	18,920	15,630	13,650

※ 내수 = 생산액 - 수출액 + 수입액
※ 무역수지 = 수출액 - 수입액

<표 2> 전년 동분기 대비 2024년 나프탈렌 생산 및 수출입액 증가율

(단위 : %)

구분	1분기	2분기	3분기	4분기
생산액	3.6	3.0	1.5	-4.0
수출액	4.5	6.0	-2.0	5.4
수입액	5.0	5.4	4.2	-2.5

① 2024년에 전체 나프탈렌 수출액은 10조 원 이상이다.
② 2023년 4분기에 나프탈렌 생산액은 5조 원 이상이다.
③ 2024년 2분기에 나프탈렌 내수 규모는 3.5조 원 이하이다.
④ 2023년 3분기에 나프탈렌 수입액은 전 분기 대비 3,000억 원 이상 감소했다.
⑤ 2024년 2~4분기 동안 나프탈렌 수출액과 수입액이 모두 전 분기 대비 감소한 분기에 생산액도 전 분기 대비 감소했다.

06 **다음은 2024년 상반기 상장 주식에 관한 자료이다. 이에 대한 설명으로 옳지 않은 것은?**

<표> 2024년 상반기 상장 주식 현황

(단위: 개, 백만 주, 천억 원)

구분	1월	2월	3월	4월	5월	6월
상장 회사 수	2,410	2,430	2,440	2,440	2,450	2,450
상장 종목 수	2,530	2,550	2,560	2,560	2,570	2,570
상장 주식 수	10,160	10,200	10,300	10,240	10,350	10,440
상장 주식 시가총액	24,310	24,570	25,270	26,090	26,560	27,450

<그래프> 2024년 상반기 상장 주식 거래량 및 거래대금

(단위: 십만 주, 백억 원)

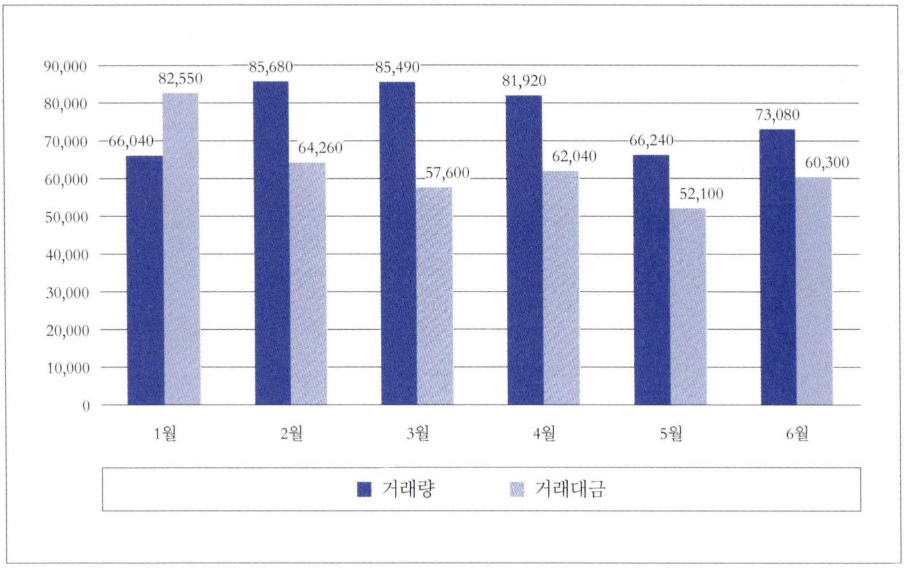

※ 주식 회전율(%) = 거래량 / 상장 주식 수 × 100

① 2월에 거래된 주식 1주당 거래대금은 전월 대비 50,000원 감소했다.

② 2~6월 내내 상장 회사 수와 상장 종목 수의 전월 대비 증감 추이는 동일하다.

③ 2~6월 중 전월 대비 상장 주식 시가총액의 증가액이 가장 많은 달은 6월이다.

④ 조사기간 동안 상장 주식 수와 거래대금이 많은 달을 순서대로 각각 나열했을 때 그 순위가 동일한 달은 2개이다.

⑤ 조사기간 동안 상장 주식 거래량이 세 번째로 많은 달의 상장 종목 1개당 상장 주식 수는 4백만 주이다.

【Q】 [07~08] 다음은 S사의 CMO 누적 수주 및 누적 승인 현황에 관한 자료이다. 이어지는 물음에 답하시오.

<그래프 1> CMO 누적 수주 금액 및 누적 제품 수

(단위: 억 달러, 개)

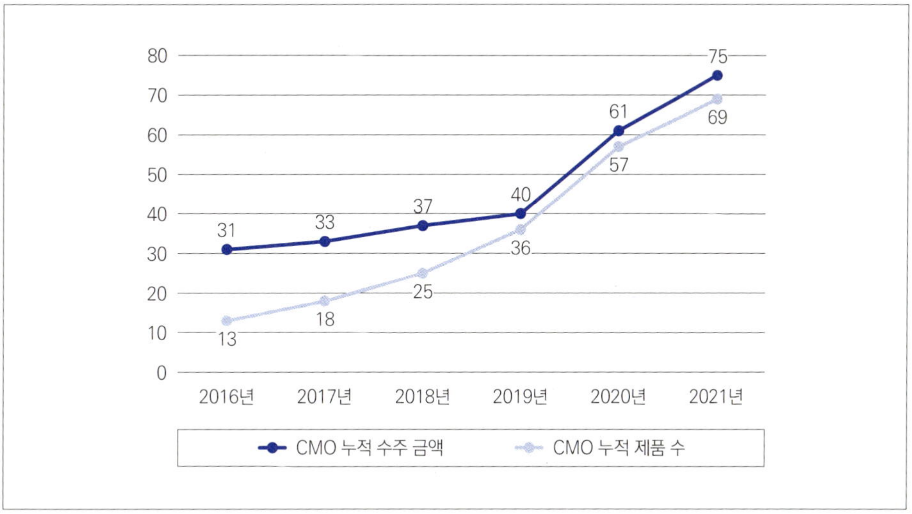

<그래프 2> CMO 누적 승인 현황

(단위: 건)

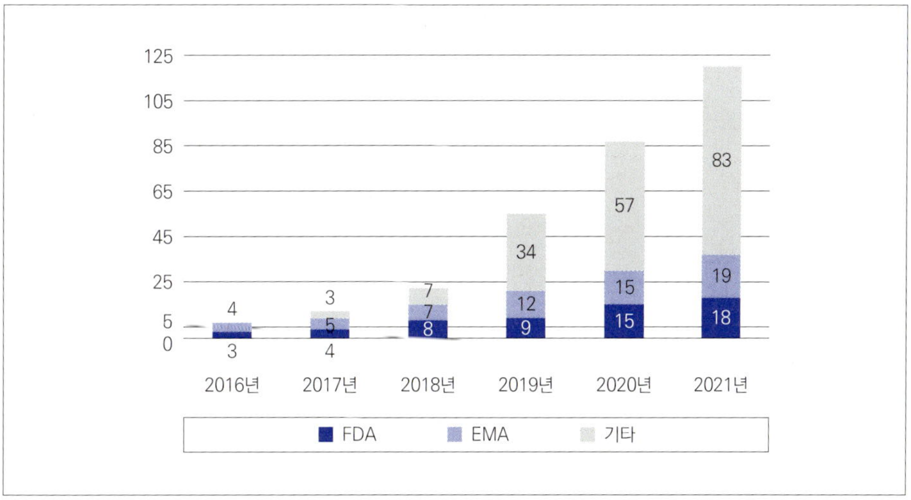

07 위의 자료에 대한 설명으로 옳은 것은?

① 2018년에 CMO 신규 승인 건수 중 FDA가 차지하는 비중은 40% 미만이다.
② 2018~2021년 동안 CMO 신규 제품 수가 전년 대비 감소한 해는 없다.
③ 2018년에 CMO 누적 제품 수 대비 CMO 누적 승인 건수 비율은 88%이다.
④ 2021년 CMO 신규 수주 금액은 2017년 CMO 신규 수주 금액의 5배 이하이다.
⑤ 전년 대비 2019년에 CMO 누적 총 승인 건수는 130% 증가했다.

08 2016~2018년 동안 누적된 CMO 제품 수 1개당 누적된 수주 금액을 (A)만 달러, 2018~2020년 동안 누적된 CMO 제품 수 1개당 누적된 수주 금액을 (B)만 달러, 2021년 CMO 누적 승인 건수 1건당 CMO 누적 수주 금액을 (C)만 달러라고 할 때, A + 2B - 3C의 값은 얼마인가?

① 1,240 ② 1,245 ③ 1,250 ④ 1,255 ⑤ 1,260

09 다음은 경작 면적에 따른 보리 수확량에 관한 자료이다. 경작 면적에 따른 보리 수확량을 구하는 식이 <보기>의 (가)와 (나) 중 하나일 때, ㉠과 ㉡의 값을 각각 바르게 짝지은 것은?

<표> 경작 면적에 따른 보리 수확량

경작 면적(ha)	(㉠)	120	130
보리 수확량(kg)	3,500	5,064	(㉡)

<보기>

경작 면적이 x일 때의 보리 수확량을 구하는 식은 다음과 같다.

(가): $3 \times x \times (\frac{x}{10} + 2) + x$

(나): $36 \times (\frac{x}{10})^2 - x$

	㉠	㉡
①	100	5,582
②	100	5,730
③	100	5,954
④	110	5,675
⑤	110	5,980

10 다음은 경복궁 관람객 수에 관한 자료이다. 이를 바탕으로 2016~2020년 동안의 경복궁 내국인 관람객 수를 나타낸 그래프로 옳은 것은?

<표> 경복궁 관람객 수

(단위: 명)

구분	2016년	2017년	2018년	2019년	2020년
유료 관람객	6,400	5,100	5,400	5,600	3,800
무료 관람객	6,200	7,500	6,800	7,800	3,200

<그래프> 경복궁 외국인 관람객 수

(단위: 명)

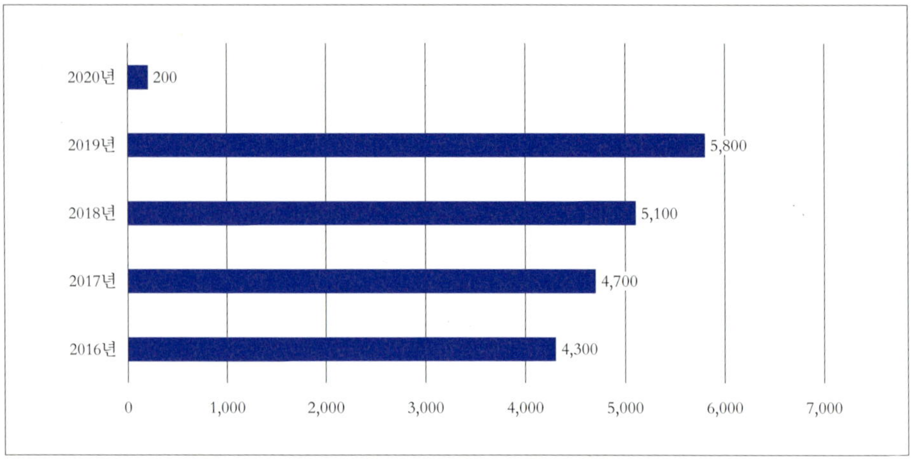

① (단위: 명)

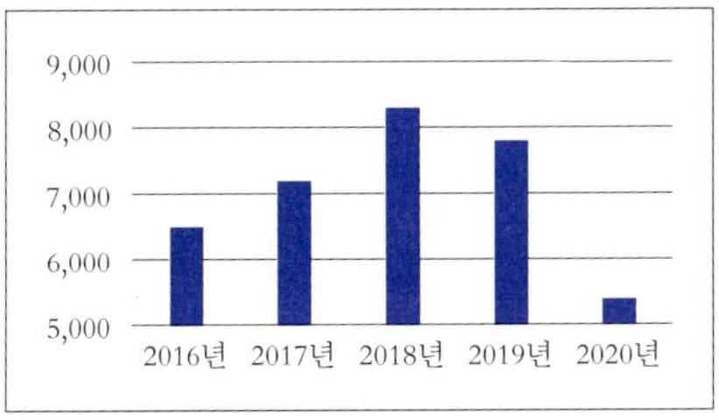

② (단위: 명)

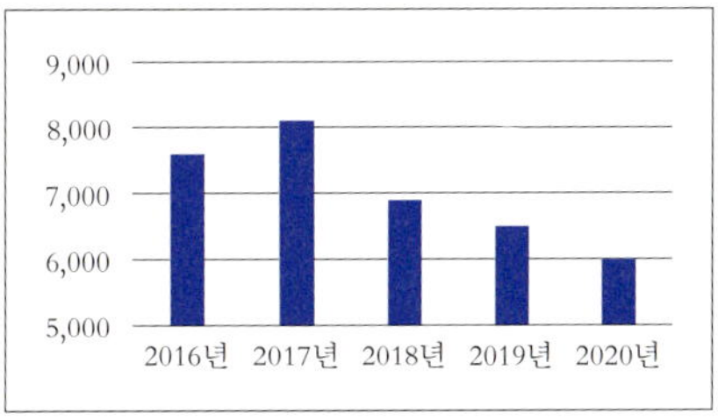

③ (단위: 명)

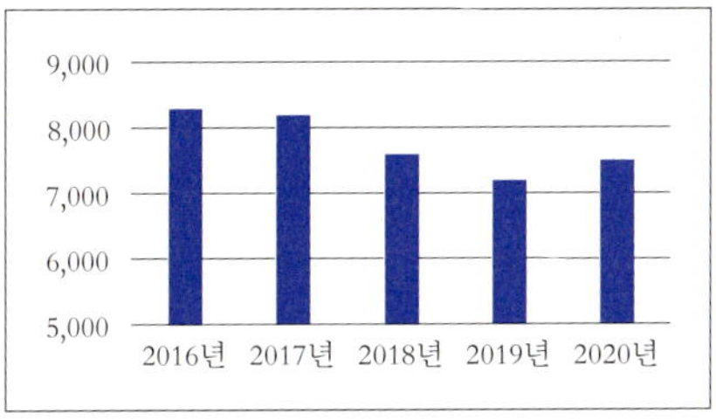

④ (단위: 명)

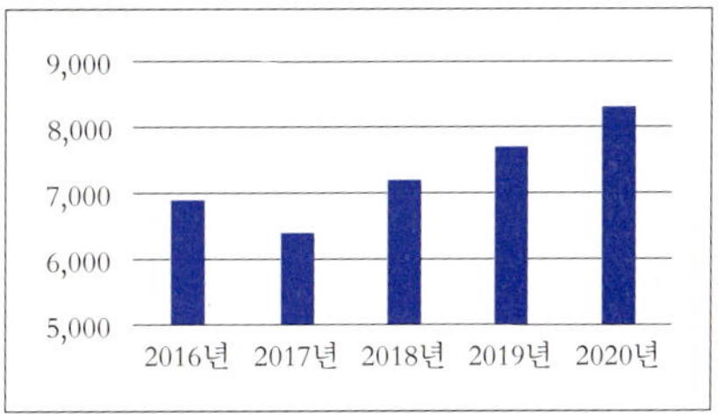

⑤ (단위: 명)

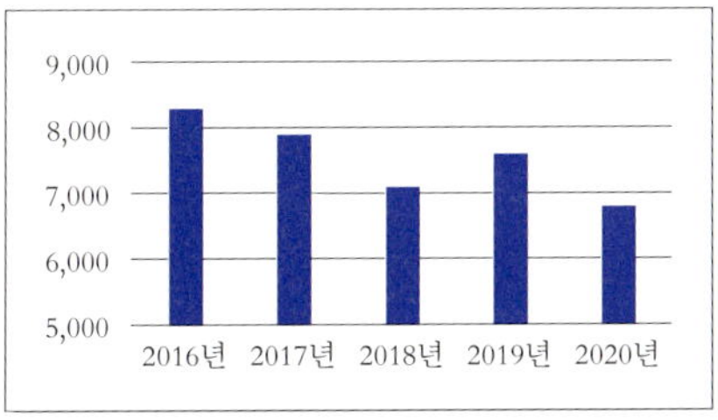

조각 모의고사

정답 페이지 8~15

01 A제품과 B제품을 총 40,000원에 구입해서 A제품은 25%, B제품은 30%의 이익을 붙여 각각 정가를 책정했다. 그리고 할인 행사 기간 동안 두 제품을 정가에서 각각 10%씩 할인하여 판매했더니 총 5,630원의 이익을 얻었다. 이때, A제품의 정가는 얼마인가?

① 26,000원 ② 28,000원 ③ 32,500원 ④ 33,800원 ⑤ 35,000원

02 영업팀 4명, 재무팀 2명, 설비팀 2명 중에서 3명을 뽑아 프로젝트팀을 만들려고 할 때, 각 팀에서 1명씩 뽑을 확률은 얼마인가?

① $\frac{1}{14}$ ② $\frac{1}{7}$ ③ $\frac{3}{14}$ ④ $\frac{1}{4}$ ⑤ $\frac{2}{7}$

03 다음은 2020년 한국인의 사망원인별 사망자에 관한 자료이다. 이에 대한 설명으로 옳지 않은 것은?

<표> 2020년 한국인의 사망원인별 사망자

(단위: 명)

구분	1분기	2분기	3분기	4분기
암	24,320	19,040	18,200	22,750
심장질환	9,120	8,840	6,760	10,080
폐렴	8,360	7,480	6,240	11,760
기타	34,200	32,640	20,800	39,410
계	76,000	68,000	52,000	84,000

※ 2020년 한국인의 3대 사망원인은 암, 심장질환, 폐렴임.

① 4분기에 암으로 인한 사망자는 전 분기 대비 20% 이상 증가했다.
② 1분기 전체 사망자 중 암으로 인한 사망자가 차지하는 비중은 30% 이상이다.
③ 2분기에 3대 사망원인으로 인한 사망자는 2분기 전체 사망자의 50% 이상이다.
④ 2~4분기 내내 사망자의 전 분기 대비 증감 추이는 3대 사망원인이 모두 동일하다.
⑤ 2020년에 심장질환으로 인한 사망자는 폐렴으로 인한 사망자보다 1천 명 이상 더 많다.

【Q】 [04~05] 다음은 원양어업체 H수산의 어획 및 인력 운용 현황에 관한 자료이다. 이어지는 물음에 답하시오.

<표 1> 어획 현황

(단위: 톤, 일)

구분		2016년	2017년	2018년	2019년	2020년
1선단	어획량	29,700	28,700	28,600	27,540	23,880
	조업일수	198	205	220	204	199
2선단	어획량	24,700	29,100	24,960	27,720	31,200
	조업일수	190	194	208	198	195
3선단	어획량	27,440	25,610	32,100	24,240	24,750
	조업일수	196	197	214	202	198

<표 2> 인력 운용 현황

(단위: 명, 만 달러)

구분		2016년	2017년	2018년	2019년	2020년
선원 수	내국인	240	280	250	260	220
	외국인	3,840	3,640	3,500	3,900	3,740
인건비	내국인	2,880	3,620	3,250	3,640	2,970
	외국인	21,120	21,820	22,400	25,350	26,180

04 위의 자료에 대한 설명으로 옳지 않은 것은?

① 2016~2020년 동안 조업일수가 많은 순으로 선단을 나열하면 그 순위는 매년 동일하다.
② 2017~2020년 내내 2선단과 3선단의 어획량의 전년 대비 증감 추이는 항상 반대이다.
③ 2017년에 전체 인건비는 전년 대비 5% 이상 증가했다.
④ 2020년에 전체 어획량은 전년 대비 300톤 이상 증가했다.
⑤ 2016년에 외국인 선원 수는 내국인 선원 수의 15배 이상이다.

05 2020년에 1선단의 조업 1일당 어획량은 (A)톤이고, 2019년에 내국인 선원 1인당 인건비는 (B)만 달러이다. A와 B에 들어갈 숫자를 각각 바르게 짝지은 것은?

	A	B
①	120	12
②	120	14
③	120	16
④	140	12
⑤	140	14

06 다음은 S사의 생수 판매량에 관한 자료이다. 이에 대한 설명으로 옳지 않은 것은? (단, 조사기간 중 생수 1L당 판매액은 1,000원이다.)

<표> S사의 생수 판매량

(단위 : 병)

구분	2016년	2017년	2018년	2019년	2020년
500ml	35,100	37,920	40,500	37,260	40,040
2L	6,300	7,200	8,640	5,980	7,800
7L	3,600	2,880	4,860	2,760	4,160
합계	45,000	48,000	54,000	46,000	52,000

① 조사기간 동안 세 종류의 생수가 각각 가장 많이 팔린 해는 동일하다.
② 2020년에 S사의 전체 생수 판매액은 전년 대비 1,000만 원 이상 증가했다.
③ 2017~2020년 내내 500ml와 2L 생수 판매량의 전년 대비 증감 추이는 동일하다.
④ 조사기간 동안 2L 생수 판매량이 가장 적은 해에 2L와 7L 생수 판매량의 합은 1만 병 이상이다.
⑤ 조사기간 동안 7L 생수 판매량이 3,000병 이하인 해에 전체 생수 판매량은 항상 5만 병 이하이다.

07 **다음은 신재생에너지 발전량 및 2020년 에너지원별 발전량 비중에 관한 자료이다. 이에 대한 설명으로 옳지 않은 것은?**

<표> 신재생에너지 발전량

(단위 : GWh)

구분	2016년	2017년	2018년	2019년	2020년
태양열	780	1,160	930	1,280	1,800
태양광	1,300	1,740	1,550	960	2,160
풍력	4,160	3,770	4,340	3,840	3,960
수력	3,120	4,060	4,030	4,480	5,400
바이오	3,900	4,640	5,580	4,800	5,040
폐기물	7,280	6,960	7,750	7,360	8,640
해양	2,340	3,190	3,720	4,160	4,320
지열	1,040	1,450	1,240	2,240	1,440
기타	2,080	2,030	1,860	2,880	3,240
합계	26,000	29,000	31,000	32,000	36,000

<그래프> 2020년 에너지원별 발전량 비중

(단위 : %)

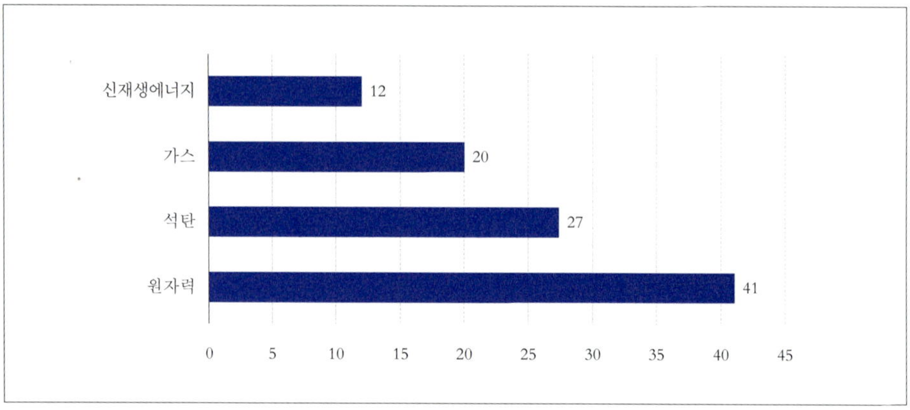

① 2018년에 바이오 발전량은 태양열 발전량의 5배 이상이다.

② 2020년에 원자력 발전량은 석탄 발전량보다 5만 GWh 이상 더 많다.

③ 조사기간 동안 풍력 발전량보다 해양 발전량이 더 많은 해는 2개년이다.

④ 2017년에 신재생에너지 발전량 중 태양열과 수력 발전량의 합이 차지하는 비중은 15% 이상이다.

⑤ 기타를 제외하고 신재생에너지 발전량이 많은 순으로 항목을 나열했을 때, 2019년과 2020년에 순위가 동일한 항목은 4가지다.

08 다음은 원화로 표시한 A국의 연도별 최저임금에 관한 자료이다. 이에 대한 설명으로 옳은 것은?

<표> A국의 연도별 최저임금 현황

(단위: 원, 천 명)

구분	2013년	2014년	2015년	2016년	2017년	2018년	2019년	2020년
시간급 최저임금	2,400	2,600	3,000	3,200	3,800	4,000	4,500	4,800
적용 대상 근로자 수	8,000	8,000	7,800	8,200	8,500	8,450	8,600	8,850
수혜근로자 수	840	880	920	950	1,020	1,200	1,250	1,500

※ 영향률(%) = $\frac{\text{수혜근로자 수}}{\text{적용 대상 근로자 수}} \times 100$

① 2013년과 2017년 영향률의 차이는 2%p 이상이다.

② 2020년에 시간급 최저임금은 2016년 대비 50% 증가했다.

③ 2019년에 수혜근로자 모두 1일에 8시간 근무한다면, 수혜근로자에게 지급해야 하는 최저임금은 5백억 원 이상이다.

④ 2016~2020년 내내 적용 대상 근로자 수의 전년 대비 증감 추이와 수혜근로자 수의 전년 대비 증감 추이는 동일하다.

⑤ 2014~2020년 중 시간급 최저임금의 전년 대비 증가량이 가장 큰 해와 적용 대상 근로자 수의 전년 대비 증가량이 가장 큰 해는 동일하다.

【Q】 [09~10] 다음은 1인 창조기업 사업체 수 및 기업 형태에 관한 자료이다. 이어지는 물음에 답하시오.

<표 1> 권역별 1인 창조기업 사업체 수 및 기업 형태

(단위: 천 개, %)

구분	2019년		2020년		2021년	
	사업체 수	개인 사업체 비중	사업체 수	개인 사업체 비중	사업체 수	개인 사업체 비중
수도권	125	80	140	79	200	82
서울	60	71	63	78	90	75
인천·경기	65	87	77	81	110	86
충청권	25	89	27	91	40	85
호남권	27	89	28	91	50	80
영남권	82	89	85	93	121	89
강원·제주권	12	88	10	92	16	87

※ 사업체 수 = 개인 사업체 수 + 법인 사업체 수

<표 2> 업종별 1인 창조기업 사업체 수 및 기업 형태

(단위: 천 개, %)

구분	2019년		2020년		2021년	
	사업체 수	개인 사업체 비중	사업체 수	개인 사업체 비중	사업체 수	개인 사업체 비중
농·임·어업	1	41	1	13	1	74
제조업	84	87	98	90	175	80
도·소매업	6	78	6	80	9	88
정보통신업	9	51	14	51	17	68
금융·보험업	2	64	4	33	2	69
과학·기술 서비스업	24	75	25	60	36	78
사업관리 서비스업	13	68	14	62	27	69
교육 서비스업	74	84	70	91	107	92
여가 서비스업	3	80	4	80	10	91
단체·개인 서비스업	55	97	54	100	43	98

※ 사업체 수 = 개인 사업체 수 + 법인 사업체 수

09 **위의 자료에 대한 설명으로 옳지 않은 것은?**

① 2019년에 1인 창조기업 개인 사업체 비중이 가장 낮은 업종은 2020년에도 1인 창조기업 개인 사업체 비중이 가장 낮다.

② 2019~2021년 내내 서울의 1인 창조기업 사업체 수는 수도권의 1인 창조기업 사업체 수의 50% 미만이다.

③ 1인 창조기업 사업체 수가 많은 순서대로 업종을 나열하면 2019년과 2021년의 순서는 동일하다.

④ 2021년에 1인 창조기업 사업체 수의 전년 대비 증가량은 인천·경기가 서울보다 많다.

⑤ 2021년에 1인 창조기업 중 법인 사업체 수는 호남권이 충청권보다 많다.

10 **위의 자료에 대한 설명으로 옳은 것만을 〈보기〉에서 모두 고른 것은?**

<보기>

㉠ 2021년에 수도권을 제외한 권역의 법인 사업체 비중은 모두 10% 이상이다.

㉡ 2020~2021년 동안의 1인 창조기업 사업체 수의 전년 대비 증감 추이가 사업관리 서비스업과 동일한 업종은 4개이다.

㉢ 2020년에 과학·기술 서비스업의 1인 창조기업 개인 사업체 수는 전년 대비 3천 개 감소했다.

① ㉠　② ㉡　③ ㉠, ㉡
④ ㉡, ㉢　⑤ ㉠, ㉡, ㉢

11 **다음은 주체별 조림 현황 및 조림지 활착률에 관한 자료이다. 이에 대한 설명으로 옳은 것은?**

<표> 주체별 조림 현황

(단위 : ha, 천 본)

구분		2016년	2017년	2018년	2019년	2020년
국가	조림면적	32	26	38	34	39
	식재묘목	2,640	2,990	2,010	1,520	1,800
지자체	조림면적	124	106	132	125	138
	식재묘목	9,240	10,350	8,330	7,790	7,800
산주	조림면적	1,872	1,716	1,870	1,241	1,475
	식재묘목	10,120	9,660	9,660	9,690	10,400

<그래프> 조림지 활착률

(단위 : %)

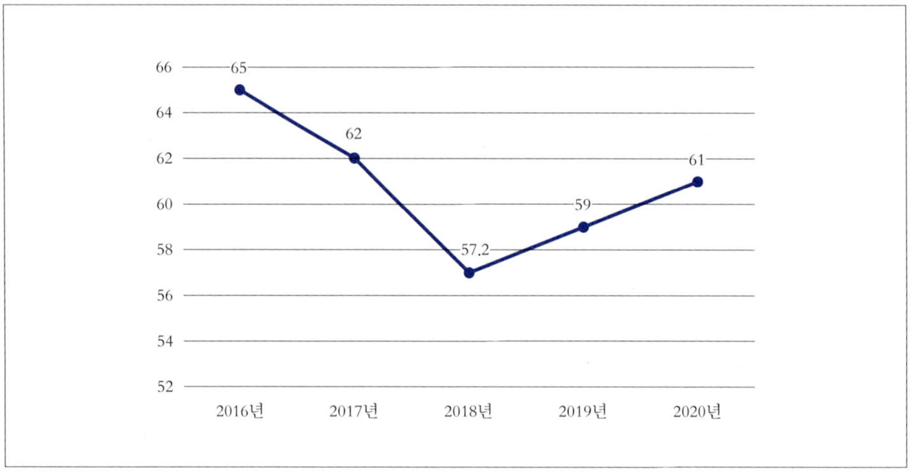

※ 활착률(%) = 생존묘목 / 식재묘목 × 100

① 2017년에 산주 조림면적은 국가와 지자체 조림면적의 합의 15배 이상이다.

② 2019년 전체 식재묘목 중에서 지자체 식재묘목이 차지하는 비중은 45% 이상이다.

③ 2020년 전체 식재묘목 중 800만 본 이상이 생존하지 못했다.

④ 식재묘목 중 생존묘목 수는 2016년 대비 2018년에 15% 이상 감소했다.

⑤ 2020년에 전체 조림면적은 전년 대비 20% 이상 증가했다.

12 **다음은 전체 가구의 가구당 평균 자산과 전체 가구의 가구당 평균 부채로 구성된 가구 순자산에 대한 자료이다. 이에 대한 설명으로 옳지 않은 것은? (순자산은 자산에서 부채를 뺀 값이다.)**

<그래프> 가구별 평균 순자산(자산 - 부채)

(단위: 만 원)

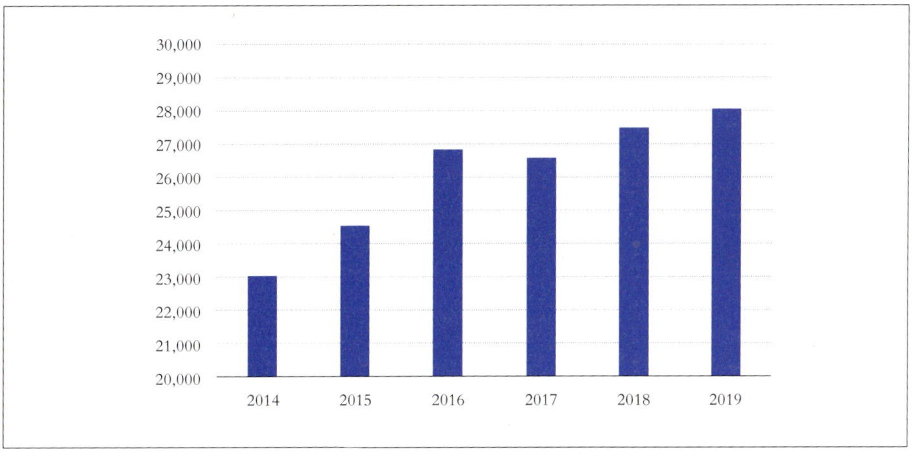

<표> 가구별 평균 자산 현황

(단위: 만 원)

구분	2014년	2015년	2016년	2017년	2018년	2019년
자산	27,684	29,765	32,325	32,688	33,539	34,246
금융자산	5,886	6,903	8,141	8,827	9,013	9,087
실물자산	21,798	22,862	24,184	23,861	24,526	25,159

① 가구별 평균 자산은 매년 증가하고 있다.

② 가구별 평균 자산 중 절반 이상은 실물자산의 형태로 소유된다.

③ 2017년에는 전년 대비 가구별 평균 자산보다 부채가 더 많이 증가했다.

④ 순자산이 전년 대비 가장 많이 증가한 해에 가구별 평균 실물자산이 가장 많다.

⑤ 조사기간 동안 가구별 평균 순자산은 약 5,000만 원 증가했다.

【Q】 [13~14] 다음은 지역별 대중교통 현황에 관한 자료이다. 이어지는 물음에 답하시오.

<표> 지역별 버스 운영 현황

(단위: 대, 명, 억 원)

구분	2019년			2020년		
	등록대수	버스 1대당 인구	지자체 지원금	등록대수	버스 1대당 인구	지자체 지원금
서울	7,380	1,260	2,840	7,250	1,290	3,020
경기	13,800	1,210	3,320	13,540	1,180	3,150
강원	1,650	980	1,850	1,720	960	2,220
충청	5,440	950	2,850	5,530	970	2,870
전라	5,210	1,040	2,940	5,240	1,080	2,970
경상	8,750	1,060	6,890	8,940	1,050	7,340
제주	630	820	1,310	650	810	1,590

<그래프> 2020년 지역별 택시 등록대수

(단위 : 대)

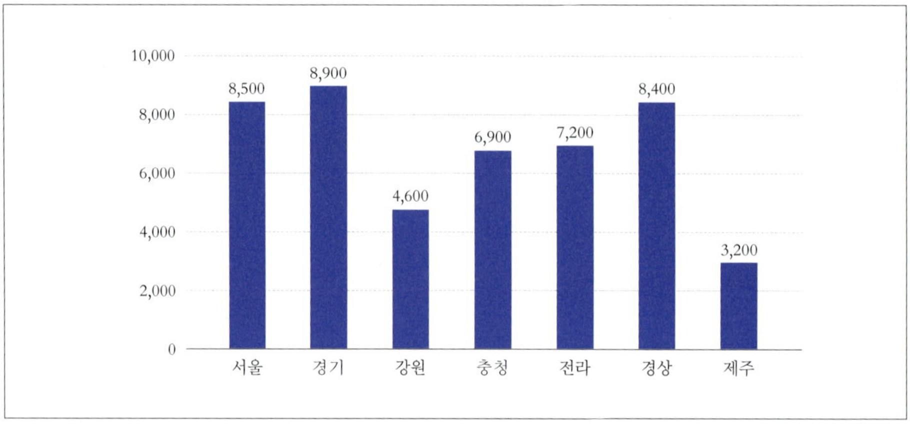

13 **위의 자료에 대한 설명으로 옳지 않은 것은?**

① 2019년에 전체 지자체 지원금 중 서울과 경기의 지자체 지원금 합이 차지하는 비중은 30% 이하이다.

② 2020년에 버스 등록대수가 전년 대비 증가한 지역은 지자체 지원금도 전년 대비 증가했다.

③ 2020년에 버스 1대당 인구가 전년 대비 감소한 지역은 4개 지역 이상이다.

④ 2020년에 강원의 지자체 지원금은 전년 대비 15% 이상 증가했다.

⑤ 2019년에 서울 인구는 제주 인구의 20배 이상이다.

14 **위의 자료에 대한 설명으로 옳은 것만을 〈보기〉에서 모두 고른 것은?**

<보기>

㉠ 2020년 전라에 등록된 택시 1대당 인구는 700명 이상이다.

㉡ 2020년에 서울과 경기의 버스 등록대수의 합은 전년 대비 300대 이상 감소했다.

㉢ 2020년에 버스 등록대수가 많은 지역과 택시 등록대수가 많은 지역을 각각 순서대로 나열했을 때 순위가 다른 지역은 1개 지역이다.

① ㉠ ② ㉡ ③ ㉠, ㉡
④ ㉠, ㉢ ⑤ ㉠, ㉡, ㉢

15 다음은 2020년 분기별 식품검사 부적합 건수 및 부적합률에 관한 자료이다. 이에 대한 설명으로 옳지 않은 것은?

<표 1> 식품검사 부적합 건수

(단위 : 건)

구분	1분기	2분기	3분기	4분기
국산식품	720	1,020	550	960
수입식품	1,980	3,040	1,890	2,210

<표 2> 식품검사 부적합률

(단위 : %)

구분	1분기	2분기	3분기	4분기
국산식품	3.0	4.0	2.5	3.2
수입식품	5.5	8.0	5.4	6.5

※ 부적합률(%) = 부적합 건수 / 검사 건수 × 100

① 1분기에 전체 식품의 부적합률은 5% 이하이다.

② 2020년 전체 국산식품 부적합 건수는 3,000건 이상이다.

③ 조사기간 동안 국산식품과 수입식품의 부적합률이 가장 높은 분기는 동일하다.

④ 2분기에 국산식품 검사 건수는 수입식품 검사 건수보다 5,000건 이상 더 많다.

⑤ 국산식품과 수입식품의 부적합 건수가 많은 순으로 분기를 각각 나열했을 때 그 순위는 동일하다.

16 다음은 A지역의 성인범 및 소년범 수에 관한 자료이다. 이를 토대로 조사기간 동안 A지역 전체 범법자 중 소년범의 비중을 나타낸 그래프로 옳은 것은?

<그래프> A지역 성인범 및 소년범 수

(단위 : 명)

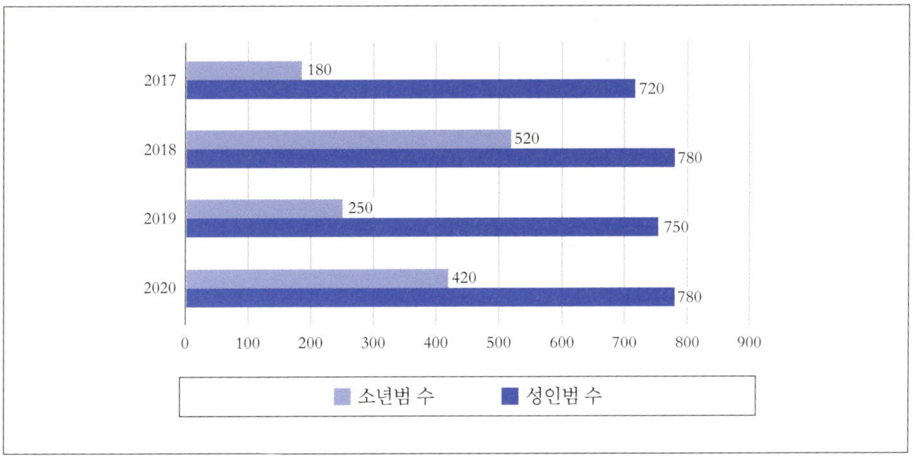

※ 전체 범법자는 성인범과 소년범으로 이루어짐.

① (단위 : %)

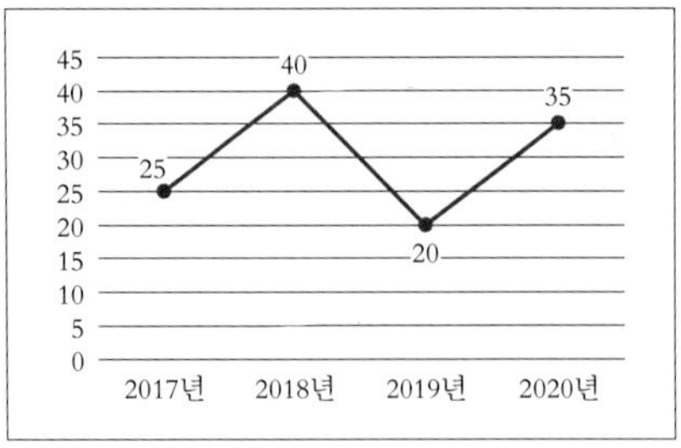

② (단위 : %)

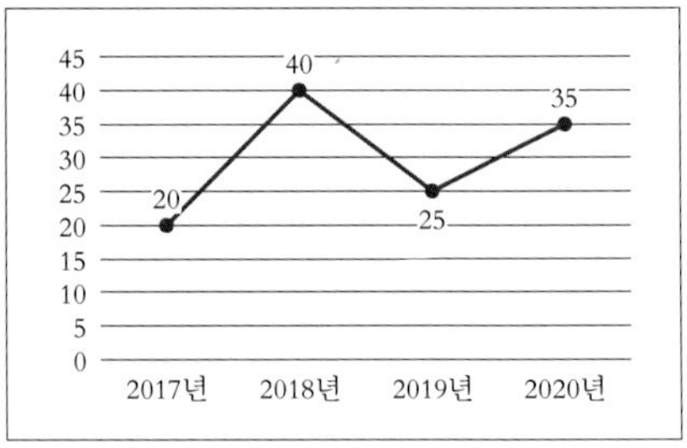

③ (단위 : %)

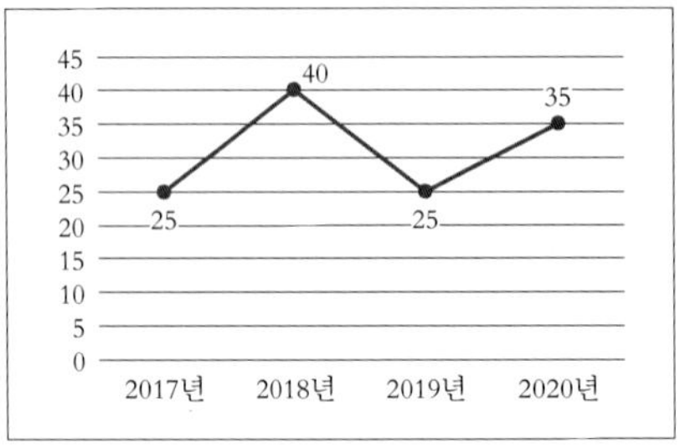

④ (단위 : %)

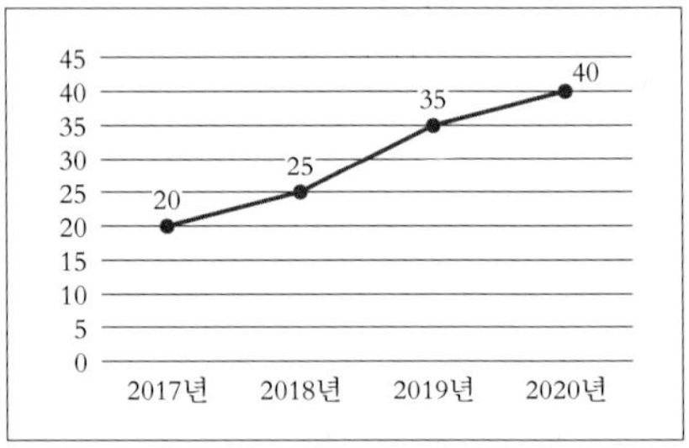

⑤ (단위 : %)

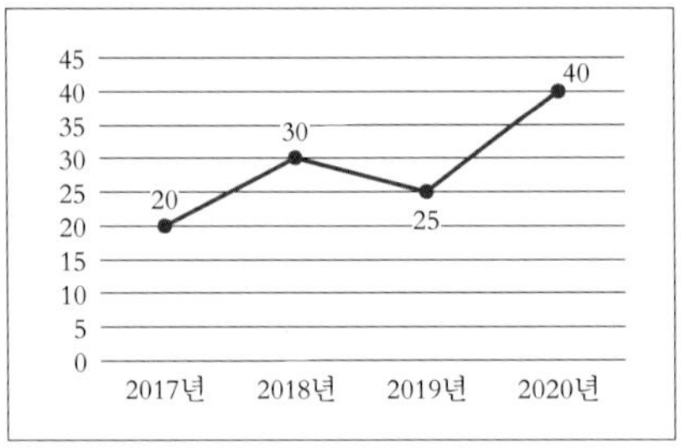

17 다음은 S전자의 정규직 직원 수 및 비정규직 직원 수에 관한 자료이다. 이를 바탕으로 2017~2020년 동안의 S전자의 정규직 직원 수와 비정규직 직원 수의 비중을 나타낸 그래프로 옳은 것은?

<표> S전자의 정규직 직원 수 및 비정규직 직원 수

(단위: 명)

구분	2017년	2018년	2019년	2020년
정규직 직원 수	23,400	19,200	21,000	21,000
비정규직 직원 수	12,600	12,800	9,000	7,000

① (단위: %)

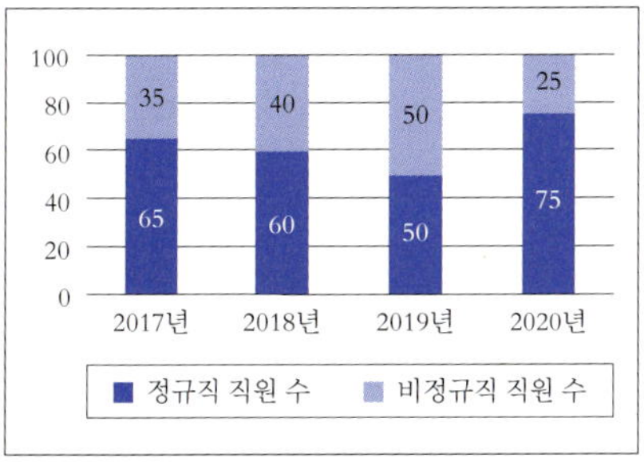

② (단위: %)

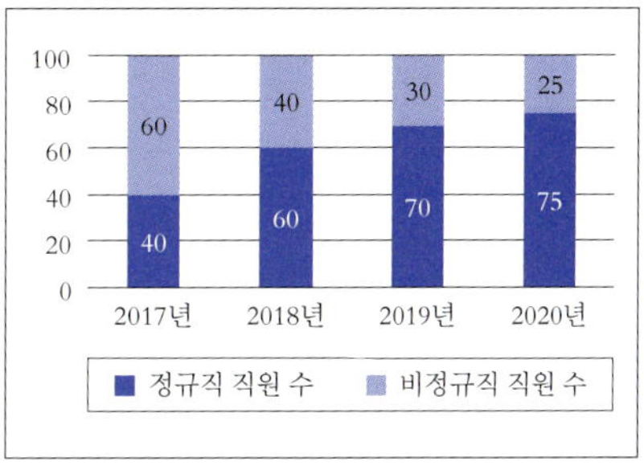

③ (단위: %)

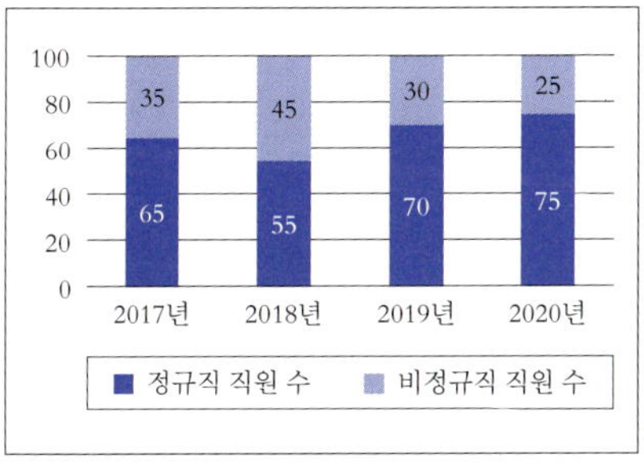

④ (단위: %)

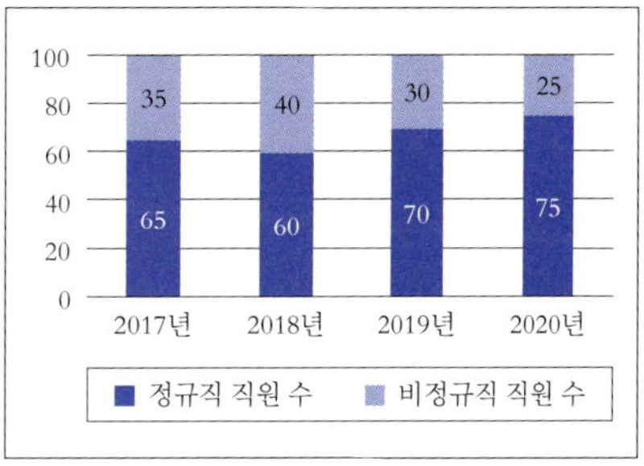

⑤ (단위: %)

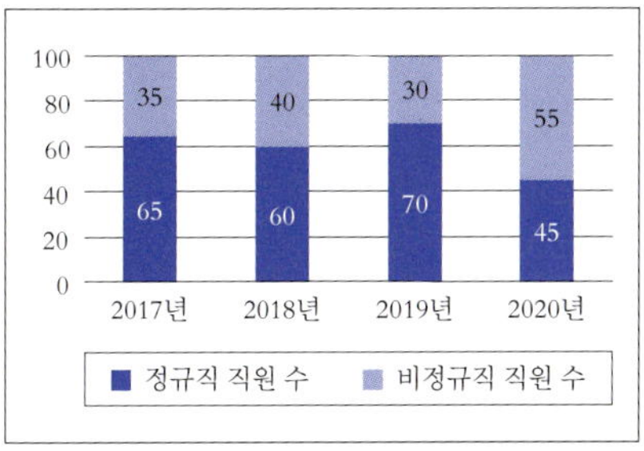

18 다음은 우리나라 농업 기계화율과 관련된 자료이다. 이에 대한 설명으로 옳은 것을 모두 고르면?

<표> 농기계 보유대수 및 농업기계화율 현황

(단위: 대)

구분		2014	2015	2016	2017	2018	2019
농기계 보유 대수	계	1,268	1,250	1,233	1,183	1,173	1,147
	트랙터	268	273	278	277	283	286
	콤바인	79	79	79	76	79	77
	이앙기	254	245	236	220	213	202
	경운기	667	653	640	610	598	582
농업 기계화율	벼농사	91.5	94.7	94.1	97.8	97.8	97.9
	밭농사	50.1	55.7	55.7	56.3	56.3	58.3

※ 농업기계화율은 농작업면적에 대한 농업기계 작업률을 의미

<보기>

㉠ 벼농사를 하는 면적 중 90% 이상을 기계를 사용해서 농사를 짓고 있다.

㉡ 농지가 줄어들지 않았다면, 농기계 한 대당 작업 면적은 높아지고 있다고 볼 수 있다.

㉢ 트랙터의 보급이 밭농사의 농업 기계화율을 높이는 데 가장 큰 기여를 했다고 볼 수 있다.

㉣ 2014년과 비교해 2019년 농기계 총 보유대수가 감소하는 데 가장 큰 영향을 미친 것은 이앙기 수의 감소이다.

① ㉠, ㉡　　② ㉠, ㉢　　③ ㉡, ㉢

④ ㉡, ㉣　　⑤ ㉢, ㉣

19 다음은 신약 복용 후 시간에 따른 효능에 관한 자료이다. 신약 복용 후 시간에 따른 효능을 구하는 식이 <보기>의 (가)와 (나) 중 하나일 때, 신약 복용 후 50분이 지날 때의 효능 (A), 70분이 지날 때의 효능 (B)의 값을 각각 바르게 짝지은 것은?

<표> 신약 복용 후 시간에 따른 효능

구분	10분	20분	30분
효능	0	27.5	50

※ 효능은 0부터 100까지의 수임.

<보기>

신약 복용 후 x분이 지날 때의 효능을 구하는 식은 다음과 같다.

(가): $-\frac{x}{40}(x-140)-\frac{65}{2}$

(나): $-\frac{200}{6}-\frac{x}{36}\times x+\frac{65}{18}x$

	A	B
①	67.5	87.5
②	67.5	90
③	67.5	92.5
④	80	90
⑤	80	92.5

20 다음은 S사의 A사업장과 B사업장의 독감백신 접종자 수에 관한 자료이다. A사업장과 B사업장의 독감백신 접종자 수에는 일정한 규칙이 있다고 할 때, B사업장의 독감백신 접종자 수가 A사업장의 독감백신 접종자 수보다 처음으로 100명 이상 많아지는 날은 언제인가?

<표> 독감백신 접종자 수

(단위: 명)

구분	A사업장	B사업장
12월 1일	10	2
12월 2일	17	8
12월 3일	26	18
12월 4일	37	32
12월 5일	50	50
…	…	…

① 12월 12일 ② 12월 13일 ③ 12월 14일
④ 12월 15일 ⑤ 12월 16일

2부
추리

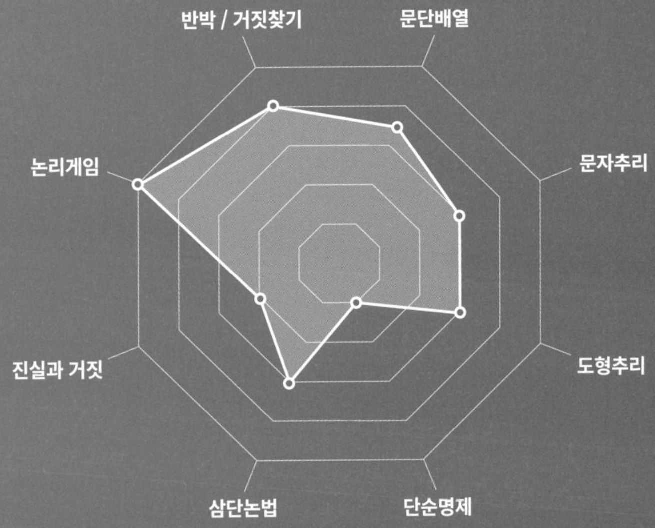

유형별 중요도

1장 문자 · 도형추리

유형 특징

문자·도형추리는 제시된 자료를 보고 규칙을 유추하는 유형이다. 문자추리는 기호에 따른 문자의 변화를 보고 기호의 규칙이 무엇인지 찾는 문제가 주로 출제되며, 도형추리는 3×3 표의 형태나 일렬로 나열된 도형의 변화를 보고 마지막에 들어가기에 가장 적절한 도형을 찾는 유형이 주로 출제된다.

학습 포인트

문자추리는 문자를 숫자로 변환하여 생각하자.

문자추리의 변환은 숫자, 알파벳, 한글 자음 등을 사용한 문제가 출제된다. 문자 그대로 변환을 추론하는 것보다 숫자로 변환한 다음에 추론하는 것이 쉽다.

도형추리는 두 개 이상의 규칙이 적용될 수 있음에 유의하자.

도형추리는 색 반전, 도형 회전, 도형 이동 등의 변화를 활용하여 출제된다. 출제자가 임의로 정하는 다양한 규칙 또한 출제 가능하며, 한 번에 하나의 규칙이 아니라 다양한 규칙이 적용될 수도 있으므로 이에 대비한 연습이 필요하다.

문자-숫자 변환표

알파벳과 문자는 아래 문자표를 참고해 숫자로 바꿔서 풀면 편하다.

1	2	3	4	5	6	7	8	9	10	11	12	13	14	15	16	17	18	19	20	21	22	23	24	25	26
A	B	C	D	E	F	G	H	I	J	K	L	M	N	O	P	Q	R	S	T	U	V	W	X	Y	Z
ㄱ	ㄴ	ㄷ	ㄹ	ㅁ	ㅂ	ㅅ	ㅇ	ㅈ	ㅊ	ㅋ	ㅌ	ㅍ	ㅎ												
ㅏ	ㅑ	ㅓ	ㅕ	ㅗ	ㅛ	ㅜ	ㅠ	ㅡ	ㅣ																

1 문자추리

제시된 문자 변환 과정을 보고 규칙 확인 후 문제에 적용하는 유형

예제

SSMC → ■ → ▲ → ● → (?)에서 (?)에 해당하는 문자로 알맞은 것은?

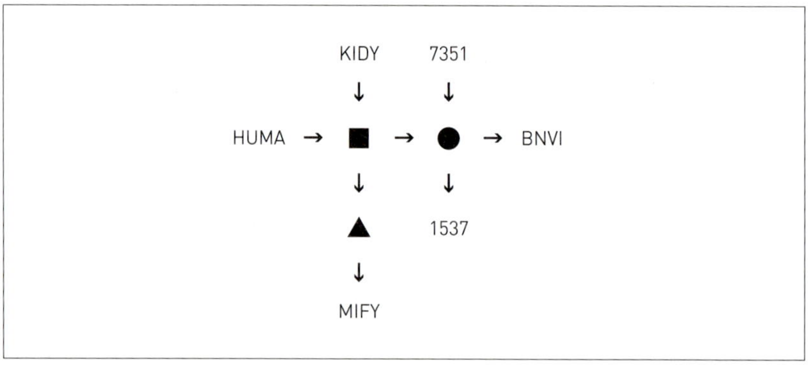

① COSU　　② COSC　　③ DIRD　　④ STOD　　⑤ DSOD

문제풀이

기호에 의해서 문자가 변하는 문자추리는 다음과 같은 단계로 문제를 푼다.

1) 기호가 하나만 적용된 변환 확인

7351에서 ●를 거쳐 1537로 바뀐 것을 보면 문자의 순서가 역순으로 바뀐 것을 확인할 수 있다. ●의 규칙은 원래 문자 배열을 역순으로 바꾸는 [1234 → 4321]임을 알 수 있다.

2) 확인된 기호를 바탕으로 다른 기호에 순차적 적용

●의 규칙을 확인하였으므로 HUMA → ■ → ● → BNVI를 통해 ■의 규칙을 확인할 수 있다.

(?) → ● → BNVI에서 ●는 문자를 역순으로 배열하는 것이므로 (?)는 IVNB가 된다.

남은 것은 HUMA → ■ → IVNB 변환이며, 각 자리의 문자가 한자리씩 더해진 것을 확인할 수 있다. 따라서 ■은 각자리에 한 자리씩 더하는 [+1, +1, +1, +1]이다.

■의 규칙을 확인하였으므로 KIDY → ■ → ▲ → MIFY를 통해 ▲의 규칙을 알 수 있다.

앞서 확인한 ■의 규칙을 먼저 적용하면 KIDY → ■ → LJEZ이며 LJEZ에 ▲를 적용하면 MIFY가 된다.

따라서 ▲의 규칙은 [+1, -1, +1, -1]임을 확인할 수 있다.

3) 규칙 적용

SSMC→ ■(+1, +1, +1, +1) → TTND → ▲(+1, -1, +1, -1) → USOC → ●(1234 → 4321) → COSU

따라서 정답은 ①이다.

정답 ①

문제해결 TIP

기호가 한 번만 적용된 변환부터 시작하면 문자추리는 연쇄적으로 쉽게 풀이 가능하다.

2 도형추리

나열된 도형을 보고 빈칸에 들어갈 적절한 도형을 찾는 유형

예제

다음 도형들은 일정한 규칙을 가지고 있다. 물음표에 들어갈 도형으로 알맞은 것은?

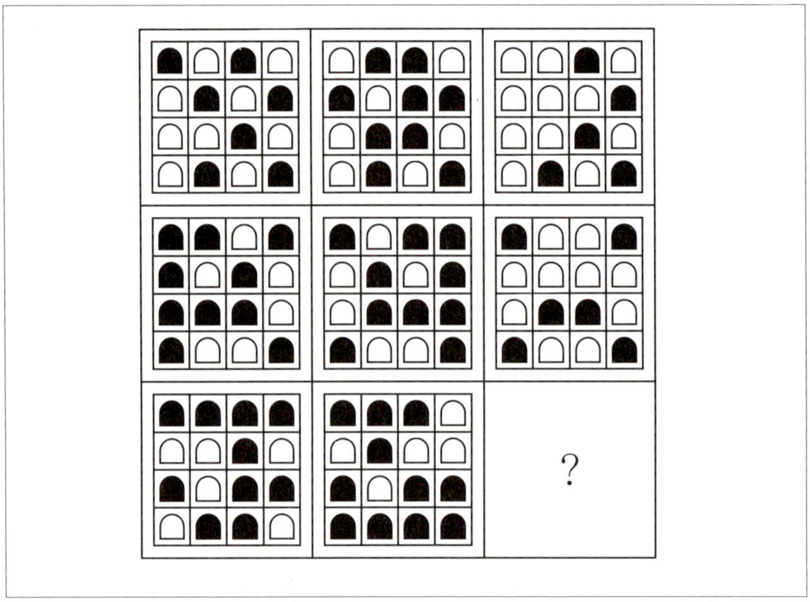

①

②

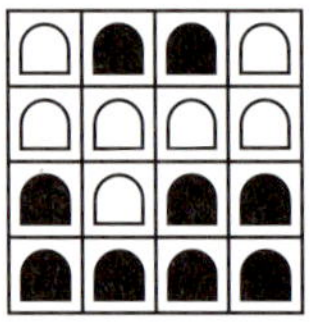
③

④

⑤

문제풀이

각 행의 1열과 2열 내부 도형의 색이 모두 검은색이면 3열 내부 도형은 검은색, 각 행의 1열과 2열 내부 도형이 모두 흰색이거나, 서로 다르면 3열 내부 도형은 흰색이다. 따라서 정답은 ⑤이다.

정답 ⑤

문제해결 TIP

3×3 형식의 도형추리에서는 가로와 세로 동시에 규칙이 적용될 수도 있다는 점을 유의하자.

2장 언어추리

유형 특징

다른 영역이 문자, 단어, 도형을 소재로 한 추리 문제였다면, 언어추리는 문장이나 지문을 바탕으로 출제되는 추리 문제이다. 언어추리는 GSAT에서 가장 많이 출제되는 유형으로 명제, 삼단논법, 참과 거짓, 논리게임 등으로 구성되어 있다. 어려워 보일 수 있는 영역이지만 풀이 방법을 익히면 풀이 시간과 오답률을 크게 낮출 수 있는 영역이기도 하다.

학습 포인트

유형별 풀이 방법을 숙달하자.

각 유형별로 풀이 방법을 정확하게 익히자. 특히 명제, 삼단논법, 진실과 거짓 문제는 정형화된 풀이 방법이 있기 때문에 단기간에 점수를 향상시키기 좋은 영역이다.

논리게임은 도식화가 핵심!

논리게임의 경우 도식화가 핵심이다. 도식화를 통해 주어진 조건으로 가능한 경우의 수를 정리해야 한다. 추리는 머리보다 손이 바빠야 정답률을 높일 수 있다.

1 명제

제시된 명제를 바탕으로 참인 선택지를 찾는 유형

예제

다음 명제가 참이라고 할 때, 항상 참인 것은?

<보기>

㉠ 성인간호학을 좋아하는 사람은 아동간호학을 좋아하지 않는다.
㉡ 간호관리학을 좋아하는 사람은 아동간호학을 좋아한다.
㉢ 성인간호학을 좋아하지 않는 사람은 지역사회간호학을 좋아한다.
㉣ 정신간호학을 좋아하는 사람은 지역사회간호학을 좋아하지 않는다.

① 간호관리학을 좋아하는 사람은 성인간호학도 좋아한다.
② 아동간호학을 좋아하는 사람은 정신간호학도 좋아한다.
③ 성인간호학을 좋아하는 사람은 정신간호학도 좋아한다.
④ 지역사회간호학을 좋아하지 않는 사람은 간호관리학도 좋아하지 않는다.
⑤ 성인간호학을 좋아하지 않는 사람은 아동간호학을 좋아한다.

문제풀이

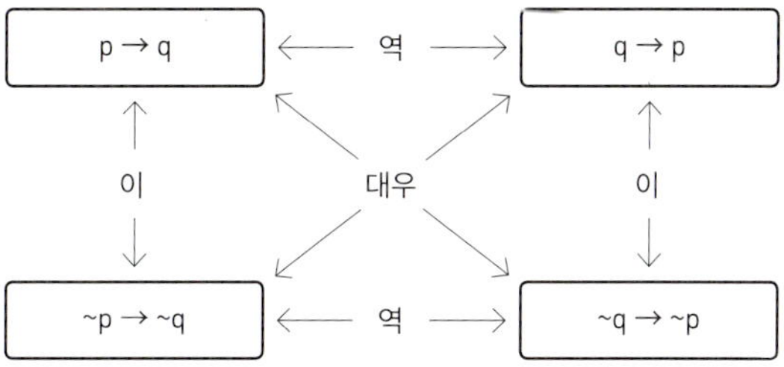

역 · 이 · 대우의 관계

명제를 풀 때 첫 번째 단계는 주어진 조건을 도식화하는 것이다. 이때, 대우명제도 같이 정리하는 것이 좋다. 이는 참인 각각의 조건 명제를 하나로 연결하여 전체 흐름을 정리하기 위함이다.

<보기>의 명제를 도식화하면 다음과 같다.

㉠ 성인간호학 → ~아동간호학 (아동간호학 → ~성인간호학)

㉡ 간호관리학 → 아동간호학 (~아동간호학 → ~간호관리학)

㉢ ~성인간호학 → 지역사회간호학 (~지역사회간호학 → 성인간호학)

㉣ 정신간호학 → ~지역사회간호학 (지역사회간호학 → ~정신간호학)

이 중에서 하나를 기준으로 잡고 전체 명제들이 연결될 수 있도록 한다. 연결하면 [간호관리학 → 아동간호학 → ~성인간호학 → 지역사회간호학 → ~정신간호학]과 같고, 전체 명제의 대우 명제인 [정신간호학 → ~지역사회간호학 → 성인간호학 → ~아동간호학 → ~간호관리학]도 항상 참이다. 따라서 정답은 ④ [~지역사회간호학 → ~간호관리학]이 된다.

정답 ④

문제해결 TIP

명제는 명제 p → q가 참이면 대우명제 ~q → ~p도 반드시 참이라는 것과, 명제 p → q가 참이더라도 역명제 q → p와 이명제 ~p → ~q는 참이라고 할 수 없다는 것을 반드시 기억하자.

2 삼단논법

전제를 바탕으로 추론 가능한 결론을 찾는 유형

예제

다음 두 전제로 도출되는 결론으로 가장 타당한 것은?

[전제 1] - 남자 간호사는 모두 야구를 좋아한다.
[전제 2] - A 병원의 어떤 간호사는 남자 간호사이다.
[결론] - (   )

① A 병원의 모든 간호사는 남자 간호사이다.
② A 병원의 모든 간호사는 야구를 좋아한다.
③ 모든 남자 간호사는 A 병원에서 근무한다.
④ A 병원의 어떤 간호사는 야구를 좋아한다.
⑤ 어떤 여자 간호사는 야구를 좋아한다.

기본 이론

삼단논법이란 두 개의 전제와 하나의 결론, 즉 세 단계의 명제로 구성된 추리방식을 의미한다. 결론의 주어 개념인 소개념이 들어간 소전제라고 하고 결론의 서술어 개념인 대개념이 들어간 전제를 대전제라고 한다. 두 전제에 공통적으로 등장하여 소개념과 대개념의 매개 역할을 하는 개념을 매개념이라고 한다. 예를 들어 설명하면 다음과 같다.

[대전제] - 모든 철학자는 합리적인 사람이다.
[소전제] - 어떤 사업가는 철학자이다.
[결론] - 어떤 사업가는 합리적인 사람이다.

위의 삼단논법에서 대개념은 합리적인 사람, 소개념은 사업가, 매개념은 철학자가 된다. 전제의 순서나 구성은 변화할 수 있으므로, 예시의 틀을 외우는 것은 의미가 없다. 개념요소 세 가지가 나오고 하나의 개념요소는 두 번 이상 나온다는 사실을 반드시 기억하도록 하자.

※ '모든', '어떤'

삼단논법 문제에서 개념에 '모든', '어떤'이라는 조건이 포함되면 난도가 대폭 상승한다. 이때는 다음과 같이 벤 다이어그램을 활용하면 문제 해결에 큰 도움이 된다.

모든

예 모든 간호사는 여성이다.

"모든 간호사는 여성이다."라는 명제를 집합으로 표현하면 주어인 간호사가 술어인 여성의 부분집합임을 의미한다.

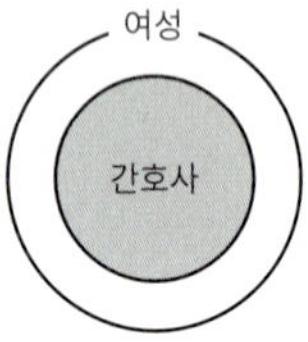

어떤

예 어떤 간호사는 여성이다.

"어떤 간호사는 여성이다."라는 명제는 적어도 한 명의 간호사는 여성이라는 의미이다.
집합으로 표현하면 주어 간호사와 술어 여성 사이에 교집합이 존재한다고 나타낼 수 있다.

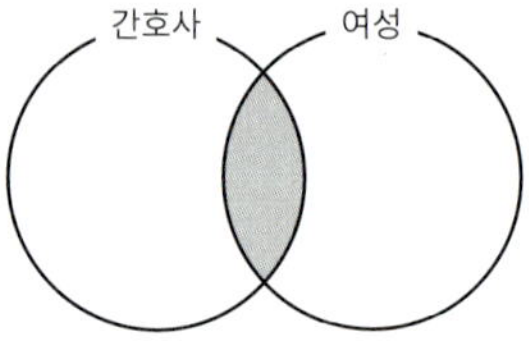

문제풀이

먼저 [전제 1]와 [전제 2]를 도식화하면 다음과 같다.

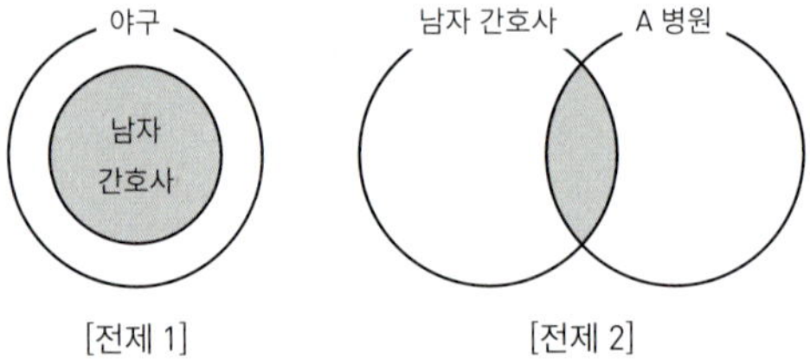

따라서 [전제 1]과 [전제 2]를 합쳐서 도형을 그리면 다음과 같이 정리할 수 있다.

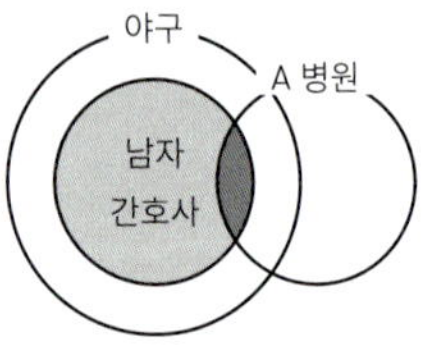

즉 남자 간호사와 A병원에서 근무하는 간호사 간에 교집합이 반드시 존재함을 알 수 있다. 따라서 정답은 ④번이다.

앞에 삼단논법 기본 이론에서 대개념, 소개념, 매개념은 적어도 2번씩 나와야 된다고 했다. 전제 1, 전제 2에서 남자 간호사는 2번씩 언급됐고, A병원의 간호사, 야구가 1번씩 언급이 되었다. 따라서 결론에선 A병원의 간호사, 야구가 언급돼야 한다. 이 점을 만족하지 못하는 보기인 ①, ③, ⑤는 답이 될 수 없다.

정답 ④

3 진실과 거짓

거짓말 혹은 진실을 말하는 대상을 찾는 유형

예제

어떤 시험에서 대해 기영, 나라, 도윤, 래원 중 1명만 1차 졸업시험에서 불합격했다. 시험결과에 대해 이들 중 1명만이 진실을 말하고 있을 때, 진실을 말하는 사람과 시험에 불합격한 사람을 바르게 나열한 것은?

<조건>

- 기영: 나는 시험에 합격했어.
- 나라: 시험에 불합격한 사람은 도윤이야.
- 도윤: 나라는 거짓말을 하고 있어.
- 래원: 나라가 시험에 불합격한 사람이야.

	진실을 말하고 있는 사람	시험에 불합격한 사람
①	도윤	기영
②	도윤	나라
③	도윤	도윤
④	나라	도윤
⑤	나라	래원

문제풀이

진실과 거짓 유형은 조건으로 참인 명제와 거짓인 명제가 같이 주어지는 형태의 문제이다. 보통 몇 명이 거짓을 말하는지 또는 진실을 말하는지에 대한 정보가 문제의 조건으로 주어진다. 진실과 거짓 유형을 푸는 가장 기본 원리는 모든 경우의 수를 나열하여 '몇 명이 거짓말을 한다'는 문제의 전제와 일치하는 경우의 수를 찾아내는 것이다. 그러나 이 방식은 문제 풀이에 많은 시간을 쏟아야 한다. 문제 풀이 시간을 줄이기 위해 다음과 같은 단계로 문제를 풀어가자.

1) 문제 파악

문제의 조건 및 상황을 파악해야 한다. 위 문제의 경우 4명 중 1명이 진실, 나머지는 거짓을 말하고 있는 조건이고 불합격자는 1명인 상황이다.

2) 동시에 참 / 거짓이 될 수 없는 조건 찾기

이 단계가 경우의 수를 줄이는 데 가장 핵심적인 단계이다. 하나가 참이면 다른 하나는 반드시 거짓인 경우를 모순관계라고 한다. 모순관계가 있다면 모순관계에 있는 두 조건에서 반드시 거짓이나 참이 하나가 나오기 때문에 나머지 경우의 수를 검토하지 않아도 된다.

위 문제의 경우 나라의 발언이 참이라면 도윤의 발언이 항상 거짓이고 그 반대 상황도 성립하므로 나라와 도윤의 발언이 서로 모순이다.

3) 모순 조건을 기준으로 경우의 수 상정

아래와 같이 모순관계에 있는 <조건>이 각자 참 / 거짓인 경우를 검토해본다.

경우	기영	나라	도윤	래원
1)	거짓	참	거짓	거짓
2)	거짓	거짓	참	거짓

경우 1) 나라가 참인 경우

나라가 참이므로 시험에 불합격한 사람은 도윤이다. 그러나 전제에 의해서 기영의 진술은 거짓이기 때문에 기영도 시험에 불합격한 사람이다. 조건에서 불합격한 사람이 1명이라고 하였으므로 불가능한 경우이다.

경우 2) 도윤이 참인 경우

도윤이 참인 경우 나라는 거짓을 말하고 있으므로 도윤은 합격한 사람이 된다. 래원 또한 거짓이므로 나라도 합격한 사람임을 알 수 있다. 그러나 기영이의 진술 '나는 시험에 합격했어'가 거짓이기 때문에 기영이가 시험에 불합격한 사람이 된다.

따라서 진실을 말하고 있는 사람은 도윤이며, 시험에 불합격한 사람은 기영이다.

정답 ①

문제해결 TIP

시험에서는 모순 또는 동일 관계가 성립되지 않고, 서로 독립된 진술만으로 구성된 문제가 드물게 출제된다. 이런 경우에는 각각의 진술이 참 또는 거짓인 경우의 수를 모두 검토해야 한다.

4

논리게임

제시된 조건이나 제시문을 활용한 논리적 추론으로 답을 찾는 유형

예제

A, B, C, D, E 5명이 달리기를 하였다. 다음 <조건>이 모두 참일 때, 다음 중 참인 것은?

<조건>

㉠ A와 C 사이에 결승선을 통과한 사람이 1명 있다.
㉡ B는 E보다 결승선을 먼저 통과했다.
㉢ A는 5등이다.
㉣ D가 가장 먼저 결승선을 통과했다.

① B 다음으로 결승선을 통과한 사람은 E이다.
② E는 C보다 결승선을 먼저 통과했다.
③ C는 B보다 결승선을 먼저 통과했다.
④ B의 등수는 2등이다.
⑤ E의 등수는 3등이다.

문제풀이

1) 게임 규칙 파악 및 표 그리기

문제의 규칙을 파악해서 문제의 규칙에 적절한 표를 그려야 한다. 이 예제의 경우 '5명이 달리기를 했다'는 것이다. 따라서 위 상황을 정리하기 위한 표는 다음과 같이 그릴 수 있다.

1등	2등	3등	4등	5등

표의 기준은 문제에 조건에 따라 다양하게 존재할 수 있다. 이때 장소, 건물, 층과 같이 물리적으로 고정된 것을 기준으로 잡는 것이 좋다.

2) 조건 도식화하여 정리하기

추리는 조건들을 도식화하여 최대한 간단히 정리하는 것이 중요하다. 표 안에 넣을 수 있는 조건은 바로 표에 적어두고 그럴 수 없는 조건은 표 옆에 정리한다. 예제를 통해 살펴보자.
우선 ⓒ과 ⓡ을 보면 A와 D의 등수가 각각 5등과 1등임을 알 수 있다. 다음으로 ⓖ을 보면 A와 C 사이에 결승선을 통과한 사람이 있다고 하였으므로 3등은 C임을 알 수 있다. 다음으로 ⓛ조건은 B > E라고 표 옆에 정리할 수 있다.

1등	2등	3등	4등	5등
D		C		A

, B > E

3) 경우의 수 정리하기

위 조건을 보면 남은 자리가 2등, 4등밖에 없으므로 최종 순위는 아래와 같다.

1등	2등	3등	4등	5등
D	B	C	E	A

예제의 경우, 경우의 수가 하나밖에 없지만 문제에 따라서 여러 경우의 수가 나올 수도 있다. 모든 경우의 수를 검토해야 실수하지 않고 답을 맞힐 수 있다.
정리한 등수를 볼 때, 참이 되는 선택지는 ④ 하나이다.

정답 ④

문제해결 TIP

논리게임은 규칙을 일관성 있게 도식화하는 것이 중요하다. 교재의 풀이를 참고해 자신만의 기호를 정하여 일관되게 활용하자.

3장 추론

유형 특징

제시된 문단을 논리적 흐름에 따라 배열하는 유형, 제시된 지문을 바탕으로 반드시 거짓인 것을 추론하는 유형, 제시된 지문을 반박하는 유형으로 구성된 영역이다. 과거에는 거짓 추론과 반박하기 2가지 유형만 출제됐으나 2023년 상반기에 문단 배열하기 유형이 추가가 되었다. 흔히 생각하는 비문한 독해문제에 비해 짧고 답을 명확하게 찾을 수 있는 편이다.

학습 포인트

독해력이 기본이다

상대적으로 짧은 글이지만, 비문학 독해에 익숙하지 않다면 어려울 수 있다. 글을 읽으면서 논지가 무엇인지 정리하는 연습을 하는 등 독해력을 키우는데 신경쓰자.

유형별 풀이 방법을 익히자

정형화된 형태로 지속적으로 문제가 출제되고 있으므로 유형별 풀이 방법을 익혀서 풀이 시간을 줄이고 정답률을 높여보자.

1 반박 / 거짓찾기

제시문을 바탕으로 반드시 거짓인 내용을 찾거나 주장에 반박하는 형태

예제

다음 내용이 모두 참이라고 할 때 반드시 거짓인 것은?

스마트워치 뒷면의 PPG(Photoplethysmogram) 센서는 혈액이 순환할 때 혈관을 따라 나타나는 미세한 변화인 맥파를 측정하는 장치로, 크게 빛을 방출하는 'LED 센서'와 빛을 감지하는 '광센서'로 구분한다. 심장이 수축하고 이완할 때마다 혈관 내의 혈류량은 증가하거나 감소하는데, LED 센서에서 피부로 빛을 쏘면 혈류량에 따라 일부는 혈관에 흡수되고 일부는 반사된다. 이때 흡수되지 않고 반사되는 빛을 광센서에서 측정한다. 예를 들어 세기가 100인 초록빛 LED를 피부에 쏘면, 혈액 속 헤모글로빈에서 일부는 흡수하고 나머지는 반사한다. 이때 초록빛 LED를 사용하는 이유는 헤모글로빈이 초록빛을 가장 잘 흡수하기 때문이다. 만약 심장이 수축하여 빨리 뛰면 혈류량이 증가하여 흡수되는 빛의 양은 80, 반사되는 빛의 양은 20이 된다. 반대로 심장이 이완하여 느리게 뛰면 혈류량이 감소하여 흡수되는 빛의 양은 30, 반사되는 빛의 양은 70이 된다. 이 과정을 반복하면 광센서에 '20-70-20-70'의 일정한 패턴이 형성되고, 형성된 패턴을 통해 심장 및 혈관 상태에 관한 다양한 정보를 측정할 수 있다.

① 일정 시간 반사되는 빛의 양이 적으면 심장이 빨리 뛰는 것이다.
② 반사된 빛의 변화를 PPG 센서가 인식하여 맥파를 측정한다.
③ 심장이 빨리 뛸 때, 혈류량과 흡수되는 빛의 양은 서로 반비례한다.
④ 붉은빛 LED를 쏠 때와 초록빛 LED를 쏠 때의 결괏값은 다르다.
⑤ 빛이 흡수되고 반사되는 양의 증감으로 혈류량의 변화를 알 수 있다.

문제풀이

심장이 수축하여 빨리 뛰면 혈류량이 증가하여 흡수되는 빛의 양은 80, 반사되는 빛의 양은 20이라고 하였다. 반대로 심장이 이완하여 느리게 뛰면 혈류량이 감소하여 흡수되는 빛의 양은 30, 반사되는 빛의 양은 70이라고 하였다. 이를 통해, 심장이 빨리 뛰면 혈류량 증가, 흡수되는 빛의 양 증가, 반사되는 빛의 양 감소임을 알 수 있다. 따라서 정답은 ③이다.

① 심장이 수축하여 빨리 뛰면 반사되는 빛의 양이 심장이 이완하여 느리게 뛸 때 반사되는 빛의 양보다 적으므로, 일정 시간 반사되는 빛의 양이 적으면 심장이 빨리 뛰는 것임을 알 수 있다.

② PPG 센서는 혈액이 순환할 때 혈관을 따라 나타나는 미세한 변화인 맥파를 측정하는 장치로, LED 센서에서 피부로 빛을 쏘면 혈류량에 따라 빛이 흡수되거나 반사되고, 이중 반사되는 빛은 광센서에서 측정하는 것이라고 하였다.

④ 초록빛 LED를 피부에 쏘는 이유는 헤모글로빈이 초록빛을 가장 잘 흡수하기 때문이라고 하였으므로 이를 통해 붉은빛 LED를 쏠 때와 초록빛 LED를 쏠 때의 결괏값이 다르다고 볼 수 있다.

⑤ 초록빛 LED를 피부에 쏘았을 때 혈류량에 따라 빛이 흡수되고 반사되는 양이 다르다고 하였으므로, 빛이 흡수되고 반사되는 양의 증감을 통해 혈류량의 변화를 알 수 있다.

정답 ③

2 문단배열

제시된 4개의 문단을 논리적 흐름에 따라서 배열하는 유형

예제

다음 글의 (A)~(D)를 문맥에 맞게 순서대로 배열한 것은?

(A) 19세기에 이르러 관현악법 등과 같은 음악적 요소가 발전하게 되었고, 이와 더불어 작품을 깊이 있게 해석하고 통합해야 할 필요가 생기면서 지휘자의 역할도 근본적으로 변화를 맞이하게 되었다. 또한 근대적 지휘의 개념이 확립되면서 직업적 지휘자와 지휘봉도 본격적으로 등장하였다. 이후 20세기에는 지휘자의 영향력이 커져 스타 지휘자의 시대가 도래하게 되었다.

(B) 지휘는 여러 명의 사람이 함께 연주할 때, 이들의 연주를 통합 및 정리하여 작품이 지니고 있는 가치를 해석하여 재창조하는 작업이다. 지휘자는 자신이 생각하는 음악을 오케스트라라는 악기를 빌려 구현하는데, 이러한 지휘의 역할은 고대 그리스 시대까지 거슬러 올라간다.

(C) 이들은 자기 작품을 교회나 궁정에서 쳄발로나 오르간 즉, 건반으로 연주하며 지휘를 전담하였고, 이후 오케스트라가 형성되면서 수석 바이올린 주자가 연주와 지휘를 동시에 전담했다. 17세기 후반에 이르러서는 건반 주자와 수석 바이올린 주자가 이중으로 지휘를 맡기도 하였으나, 18세기 후반에는 수석 바이올린 주자만이 지휘를 전담했다.

(D) 고대의 지휘는 손이나 발로 음악의 시작만을 알렸으며, 중세에는 손으로 단선율 성가를 지휘했다. 이후 9세기에 다성 음악이 시작되면서 악보나 막대를 사용하여 박자를 맞추었고, 17세기 바로크 시대가 되면서 음악감독 또는 궁정악장 직책이라는 뜻의 '카펠마이스터'가 등장했다.

① (B) - (A) - (C) - (D)
② (B) - (C) - (A) - (D)
③ (B) - (D) - (C) - (A)
④ (C) - (A) - (B) - (D)
⑤ (C) - (B) - (D) - (A)

문제풀이

지휘가 무엇인지를 설명하는 (B)문단이 가장 먼저 와야 한다. (B)문단의 마지막에서 지휘의 역할은 고대 그리스 시대까지 거슬러 올라간다고 하였으므로, 고대의 지휘에 대해 설명하는 (D)문단이 (B)문단 뒤에 이어져야 한다. 또한 (D)문단의 마지막에서는 17세기 바로크 시대가 되면서 카펠마이스터가 등장했다고 하였으며, (C)문단의 처음에서는 카펠마이스터에 대해 설명하고 있으므로, (C)문단이 (D)문단 뒤에 이어져야 한다. 마지막으로 (A)문단에서는 19세기의 지휘자의 역할과 20세기의 지휘자의 역할에 대해 설명하고 있으므로, (C)문단의 뒤에 이어지는 것이 적절하다. 따라서 (A)~(D)를 문맥에 맞게 순서대로 배열하면 '(B) - (D) - (C) - (A)'이므로 정답은 ③이다.

정답 ③

연습문제

정답 페이지 16~21

01 **다음 제시된 전제들로부터 항상 참이 되는 [결론]을 고르면?**

> [전제 1] - 모든 반도체 연구원은 정시에 퇴근한다.
> [전제 2] - 반도체 연구원 중 어떤 연구원은 신입사원이다.
> [결론] - ( )

① 신입사원은 모두 정시에 퇴근한다.
② 어떤 반도체 연구원은 정시에 퇴근하지 않는다.
③ 정시에 퇴근하는 사원은 모두 반도체 연구원이다.
④ 정시에 퇴근하는 사원은 모두 신입사원이다.
⑤ 정시에 퇴근하는 어떤 사원은 신입사원이다.

02 **다음 [결론]을 항상 참으로 하는 [전제 2]를 고르면?**

> [전제 1] - 치즈를 좋아하는 사람은 와인을 좋아한다.
> [전제 2] - ( )
> [결론] - 포도를 좋아하는 어떤 사람은 와인을 좋아한다.

① 포도를 좋아하지 않는 사람은 치즈를 좋아한다.
② 포도를 좋아하지 않는 사람은 치즈를 좋아하지 않는다.
③ 포도를 좋아하는 어떤 사람은 와인을 좋아하지 않는다.
④ 치즈를 좋아하는 사람 중 포도를 좋아하지 않는 사람도 있다.
⑤ 치즈를 좋아하지 않는 사람 중 포도를 좋아하는 사람이 있다.

03 갑~정 4명은 수영 강습을 들으려고 한다. 이들이 들을 수 있는 강습 코스는 초급, 중급, 고급으로 구성되어 있다. 이들의 강습에 대한 정보가 다음 〈조건〉과 같을 때, 항상 거짓인 것은?

<조건>

㉠ 4명은 1개 이상의 코스를 선택해서 들을 수 있으나, 중급 코스를 제외하고 초급 코스와 고급 코스를 함께 들을 수는 없다.

㉡ 고급 코스를 듣는 사람은 3명이다.

㉢ 을은 중급 코스를 듣지 않고, 갑은 고급 코스를 듣지 않는다.

㉣ 세 가지 코스를 모두 듣는 사람이 1명 있고, 병은 아니다.

㉤ 한 명을 제외하고 모두 2개 이상의 코스를 듣는다.

① 을은 고급 코스를 듣는다.
② 병은 초급 코스를 듣는다.
③ 갑과 병이 듣는 코스의 개수는 같다.
④ 을이 듣는 코스를 정도 듣는다.
⑤ 갑이 듣지 않는 코스를 병은 듣는다.

04 기영, 나라, 도현, 라희, 명준 5명은 아이스커피, 라테, 밀크티, 자몽주스, 우유 중 서로 다른 음료를 하나씩 주문했다. 5명 중 우유를 주문한 1명은 참을, 나머지 4명은 거짓을 말한다고 할 때, 다음 중 옳은 것은?

기영: 나는 라테를 주문했다.
나라: 라희는 우유를 주문했다.
도현: 나라는 아이스커피를 주문했다.
라희: 나라가 밀크티를 주문했다면, 도현이 주문한 것은 라테 혹은 아이스커피다.
명준: 도현은 자몽주스를 주문했다.

① 기영은 밀크티를 주문했다.
② 나라는 아이스커피를 주문했다.
③ 도현은 우유를 주문했다.
④ 라희는 라테를 주문했다.
⑤ 명준은 자몽주스를 주문했다.

05 **A~F 6명은 빨래를 하려고 한다. 이들의 빨래 횟수에 대한 정보가 다음 〈조건〉과 같을 때, 항상 거짓인 것은? (단, 이들은 적어도 각각 1회 이상 빨래를 했다.)**

<조건>

㉠ A는 빨래를 1회만 했다.
㉡ B와 C는 빨래를 한 횟수가 같다.
㉢ 6명이 빨래를 한 횟수는 총 11회이다.
㉣ 빨래는 1명당 최대 3회까지 할 수 있다.
㉤ F는 E보다 빨래를 한 횟수가 많다.

① B가 빨래를 1회 했다면, E는 빨래를 2회 했다.
② B가 빨래를 1회 했다면, 빨래를 3회 한 사람은 2명이다.
③ B가 빨래를 2회 했다면, D는 빨래를 2회 할 수 있다.
④ B가 빨래를 2회 했다면, F는 빨래를 3회 할 수 있다.
⑤ B가 빨래를 3회 했다면, E는 빨래를 2회 할 수 있다.

【Q】 [06~08] 다음 문자와 도형의 흐름을 보고 물음에 답하시오.

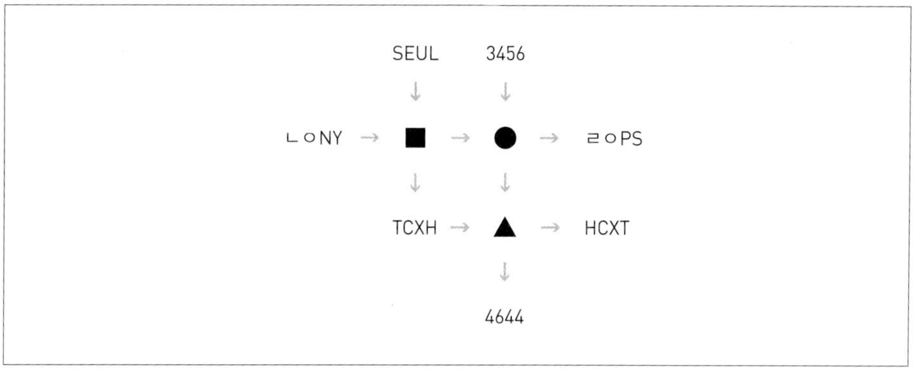

06 물음표에 들어갈 문자로 알맞은 것은?

GSAT → ▲ → ● → ?

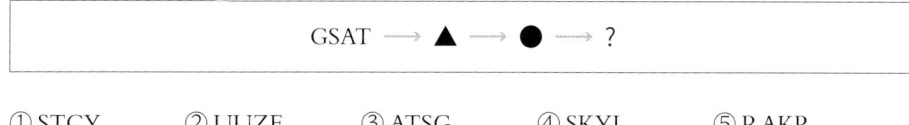

① STCY ② UUZE ③ ATSG ④ SKYJ ⑤ RAKP

07 물음표에 들어갈 문자로 알맞은 것은?

3468 → ● → ■ → ?

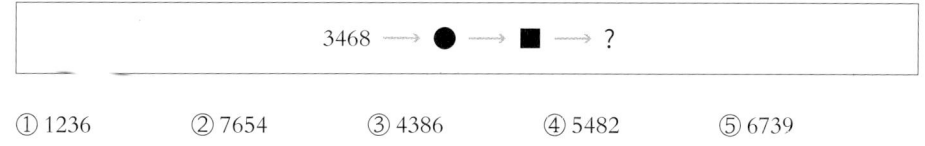

① 1236 ② 7654 ③ 4386 ④ 5482 ⑤ 6739

08 물음표에 들어갈 문자로 알맞은 것은?

ㅈㅇㅇㅅ → ● → ■ → ▲ → ?

① ㄱㅇㅊㅋ ② ㅊㅈㅅㅂ ③ ㅋㅅㅊㄴ ④ ㅅㅂㅅㄱ ⑤ ㅇㅈㄹㅂ

09 다음 도형들은 일정한 규칙을 가지고 있다. 물음표에 들어갈 알맞은 도형은?

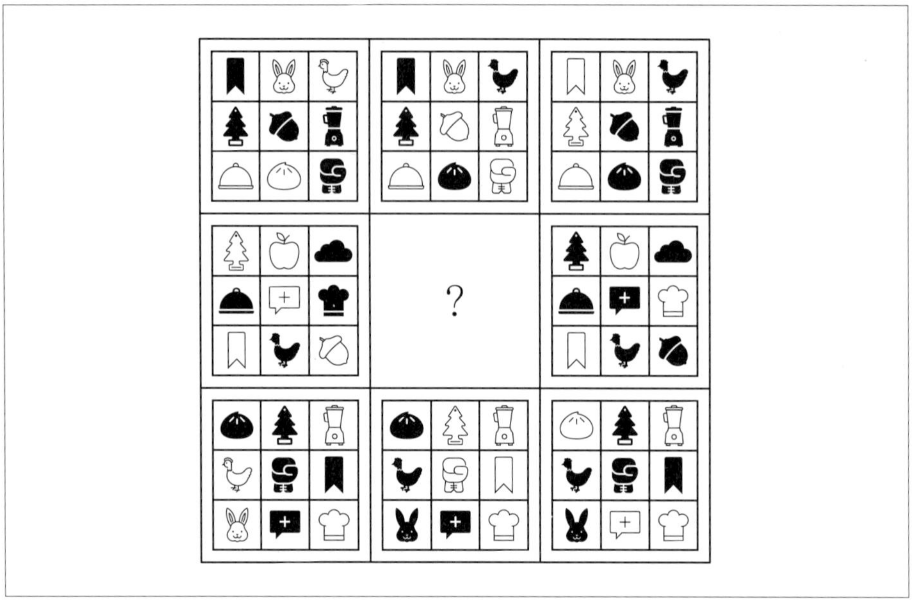

①

②

③

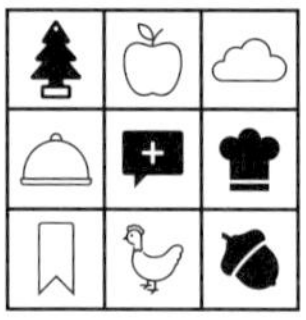

④

⑤

10 다음 도형들은 일정한 규칙을 가지고 있다. 물음표에 들어갈 알맞은 도형은?

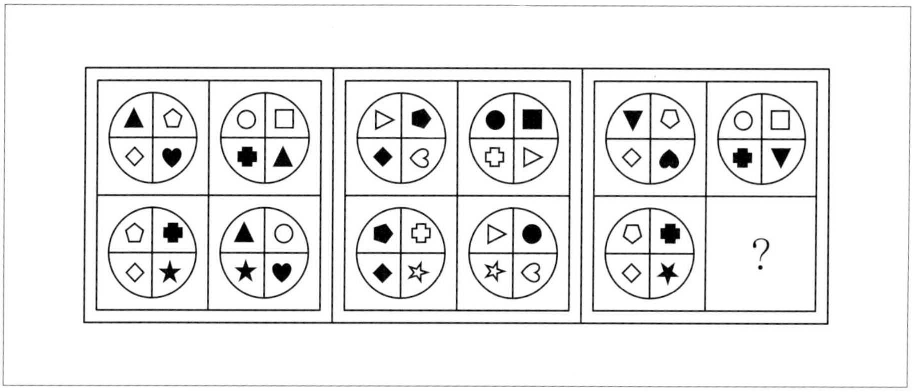

①

②

③

④

⑤

11 **다음 내용이 모두 참이라고 할 때 반드시 거짓인 것은?**

'아포토시스'는 세포가 스스로 죽음을 선택하는 현상으로, 피부 세포와 같이 빈번히 교체되는 세포에서 쉽게 발생한다. 주로 세포가 노화할 때 일어나는데, 이때 세포의 노화는 시간의 경과가 아닌 세포의 분열 횟수에 따라 진행된다. 또한 아포토시스는 노화 외에 호르몬, 바이러스, 방사선 등의 다양한 자극으로 인해 세포의 상태가 비정상일 때도 일어난다. 노화되거나 비정상이 된 세포가 스스로 죽음을 선택하는 이유는, 개체 전체가 정상 상태를 유지하기 위해서이다. 단, 생명을 유지하는 데 매우 중요한 역할을 하는 세포들은 아포토시스를 일으키지 않는다. 이들은 태어나서 죽을 때까지 거의 교체되지 않고 몸 전체의 수명을 같이하며, '아포비오시스'라는 다른 방식으로 죽음을 맞이한다.

① 외부 자극으로 인해 아포토시스가 발생한다.
② 특정 부위에서 세포의 죽음은 여러 번 반복된다.
③ 정상 상태인 세포도 스스로 죽는다.
④ 스스로 죽지 않는 세포도 있다.
⑤ 노화된 세포일수록 생성 시기가 오래되었다.

12 다음 글을 바탕으로 추론할 수 있는 것은?

현대 영어권 사회에서 널리 사용하는 스넬렌 시력표는 총 열한 줄의 블록체 문자로 구성되어 있다. 전통적인 스넬렌 시력표는 'C, D, E, F, L, N, O, P, T, Z'의 알파벳만을 포함한다. 스넬렌 시력표의 가장 첫 번째 줄에는 가장 큰 문자가 있으며, 그 다음 줄로 내려갈수록 문자의 크기가 점점 작아진다. 수검자는 한쪽 눈을 가리고 가장 첫 번째 줄의 문자부터 읽어 내려가며, 정확하게 읽은 문자들 중 가장 작은 크기의 문자가 포함된 줄이 바로 가리지 않은 눈의 시력이다. 이후 수검자는 반대쪽 눈으로 시력표의 문자를 동일하게 읽어 나가며, 그 다음 두 눈으로 다시 한 번 시력표를 읽는다. 이처럼 스넬렌 시력표를 사용한 스넬렌 시력 검사는 측정 시력을 '20/20'과 같은 형태로 나타낸 최초의 분수 값 시력 검사이다. 이때, 분수 값에서 분자 20은 고정 값으로 검사 거리 20피트를 가리키며, 분모는 수검자가 20피트 거리에서 읽을 수 있는 가장 작은 문자가 포함된 줄의 값이다. 정상 시력인 '20/20'의 분모에 해당하는 20은 약 0.3인치 높이의 문자가 포함된 줄의 값이며, '20/200'은 시력표의 가장 윗줄에 있는 문자를 읽을 정도의 시력으로서 법적으로 시각 장애인의 시력에 해당한다.

① 스넬렌 시력 검사로 측정한 시력이 '25/20'일 수 있다.
② 오늘날의 스넬렌 시력표는 총 10개의 알파벳으로만 구성된다.
③ 스넬렌 시력 검사로 도출된 분수 값의 분모가 작을수록 시력이 좋은 편이다.
④ 스넬렌 시력표가 발명되기 이전에는 시력을 특정 값으로 나타낼 수 없었다.
⑤ 스넬렌 시력표에서 두 번째 줄에 있는 문자가 세 번째 줄에 있는 문자보다 크기가 작다.

13 다음 글의 (A)~(D)를 문맥에 맞게 순서대로 배열한 것은?

(A) 이 법칙은 큰 사고는 우연히 또는 어느 순간 갑작스럽게 발생하는 것이 아니라 큰 사고가 일어나기 전 일정 기간에 여러 번의 경고성 징후와 전조들이 있다는 사실을 입증하였다. 즉, 큰 재해는 항상 사소한 것들을 방치할 때 발생한다는 것이다.

(B) 1920년대에 미국 한 여행 보험 회사의 관리자였던 허버트 W. 하인리히는 업무 성격상 수많은 사고 통계를 접했던 하인리히는 산업재해 사례 분석을 통해 하나의 통계적 법칙을 발견하였다.

(C) 사소한 문제 발생 시 잘못된 점을 바로 시정한다면 대형사고나 실패를 방지할 수 있지만, 이를 방치하면 대형사고로 이어질 수 있다는 의미인 하인리히 법칙은 노동 현장에서의 재해뿐만 아니라 각종 사고나 재난과 관련된 법칙으로 확장되어 해석되고 있다.

(D) 하인리히 법칙은 산업재해가 발생하여 중상자가 1명 나오면 그 전에 같은 원인으로 발생한 경상자가 29명, 같은 원인으로 부상을 당할 뻔한 잠재적 부상자가 300명 있었다는 사실로 1:29:300 법칙이라고도 부른다.

① (A) - (C) - (B) - (D)
② (A) - (D) - (C) - (B)
③ (B) - (D) - (A) - (C)
④ (B) - (A) - (D) - (C)
⑤ (C) - (B) - (A) - (D)

조각 모의고사

정답 페이지 22~35

01 **다음 제시된 전제들로부터 항상 참이 되는 [결론]을 고르면?**

[전제 1] - 안전성이 보장된 모든 물질은 24시간 이내에 자연발화한다. [전제 2] - 모든 인화성 물질은 안전성이 보장된 물질이다. [결론] - (   )

① 모든 인화성 물질은 24시간 이내에 자연발화하지 않는다.
② 24시간 이내에 자연발화하지 않는 모든 물질은 인화성 물질이 아니다.
③ 24시간 이내에 자연발화하는 모든 물질은 인화성 물질이다.
④ 24시간 이내에 자연발화하는 모든 물질은 인화성 물질이 아니다.
⑤ 모든 인화성 물질은 안전성이 보장된 물질이 아니다.

02 **다음 [결론]을 항상 참으로 하는 [전제 2]를 고르면?**

[전제 1] - 볶은 음식 중 어떤 것은 불맛이 난다. [전제 2] - (   ) [결론] - 맵지 않은 음식 중 볶은 것도 있다.

① 불맛이 나지 않는 음식은 맵지 않다.
② 불맛이 나는 음식 중 맵지 않은 음식은 없다.
③ 불맛이 나는 음식은 맵지 않다.
④ 볶은 음식 중 매운 것도 있다.
⑤ 매운 음식은 모두 불맛이 난다.

03 **다음 [결론]을 항상 참으로 하는 [전제 1]을 고르면?**

> [전제 1] - (   )
> [전제 2] - 암벽등반을 하는 사람은 필라테스를 하지 않는다.
> [결론] - 필라테스를 하지 않는 사람 중 크로스핏을 하는 사람도 있다.

① 암벽등반을 하는 사람 중 크로스핏을 하는 사람도 있다.
② 크로스핏을 하는 사람은 필라테스를 하지 않는다.
③ 암벽등반을 하는 어떤 사람도 크로스핏을 하지 않는다.
④ 암벽등반을 하는 어떤 사람은 크로스핏을 하지 않는다.
⑤ 암벽등반을 하지 않는 사람은 크로스핏을 한다.

04 **S사에서 내부 기밀문서가 유출되는 사건이 발생했다. 용의자는 A, B, C, D, E 5명이며 범인은 이 중에 1명이다. 용의자에 대한 심문을 실시하였고 이 중에 3명이 진실을 말하고 2명이 거짓을 말하고 있다. 내부 기밀문서를 유출한 범인은 누구인가?**

> A: 사건 당일 C는 사내 행사 중이었다. C는 범인이 아니다.
> B: C가 내부 문서를 넘기는 것을 봤다. 범인은 C이다.
> C: 나는 E와 행사에 참여 중이었다. E와 나는 범인이 아니다.
> D: 범인은 B 또는 E이다.
> E: 내무 문서를 외부에 누설한 사람은 C이다.

① A　　② B　　③ C　　④ D　　⑤ E

05 **갑, 을, 병, 정, 무 5명이 진료를 받기 위해 대기하고 있다. 5명의 진료 순서에 대한 정보가 다음 〈조건〉과 같을 때, 항상 거짓인 것은?**

<조건>
㉠ 갑은 병보다 먼저 진료를 받고, 정은 무보다 나중에 진료를 받는다. ㉡ 을과 무는 연이어 진료를 받는다. ㉢ 가장 먼저 진료를 받는 사람은 갑이 아니다. ㉣ 정과 무 각각이 진료를 받는 사이에 2명 이상이 진료를 받는다.

① 가장 먼저 진료를 받는 사람은 을이다.
② 세 번째로 진료를 받는 사람은 병이다.
③ 다섯 번째로 진료를 받는 사람은 정이다.
④ 갑은 무보다 나중에 진료를 받는다.
⑤ 정은 병보다 먼저 진료를 받는다.

06 갑은 1층부터 5층까지 있는 건물에 그림과 같이 사다리를 연결하여 내려갔다가 올라오려고 한다. 갑이 사다리를 이용하는 정보가 다음 〈조건〉과 같을 때, 항상 거짓인 것은?

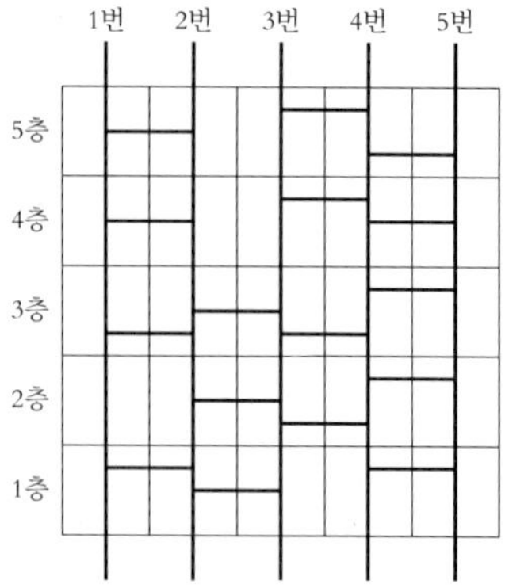

<조건>

㉠ 층별로 각 칸은 왼쪽부터 순서대로 1호~5호를 의미한다.

㉡ 사다리는 왼쪽부터 순서대로 1번부터 5번까지 있으며, 사다리와 사다리 사이를 오갈 수 있는 연결 다리가 있다.

㉢ 사다리를 타고 내려갈 때, 연결 다리가 있을 경우 반드시 연결 다리를 이용해야 한다.

㉣ 사다리를 타고 내려가는 중에는 다시 올라갈 수 없고 사다리를 타고 올라가는 중에는 다시 내려갈 수 없다.

㉤ 사다리를 타고 내려갈 때는 각 층의 1호를 한 번도 지나지 않는다.

㉥ 사다리를 타고 올라갈 때 이용하는 시작 사다리는 내려갈 때 이용하는 시작 사다리보다 번호가 높다.

㉦ 사다리를 타고 올라갈 때, 처음 세 개의 연결 다리만 이용한 후에는 다른 연결 다리를 이용하지 않고 곧바로 올라간다.

① 사다리를 타고 내려갈 때 5층 5호를 지난다.

② 사다리를 타고 내려갈 때 1층 2호에서 내린다.

③ 사다리를 타고 올라갈 때 이용할 수 있는 시작 사다리는 2개 이상이다.

④ 사다리를 타고 올라갈 때 항상 1층 4호를 지난다.

⑤ 사다리를 타고 올라갈 때 4층 4호를 지난다.

07 갑~정 4명이 A사, S사, L사 중 한 제조사의 스마트폰을 각각 구매했다. 4명이 구매한 스마트폰의 제조사에 대한 정보가 다음 〈조건〉과 같을 때, 갑~정이 구매한 스마트폰의 제조사로 옳은 것은?

<조건>

㉠ 을이 구매한 스마트폰은 갑과 병이 구매한 스마트폰과 제조사가 서로 다르다.
㉡ 정은 나머지 3명과 다른 제조사의 스마트폰을 구매했다.
㉢ 갑은 L사 스마트폰을 구매했다.
㉣ 정은 S사 스마트폰을 구매하지 않았다.

① 갑 - A사　② 갑 - S사　③ 을 - S사
④ 병 - A사　⑤ 정 - L사

08 갑은 각각 2개의 에어컨, 냉장고, 세탁기, 청소기를 일렬로 전시하려고 한다. 갑의 상품 전시에 대한 정보가 다음 〈조건〉과 같을 때, 왼쪽에서 여섯 번째에 전시되어 있는 상품은?

<조건>

㉠ 각 상품의 용도는 가정용, 산업용이 있으며, 같은 용도의 상품을 나란히 전시하는 경우는 없다.
㉡ 같은 종류의 상품끼리 나란히 전시하지 않는다.
㉢ 모든 냉장고가 모든 에어컨보다 왼쪽에 전시되어 있다.
㉣ 가장 왼쪽에 전시된 상품의 용도는 가정용이다.
㉤ 청소기는 산업용이 가정용보다 더 왼쪽에 전시되어 있다.

① 산업용 에어컨　② 가정용 냉장고　③ 산업용 세탁기
④ 가정용 청소기　⑤ 산업용 청소기

09 **A, B, C, D 네 개 팀이 월요일부터 수요일까지 회의실을 사용하려고 한다. 회의실을 사용할 수 있는 시간은 오전 8시부터 12시까지며 매 시 정각을 기준으로 1시간 단위로 회의실을 이용한다. 각 팀은 하루에 한 번만 회의실을 사용하기로 하였고 최대 2시간까지 이용 가능하다. 다음 〈조건〉이 참일 때 항상 참인 것은?**

〈조건〉

㉠ 월요일엔 A팀이 8시부터 9시까지만 이용하고 B팀이 10시부터 11시까지만 이용하고 D팀이 11시부터 12시까지만 이용한다.

㉡ 화요일엔 B팀이 8시부터 9시까지만 이용하고 2시간 회의실을 사용한 팀은 없다.

㉢ 수요일엔 D팀이 8시부터 10시까지 회의실을 이용한다.

㉣ 전날 사용한 시간대를 같은 팀이 다음날 다시 사용할 수 없다.

㉤ 월요일부터 수요일까지 회의실을 사용할 수 있는 시간 중 회의실이 비어있는 시간대는 없다.

① 수요일에 회의실을 사용하는 팀은 두 팀이다.

② 화요일 가장 마지막으로 회의실을 사용하는 팀은 A팀이다.

③ 화요일 10시부터 11시까지 회의실을 이용하는 팀은 C팀이다.

④ 수요일에 10시부터 11시까지 회의실을 이용할 수 있는 팀은 A, B, C 이다.

⑤ D를 제외하고 수요일에 2시간 연속으로 회의실을 이용할 수 있는 팀은 B, C이다.

10 **A~D 4명은 공정, 회로, 설비, 품질 중 각각 2개의 직무를 선택해야 한다. 이들이 선택한 직무에 대한 정보가 다음 〈조건〉과 같을 때, 항상 옳은 것은?**

> 〈조건〉
>
> ㉠ C와 D는 같은 직무를 선택하지 않았다.
> ㉡ B는 공정 직무를 선택했고, D는 설비 직무를 선택했다.
> ㉢ A가 선택한 직무 중 하나는 C와 같고 다른 하나는 D와 같다.
> ㉣ 품질 직무를 선택한 사람은 1명이다.
> ㉤ 공정 직무를 선택한 사람은 3명이다.
> ㉥ D는 품질 직무를 선택하지 않았다.
> ㉦ A와 B가 선택한 직무가 모두 동일하지는 않다.

① A가 설비 직무를 선택한 경우 B는 회로 직무를 선택한다.
② B는 설비 직무를 선택한다.
③ D는 공정 직무를 선택한다.
④ D가 회로 직무를 선택한 경우 A도 회로 직무를 선택한다.
⑤ 설비 직무를 선택한 사람은 3명이다.

11 **A~G 7명 중 3명은 [가]팀, 나머지 4명은 [나]팀이 되어 볼링 대결을 했다. 이들의 볼링 대결에 대한 정보가 다음 〈조건〉과 같을 때, E와 G의 점수 합은?**

<조건>
㉠ 각 팀의 총점은 각 팀원들의 점수의 합이다. ㉡ 7명의 점수를 낮은 순으로 나열하면 80점이 가장 낮으며 140점이 가장 높고 순위마다 10점씩 차이가 난다. ㉢ [가]팀의 총점은 350점이며, [나]팀의 총점은 420점이다. ㉣ A와 B의 점수를 합하면 260점이며, C와 F의 점수를 합하면 180점이다. ㉤ A와 D는 서로 다른 팀이며, E와 F는 서로 다른 팀이다. ㉥ C와 D의 점수는 100점 미만이며, 이들은 서로 다른 팀이다. ㉦ B의 점수는 가장 높지 않다. ㉧ A는 [가]팀이다.

① 210점 ② 220점 ③ 230점
④ 240점 ⑤ 250점

12 **A~E 5명은 국어, 수학, 영어, 사회, 과학 중 2개 과목의 수업을 들으려고 한다. 이들이 듣는 수업에 대한 정보가 다음 〈조건〉과 같을 때, E가 듣는 2개 과목은?**

<조건>
㉠ 1개 과목 수업은 오전에 듣고, 다른 1개 과목 수업은 오후에 듣는다. ㉡ 5명이 오전에 듣는 수업은 모두 서로 다르고, 5명이 오후에 듣는 수업도 모두 서로 다르다. ㉢ C는 오전에 사회 수업을 듣고, D는 오후에 수학 수업을 듣는다. ㉣ E가 오전에 수업을 듣는 과목과 A가 오후에 수업을 듣는 과목이 같다. ㉤ B가 오후에 수업을 듣는 과목과 D가 오전에 수업을 듣는 과목이 같다. ㉥ D는 과학 수업을 듣지 않고 B는 오전에 국어 수업을 듣는다.

① 수학, 과학 ② 국어, 영어 ③ 과학, 사회
④ 영어, 수학 ⑤ 사회, 국어

13 **A~G 7명이 사내 공모전 시상식에 참석하여 다음 그림과 같이 마련된 시상식 자리에 각각 앉아 있다. 이들이 앉은 자리에 대한 정보가 다음 〈조건〉과 같을 때, 항상 옳은 것은?**

앞줄	1	2		3	4
뒷줄	5	6	7	8	9

<조건>

㉠ 1번 자리와 8번 자리에는 아무도 앉아 있지 않다.
㉡ E 바로 왼쪽 자리에 F가 앉아 있다.
㉢ A 바로 앞쪽 자리에 D가 앉아 있다.
㉣ B는 C보다 앞줄에 앉아 있다.
㉤ C는 G보다 왼쪽에 앉아 있다.

① D 바로 왼쪽 자리에 C가 앉아 있다.
② B는 7번 자리에 앉아 있다.
③ A 바로 왼쪽 자리에는 아무도 앉아 있지 않다.
④ C와 G는 같은 줄에 앉아 있다.
⑤ E는 C보다 앞줄에 앉아 있다.

14 A~F 6명은 다음 그림과 같이 2행 4열의 형태로 총 8대의 차를 주차할 수 있는 주차장에 각각 차를 주차했다. 주차장은 같은 열의 1행과 2행에 주차된 차가 서로 마주 보게 되어 있다. 다음 〈조건〉에 따라 6명이 차를 주차했다고 할 때, 항상 빈 공간은? (단, 주차장에 주차된 차는 6대 뿐이다.)

	1열	2열	3열	4열
1행				
2행				

<조건>

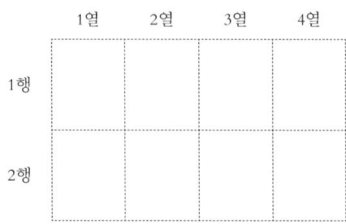

㉠ A와 B의 차는 같은 행에 나란히 주차되어 있다.
㉡ D와 E의 차는 서로 마주 보게 주차되어 있다.
㉢ F의 차는 빈 공간과 같은 행, 같은 열에 주차되어 있지 않다.
㉣ 1행 4열에는 주차된 차가 없다.

① 1행 1열
② 1행 2열
③ 1행 3열
④ 2행 2열
⑤ 2행 3열

【Q】 [15~18] 다음에서 도형들은 일정한 규칙에 따라 문자를 변환시킨다. 도형들에 따른 변환규칙을 파악한 후 이어지는 물음에 답하시오.

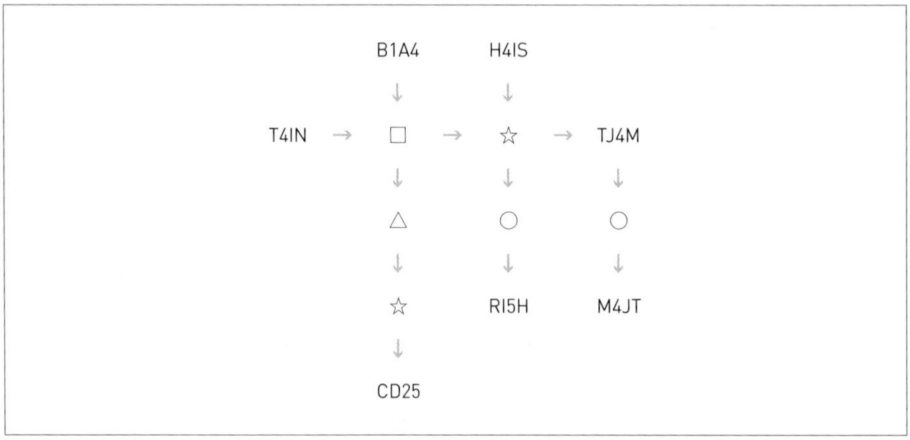

15 물음표에 들어갈 문자로 알맞은 것은?

2CE6 → △ → □ → ?

① 8FE3 ② EF83 ③ E8F3 ④ FE83 ⑤ 3FE8

16 물음표에 들어갈 문자로 알맞은 것은?

A39S → ☆ → ○ → □ → ?

① A49R ② AR94 ③ R9A4 ④ R49A ⑤ RA94

17 물음표에 들어갈 문자로 알맞은 것은?

? → △ → ☆ → B59D

① CA28 ② A28C ③ A8C2 ④ C2A8 ⑤ C82A

18 물음표에 들어갈 문자로 알맞은 것은?

? → △ → □ → ○ → 4MB7

① K62A ② 2KA6 ③ 6KA2 ④ A26K ⑤ A6K2

19 다음 도형들은 일정한 규칙을 가지고 있다. 물음표에 들어갈 도형으로 알맞은 것은?

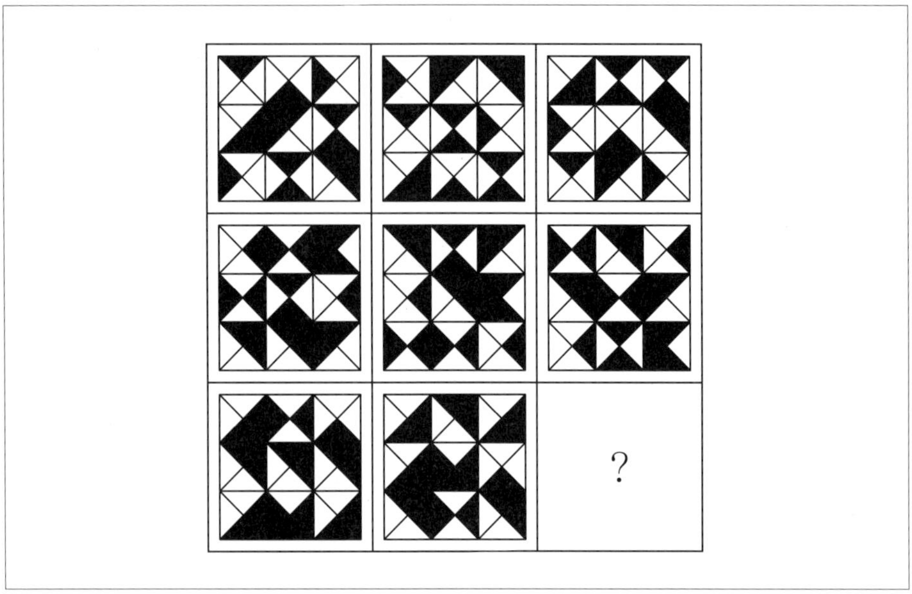

①

②

③

④

⑤

20 다음 도형들은 일정한 규칙을 가지고 있다. 물음표에 들어갈 도형으로 알맞은 것은?

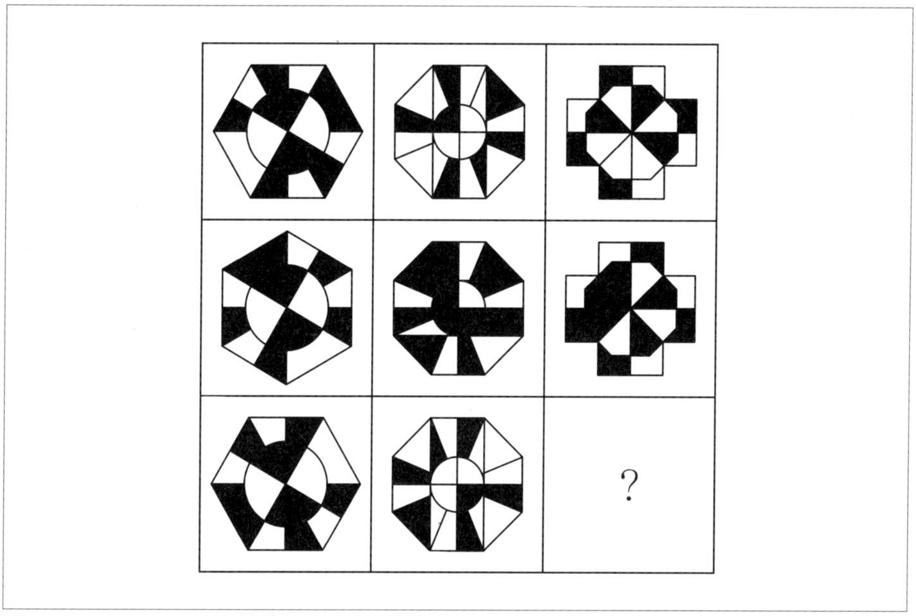

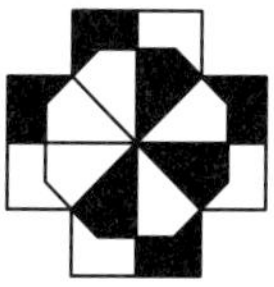

①

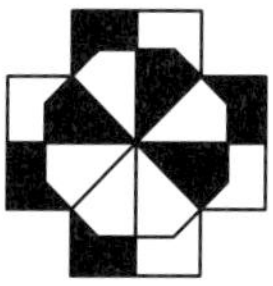

②

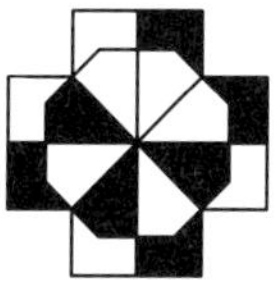

③

④

⑤

21 다음 도형들은 일정한 규칙을 가지고 있다. 물음표에 들어갈 도형으로 알맞은 것은?

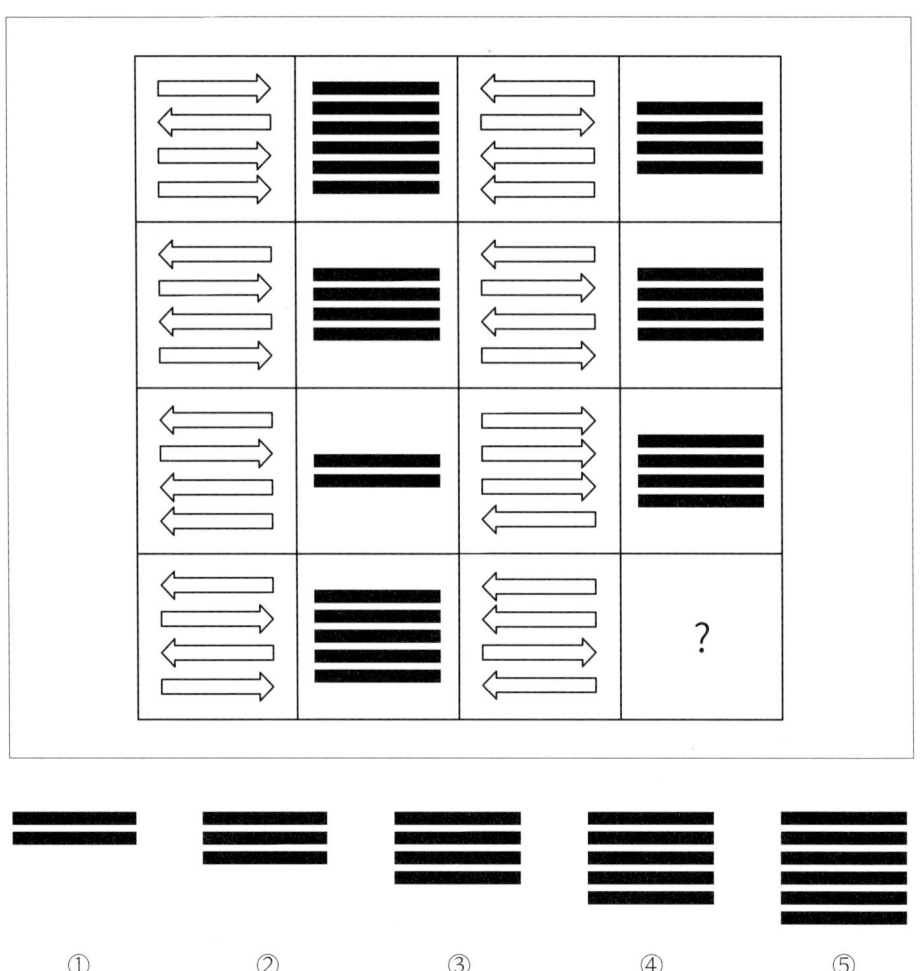

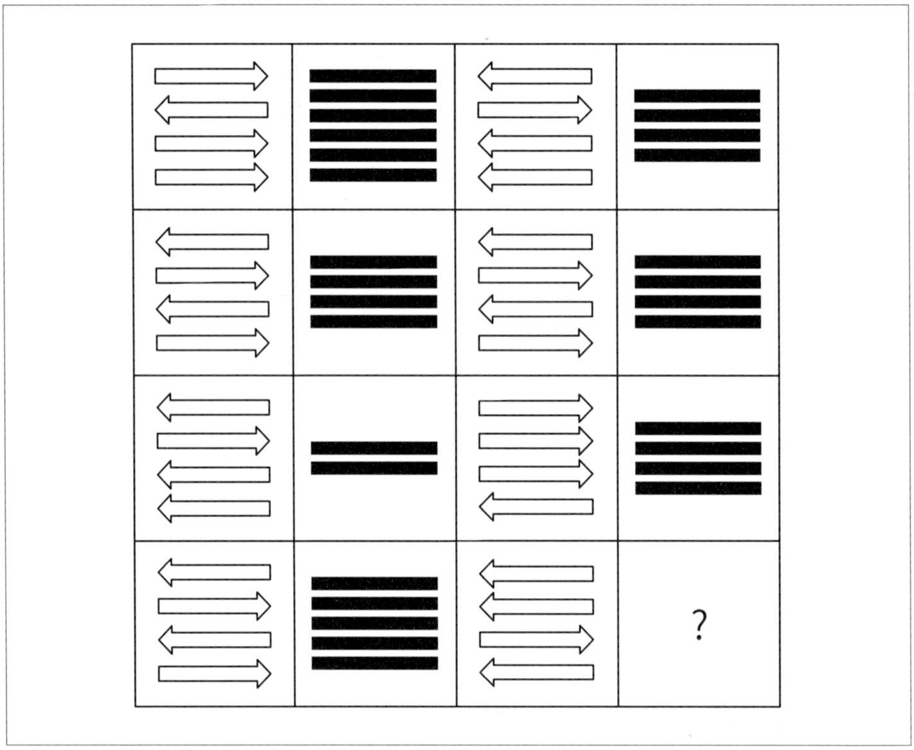

① ② ③ ④ ⑤

22 다음 글의 (A)~(D)를 문맥에 맞게 순서대로 배열한 것은?

(A) 시는 허구가 아니며, 시인이 시에서 의도하는 것은 어떤 상상할 수 있는 경우를 제시하는 데 있지 않다. 그는 자신이 발견했거나 경험했다고 확신하는 어떤 객관적 진리를 재현해 보이려는 것이다. 그가 재현하고자 하는 진리가 자신의 내면적 세계일 경우도 마찬가지다.

(B) 근대 과학의 성립과 더불어 과학과 문학의 기능은 재현과 표현으로 구별되어 왔다. 과학 이 세계에 대한 객관적 정보를 제공하는 데 반하여 문학은 세계에 대한 작가의 정서를 드러내 줄 뿐이라는 것이다.

(C) 과학적 텍스트의 내용이 사실적 서술인 데 반하여 소설이나 희곡과 같은 문학 텍스트의 세계는 허구적 상상물이다. 그러나 시의 경우는 다르다.

(D) 그렇다면 시적 의도는 어디까지나 인지적이며 그 텍스트가 나타내는 것은 외적 혹은 내적 세계에 대한 정보이다. 인지적이라는 점에서 시의 의도는 과학의 의도와 가깝고 소설이나 희곡의 의도와는 멀다.

① (A) - (B) - (C) - (D)
② (A) - (C) - (B) - (D)
③ (B) - (A) - (C) - (D)
④ (B) - (C) - (A) - (D)
⑤ (C) - (A) - (B) - (D)

23 다음 글의 (A)~(D)를 문맥에 맞게 순서대로 배열한 것은?

(A) 하지만 전문가들의 의견에 따르면 골전도 이어폰 역시 안전성 측면에서 문제가 있다. 골전도 이어폰이 귀에 직접 꽂는 방식이 아니라서 고막의 부담을 줄여주긴 하지만 완벽하게 청력이 보호될 수는 없으며, 심지어 음량을 크게 하고 듣다 보면 오히려 청력이 손상될 가능성이 크다는 것이다.

(B) 오늘날 스마트폰 시대가 되면서 이어폰을 통해 영상이나 음악을 감상하는 등의 이유로 무선이어폰은 스마트폰과 떼려야 뗄 수 없게 되었다. 무선이어폰 시장에는 커널형, 오픈형 그리고 골전도 이어폰까지 다양한 제품들이 출시돼 있다. 이 중에서도 최근 들어 일반 대중들 사이에서 골전도 이어폰에 관한 관심이 높아지고 있다.

(C) 골전도 이어폰은 뼈로 진동을 전달해야 하기 때문에 주로 귀 주변 연골에 부착해 사용한다. 덕분에 귀를 막지 않아 주변의 소리까지 들을 수 있다. 이러한 이유로 골전도 이어폰은 커널형 이어폰에 비해 안전성이 높은 편이다. 커널형 이어폰은 귓바퀴에서 고막으로 이어지는 외이도에 밀착되어 주위의 소음을 차단하기 때문에 자칫 잘못하면 큰 사고로 이어질 수 있다.

(D) 그렇다면 골전도 이어폰에서 골전도란 무엇을 의미하는가? 골전도란 고막의 떨림으로 소리를 듣는 것이 아니라, 두개골과 근육의 진동이 직접 내이에 전달돼 소리를 듣는 방법을 말한다. 이러한 골전도 현상을 이용한 음향기기가 바로 골전도 이어폰이다. 골전도 이어폰은 귀 주변 뼈와 피부를 통해 내이에 진동을 줌으로써 소리를 전달하는 방식을 사용한다.

① (B) - (A) - (C) - (D)
② (B) - (C) - (A) - (D)
③ (B) - (D) - (C) - (A)
④ (C) - (A) - (B) - (D)
⑤ (C) - (B) - (D) - (A)

24 다음 글을 읽고 제기할 수 있는 반박으로 가장 적절한 것은?

> 시스템 반도체는 반도체를 저장하지 않고 디지털화된 전기적 정보를 연산하거나 처리하는 비메모리형 반도체이다. PC용 CPU나 모바일 기기용 AP처럼 정보처리를 위한 각종 기능을 하나의 칩에 통합한 시스템으로, 고도의 기술력과 창의력이 투입된 기술 집약 소재이다. 현재 우리나라의 시스템 반도체의 전 세계 점유율은 매우 낮은 편이다. 그러나 시스템 반도체를 사용하는 전자제품을 생산하는 국내 대기업들이 있으므로, 사실상 시스템 반도체의 발전에는 유리한 편이다. 만약 시스템 반도체 설계 기술만 확보된다면, 대기업의 요구대로 중소기업에서 시스템 반도체를 설계하고, 이를 사용한 전자제품을 대기업에서 생산하는 생태계를 충분히 구축할 수 있기 때문이다.

① 국내 기업들은 기술력을 기르고 창의력을 발휘하여 하루 빨리 반도체 설계기술을 확보해야 한다.

② 국내 대기업에서 시스템 반도체를 사용하여 생산한 전자제품의 전 세계 점유율은 매우 높은 편이다.

③ 시스템 반도체 설계 기술만 확보되면 국내 기업들도 PC용 CPU나 모바일 기기용 AP를 충분히 설계할 수 있다.

④ 연산이나 논리와 같은 정보처리 목적으로 사용되는 메모리를 생산하기 위해서는 대규모 설비 시설이 구축되어야 한다.

⑤ 상대적으로 기술력이 부족한 영세 규모의 기업들이 대기업의 요구대로 시스템 반도체를 설계하는 것은 현실적으로 어렵다.

25 다음 주장에 대한 반박으로 가장 타당한 것을 고르시오.

> 베트남은 지속적으로 경제 성장을 할 것으로 전망된다. 스위스연방은행(UBS)은 아시아에서 가장 매력 있는 투자국으로 꼽았을 정도다. 향후 5년 내 세계 5대 신흥 물류시장으로 성장할 것이란 이유에서다. 성과는 수치로도 뒷받침된다. 도이모이(개혁개방) 이전 100달러를 밑돌았던 1인당 국민소득은 지난해 2,545달러를 기록했다. 권력을 가진 관료와 공산당 간부, 부유한 자영업자, 부동산 소유자는 신흥 부유층으로 떠올랐다. 이들은 수십만 달러를 호가하는 주택에 살면서 고급 승용차를 타고 자녀는 해외유학을 보낸다. 지금 베트남은 '한강의 기적' 당시 한국보다 더 빠른 속도로 강하게 성장할 여건을 갖추고 있다. 운과 때를 만났기 때문이다. 개혁개방 정책으로 외국인 투자를 받아들일 태세가 돼 있어도 비교우위가 없으면 의미가 없다. 하지만 중국의 급성장이 베트남에는 기회가 되고 있다. 중국은 이미 임금이 높아 노동집약적 산업에 진출한 외국인들이 버티기 어렵고 빈부격차의 심화로 시장경제에 악영향이 발생하고 있기 때문이다. 미·중 무역전쟁에 따른 글로벌 밸류체인(GVC)의 변화도 글로벌 자본의 베트남 유입을 가속한다.

① 외자유치를 더 이상 받지 않더라도 베트남의 자생적 경제성장을 기대해 볼만하다.

② 향후 글로벌 밸류체인의 변화는 예측할 수 없으므로 베트남에는 미국보다 한국의 주문량이 많을 수도 있다.

③ 베트남의 급속 성장은 시장 자본주의 체제의 성공적 도입만이 아니라 공산당 1당 지배체제를 포기하였기 때문에 가능하였다.

④ 스위스 연방은행의 전망은 베트남의 물류항으로서의 역할 증대가 아니라 노동집약적 산업이 성장함에 따라 등장한 것이다.

⑤ 이미 베트남에서도 신흥 부유층 등의 발생 등 상당한 양극화가 발생되었으므로 향후 경제에 좋지 않은 영향을 끼칠 수 있다.

26 다음 내용이 모두 참이라고 할 때 반드시 거짓인 것은?

체온이 높아지면 인체는 체온을 다시 낮추기 위해 땀샘에서 땀을 분비한다. 땀은 수분이 증발할 때 주위로부터 열을 빼앗는 성질을 이용하여 몸에서 열을 내보낸다. 땀샘을 제어하는 신경은 뇌의 시상하부에 있는 발한 중추로 이어지고 발한 중추는 온도를 감지하는 온도 수용체가 있는 신경과 이어진다. 보통 온열 자극에 의해 피부 온도가 43~46℃가 되면, 손바닥과 발바닥을 제외한 모든 피부 면에서 땀이 난다. 이를 '온열성 발한'이라고 한다. 이와 달리 심리적 자극으로 콧등, 이마, 겨드랑이, 손바닥 등에서만 땀이 나는 것은 '정신적 발한'으로, 체온 조절과는 상관이 없으며 일부 과학자들은 정신적 발한이 인류의 진화과정에서 비롯된 것이라고 주장한다. 한편 매운 음식을 먹을 때에도 땀이 나는데, 이는 미각적 발한의 일종으로, 온도 수용체에서 매운 것을 더운 것으로 오인하여 발생한다. 이 경우 온도 수용체는 보통의 땀 분비 과정과 달리, 반사 반응처럼 뇌를 경유하지 않고 땀샘으로 신호를 직접 전한다.

① 수분이 증발하면 주위의 온도는 낮아진다.
② 피부 온도가 올라가면 온몸에서 땀이 난다.
③ 정신적 발한을 겪지 않은 인류도 있다.
④ 반사 반응이 땀 분비 반응보다 빠르다.
⑤ 체온이 높아지지 않아도 땀이 분비된다.

27 다음 내용이 모두 참이라고 할 때 반드시 거짓인 것은?

엠제코(MZ-ECO) 세대는 'MZ 세대'와 'ECO(생태, 환경)'를 합친 말로, 환경을 중요한 가치관으로 삼아 환경 이슈에 민감하게 반응하고 환경 보호의 윤리적 가치를 추구하는 MZ 세대를 일컫는다. 이들은 지구 온난화와 기후변화 등 직접적으로 환경오염을 경험하고 이에 대한 심각성을 인지하면서 긍정적인 변화를 이끌기 위해 직접 행동에 나선다. 예를 들어 조깅하면서 쓰레기를 줍는 '플로깅(Plogging)', 환경을 보호하기 위해 쓰레기 배출량을 줄이는 '제로 웨이스트 챌린지(Zero Waste Challenge)' 등을 주도한다. 또한 불매 운동이나 청원 등 기업과 정부에 관련 대책을 직접적으로 요구하는 등 문제를 주도적이고 직접적으로 해결하고자 한다. 한편 최근에는 기업에서도 이들을 겨냥한 친환경 마케팅을 펼치고 있는데, 실제로 기존의 빈 통에 화장품을 채우는 리필 스테이션을 운영 중인 한 화장품 업체에 따르면, 리필 스테이션을 이용하는 고객의 70%가 MZ 세대라고 밝혔다.

① 엠제코 세대는 환경과 관련된 피해를 일상 속에서 체감한다.
② MZ 세대 외의 다른 세대도 기업의 친환경 마케팅을 이용한다.
③ 엠제코 세대는 여러 캠페인을 통해 환경 보호에 직접 앞장선다.
④ 엠제코 세대를 겨냥한 친환경 마케팅 전략은 항상 성공할 것이다.
⑤ MZ 세대를 잇는 엠제코 세대는 환경 문제에 관심이 있는 세대이다.

28 다음 내용이 모두 참이라고 할 때 반드시 거짓인 것은?

굴절이란 눈에 들어오는 빛의 굴곡을 말하는 것으로, 망막에 상이 정확히 맺히는 정상적인 굴절 상태를 '정시'라고 한다. 반면 눈으로 들어온 빛이 망막에 상을 맺을 수 없는 상태를 '굴절이상'이라고 하며, 대표적인 굴절이상에는 먼 곳의 물체를 정확히 볼 수 없는 '근시'와 가까운 곳의 물체를 정확히 볼 수 없는 '원시'가 있다. 근시는 수정체의 굴절력이 강하여 상이 망막보다 앞에 맺히는 현상이다. 근시안은 안축*이 정상안보다 길고 각막 표면의 곡률이 크다. 근시를 교정하기 위해서는 곡률을 줄여 주어야 하므로, 가운데가 얇고 주변이 두꺼워 빛을 퍼지게 해주는 오목렌즈를 사용한다. 반대로 원시는 수정체의 굴절력이 약하여 상이 망막 뒤쪽에 맺히는 현상이다. 원시안은 정상안보다 안축이 짧고 각막 표면의 곡률이 충분히 크지 않아 각막을 지나는 빛이 덜 꺾인다. 원시안 교정에는 가운데가 두껍고 주변이 얇아 빛을 모을 수 있는 볼록 렌즈를 사용한다.

* 안축(眼軸): 안구 전후의 길이

① 안축이 짧을수록 각막을 지나는 빛이 덜 꺾인다.
② 렌즈의 가운데가 얇을수록 빛을 모아주는 힘은 약하다.
③ 상이 망막보다 앞에 맺히는 안구의 곡률은 정상안보다 작다.
④ 근시안, 정상안, 원시안 중 상이 가장 뒤쪽에 맺히는 안구는 원시안이다.
⑤ 가운데가 두꺼운 렌즈를 착용하는 사람의 안구 전후의 길이는 정상안보다 짧다.

29 다음 내용이 모두 참이라고 할 때 반드시 거짓인 것은?

해시함수는 특정 문자열을 빠르게 찾을 수 있도록 임의 길이의 메시지를 입력하여 고정된 길이의 해시값을 출력하는 함수이다. 현재 사용되는 표준 해시함수들은 160비트 내지 256비트의 해시값을 출력한다. 암호 알고리즘은 키를 사용하지만 해시함수는 키를 사용하지 않아 동일한 입력에 대해 언제나 동일한 출력이 보장된다. 해시함수는 일반적으로 전자서명과 함께 사용되는데, 전체 메시지에 대해 직접 서명하는 것이 아니라 먼저 메시지를 입력하여 짧은 해시값을 계산하고 이에 대해 한 번의 서명을 하는 방식이다. 이때 해시값에 대한 서명이 본래 메시지에 대한 서명으로 인정되려면 같은 해시값을 갖는 또 다른 메시지를 찾기 어려워야 한다. 다만, 해시함수는 입력은 상이하지만 같은 출력이 나오는 충돌이 반드시 존재한다. 만약 같은 해시값을 갖는 다른 메시지를 찾기 쉽다면 서명자가 본인의 서명을 다른 메시지에 대한 서명이라고 주장할 수 있다. 따라서 안전한 사용을 위해 해시함수는 충돌을 찾아내기 힘들어야 한다.

① 암호 알고리즘과 해시함수는 키의 사용 유무가 서로 다르다.
② 해시함수는 충돌을 발견하기 어려울수록 안전성이 높아진다.
③ 해시함수는 상이한 입력에 대해서 반드시 상이한 출력이 발생한다.
④ 현재 사용되는 표준 해시함수는 해시값이 300비트 이상일 수 없다.
⑤ 해시함수를 사용하는 전자서명은 서명자가 해시값에 서명을 하는 방식이다.

30 다음 글을 바탕으로 추론할 수 있는 것은?

심(SIM, Subscriber Identity Module)은 가입자 식별 모듈 카드로, 메모리에 저장된 가입자 정보를 이용하여 장치를 인증하고, 통신 서비스를 위한 네트워크 접근을 제어한다. 일종의 모바일용 신분증과 같은 개념이다. 심의 크기는 단말기가 소형화되면서 '미니 심', '마이크로 심', '나노 심'과 같이 점차 작아지고 있다. 심은 네트워크 공급자와 개별 정보가 포함된 상태로 발급되며, 사용자들은 이를 기반으로 전화를 걸고 인터넷에 연결할 수 있다. 또한 장치 간에 자유롭게 교체할 수 있기 때문에 활용 범위가 넓다. 한편 최근 등장한 e심(eSIM, embedded Subscriber Identity Module)은 기존의 나노 심보다 크기가 작다. 특히 일반적인 심과 달리 기기의 메인보드에 부착되어 있으며, 가입자 정보가 기록되지 않는다. 때문에 인터넷에서 프로필을 다운로드하여 e심 모듈에 저장하거나 다시 쓸 수 있다.

① e심은 마이크로 심보다 작고 나노 심보다 크다.
② 하나의 나노 심으로 휴대폰과 태블릿PC를 번갈아 사용할 수 있다.
③ 미니 심에는 인터넷에서 다운로드 한 가입자 정보를 저장할 수 있다.
④ e심을 사용하려면 통신 서비스 사업자는 물리적인 심을 발급해야 한다.
⑤ e심 모듈에 프로필을 두 번 다운받으면 두 개의 번호를 사용할 수 있다.

3부
직무상식

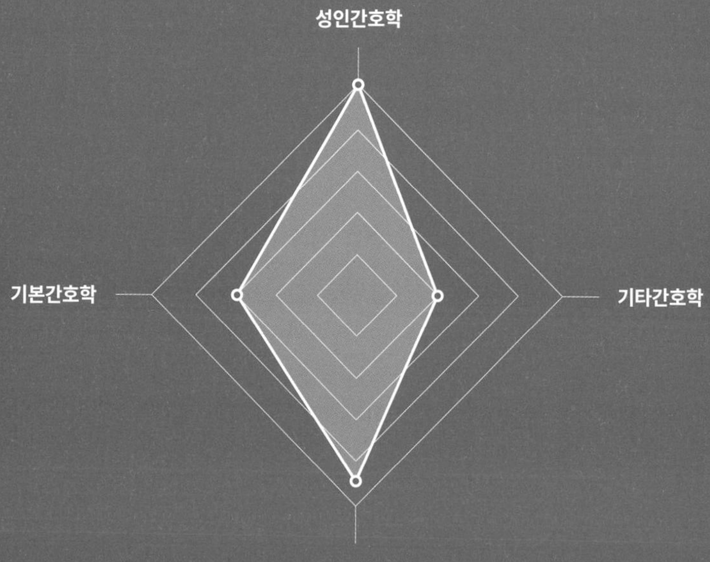

유형별 중요도

1장 전공이론

유형 특징

전공이론에서는 성인간호학에서 높은 비중으로 문제가 출제되고 있다. 그 다음 기본간호학에서 약간의 문제가 출제되고 있으며 성인간호학과 기본간호학을 제외한 기타간호학에서도 문제가 출제되고 있으나 비중은 낮다.
전년도 채용 기준으로 삼성서울병원 GSAT에서는 성인간호학과 약물계산에서 대부분의 문제가 출제되었다. 강북삼성병원 GSAT에서는 성인간호학과 기본간호학 중심의 문제가 출제되었으며 삼성창원병원 GSAT에서는 기본간호학 및 성인간호학, 모성간호학, 아동간호학, 간호관리학 등 다양한 과목에서 문제가 출제되었다. 다만, 출제연도에 따라서 각 병원의 기본간호학 및 기타간호학의 출제 여부, 비중이 달라지므로 이 점을 참고하여 준비하도록 한다.
성인간호학에서는 주요 질환을 중심으로 특징적인 증상 및 중재를 묻는 문제가 대개 출제되고 있으며 이외 간호학에서도 주요 개념을 중심으로 문제가 출제되고 있다.

학습 포인트

주요 내용을 중심으로 학습한다.
성인간호학에서 높은 비중으로 문제가 출제되는 만큼 성인간호학에서의 주요 질환을 우선적으로 학습하는 것이 효과적이다. 주요 질환의 특징적인 증상 및 중재를 중심으로 학습한다.

중재에 초점을 맞춰 학습한다.
간호사를 채용하는 시험이므로 임상에서 활용될 수 있는 간호중재를 묻는 질문이 많다. 간호중재가 필요한 이유 및 수행방법에 대해 정확히 알고 숙지하는 것이 필요하다.

임상에서의 주요 약물과 약물계산법을 숙지한다.
주요 약물과 관련하여 다양한 문제가 출제되고 있다. 주요 약물의 효능과 부작용, 간호중재를 알아둔다. 약물계산은 약물계산법만 정확히 알고 있으면 정답을 맞출 수 있으므로 정확히 숙지해두어야 한다.

1 기본간호학

각 파트별 실무와 관련된 기본적인 내용들을 묻는 문제들로 구성

예제

피부와 구강점막의 건조, 갈증, 피부긴장도 저하의 증상에 대한 요인으로 옳지 않은 것은?

㉠ 요붕증 ㉡ ADH 분비 과다 ㉢ 다량의 구토, 설사 ㉣ 불충분한 수분 섭취

① ㉡　② ㉠, ㉡　③ ㉡, ㉢
④ ㉠, ㉡, ㉣　⑤ ㉠, ㉡, ㉢, ㉣

문제풀이

피부와 구강점막의 건조, 갈증, 피부긴장도 저하는 탈수로 인한 증상에 해당한다. 탈수의 원인에는 출혈, 다량의 구토/설사/발한/배액, 화상, 불충분한 수분 섭취 등이 있다. 요붕증의 경우 항이뇨호르몬(ADH)의 분비 부족 혹은 신장에서 제 기능을 하지 못하여 지속적인 다뇨가 발생하는 질환으로 이로 인해 탈수 증상이 유발된다.

참고
항이뇨호르몬(ADH): 뇌하수체 후엽에서 분비되며 신장에서의 수분 흡수를 촉진시켜 소변량을 감소시킴

정답 ①

2 성인간호학

질환별 특징적인 간호중재 및 합리적 근거를 묻는 문제들로 구성

예제

초기 저혈량성 쇼크 증상으로 옳은 것을 모두 고르시오.

㉠ 차고 축축한 피부
㉡ PCWP 상승
㉢ 요비중 증가
㉣ 맥박 증가, 호흡 감소

① ㉠, ㉡ ② ㉠, ㉢ ③ ㉠, ㉡, ㉢
④ ㉡, ㉢, ㉣ ⑤ ㉠, ㉡, ㉢, ㉣

문제풀이

심박출량의 저하로 교감신경이 자극되어 발한이 나타나며 조직 관류가 감소되어 차고 축축한 피부가 나타난다. 저혈량성 쇼크 초기에는 순환 혈량을 유지하기 위해 나트륨과 수분이 재흡수되어 요삼투압과 요비중이 증가하나, 쇼크가 진행될수록 신장의 나트륨과 수분 재흡수 능력이 저하되면서 요삼투압과 요비중이 감소하게 된다.

㉡ PCWP(pulmonary capillary wedge pressure, 폐모세혈관쐐기압)은 폐울혈과 좌심실의 기능을 반영하는 것으로, 좌심부전, 폐부종 등에서 수치가 증가한다.

㉣ 교감신경이 자극되어 맥박이 증가하며, 혈액의 산소운반 능력 저하로 호흡은 증가한다.

참고

저혈량성 쇼크로 인해 대사성 산증이 발생할 수 있음

정답 ②

3 기타간호학

모성 / 아동 / 정신간호학 등 기타간호학에서 중재를 묻는 문제들로 구성

예제

중증 임신성 고혈압 환자의 간호중재를 모두 고르시오.

㉠ 침상안정
㉡ 항고혈압제 투여
㉢ $MgSO_4$ 투여
㉣ 필요시 이뇨제 투여

① ㉠, ㉡　② ㉠, ㉢　③ ㉠, ㉡, ㉢
④ ㉡, ㉢, ㉣　⑤ ㉠, ㉡, ㉢, ㉣

문제풀이

중증 임신성 고혈압 환자는 경련 발생을 예방하기 위해 자극을 최소화해야 한다. 안정을 취하게 하며, 조용한 환경을 조성한다. 증상 완화를 위해 항고혈압제 및 MgSO4를 투여한다. 필요시 이뇨제를 투여하기도 하지만, 이뇨제는 산모의 혈류량을 감소시켜 태반 관류에 영향을 미칠 수 있으므로 되도록 사용하지 않는다.

개념
자간전증의 증상: 고혈압, 단백뇨, 부종 등
(자간증이란, 자간전증 산모에게 경련이 발생했을 때를 의미함)

정답 ⑤

2장 약물계산

유형 특징

약물계산에서는 단순문제부터 응용문제까지 다양한 형태의 문제들이 출제되고 있다. 단순계산뿐만 아니라 실제 임상에서 적용할 수 있는 다소 복잡한 응용문제도 상당수 포함되어 높은 비중으로 출제된다.
약물계산 문제가 복잡하다 하더라도 출제되는 유형이 정해져 있으므로 각 유형을 파악하고 그에 따른 계산법을 익히는 것이 중요하다. 문제 유형에 따른 풀이 방법을 정확히 숙지하고 다양한 예시문제를 통해 풀이법에 익숙해진다면 점수를 수월하게 얻을 수 있다. 약물계산 문제는 투약 관련 약어와 함께 복합적으로 문제가 출제되기도 하므로 고득점을 위해 관련 약어도 함께 학습한다.

학습 포인트

약물 용량의 단위와 관련 약어를 먼저 학습한다.
약물 용량의 단위는 약물계산에서 가장 기본이 된다. 단위를 알지 못하면 문제를 이해하기 어려워, 문제를 풀기 쉽지 않다. 그러므로 약물계산 문제를 학습하기 전, 계산에 필요한 약물 용량의 단위와 대소 관계를 먼저 파악한다. 또한 약물 관련 의학약어가 문제에 함께 출제될 수 있으므로 관련 약어도 함께 숙지한다.

다양한 유형의 문제를 파악한다.
하나의 시만을 이용해 답을 찾는 단순한 유형의 문제부터 약물 용량의 단위, 환자의 몸무게 등을 고려하여 답을 구해야 하는 응용 문제까지 다양한 유형이 출제된다. 약물 계산에서 출제될 수 있는 가능한 모든 유형의 문제를 파악하고 그에 따른 풀이법을 정확히 학습한다.

여러 문제를 통해 실전 감각을 익힌다.
다양한 유형의 문제를 파악하고 그에 따른 풀이법을 학습했다면, 실제로 여러 문제를 풀어 실전 감각을 익힌다. 문제의 유형이 약간만 달라져도 생소하게 느껴질 수 있기 때문에 다양한 유형의 문제를 통해 학습하는 것이 중요하다. 다양한 문제에 따른 풀이법을 완벽히 이해하여 자신의 것으로 만드는 것이 필요하다.

1 단순계산

비례식을 이용하여 간단하게 답을 구하는 계산문제

예제 1

항생제 1vial 500mg에 0.9% N/S 10cc를 mix 하였다. 300mg을 주고자 한다면, 몇 cc를 주어야 하는가?

① 2cc ② 4cc ③ 6cc
④ 8cc ⑤ 10cc

문제풀이

500mg : 10cc = 300mg : $x$cc

$\therefore x = 6$cc

정답 ③

예제 2

0.9% N/S 1L와 heparin 18000u을 mix하려고 한다. heparin 1vial이 25000u/5ml일 때, 몇 cc를 mix 하여야 하는가?

① 1.3cc ② 2.5cc ③ 3.6cc
④ 4.2cc ⑤ 4.8cc

문제풀이

25000u : 5ml = 18000u : $x$cc

$\therefore x = 3.6$cc

정답 ③

2 응용계산

공식을 이용하거나 여러번의 계산과정을 통해 답을 구하는 계산문제

예제 1

0.9% N/S 200ml을 2시간 동안 투여하려면, 몇 초에 한 방울로 주입해야 하는가?

※ 수액세트 점적 방울 수의 기준: 20gtt/mL

① 1~2초　② 3~4초　③ 6~7초
④ 9~10초　⑤ 11~12초

문제풀이

$$\frac{\text{주입시간} \times 60\text{min} \times 60\text{sec}}{\text{주입량(ml)} \times 20\text{gtt/ml}} = \text{한 방울 점적에 걸리는 시간(sec/gtt)}$$

$$\frac{2(\text{hr}) \times 60\text{min} \times 60\text{sec}}{200(\text{ml}) \times 20\text{gtt/ml}} = 1.8(\text{sec/gtt})$$

정답 ①

예제 2

60kg인 환자에게 Dopamine 400mg(1ampule/200mg/5ml)을 5% DW 490ml에 mix하여 5μg/kg/min의 속도로 투여하고자 할 때 몇 ml/hr로 주어야 하는가?

① 10ml/hr　② 15.5ml/hr　③ 17ml/hr
④ 20ml/hr　⑤ 22.5ml/hr

문제풀이

1) 400mg : 500ml = $x$mg : 1ml
∴ 1ml 당 0.8mg(800μg)의 약물이 녹아있는 것

2) 1시간동안 5μg × 60kg × 60min = 18000μg의 Dopamine이 투여된다.
1ml : 800μg = $y$ml: 18000μg
∴ y = 22.5(ml/hr)

정답 ⑤

조각 모의고사

정답 페이지 36~41

01 장기 침상 환자의 혈전생성 요인으로 옳지 않은 것을 모두 고르시오.

㉠ 정맥벽 손상
㉡ 혈류 저하
㉢ 정맥 압력 감소
㉣ 혈액 점도 저하

① ㉠, ㉡ ② ㉢, ㉣ ③ ㉠, ㉡, ㉢
④ ㉡, ㉢, ㉣ ⑤ ㉠, ㉡, ㉢, ㉣

02 인슐린 투여 후 식은땀을 흘리며 의식이 소실된 대상자에게 즉시 해야 할 간호중재로 옳은 것을 모두 고르시오.

㉠ glucagon을 투여한다.
㉡ 생리식염수를 주입한다.
㉢ 50% DW을 주입한다.
㉣ 아드레날린을 투여한다.

① ㉠, ㉡ ② ㉡, ㉢ ③ ㉠, ㉢
④ ㉡, ㉣ ⑤ ㉢, ㉣

03 낙상 예방을 위해 교육이 필요한 대상자를 모두 고르시오.

㉠ GCS E(2)V(2)M(1)인 60세 남자 환자
㉡ 기립성 저혈압이 있는 50세 여성
㉢ 시력이 저하된 백내장 환자
㉣ 우측 편마비 환자

① ㉠, ㉡ ② ㉡, ㉣ ③ ㉠, ㉢, ㉣
④ ㉡, ㉢, ㉣ ⑤ ㉠, ㉡, ㉢, ㉣

04 수혈할 때의 간호중재에 대한 설명으로 옳은 것을 모두 고르시오.

㉠ 수혈 시작 후 처음 15분은 천천히 주입한다.
㉡ 0.45% 또는 0.9% 생리식염수와 함께 투여할 수 있다.
㉢ 농축적혈구를 수혈할 때는 4시간 이내로 투여한다.
㉣ 수혈 시에는 정상적으로 가려움증, 두드러기 등이 발생할 수 있다.

① ㉠, ㉢ ② ㉡, ㉣ ③ ㉠, ㉡, ㉢
④ ㉡, ㉢, ㉣ ⑤ ㉠, ㉡, ㉢, ㉣

05 삼차신경의 이상 여부를 사정하기 위한 검사방법으로 옳은 것을 모두 고르시오.

㉠ 저작근을 확인한다.
㉡ 외안근 검사를 시행한다.
㉢ 눈을 감게 하고 핀으로 얼굴을 찔러본다.
㉣ 표정을 지었을 때 안면근육 대칭 여부를 확인한다.

① ㉠, ㉢ ② ㉡, ㉣ ③ ㉠, ㉢, ㉣
④ ㉡, ㉢, ㉣ ⑤ ㉠, ㉡, ㉢, ㉣

06 **비위관을 갖고 있는 환자의 간호중재로 옳지 않은 것을 모두 고르시오.**

㉠ 위 내용물을 흡인해보고 흡인된 내용물은 버린다. ㉡ 영양액 주입 후, 100mL 이상의 물을 주입하여 관을 세척한다. ㉢ 계속적 영양 시 영양액이 남아 있더라도 주기적으로 영양액 및 주입세트를 교환한다. ㉣ 위 내용물 흡입 시 녹색을 띠는 액체가 나온다면 즉시 의사에게 보고한다.

① ㉠, ㉢　② ㉡, ㉣　③ ㉠, ㉡, ㉢
④ ㉠, ㉡, ㉣　⑤ ㉡, ㉢, ㉣

07 **산소요법 적용 환자의 간호중재로 옳은 것은?**

① 비강캐뉼라를 적용할 때는 코와 입으로 호흡하도록 교육한다.
② 부분재호흡마스크는 100% 산소 농도를 제공하기 위해 사용한다.
③ 비재호흡마스크를 적용할 때는 저장주머니에 산소를 채운 후 사용한다.
④ 단순마스크를 적용할 때는 산소유량이 최대 5L/분을 넘지 않아야 한다.
⑤ 벤츄리마스크의 농도 조절 구멍은 항상 닫히도록 조절한다.

08 **인공호흡기를 적용 중인 환자의 간호중재로 옳은 것은?**

① 매 근무조당 한 번씩 Suction한다.
② 기관 내관의 위치는 하루 한 번 사정한다.
③ 인공호흡기 회로는 매일 교체한다.
④ ABGA를 확인하여 환기가 적절한지 사정한다.
⑤ 구강간호는 발관의 위험성이 있으므로 수행하지 않는다.

09 NTG에 대한 설명으로 옳지 않은 것을 모두 고르시오.

㉠ 빛과 온도에 민감하므로 보관에 유의한다.
㉡ 작열감이 느껴진다면 새로운 약으로 교체한다.
㉢ 약물이 최대한 빠르게 흡수되도록 꼭꼭 씹어 삼킨다.
㉣ 혈관 평활근을 수축시켜 관상순환 혈량을 증가시키는 작용을 한다.

① ㉠, ㉢
② ㉡, ㉣
③ ㉠, ㉡, ㉢
④ ㉡, ㉢, ㉣
⑤ ㉠, ㉡, ㉢, ㉣

10 간성혼수 환자의 간호중재로 옳지 않은 것은?

① 관장은 장 출혈의 위험성을 높이므로 되도록 시행하지 않는다.
② 장내 세균을 감소시키기 위해 Neomycin을 구강으로 투여한다.
③ 위장관 출혈여부를 사정하기 위해 대변 양상을 확인한다.
④ 저산소증은 증상을 악화시키므로 기도 개방을 유지하고 적절한 산소를 공급한다.
⑤ 증상 완화를 위해 단백질 섭취를 제한한다.

11 담석증 환자의 간호중재로 옳은 것은?

① 통증 경감을 위해 morphine만 투여 가능하다.
② 체액 불균형 예방을 위해 경구로 다량의 수분을 제공한다.
③ 저산소증 예방을 위해 고농도의 산소를 제공한다.
④ 지방 흡수율을 높이기 위해 고지방식이를 제공한다.
⑤ 증상 완화를 위해 금식을 시행하고 비위관을 삽입한다.

12 **전부하가 상승되는 원인으로 옳은 것을 모두 고르시오.**

㉠ 심부전 ㉡ 과다한 수액 주입 ㉢ furosemide 투여 ㉣ 과다 출혈

① ㉠, ㉡ ② ㉡, ㉢ ③ ㉠, ㉡, ㉢
④ ㉠, ㉢, ㉣ ⑤ ㉡, ㉢, ㉣

13 **간경변 환자의 복수와 관련된 설명으로 옳은 것을 모두 고르시오.**

㉠ 문맥성 고혈압과 관련되어 복수가 발생한다. ㉡ 복수가 발생하면 신장의 보상작용으로 소변량이 증가한다. ㉢ 복수가 심한 경우, 호흡곤란이 유발되므로 주의 깊게 관찰한다. ㉣ 최대한 많은 양의 복수를 단기간에 제거하여 환자의 안위를 증진시킨다.

① ㉠, ㉢ ② ㉡, ㉣ ③ ㉠, ㉡, ㉢
④ ㉡, ㉢, ㉣ ⑤ ㉠, ㉡, ㉢, ㉣

14 **대상자의 혈액검사 결과 Hct 59%, Hb 20g/dL, 시간당 소변량이 30mL 미만으로 측정되며 오심 및 잦은 구토를 보일 때의 중재로 옳지 않은 것을 모두 고르시오.**

㉠ 출혈 사정 ㉡ 이뇨제 투여 ㉢ 농축적혈구 수혈 ㉣ 수액을 주입하여 hydration

① ㉠, ㉡ ② ㉠, ㉢ ③ ㉠, ㉡, ㉢
④ ㉡, ㉢, ㉣ ⑤ ㉠, ㉡, ㉢, ㉣

15 **두개내압 상승 환자의 간호중재로 옳은 것을 모두 고르시오.**

> ㉠ 동공반사 및 GCS를 주기적으로 사정한다.
> ㉡ 빈맥이 나타날 수 있으므로 활력징후를 자주 사정한다.
> ㉢ 뇌조직 관류를 유지하기 위해 침상 머리를 15~30° 올려준다.
> ㉣ Valsalva maneuver를 시행하도록 교육한다.

① ㉠, ㉡　② ㉠, ㉢　③ ㉠, ㉡, ㉢
④ ㉡, ㉢, ㉣　⑤ ㉠, ㉡, ㉢, ㉣

16 **다음 검사 결과가 나타났을 때, 할 수 있는 간호중재로 옳은 것은?**

> BP 110/60mmHg, BT 36.7℃, HR 80회/분, RR 20회/분
> ABGA pH 7.41, $PaCO_2$ 38mmHg , PaO_2 68mmHg, HCO_3^- 23mEq/L

① 처방에 따라 산소를 제공한다.
② 이뇨제를 정맥 투여한다.
③ 중탄산염($NaHCO_3$)을 정맥 투여한다.
④ 기관 내 삽관을 시행하고 인공호흡기를 적용한다.
⑤ 봉투를 입에 대주어 호흡 시 이산화탄소를 들이마시게 한다.

17 **아나필락시스 환자의 간호중재로 옳은 것을 모두 고르시오.**

> ㉠ 혈관 수축을 위해 에피네프린을 투여한다.
> ㉡ 기관지 확장을 위해 코르티코스테로이드를 일차적으로 투여한다.
> ㉢ 기관지 협착 등의 증상이 있다면 고용량의 산소를 공급한다.
> ㉣ 체액량이 부족하지 않도록 저장성 용액을 정맥 투여한다.

① ㉠, ㉡　② ㉠, ㉢　③ ㉠, ㉡, ㉢
④ ㉡, ㉢, ㉣　⑤ ㉠, ㉡, ㉢, ㉣

18 **PPI 약물을 장기간 복용할 때 발생할 수 있는 대표적인 부작용은?**

① 호흡 저하
② 직장 출혈
③ 신기능 항진
④ 골절위험도 증가
⑤ 혈중마그네슘 증가

19 **비청색증형 심질환 아동에게 볼 수 있는 증상으로 옳은 것을 모두 고르시오.**

㉠ 심잡음 ㉡ 발육부전 ㉢ 곤봉형 손가락 ㉣ 잦은 호흡기 감염

① ㉠, ㉡　② ㉢, ㉣　③ ㉠, ㉡, ㉣
④ ㉠, ㉡, ㉢　⑤ ㉡, ㉢, ㉣

20 **조현병의 음성 증상을 모두 고르시오.**

㉠ 무감동 ㉡ 사회적 고립 ㉢ 주의력 결핍 ㉣ 긴장성 혼미

① ㉠, ㉡　② ㉡, ㉢　③ ㉡, ㉢, ㉣
④ ㉠, ㉡, ㉢　⑤ ㉠, ㉡, ㉢, ㉣

21 Morphine 1ampule은 10mg(1cc)이다. 4mg을 투여하려고 한다면 몇 cc를 투여해야 하는가?

① 0.15cc ② 0.2cc ③ 0.4cc
④ 0.5cc ⑤ 0.55cc

22 혈당이 올라 인슐린을 투여하려 한다. RI(1vial/1000unit/10ml) 4unit, NPH(1vial/100unit/1ml) 20unit을 투여하려 할 때 각각 몇 ml를 주어야 하는가?

① RI 0.02ml, NPH 0.02ml
② RI 0.02ml, NPH 0.2ml
③ RI 0.04ml, NPH 0.02ml
④ RI 0.04ml, NPH 0.2ml
⑤ RI 0.4ml, NPH 2ml

23 1g 항생제 바이알에 멸균 증류수 10cc를 mix하였다. 처방에 따라 200mg, qid 주려고 할 때 한 번에 몇 cc를 투여해야 하는가?

① 1cc ② 1.5cc ③ 2cc
④ 4cc ⑤ 8cc

24 2g 항생제 바이알에 멸균 증류수 10cc를 mix하였다. 처방에 따라 500mg, tid 주려고 할 때 한 번에 몇 cc를 투여해야 하는가?

① 1cc ② 2.5cc ③ 5cc
④ 10cc ⑤ 15cc

25 **NaCl 1ampule은 2.34g/20ml이다. 멸균증류수 400ml에 NaCl 5ampule을 mix 하였다. 이 수액의 농도를 구했을 때, 소수점 첫째자리 숫자로 옳은 것은?**

① 3 ② 4 ③ 5
④ 7 ⑤ 8

26 **0.9% N/S 1L수액 3bag을 24시간 동안 투여하려고 한다. 6am에 주입을 시작했다면, 11am에 확인할 수 있는 주입 중인 1L 수액백의 남은 양으로 옳은 것은?**

① 150ml ② 375ml ③ 500ml
④ 750ml ⑤ 875ml

27 **A 항암제는 BSA 1.0m^2기준으로 125mL/hr로 주입해야 한다. 환자의 BSA가 1.32m^2일 때, 항암제를 몇 mL/hr로 주입해야 하는가?**

① 165 mL/hr ② 167 mL/hr ③ 170 mL/hr
④ 173 mL/hr ⑤ 175 mL/hr

28 **0.9% N/S 500ml를 5시간 30분 동안 투여하려면, 몇 초에 한 방울로 주입해야 하는지 구할 때, 소수점 둘째자리 숫자로 적절한 것은?**

※ 수액세트 점적 방울 수의 기준: 20gtt/mL

① 2 ② 4 ③ 6
④ 8 ⑤ 10

29 **H/D 500ml를 12시간 동안 투여하려면 몇 초에 한 방울로 주입해야 하는가?**

※ 수액세트 점적 방울 수의 기준: 20gtt/mL

① 약 1~2초 ② 약 4~5초 ③ 약 7~8초
④ 약 10~11초 ⑤ 약 13~14초

30 **Heparin 50000unit(1vial/25000unit/5cc)을 0.9% N/S 490cc에 mix 하였다. 몸무게가 70kg인 환자에게 10unit/kg/hr로 주려고 한다. 몇 cc/hr로 주어야 하는가?**

① 2cc/hr ② 5cc/hr ③ 7cc/hr
④ 10cc/hr ⑤ 15cc/hr

4부
실전 모의고사

간호사 GSAT

GLOBAL SAMSUNG APTITUDE TEST

실전 모의고사

1회

수리논리

문항수 | 20문항
제한시간 | 30분

추리

문항수 | 30문항
제한시간 | 30분

직무상식

문항수 | 30문항
제한시간 | 30분

수리논리

문항수 제한시간

20문항 30분

정답 페이지 42~49

01 2025년 IT부서에서 기술지원부서로 12명이 이동하였다. 기술지원부서 인원은 2024년 대비 10% 증가했고, IT부서 인원은 2024년 대비 6% 감소했다. 2024년 IT부서와 기술지원부서의 인원 차이는 몇 명인가?

① 60명 ② 70명 ③ 80명 ④ 90명 ⑤ 100명

02 기영은 스마트폰과 이어폰을 모두 구매하려고 한다. 기영이 S사 스마트폰을 구매할 확률은 $\frac{3}{5}$, A사 스마트폰을 구매할 확률은 $\frac{2}{5}$이다. S사 스마트폰을 구매한 경우, S사 이어폰을 구매할 확률은 $\frac{3}{4}$, A사 이어폰을 구매할 확률은 $\frac{1}{4}$이다. 또한 A사 스마트폰을 구매한 경우, S사 이어폰을 구매할 확률은 $\frac{1}{3}$, A사 이어폰을 구매할 확률은 $\frac{2}{3}$이다. 기영이 S사 이어폰을 구매했을 때, 같이 구매한 스마트폰이 S사 스마트폰일 확률은 얼마인가?

① $\frac{8}{35}$ ② $\frac{9}{25}$ ③ $\frac{16}{25}$ ④ $\frac{27}{35}$ ⑤ $\frac{4}{5}$

03 다음은 A국의 교통사고 발생에 관한 자료이다. 이에 대한 설명으로 옳지 않은 것은?

<표> 교통사고 발생 현황

(단위: 건)

구분	2020년	2021년			
		1분기	2분기	3분기	4분기
전체 교통사고	4,250	1,020	1,560	1,280	1,410
음주 교통사고	765	280	350	160	180

① 전년 대비 2021년 전체 교통사고 발생건수는 20% 이상 증가했다.

② 2021년 2~4분기 내내 전체 교통사고와 음주 교통사고의 전 분기 대비 증감 추이는 동일하다.

③ 2020년에 전체 교통사고 중 음주 교통사고는 15% 이상이다.

④ 2021년 1분기와 2분기의 음주 교통사고 건수를 합하면 해당 연도 4분기 음주 교통사고의 3배 이상이다.

⑤ 2021년 분기별 전체 교통사고와 음주 교통사고 모두 4분기보다 적은 분기는 없다.

04 **다음은 ○○전자에서 신제품 출시 기념으로 진행한 판촉 이벤트에 관한 자료이다. 이에 대한 설명으로 옳은 것은?**

<표 1> 판촉물 소모량

(단위: 개)

구분	1월	2월	3월	4월	5월	6월
볼펜	220	250	280	350	320	340
휴지	180	160	240	230	280	140
부채	80	110	90	130	240	560
마스크	380	320	330	280	220	160

<표 2> 판촉물 1개당 단가

(단위: 원)

구분	볼펜	휴지	부채	마스크
단가	800	500	600	900

① 2~6월 내내 부채의 소모량은 전월 대비 증가했다.

② 1월에 소모한 4개 판촉물의 단가 총합은 70만 원 이상이다.

③ 이벤트 기간 중 1개당 단가가 가장 비싼 판촉물의 소모량이 가장 많은 달은 3월이다.

④ 이벤트 기간 중 부채의 소모량이 가장 많은 달에 4개 판촉물 중 볼펜의 소모량이 가장 많다.

⑤ 이벤트 기간 중 볼펜의 소모량이 가장 많은 달에 4개 판촉물의 총소모량은 900개 이상이다.

05 다음은 국가지정문화재 관리 예산 및 지정 건수에 관한 자료이다. 이에 대한 설명으로 옳은 것은?

<그래프> 국가지정문화재 관리 예산

(단위 : 억 원)

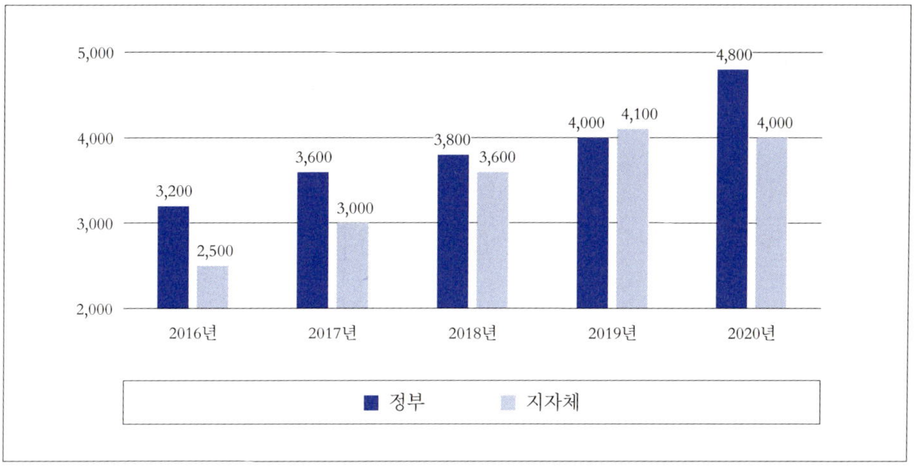

<표> 국가지정문화재 지정 건수

(단위: 건)

구분	2016년	2017년	2018년	2019년	2020년
사적	495	500	504	513	519
명승	109	112	115	118	120
천연기념물	456	462	467	471	481
무형문화재	135	147	155	162	173
민속문화재	294	298	304	312	325

① 정부의 국가지정문화재 관리 예산과 지자체의 국가지정문화재 관리 예산의 차가 가장 큰 해에 명승 지정 건수는 무형문화재 지정 건수보다 더 많다.

② 2017~2020년 내내 천연기념물 지정 건수의 전년 대비 증감 추이와 민속문화재 지정 건수의 전년 대비 증감 추이는 정반대이다.

③ 전년 대비 2018년에 지정 건수가 가장 많이 증가한 국가지정문화재는 민속문화재이다.

④ 2016년 대비 2020년에 국가지정문화재 관리 예산의 증가율은 정부가 지자체보다 높다.

⑤ 2017~2020년 내내 국가지정문화재 관리 총예산은 전년 대비 증가했다.

06 다음은 K국의 해외 건설 수주 금액에 관한 자료이다. 이에 대한 설명으로 옳지 않은 것은?

<표> 해외 건설 수주 금액 상위 10개국 현황

(단위: 십만 달러)

구분	2018년		2019년		2020년	
	국가	수주 금액	국가	수주 금액	국가	수주 금액
1위	아랍에미리트	53,370	인도네시아	37,440	이라크	44,760
2위	베트남	44,040	사우디아라비아	30,200	멕시코	38,100
3위	러시아	31,410	중국	23,650	파나마	29,480
4위	싱가포르	25,840	베트남	16,500	베트남	26,400
5위	사우디아라비아	24,050	폴란드	15,350	알제리	25,260
6위	태국	19,710	나이지리아	13,200	사우디아라비아	24,130
7위	중국	13,130	싱가포르	12,880	아랍에미리트	19,870
8위	홍콩	10,650	방글라데시	8,750	방글라데시	17,500
9위	말레이시아	9,430	아랍에미리트	7,090	카타르	17,200
10위	인도	8,950	이라크	5,820	중국	13,800

① 2020년에 전년 대비 베트남에서 수주한 건설 수주 금액은 60% 증가했다.

② 조사기간 동안 매년 해외 건설 수주 금액 상위 10개국에 속한 국가는 4개국이다.

③ 2018~2020년에 싱가포르에서 수주한 건설 수주 금액의 합은 5,252백만 달러 미만이다.

④ 2020년에 방글라데시에서 수주한 건설 수주 금액은 2019년에 방글라데시에서 수주한 건설 수주 금액의 2배이다.

⑤ 2020년에 상위 5개국 해외 건설 수주 금액의 합에서 상위 3개국 해외 건설 수주 금액의 합이 차지하는 비중은 70% 이상이다.

07 다음은 ○○산업공단의 생산액 및 수출액과 근로자 수 및 기업 수에 관한 자료이다. 이에 대한 설명으로 옳은 것은?

<표 1> 생산액 및 수출액

(단위 : 억 원)

구분	2016년	2017년	2018년	2019년	2020년
생산액	17,640	22,656	16,060	26,499	26,040
수출액	7,056	6,796.8	5,621	5,920.6	5,208

<표 2> 근로자 수 및 기업 수

(단위 : 명, 개소)

구분	2016년	2017년	2018년	2019년	2020년
근로자 수	7,056	7,552	8,030	6,728	7,440
기업 수	126	118	110	116	124

① 2017년에 근로자 1명당 생산액은 4억 원 이상이다.
② 전년 대비 2019년에 생산액의 증가율은 70% 이상이다.
③ 조사기간 중 수출액이 가장 많은 해에 생산액 대비 수출액 비율은 50%이다.
④ 조사기간 중 생산액이 가장 많은 해에 기업 1개소당 근로자 수는 60명 이하이다.
⑤ 2017~2020년 내내 근로자 수의 전년 대비 증감 추이와 기업 수의 전년 대비 증감 추이는 정반대이다.

08 성, 연령계층별 직업교육 경험자 현황이다. 다음 중 자료에 대한 설명으로 옳지 않은 것은?

<표> 성, 연령계층별 직업교육 경험자 현황

(단위: 천 명)

구 분		전 체	직업교육(훈련)경험 있음
전 체		42,002	630
성 별	남자	20,534	288
	여자	21,469	342
연령계층별	15~29세	9,546	240
	30~39세	7,863	157
	40~49세	8,478	122
	50~59세	7,619	76
	60세이상	8,496	35

① 남자보다 여자가 직업교육을 받은 비율이 높다.

② 40~49세 중 직업교육 경험자의 비율은 약 1.4%이다.

③ 60세 이상이 직업 교육 경험자의 비율이 가장 낮다.

④ 30~39세 구간이 직업 교육 경험자의 비율이 가장 높다.

⑤ 연령계층별 남녀 비율은 알 수 없다.

09 **다음은 우리나라의 산불발생 및 산불진화 현황에 관한 자료이다. 이에 대한 설명으로 옳은 것은?**

<표 1> 연도별 산불발생 현황

(단위: 건, ha, 만 원)

구분	2016년	2017년	2018년	2019년	2020년
발생건수	460	520	480	430	540
피해면적	45,500	50,960	40,320	56,760	11,880
1건당 피해액	5,600	4,500	4,800	6,000	5,500

<표 2> 연도별 산불진화 현황

(단위: 건)

구분	2016년	2017년	2018년	2019년	2020년
소방헬기 출동건수	84	82	85	86	81

① 2019년 산불 1건당 피해면적은 2020년의 5배 이하이다.

② 2017년에 산불 피해면적은 전년 대비 10% 이상 증가했다.

③ 연도별 산불 1건당 피해액이 많을수록 산불 피해면적이 넓다.

④ 2020년에 산불로 인한 전체 피해액은 전년 대비 40억 원 이상 증가했다.

⑤ 소방헬기 출동건수가 가장 적은 해에 산불 발생건수 대비 소방헬기 출동건수의 비율은 20% 이상이다.

실전 모의고사
1 회
2 회
3 회

10 **다음은 A~D국의 2020년 출산 관련 통계에 관한 자료이다. 이에 대한 설명으로 옳은 것은?**

<그래프> 영아 및 모성 사망자 현황

(단위 : 명)

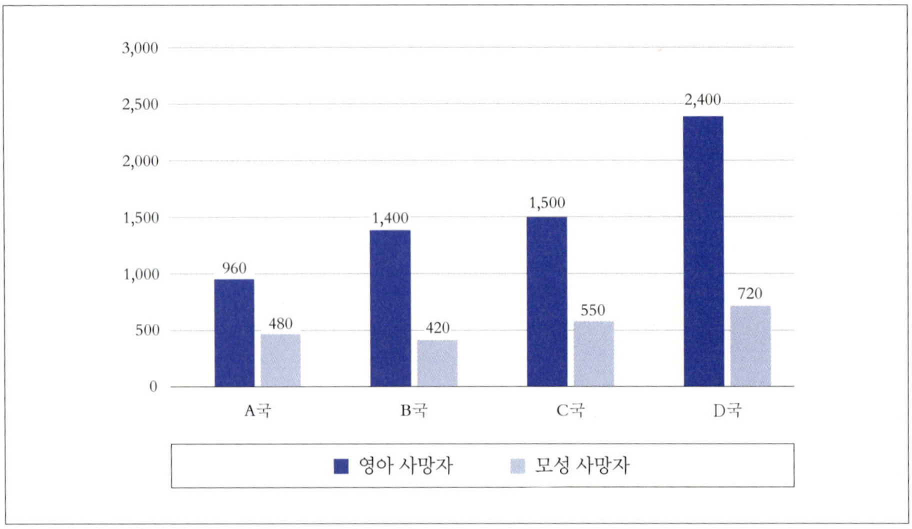

<표> 영아 및 모성 사망률

(단위 : %)

구분	A국	B국	C국	D국
영아사망률	4	5	6	8
모성사망률	6	8	5	12
모성사망비	20	15	22	24

※ 영아사망률 = (영아 사망자 / 출생아) × 1,000

※ 모성사망률 = (모성 사망자 / 가임기 여성) × 10,000

※ 모성사망비 = (모성 사망자 / 출생아) × 10,000

① 가임기 여성은 A국이 B국보다 30만 명 이상 더 많다.

② A~D국은 영아 사망자가 많을수록 모성 사망자도 많았다.

③ D국의 출생아는 영아 사망자의 120배 이상이다.

④ A~D국의 전체 모성 사망자 중 B국이 차지하는 비중은 20% 이상이다.

⑤ D국의 영아 및 모성 사망자를 합하면 A국보다 2,000명 이상 더 많다.

【Q】 [11~12] 다음은 미국의 외국인 체류자 현황에 관한 자료이다. 이어지는 물음에 답하시오.

<표 1> 합법체류자 및 불법체류자 현황

(단위: 천 명)

구분		2016년	2017년	2018년	2019년	2020년
합법체류자	장기	10,400	11,880	11,560	10,800	10,530
	단기	36,400	36,300	38,760	41,040	38,610
불법체류자		18,200	17,820	17,680	20,160	21,060

<표 2> 외국인 체류자의 성별 및 출신국 현황

(단위: 천 명)

구분		2016년	2017년	2018년	2019년	2020년
성별	남성	35,100	34,980	35,360	35,280	34,260
	여성	29,900	31,020	32,640	36,720	35,940
출신국	아시아	940	1,020	1,080	1,130	1,210
	유럽	24,440	24,480	24,840	30,510	30,230
	남북미	31,960	32,640	33,480	29,380	30,250
	기타	7,660	7,860	8,600	10,980	8,510

11 위의 자료에 대한 설명으로 옳은 것은?

① 2018년에 전체 외국인 체류자 중 불법체류자가 차지하는 비중은 30% 이상이다.
② 2017~2020년 내내 유럽 출신 외국인 체류자는 전년 대비 증가했다.
③ 조사기간 내내 외국인 체류자의 출신국 순위는 매년 동일하다.
④ 2020년에 전체 외국인 체류자는 2016년 대비 5% 이상 증가했다.
⑤ 불법체류자가 2천만 명 이상인 해에 합법체류자는 항상 5천만 명 이상이다.

12 **위의 자료에 대한 설명으로 옳지 않은 것만을 〈보기〉에서 모두 고르면?**

<보기>

㉠ 2020년에 외국인 체류자의 남녀 간 차이는 전년 대비 감소했다.

㉡ 2016년에 유럽 출신 외국인 체류자는 아시아 출신 외국인 체류자의 25배 이상이다.

㉢ 2017~2020년 내내 합법체류자 중 장기체류자와 단기체류자의 전년 대비 증감 추이는 정반대이다.

① ㉠ ② ㉢ ③ ㉠, ㉡

④ ㉠, ㉢ ⑤ ㉠, ㉡, ㉢

【Q】 [13~14] 다음은 국내 건설업의 안전사고 발생 현황과 사고율에 관한 자료이다. 이어지는 물음에 답하시오.

<표 1> 건설업 안전사고 발생 현황

(단위 : 명)

구분		2016년	2017년	2018년	2019년	2020년
부상자	대기업	4,620	5,980	4,250	4,860	5,540
	중소기업	7,840	9,520	7,530	10,440	9,300
사망자	대기업	220	260	240	270	250
	중소기업	490	560	480	580	620

※ 전체 기업 = 대기업 + 중소기업

<표 2> 건설업 사고율

(단위 : %)

구분	2016년	2017년	2018년	2019년	2020년
전체 사고율	3.6	4.0	4.5	4.2	4.1
대기업 사고율	2.5	3.2	2.8	3.4	2.9

※ 사고율은 근로자 중 사고자의 비율이며, 사고자는 안전사고로 인한 부상자와 사망자의 합을 의미함.

13 위의 자료에 대한 설명으로 옳지 않은 것은?

① 2017~2020년 중 전체 사고율과 대기업 사고율 모두 전년 대비 증가한 해는 1개년이다.
② 2018년에 전체 사고자 수 중 대기업 부상자 수가 차지하는 비중은 30% 이상이다.
③ 2017년에 부상자 수의 전년 대비 증가량은 중소기업이 대기업보다 더 적다.
④ 2019년에 중소기업 부상자 수는 중소기업 사망자 수의 20배 이하이다.
⑤ 2018년에 전체 부상자 수의 전년 대비 감소율은 20% 이상이다.

14 2017년 건설업 근로자 중 대기업 근로자 수와 중소기업 근로자 수의 차이는 몇 명인가?

① 15,000명　② 16,000명　③ 17,000명
④ 18,000명　⑤ 19,000명

15 OO병원에서는 아래 제품 카탈로그를 참고하여 구매목록에 있는 비품을 구매하였다. 총구매비용은 얼마인가?

<제품 카탈로그>

1. 복사용지/지류

구분	규격	판매가격	비고
복사용지	백색복사용지 A4 1박스(2,500매)	27,000원	4개 이상 구매 시 복사용지 가격 10% 할인
	미색복사용지 A4 1박스(2,500매)	26,000원	
물류관리라벨	1칸 / A4 사이즈 / 100매	18,400원	-
	24칸 / A4 사이즈 / 100매	20,000원	

2. 잉크/토너

구분	규격	판매가격	비고
토너	C사 레이저 프린터용	230,000원	사용매수 6,000매
	S사 레이저 프린터용	157,000원	사용매수 3,000매
잉크	M43 검정	70,000원	-
	C75 칼라	38,000원	-

3. 사무용품

구분	규격	판매가격	비고
테이프	OPP테이프 48mm*50m	1,800원	10개 구매시 1개 추가 증정
클립	소 / 50개	3,600원	-
	중 / 50개	5,600원	-
계산기	사무용 계산기	13,200원	-

※ 배송료 5,000원, 10만 원 이상 무료배송

<표> 구매목록

NO	품명	수량	단위	용도	비고
1	미색복사용지	5	박스	문서작업	
2	C사 토너	1	개	C사 레이저 프린터 토너 교체용	
3	테이프	15	개	사무실 소모품	
4	물류관리라벨(1칸)	100	매	사무실 물품 명칭 표기 용도	

① 283,600원 ② 350,600원 ③ 390,600원

④ 457,500원 ⑤ 483,600원

16 다음은 이러닝 사업자와 매출액에 관한 자료이다. 이에 대한 해석으로 옳지 않은 것은?

<표 1> 이러닝 사업자 및 매출액 현황

사업 분야	사업자 수(개)		매출액(십억 원)	
	2017년	2018년	2017년	2018년
콘텐츠	408	412	721	730
솔루션	232	240	356	365
서비스	1,040	1,101	2,662	2,720
계	1,680	1,753	3,699	3,845

<표 2> 2018년 이러닝 매출액 분포

구분	사업자수(개)	매출액(십억 원)
1억 원 미만	879	62
1~10억 원 미만	420	346
10~30억 원 미만	197	530
30~50억 원 미만	119	538
50~100억 원 미만	86	750
100억 원 이상	52	1619
계	1,753	3,845

① 2018년 매출액은 모든 분야에서 전년 대비 증가하였다.

② 2018년 전체 사업자당 평균 매출액은 전년 대비 감소하였다.

③ 2018년에 전년 대비 사업자당 평균 매출액이 가장 크게 증가한 분야는 서비스 분야이다.

④ 2018년에 전체 사업자의 약 3%에 해당하는 100억 원 이상 사업자가 총 매출액의 약 42%를 차지하고 있다.

⑤ 2018년 매출액 1억 원 미만 사업자의 평균매출액은 약 7,050만 원이다.

【Q】 [17~18] 다음은 국내 치즈 산업에 관한 자료이다. 이어지는 물음에 답하시오.

<표 1> 국내 치즈 제조업체 현황

(단위: 개사, 명)

구분	2016년	2017년	2018년	2019년	2020년
제조업체 수	42	45	38	35	39
종사자 수	26,040	29,250	24,320	20,300	23,010

<표 2> 국내 치즈 생산 현황

(단위: 톤, 백만 원)

구분		2016년	2017년	2018년	2019년	2020년
생산량		8,500	8,420	8,630	9,450	9,860
생산비		36,540	39,600	37,580	36,150	35,880
매출액	온라인	22,680	23,400	20,090	18,800	19,890
	오프라인	19,320	21,600	20,910	21,200	19,110

※ 생산이익 = 온라인 매출액 + 오프라인 매출액 - 국내 치즈 생산비

※ 생산이익률(%) = $\frac{\text{생산이익}}{\text{매출액}} \times 100$

17 위 자료에 대한 설명으로 옳은 것은?

① 온라인 매출액이 오프라인 매출액보다 적은 해에는 온라인 매출액과 오프라인 매출액의 차이가 10억 원 이하이다.

② 2017~2020년 내내 국내 치즈 생산량과 생산비의 전년 대비 증감 추이는 정반대이다.

③ 2020년에 국내 치즈 제조업체당 종사자 수는 전년 대비 감소했다.

④ 2016년 대비 2020년에 국내 치즈 생산량의 증가율은 15% 이하이다.

⑤ 2020년에 국내 치즈 제조업체당 생산이익은 1억 원 이상이다.

18 2016년에 국내 치즈 제조업체의 전체 생산이익은 (A)백만 원이고, 2017년에 국내 치즈 제조업체의 전체 생산이익률은 (B)%이다. A와 B에 들어갈 숫자를 각각 바르게 짝지은 것은?

	A	B
①	5,330	11
②	5,460	12
③	5,580	13
④	5,660	14
⑤	5,740	15

19 다음은 A제품의 가격에 따른 판매량에 관한 자료이다. A제품의 가격에 따른 판매량을 구하는 식이 <보기>의 (가)와 (나) 중 하나일 때, A제품의 가격이 90천 원일 때와 110천 원일 때의 판매량의 차는 얼마인가?

<표> 가격에 따른 판매량

가격(천 원)	100	105	110
판매량(백 개)	1,800	1,450	1,200

<보기>

가격이 x천 원일 때의 판매량을 구하는 식은 다음과 같다.

(가): $3x(x-230)+40{,}800$

(나): $2(x-120)^2+1{,}000$

① 1,600백 개 ② 1,900백 개 ③ 2,200백 개
④ 2,500백 개 ⑤ 2,800백 개

실전 모의고사 1회 2회 3회

20 다음은 에너지·환경 분야 예산 및 정부예산 중 환경 분야 예산의 비중에 관한 자료이다. 이를 토대로 정부예산 중 에너지 분야 예산의 비중을 나타낸 그래프로 옳은 것은?

<표> 에너지·환경 분야 예산

(단위: 억 원)

구분	2016년	2017년	2018년	2019년	2020년	2021년
에너지	270	320	200	240	250	300
환경	210	200	150	150	250	200

<그래프> 정부예산 중 환경 분야 예산의 비중

(단위 : %)

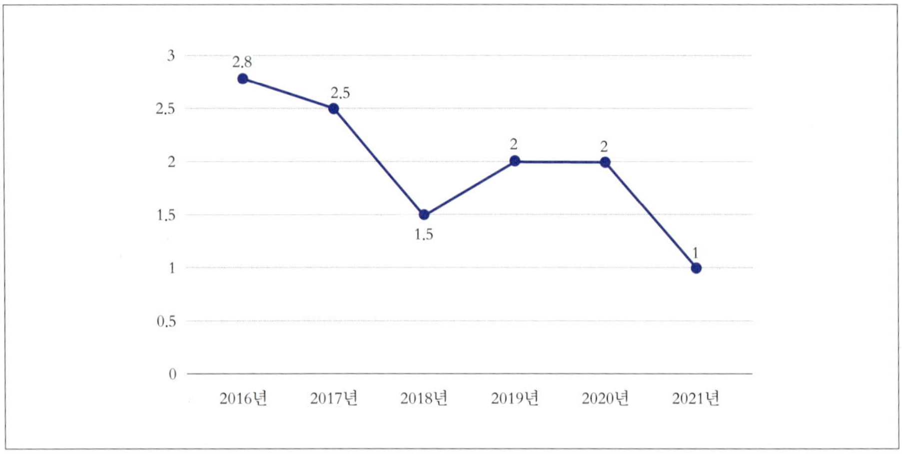

①

(단위: %)

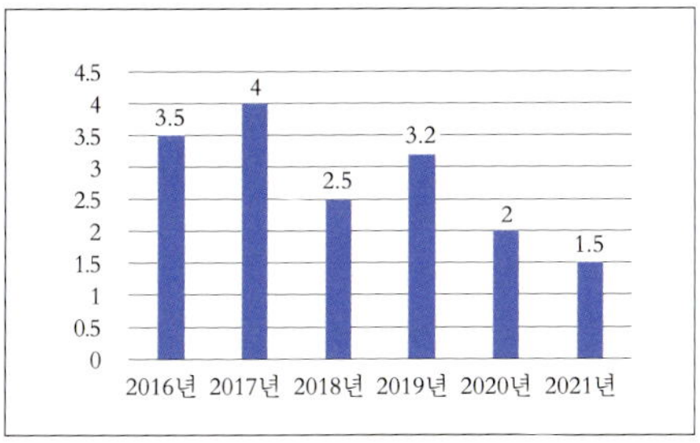

②

(단위: %)

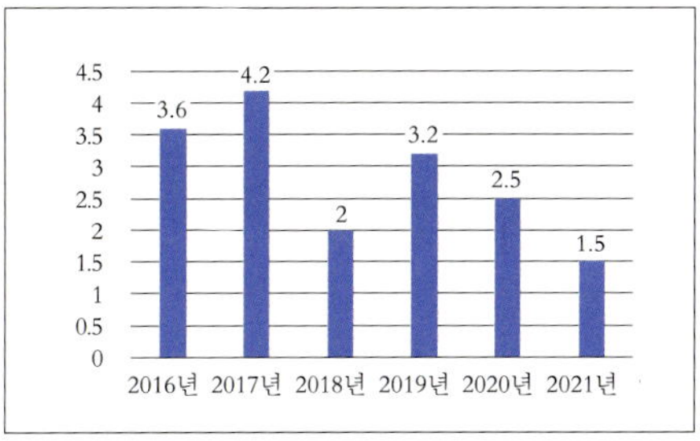

③

(단위: %)

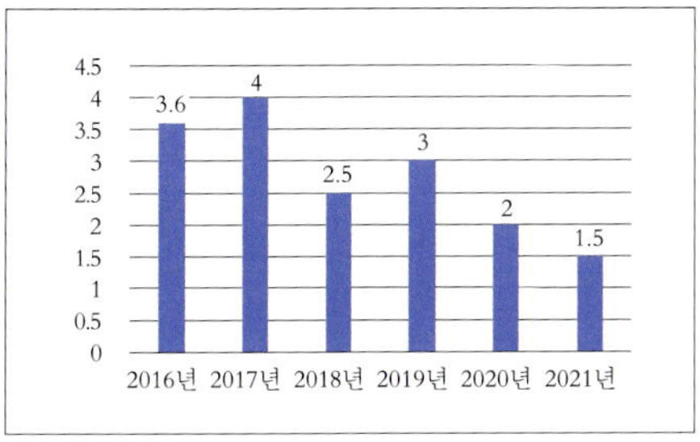

④

(단위: %)

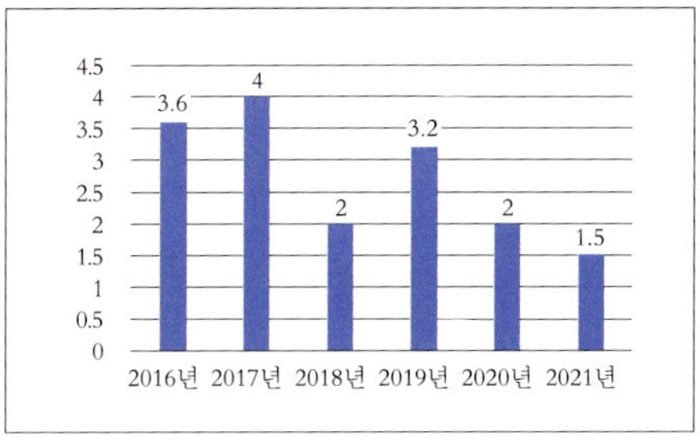

⑤

(단위: %)

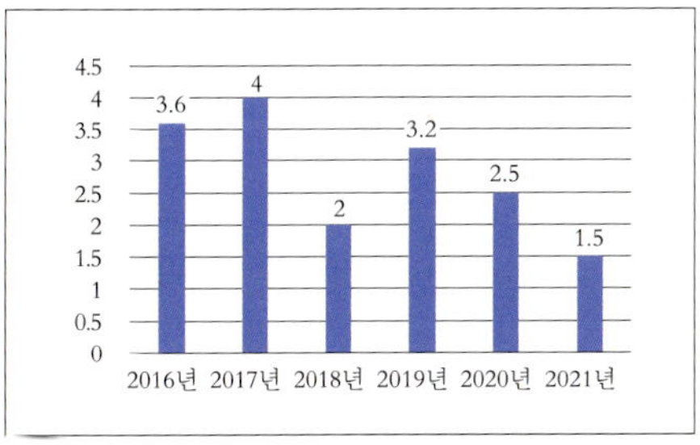

추리

문항수 제한시간

30문항 30분

정답 페이지 50~64

01 다음 [결론]을 항상 참으로 하는 [전제2]를 고르면?

[전제1] - 모든 전세버스는 고효율 배터리를 사용한다.
[전제2] - (   )
[결론] - 고효율 배터리를 사용하는 어떤 버스는 연료비가 저렴하다.

① 고효율 배터리를 사용하는 버스는 모두 전세버스이다.
② 모든 전세버스는 연료비가 저렴하지 않다.
③ 고효율 배터리는 연료비가 저렴하지 않다.
④ 모든 전세버스는 연료비가 저렴하다.
⑤ 어떤 전세버스는 고효율 배터리를 사용하지 않는다.

02 **다음 결론을 참으로 하는 [전제 1]을 고르면?**

[전제 1] - ( )
[전제 2] - 모든 조연배우는 남자다.
[결론] - 어떤 조연배우는 가수 출신 남자다.

① 어떤 조연배우는 가수 출신이다.
② 모든 가수는 남자다.
③ 어떤 남자는 가수다.
④ 어떤 남자는 액션 배우다.
⑤ 모든 여자는 배우다.

03 **다음 제시된 전제들로부터 항상 참이 되는 [결론]을 고르면?**

[전제 1] - 걷기를 좋아하는 모든 사람은 기숙사에서 통근한다.
[전제 2] - 사외 통근하는 모든 사람은 기숙사에서 통근하지 않는다.
[결론] - ( )

① 걷기를 좋아하지 않는 모든 사람은 사외 통근하는 사람이 아니다.
② 걷기를 좋아하는 모든 사람은 기숙사에서 통근하지 않는다.
③ 사외 통근하지 않는 모든 사람은 걷기를 좋아한다.
④ 사외 통근하는 사람 중 걷기를 좋아하는 사람도 있다.
⑤ 걷기를 좋아하는 모든 사람은 사외 통근하는 사람이 아니다.

04 **A~F 6명 각각은 강아지와 고양이 중 한 종류의 반려동물을 키운다. 6명 중 강아지를 키우는 사람과 고양이를 키우는 사람은 각각 3명씩이며, 1마리의 반려동물을 키우는 사람과 2마리의 반려동물을 키우는 사람도 각각 3명씩이다. 또한, 강아지를 키우는 사람 중 반려동물이 2마리인 사람이 2명이다. 강아지를 키우는 사람은 참만을, 고양이를 키우는 사람은 거짓만을 말한다고 할 때, 항상 옳은 것은?**

> A: 나는 강아지를 키운다. 내가 키우는 반려동물의 수는 C와 같다.
> B: 나는 F와 같은 종류의 반려동물을 키운다.
> C: 나는 강아지를 키운다. 내가 키우는 반려동물은 2마리이다.
> D: B는 거짓을 말한다. 내가 키우는 반려동물은 1마리이다.
> E: F는 나와 같은 종류의 반려동물을 키운다. 내가 키우는 반려동물의 수는 F와 다르다.
> F: 내가 키우는 반려동물의 수는 B와 다르다.

① A는 강아지를 키운다.
② D는 강아지를 키운다.
③ E는 고양이를 키운다.
④ B가 키우는 반려동물은 1마리이다.
⑤ F가 키우는 반려동물은 2마리이다.

05 **A~E 5개의 노트북은 1번부터 5번까지 순서대로 놓인 랜선에 하나씩 연결되어 있다. 5개의 랜선 중 작동하는 랜선은 3개이며, 작동하지 않는 랜선은 2개로, 작동하지 않는 랜선에 연결된 노트북은 인터넷이 되지 않는다. 랜선에 대한 정보가 다음 〈조건〉과 같을 때, 인터넷이 되지 않는 노트북만을 모두 고르면?**

<조건>

㉠ 2번 랜선은 작동하지 않으며, 작동하지 않는 랜선은 서로 이웃하여 있지 않다.
㉡ A와 C가 각각 연결된 랜선 사이에는 두 개의 랜선이 있다.
㉢ E는 5번 랜선에 연결되어 있으며, 인터넷이 정상적으로 된다.
㉣ B는 A가 사용하는 랜선의 바로 다음 번호 랜선에 연결되어 있다.

① A, C ② A, D ③ B, C
④ B, E ⑤ C, D

06 **A~F 6명은 한 명씩 회의실에 들어가려고 한다. 이들이 회의실에 들어간 순서에 대한 정보가 다음 〈조건〉과 같을 때, 항상 거짓인 것은?**

<조건>

㉠ 6명은 순서대로 회의실에 들어가며, 먼저 들어간 3명은 에티오피아 커피를 마시고 나중에 들어간 3명은 케냐 커피를 마신다.
㉡ A는 F보다 늦게 회의실에 들어갔고 D보다는 먼저 들어갔다.
㉢ B와 E는 마시는 커피가 다르고 A와 F도 마시는 커피가 다르다.
㉣ C는 E보다 먼저 회의실에 들어갔다.
㉤ 가장 늦게 들어간 사람은 D가 아니고, 가장 먼저 들어간 사람은 C가 아니다.

① E는 케냐 커피를 마신다.
② A와 D는 같은 커피를 마신다.
③ C와 F는 다른 커피를 마신다.
④ B가 A보다 먼저 회의실에 들어갔다.
⑤ B가 C보다 먼저 회의실에 들어갔다.

07 **갑은 다음 그림과 같은 터치패드에 숫자들을 사용하여 연결한 패턴 암호를 만들려고 한다. 패턴에 대한 정보가 다음 〈조건〉과 같을 때, 항상 거짓인 것은?**

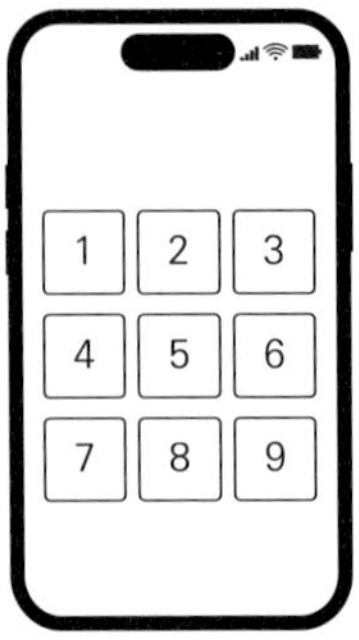

<조건>

㉠ 패턴은 2번에서 시작해서 3번에서 종료한다.

㉡ 1번과 6번은 사용할 수 없다.

㉢ 최소 6개의 숫자를 사용해야 한다.

㉣ 상하좌우 혹은 대각선 상의 인접한 숫자로만 연결할 수 있다.

㉤ 한번 사용한 번호는 다시 사용할 수 없다.

① 2번 바로 뒤에 4번을 사용한다.

② 3번 바로 앞에 5번을 사용한다.

③ 8번을 사용하지 않는 패턴을 만들 수 있다.

④ 7개의 숫자를 사용하는 패턴을 만들 수 있다.

⑤ 만들 수 있는 서로 다른 패턴의 개수는 총 4개이다.

08 **A~E 5명은 월요일부터 금요일까지 중 하루씩 돌아가며 출근을 했다. 이들이 출근한 요일에 대한 정보는 다음 〈조건〉과 같고 아무도 출근하지 않은 날은 없다고 할 때, 항상 거짓인 것은?**

<조건>
㉠ A가 출근한 요일의 이틀 뒤에 D가 출근했다.
㉡ B는 월요일에 출근하지 않았다.
㉢ E는 금요일에 출근하지 않았다.
㉣ B는 C보다 먼저 출근했다.
㉤ D는 수요일에 출근하지 않았다.

① E는 월요일에 출근했다.
② A는 B보다 먼저 출근했다.
③ D는 금요일에 출근했다.
④ B는 D보다 먼저 출근했다.
⑤ C는 A보다 먼저 출근했다.

09 **A~E 5개 회사의 주력 생산품은 사과주스, 생수, 쌀과자, 와플, 마스크 중 서로 다른 하나이고, 매출액은 34억 원, 38억 원, 42억 원, 46억 원, 50억 원 중 서로 다른 하나이다. 또한 5개 회사 중 3개 회사의 수출대상국은 중국이고, 다른 2개 회사의 수출대상국은 베트남이다. 각 회사의 주력 생산품과 매출액에 대한 정보가 다음 〈조건〉과 같을 때, 반드시 거짓인 것은? (단, 사과주스와 생수는 음료류, 쌀과자와 와플은 과자류로 구분된다.)**

<조건>

㉠ 주력 생산품이 음료류인 두 회사의 수출대상국은 같고, 주력 생산품이 각각 와플과 마스크인 두 회사의 수출대상국은 서로 다르다.

㉡ 중국이 수출대상국인 회사들의 매출액 평균과 베트남이 수출대상국인 회사들의 매출액 평균은 같다.

㉢ A의 수출대상국은 중국이고, D의 수출대상국은 베트남이다.

㉣ A와 D의 주력 생산품은 과자류이고, E의 주력 생산품은 마스크이다.

㉤ 5개 회사 중 매출액이 가장 낮은 회사는 E이다.

㉥ B의 매출액은 38억 원이고, C의 매출액은 46억 원이다.

① B의 수출대상국은 중국이다.

② E의 수출대상국은 베트남이다.

③ C의 주력 생산품은 사과주스이다.

④ D와 주력 생산품이 마스크인 회사의 수출대상국은 같다.

⑤ 주력 생산품이 와플인 회사와 마스크인 회사의 매출액 차이는 12억 원이다.

10 **영희, 돌이, 순이가 A~D 4개 학교의 설명회에 참석했다. 설명회는 이번 달 1일부터 3일까지 사흘 동안 각 학교에서 진행되었다. 3명의 설명회 참석에 대한 정보가 다음 〈조건〉과 같을 때, 항상 참인 것은?**

<조건>

㉠ 하루에 한 학교 설명회에만 참석했다.

㉡ 한 학교 설명회에 이틀 연속으로 참석한 사람은 없으며 동일한 날, 동일한 학교의 설명회에 2명 이상이 참석한 경우도 없었다.

㉢ B학교 설명회에 3명 모두가 참석했다.

㉣ 영희는 1일에 B학교 설명회에 참석했고, 3일에는 순이가 1일에 참석한 학교 설명회에 참석했다.

㉤ 돌이는 2일에 B학교 설명회에 참석했다.

㉥ 순이는 A학교 설명회에 참석하지 않았다.

① 영희는 3일에 D학교 설명회에 참석했다.

② 돌이는 1일에 C학교 설명회에 참석했다.

③ 순이는 2일에 D학교 설명회에 참석했다.

④ 영희가 C학교 설명회에 참석했다면 돌이는 C학교 설명회에 참석하지 않았다.

⑤ 순이가 D학교 설명회에 참석했다면 돌이는 D학교 설명회에 참석하지 않았다.

11 **A~E 5명은 순서대로 보고서를 제출하려고 한다. 이들의 보고서 제출에 대한 정보가 다음 〈조건〉과 같을 때, 항상 거짓인 것은?**

<조건>

㉠ 보고서의 양이 많을수록 늦게 제출한다.
㉡ E는 가장 마지막에 제출하지 않는다.
㉢ B는 첫 번째, C는 세 번째로 제출한다.
㉣ A는 D보다 보고서의 양이 많다.

① E는 두 번째로 보고서를 제출한다.
② A는 가장 마지막에 보고서를 제출한다.
③ C는 D보다 보고서를 먼저 제출한다.
④ E는 A보다 보고서의 양이 많다.
⑤ D는 네 번째로 보고서를 제출한다.

12 **디자인팀 사원 A~F 6명의 자리가 그림과 같이 각 행에 3명씩 서로 마주 보게 배치되어 있다. 6명의 자리 배치가 다음 〈조건〉과 같을 때, F와 서로 마주 보는 자리에 배치된 사람은?**

복도	1	2	3
	4	5	6

<조건>

㉠ A가 앉은 자리는 D와 같은 행이 아니며, D와 마주 보는 자리도 아니다.
㉡ B가 앉은 자리는 C의 바로 옆자리는 아니지만, C와 같은 행이다.
㉢ A와 C가 앉은 자리는 E와 마주 보는 자리가 아니다.
㉣ A, C, E의 자리는 복도 쪽이 아니다.

① A ② B ③ C ④ D ⑤ E

13 와인 상점에서 총 10가지의 와인을 할인하여 판매하고 있다. 할인 중인 와인의 종류는 화이트 와인과 레드와인 중 하나이고, 와인의 산지는 칠레산, 이태리산, 프랑스산 중 하나이다. 할인 중인 와인에 대한 정보가 다음 〈조건〉과 같을 때, 항상 옳은 것은?

<조건>

㉠ 화이트와인 제품은 4가지, 레드와인 제품은 6가지이다.
㉡ 각 산지별로 와인 제품 수는 모두 다르다.
㉢ 와인 제품 수는 프랑스산이 가장 많고 칠레산이 가장 적다.
㉣ 각 산지별로 레드와인 제품이 1가지 이상 있다.
㉤ 이태리산 와인 제품 수는 화이트와인이 레드와인보다 많다.

① 칠레산 와인 제품은 1가지이다.
② 이태리산 와인 제품은 3가지이다.
③ 프랑스산 와인 제품은 5가지이다.
④ 이태리산 와인 제품 중 레드와인은 1가지이다.
⑤ 프랑스산 와인 제품 중 화이트와인은 1가지이다.

14 김과장은 그림과 같이 6행 5열로 되어 있는 건물의 기반을 새로 구축하기 위해 폭탄을 사용하여 폭파시키려고 한다. 김과장이 사용하는 폭탄은 A~E 5개이며, 5개의 폭탄이 터지는 위치에 대한 정보가 다음 〈조건〉과 같을 때, 옳지 않은 것은?

	A			
			B	
		C		
D				
				E

㉠ 5개 폭탄의 폭파반경은 다음의 5가지 타입 중 서로 다른 하나이다.

1타입	2타입	3타입	4타입	5타입
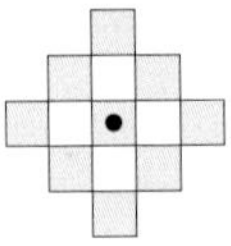	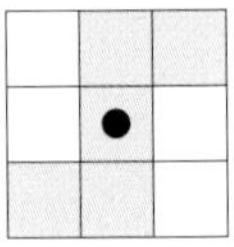	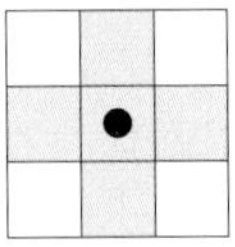	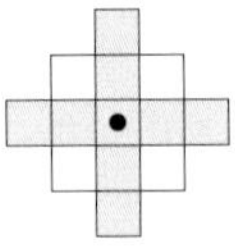	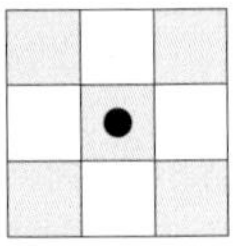

㉡ 폭탄은 10시 정각부터 5분마다 하나씩 터진다.

㉢ A가 E보다 먼저 터진다.

㉣ C는 A보다는 늦게 터지지만 D보다는 먼저 터진다.

㉤ 3타입의 폭탄이 가장 먼저 터지고, 2타입의 폭탄은 E보다 먼저 터진다.

㉥ A는 2타입의 폭탄도 3타입의 폭탄도 아니고, D는 5타입의 폭탄이다.

㉦ E는 가장 늦게 터지지 않으며, 1타입의 폭탄도 아니다.

① 10시에 3행 4열이 터진다.

② 10시 5분에 3행 2열이 터진다.

③ 10시 10분에 3행 3열이 터진다.

④ 10시 15분에 4행 5열이 터진다.

⑤ 10시 20분에 4행 1열이 터진다.

【Q】 [15~18] 다음에서 도형들은 일정한 규칙에 따라 문자를 변환시킨다. 도형들에 따른 변환규칙을 파악한 후 이어지는 물음에 답하시오.

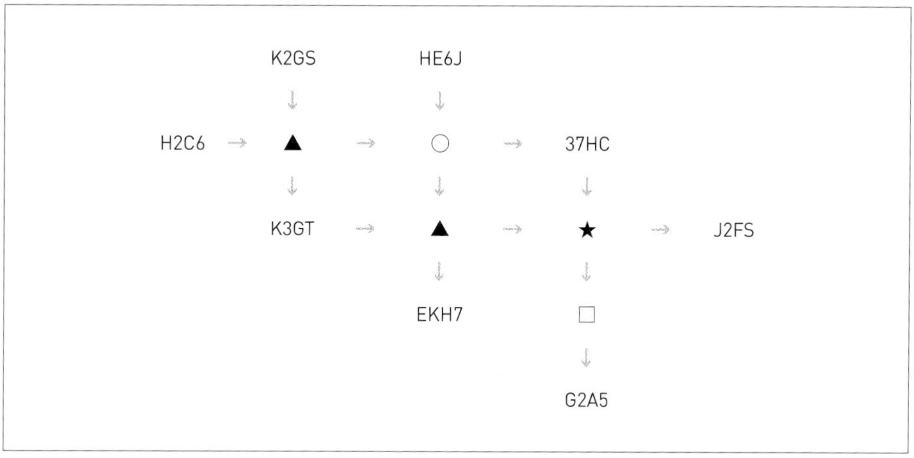

15 물음표에 들어갈 문자로 알맞은 것은?

NEAO → ○ → ▲ → ?

① AONE ② EONB ③ EPNB ④ PENB ⑤ PNEB

16 물음표에 들어갈 문자로 알맞은 것은?

C53D → ★ → ○ → ?

① 3B2B ② 3BB2 ③ B32D ④ BD42 ⑤ 4DB2

17 물음표에 들어갈 문자로 알맞은 것은?

? → ▲ → ★ → T5JD

① E6KU ② E7KS ③ E7SK ④ U6KE ⑤ VE7K

18 물음표에 들어갈 문자로 알맞은 것은?

? → ▲ → □ → ★ → 1B7U

① 2C7T ② 27DT ③ 3WD6 ④ DV27 ⑤ V3D7

19 다음 도형들은 일정한 규칙을 가지고 있다. 물음표에 들어갈 알맞은 도형은?

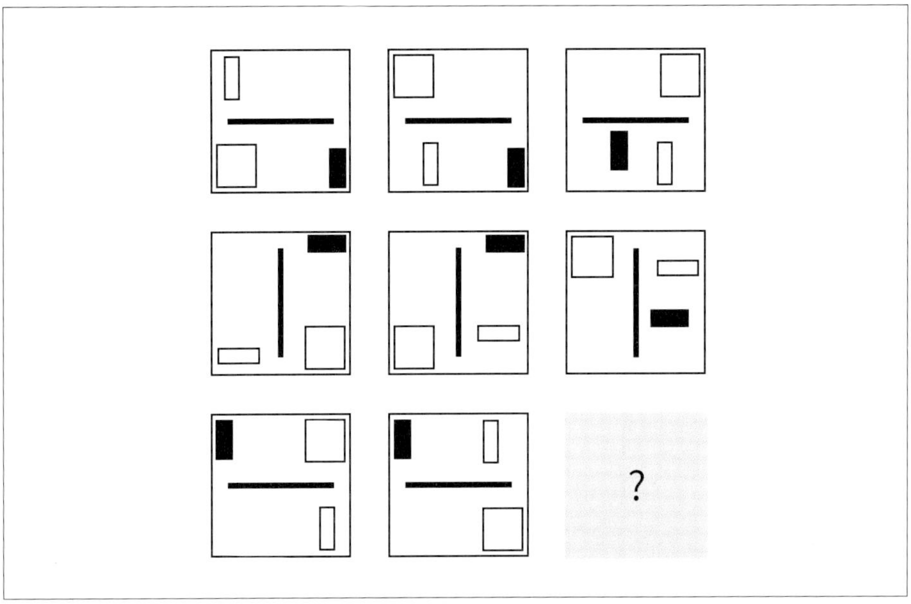

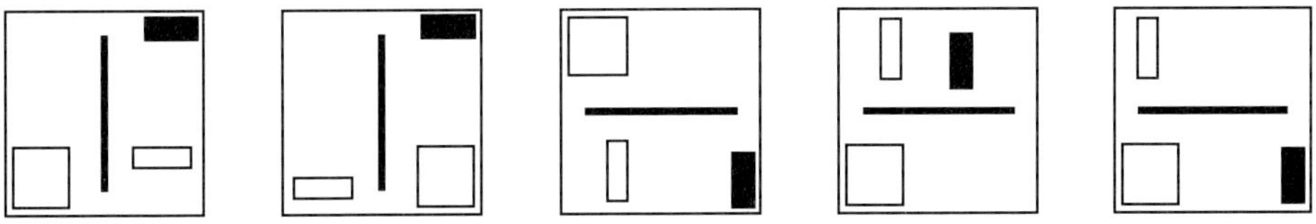

① ② ③ ④ ⑤

20 다음 도형들은 일정한 규칙을 가지고 있다. 물음표에 들어갈 알맞은 도형은?

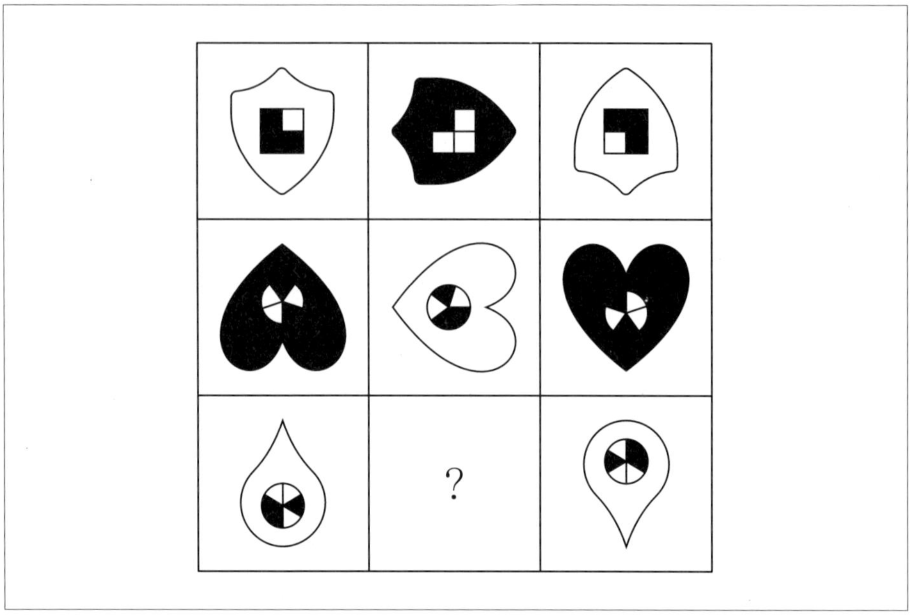

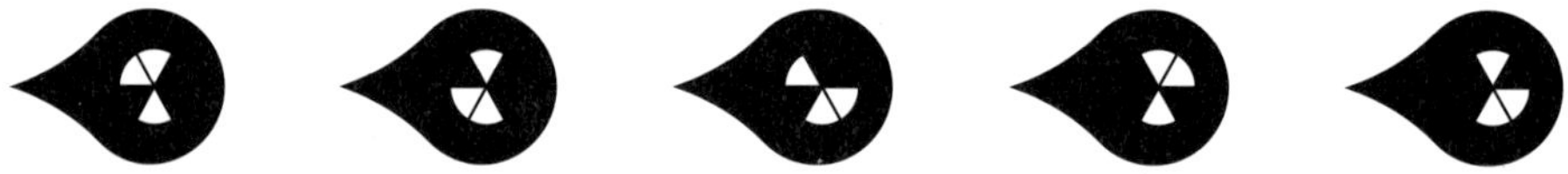

① ② ③ ④ ⑤

21 다음 도형들은 일정한 규칙을 가지고 있다. 물음표에 들어갈 도형으로 알맞은 것은?

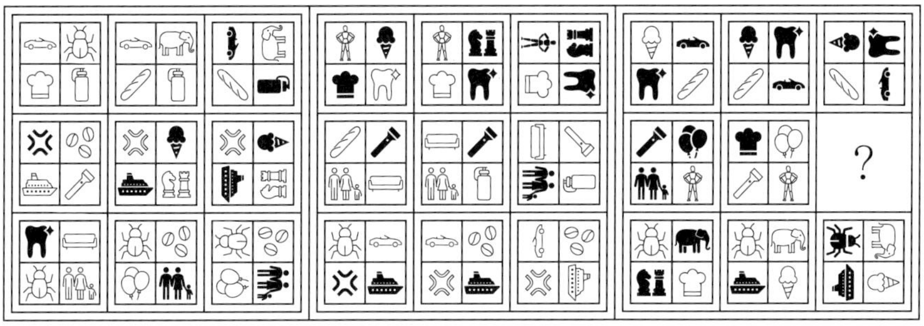

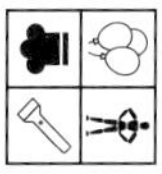
①

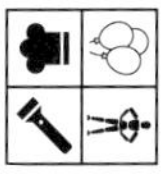
②

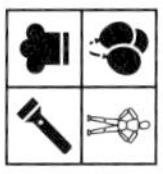
③

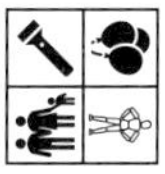
④

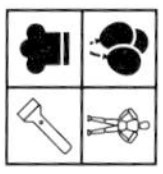
⑤

22 다음 글의 (A)~(D)를 문맥에 맞게 순서대로 배열한 것은?

(A) 이와 반대로 공격적인 태도는 자신의 권리를 앞세워 생각한다. 타인을 희생시켜서라도 자신의 원하는 것을 얻으려고 하는 것이다.

(B) 수동적인 태도를 보이는 사람들은 마음속에 있는 자신의 생각을 표현하면 분란이 일어날까 봐 두려워한다. 일반적으로 수동적인 태도의 반대 개념으로 공격적인 태도나 단호한 태도를 생각하는데, 이 둘은 엄연히 다르다.

(C) 그리고 그 과정에서 온갖 수단과 방법을 가리지 않는다. 이 때문에 어느 사회에서나 보편적 가치의 훼손으로 여겨지는 폭언, 폭력 등을 사용하는 데에도 거리낌을 느끼지 않는다는 문제점이 발생한다.

(D) 단호한 태도는 다른 사람의 권리를 침해하지 않으면서 자신의 권리를 존중하고 지키는 태도이다. 이는 상대방을 배려하는 태도이다. 상대방을 존중하면서도 얼마든지 자신의 의견을 내세울 수 있다고 여긴다.

① (A) - (B) - (C) - (D)
② (A) - (C) - (D) - (B)
③ (B) - (A) - (D) - (C)
④ (B) - (D) - (A) - (C)
⑤ (C) - (D) - (A) - (B)

23 다음 글의 (A)~(D)를 문맥에 맞게 순서대로 배열한 것은?

(A) 포토마스크에 먼지나 오염 입자가 붙으면 회로가 제대로 그려지지 않기 때문에 EUV 공정에서 포토마스크의 오염은 수율 저하의 큰 원인이 된다. 펠리클을 사용한다면 포토마스크 오염으로 인한 수율 저하를 막을 수 있으며, 포토마스크 세척으로 소모되는 시간과 비용을 절감할 수 있다. 펠리클의 사용은 전체적인 생산비용을 줄일 뿐 아니라 수율 자체를 끌어올릴 수 있다.

(B) 그러나 투과율이 높은 펠리클의 개발이 마무리됐음에도 여전히 펠리클의 상용화에 대한 태도는 미온적이다. 이는 공정 과정에서 펠리클이 깨질 위험이 있기 때문이다. EUV 공정은 고출력 에너지를 통한 작업으로, 만약 공정 과정에서 펠리클이 깨지면 EUV 장비를 멈추고 장비 클리닝 작업을 진행해야 한다. 이러한 공정 중단은 생산량 감소라는 또 다른 부담으로 이어지게 될 수 있기 때문이다.

(C) 펠리클은 반도체 회로가 그려진 유리 기판인 포토마스크에 먼지가 붙지 않도록 보호하는 얇은 유리막이다. 사람이 마스크를 착용하는 것과 같이 포토마스크가 오염되지 않도록 펠리클을 사용하며, 먼지가 붙으면 떼어 낼 수 있는 소모성 제품이다. 이러한 펠리클은 EUV 공정에서 매우 중요한 역할을 한다.

(D) 수율을 끌어올릴 수 있는 방법 중 가장 중요한 것은 펠리클의 투과율을 증가시키는 것이다. EUV 장비는 미세한 파장의 빛이 거울에 반사되는 원리로 회로를 그리기 때문에 광원 손실을 최소화하기 위해서는 펠리클의 투과율을 증가시켜야 한다. 현재 국내 기업에서는 투과율이 91%에 달하는 펠리클을 개발하는 데 성공했고, 실험실 단계에서도 큰 문제가 없을 정도로 개발을 마쳤다.

① (C) - (A) - (B) - (D)
② (C) - (A) - (D) - (B)
③ (C) - (B) - (D) - (A)
④ (C) - (B) - (A) - (D)
⑤ (C) - (D) - (A) - (B)

24 다음 내용이 모두 참이라고 할 때 반드시 거짓인 것은?

'청구 할인'이란 현장에서 할인 전 금액을 신용카드로 먼저 결제하면 추후 카드 대금 결제일에 자동이체계좌에서 할인이 적용된 금액으로 카드 대금이 출금되는 것을 말한다. 체크카드로 청구 할인을 이용하면 현장에서 정상 금액이 계좌에서 출금된 후, 체크카드에 설정된 계약일에 할인된 금액만큼 계좌로 입금된다. 청구 할인은 할인 여부를 청구서로 확인해야 하는 번거로움이 있지만, 포인트 적립률이 정상 금액에 적용된다는 장점이 있다. 반면 '현장 할인'은 청구 할인과 반대로 현장에서 직접 할인이 이루어진다. 현장 할인은 결제 현장에서 할인이 적용된 금액이 결제되고, 결제 및 청구 시 모두 할인 금액으로 적용된다. 이 때문에 고객은 결제 즉시 할인 금액을 체감할 수 있으며, 청구 할인처럼 할인 여부를 청구서로 확인해야 하는 번거로움이 없다. 다만, 현장에서 결제하는 종업원이 카드의 할인 여부를 미리 파악하고 있어야 하며, 보통 포인트 적립이나 통신사 할인 등의 혜택이 중복으로 적용되지 않는다.

① 체크카드는 현장 할인만 이용할 수 있다.
② 청구 할인은 포인트 적립률이 할인 전 금액에 적용된다.
③ 현장 할인은 할인 여부를 청구서로 확인할 필요가 없다.
④ 청구 할인은 카드 대금이 출금되는 시점에 할인이 적용된다.
⑤ 구매 대금 1만 원에 대해 청구 할인 5%와 현장 할인 5% 혜택을 각각 받았다면 두 경우의 청구 금액은 9천 5백 원으로 동일하다.

25 다음 내용이 모두 참이라고 할 때 반드시 거짓인 것은?

지하 심부에서 발생한 마그마가 원래 존재하던 암석을 뚫고 들어가는 현상을 '관입(貫入)'이라고 한다. 액체 상태의 마그마가 관입하면 그 주변 암석의 성질은 달라지며, 마그마는 냉각을 거쳐 화성암이 된다. 이처럼 관입을 통해 암석 내부에 형성되는 화성암을 관입암이라고 한다. 마그마가 암석을 모두 뚫고 지표로 나와 형성되는 화산암과 달리 관입암은 입자가 크다. 관입이 지하에서 발생함에 따라 마그마가 식어서 암석이 되기까지 오랜 시간이 걸리기 때문이다. 다만, 관입암만 두고 볼 때 가장자리는 중심부에 비해 빨리 식으므로 상대적으로 입자가 작다. 지질학적으로 관입암은 그 주변 암석보다 시간적으로 후기에 형성된 것으로 간주된다. 만약 관입암이 지표에서 보인다면 그 지역은 융기 이후 윗부분이 모두 침식된 지역이다.

① 관입암은 모든 부위의 입자 크기가 동일하지 않을 수 있다.
② 융기와 침식이 없었던 지역이라면 관입암이 지하에 존재한다.
③ 지질학적으로 관입암과 그 주변 암석은 형성 시기가 서로 다르다.
④ 마그마의 관입 여부와 상관없이 관입암 주변의 암석은 성질이 항상 동일하다.
⑤ 마그마의 냉각으로 생성된 암석은 마그마의 냉각 속도가 느릴수록 입자가 크다.

26 다음 내용이 모두 참이라고 할 때 반드시 거짓인 것은?

> 실손의료보험은 보험약관에 약정한 금액만을 지급하는 정액보상과 달리 보험 가입자가 질병이나 상해로 입원 또는 통원치료 시 부담한 실제 금액을 보장해주는 건강보험이다. 이는 민영의료보험, 의료실비보험 등으로도 불리며, 보험 가입자가 치료를 받아 청구된 병원비 중 국민건강보험으로는 보장받을 수 없는 본인부담금에 해당하는 의료비의 90%까지 보장한다. 과거에는 의료비를 전액 보장하는 상품이 많았지만, 2009년 이후에는 표준화 작업을 통해 의료비의 90%까지만 보장하는 상품만 출시되고 있다. 이때 보장은 가입 시기를 기준으로 하며, 여러 보험사의 실손의료보험에 가입했더라도 한 곳에서만 보장받을 수 있다. 또한 실손의료보험은 일부 비갱신 보험과 달리, 질병에 걸릴 위험률과 보험금 지급 실적 등을 반영해 보험료가 3~5년마다 갱신된다. 나이가 들수록 보험료가 상승하며, 보험사에 따라 상이하나 일반적으로 만 60세 또는 만 65세까지 가입이 가능하다.

① 실손의료보험은 갱신 시 보험료가 상승한다.
② 만 62세인 경우 실손의료보험에 가입할 수 있다.
③ 2020년에 출시된 전액 보장 실손의료보험 상품이 있다.
④ 두 개의 보험사에서 동시에 같은 병원비를 보장받을 수 없다.
⑤ 환자는 청구되는 병원비 중 본인부담금을 모두 보장받을 수도 있다.

27 다음 내용이 모두 참이라고 할 때 반드시 거짓인 것은?

> ‘스트룹 효과(Stroop Effect)’는 미국의 심리학자 존 리들리 스트룹이 ‘스트룹 검사’로 증명한 현상이다. 스트룹 검사는 단어의 색과 글자가 일치하는 ‘일치 조건’과 단어의 색과 글자가 일치하지 않는 ‘불일치 조건’을 제시하고 두 조건에서 피실험자가 단어의 색을 정확히 말하는 데 얼마나 걸리는지 확인한다. 검사 결과에 따르면 피실험자들은 일치 조건에서보다 불일치 조건에서 더 많은 시간을 소요하는데 이것이 스트룹 효과이다. 스트룹 효과가 발생하는 이유는 피실험자들이 일치 조건에서와는 달리 불일치 조건에서 자동화된 반응을 억제하는 과정을 거쳐야 하기 때문이다. 이는 어떤 행동을 반복적으로 쉽게 처리하는 ‘자동적 처리’가 인지적인 노력과 주의를 기울여야 하는 ‘의식적 처리’보다 빠르게 이루어진다는 것을 의미한다. 따라서 하나의 자극에 대해 언어 구성 요소와 지각 구성 요소에서 파생된 정보가 충돌하는 상황에서는 의식적이고 의도적인 노력을 기울여 판단하는 자세가 필요하다.

① 자동적 처리는 인지적 노력을 요구하지 않는다.
② 언어 구성 요소와 지각 구성 요소는 충돌하기도 한다.
③ 의식적 처리는 자동적 처리보다 더 많은 시간을 필요로 한다.
④ 스트룹 검사의 두 조건에서 같은 단어가 나오더라도 단어의 색은 같지 않다.
⑤ 스트룹 검사의 불일치 조건에서 자동화된 반응이란 단어의 색을 말하는 것이다.

28 다음 글을 바탕으로 추론할 수 있는 것은?

> 신체의 정보를 처리하는 기관인 뇌는 우리 몸이 소비하는 전체 에너지의 약 18%를 소비한다. 뇌는 수면을 통해 정기적으로 휴식을 취해야 피로가 해소되고 그 기능이 회복된다. 인간의 뇌는 '뉴런'이라 불리는 뇌세포로 구성되어 있으며, 수많은 뇌세포는 복잡하게 연결되어 있다. 이러한 뇌세포 간의 연결을 '시냅스'라고 하는데, 일반적으로 뇌에는 100조 개의 시냅스가 있다. 감각기관이 제공하는 정보는 전기 신호로 바뀌고, 뇌세포들은 시냅스 연결을 통해 이를 주고받는다. 이러한 활동을 통해 우리는 기억하고 학습할 수 있다. 수면은 시냅스의 항상성 유지, 즉 주변 환경에 의해 깨진 평형 상태를 원래대로 복구하여 시냅스를 최적화 상태로 만들기 위한 장치라고 할 수 있다. 또한 수면은 뇌의 노폐물 및 독소 배출과도 관련 있다. 잠을 자지 않을 때보다 잠을 잘 때에 우리가 깨어 있는 동안 쌓인 뇌의 독소와 노폐물이 더 빠르게 배출된다.

① 뉴런의 수가 시냅스의 수보다 더 많다.
② 수면만이 뇌의 피로를 해소할 수 있다.
③ 수면이 뇌의 노폐물 배출을 방해하는 경우도 있다.
④ 신체기관 중 뇌가 가장 많은 양의 에너지를 소비한다.
⑤ 시냅스가 없다면 감각에 대한 정보를 얻지 못한 뉴런이 생긴다.

29 다음 글을 읽고 제기할 수 있는 반박으로 가장 적절한 것은?

> ‘파운드리(Foundry)’란 반도체 설계 기업으로부터 주문을 받아 반도체를 위탁생산하는 기업을 말한다. 반대로 ‘팹리스(Fabless)’란 반도체 설계만을 전문으로 하는 기업을 말한다. 반도체 생산 공정의 난이도가 높아지고, 생산에 필요한 설비가 첨단화되면서 팹리스와 파운드리의 분업화가 가속화되고 있다. 최근의 반도체 부족 문제는 펩리스보다 상대적으로 부족한 파운드리의 중요성을 부각시킨다. 이를 통해 앞으로도 전 세계적으로 파운드리에 대한 의존도가 더욱 심화될 것임을 예측할 수 있는데, 실제로 많은 글로벌 ICT 기업을 시작으로 기업에서 자체 제품과 서비스를 위한 전용 칩을 개발하여 위탁생산하고 있다.

① 반도체 산업에는 완성된 반도체를 후공정하는 기업도 반드시 필요하다.
② 파운드리가 늘어나지 않으면 반도체 부족 현상은 쉽게 해결되지 않을 것이다.
③ 반도체 생산에는 집약적인 기술이 필요하므로 막대한 비용이 투입되어야 한다.
④ 반도체 산업에서 파운드리 비중이 확대되면서 펩리스는 파운드리를 확보하느라 분주하다.
⑤ 최근 파운드리에 대한 의존도를 낮추기 위해 반도체 설계와 생산을 동시에 하는 글로벌 ICT 기업이 늘고 있다.

30 **다음 주장에 대한 반박으로 가장 적절한 것은 무엇인가?**

> 시장이 본연의 기능을 효율적으로 수행하기 위해서는 일정한 전제 조건이 요구된다. 교환에 참여하는 행위자의 자발성(自發性)과 교환 과정의 공정성(公正性)이 바로 그것이다. 이 때 자발성은 행위자의 자율적 의사 결정을 의미하는 것이며, 공정성은 그들 간의 절차적 합리주의를 뜻한다. 예를 들어 강매나 사기, 도둑질 같은 행위는 선택의 자발성을 제한하고 절차의 공정성을 침해한다는 점에서 반(反)시장적인 것이다. 이러한 반시장적 행위들은 시장의 논리만으로 통제되기 어렵다. 따라서 시장에는 자발성과 공정성의 원칙을 견지하는 윤리적 규범이나 사회적 규칙을 행위자들이 신뢰하고 준수하는 것이 필요하다.

① 반시장적 행위는 상호주의의 산물이다.
② 비시장적 요소는 시장의 기능을 보완한다.
③ 시장에서는 비대칭적 상호주의가 통용된다.
④ 시장에는 탈리오의 법칙이 적용되지 않는다.
⑤ 반시장적 요소는 시장 스스로도 해결할 수 있다.

직무상식

문항수 30문항

제한시간 30분

정답 페이지 65~69

01 **감염예방을 위한 간호중재로 옳은 것을 모두 고르시오.**

ㄱ 홍역, 수두 환자를 간호하기 전에 반드시 N95 마스크를 착용한다.
ㄴ MRSA 환자 간호 시 일회용 장갑을 착용하였다면 손위생은 항상 필요하지 않다.
ㄷ 활동성 결핵 환자 이동 시 외과용 마스크를 적용한다.
ㄹ VRE 환자 이동 시 비말주의 격리지침을 준수하여 간호한다.

① ㄱ, ㄷ
② ㄴ, ㄹ
③ ㄱ, ㄴ, ㄹ
④ ㄴ, ㄷ, ㄹ
⑤ ㄱ, ㄴ, ㄷ, ㄹ

02 **욕상의 간호중재로 옳은 것을 모두 고르시오.**

ㄱ 상처는 증류수 혹은 생리식염수를 이용해 세척한다.
ㄴ 욕창 예방을 위해 탄성이 적은 단단한 매트리스를 사용한다.
ㄷ 피부통합성 유지를 위해 적절한 수분을 제공한다.
ㄹ 발뒤꿈치, 천골과 같은 부위에 예방적 드레싱을 적용할 수 있다.

① ㄱ, ㄷ
② ㄴ, ㄹ
③ ㄱ, ㄷ, ㄹ
④ ㄴ, ㄷ, ㄹ
⑤ ㄱ, ㄴ, ㄷ

03 장루를 갖고 있는 환자의 간호중재로 옳지 않은 것을 모두 고르시오.

> ㉠ 수분 섭취를 제한한다.
> ㉡ 장루 세척은 무균적으로 수행한다.
> ㉢ 피부 보호제를 사용해 장루 주변 피부를 보호한다.
> ㉣ 장루 주머니가 3/4 이상 차면 비우고 배설량을 측정한다.

① ㉠, ㉢ ② ㉡, ㉢ ③ ㉠, ㉡, ㉣
④ ㉡, ㉢, ㉣ ⑤ ㉠, ㉡, ㉢, ㉣

04 수혈 부작용과 그에 따른 중재로 옳지 않은 것은?

① 순환과잉-다리를 내리고 앉는 체위를 취한다.
② 용혈반응-활력징후를 측정하고 대상자를 사정한다.
③ 알레르기반응-수혈속도를 줄이고 항히스타민제를 투여한다.
④ 발열반응-생리식염수를 주입하고 처방에 따라 해열제를 투여한다.
⑤ 패혈증-남아있는 혈액과 환자의 혈액을 검사실로 보낸다.

05 활동성 결핵 환자에 대한 설명으로 옳은 것을 모두 고르시오.

> ㉠ 흉부 X-선 상에서 석회화 병변이 관찰된다.
> ㉡ 혈액검사에서 ESR 수치가 증가할 수 있다.
> ㉢ 객담 항산균 도말검사에서 양성의 결과가 나타난다.
> ㉣ 투베르쿨린 검사에서 양성의 결과가 나타난다.

① ㉠, ㉡ ② ㉡, ㉣ ③ ㉠, ㉡, ㉢
④ ㉡, ㉢, ㉣ ⑤ ㉠, ㉡, ㉣

06 혈중 칼륨 농도가 7.5mEq/L로 측정될 때의 중재로 옳은 것을 모두 고르시오.

㉠ 심전도 검사
㉡ 바나나 섭취 격려
㉢ spironolactone 투여
㉣ 인슐린과 포도당 함께 투여

① ㉠, ㉡　　② ㉠, ㉣　　③ ㉠, ㉡, ㉢
④ ㉡, ㉢, ㉣　　⑤ ㉠, ㉡, ㉢, ㉣

07 warfarin을 복용하는 대상자에게 필요한 간호중재로 옳은 것은?

① aPTT 수치를 주기적으로 확인한다.
② 혈전을 녹일 수 있는 약물이라고 설명한다.
③ aspirin과 반대되는 작용을 하는 약물임을 설명한다.
④ 멍은 일시적으로 나타나는 정상적인 현상임을 설명한다.
⑤ 시금치와 같은 녹색 채소와 함께 섭취하는 경우 약물의 효과가 저하될 수 있다고 설명한다.

08 기관절개관 관리를 위한 간호중재로 옳지 않은 것을 모두 고르시오.

㉠ 커프 압력은 50cmH_2O 이상으로 유지한다.
㉡ 무균술을 준수하여 기관절개관을 소독한다.
㉢ 기관절개관 고정끈은 최대한 느슨히 적용한다.
㉣ 기관절개 주변 피부는 청결하고 습윤하게 관리한다.

① ㉠, ㉡　　② ㉢, ㉣　　③ ㉠, ㉢, ㉣
④ ㉡, ㉢, ㉣　　⑤ ㉠, ㉡, ㉢, ㉣

09 **흉강천자 시, 간호중재로 옳지 않은 것은?**

① 시술 시, 자세는 앉은 상태에서 앞으로 기댄 자세를 취하게 한다.
② 한 번에 흉막액을 1500mL 이상 제거하지 않는다.
③ 시술 후, 천자 부위에 압박 드레싱을 적용한다.
④ 시술 후, 천자부위가 아래로 가는 측위를 취하게 한다.
⑤ 시술 후, 드레싱 부위를 수시로 관찰한다.

10 **대사성 산증이 발생할 수 있는 경우로 옳은 것을 모두 고르시오.**

㉠ 신부전 ㉡ 고알도스테론증 ㉢ 당뇨병성케톤산증 ㉣ 구토

① ㉠, ㉡　② ㉠, ㉢　③ ㉠, ㉡, ㉢
④ ㉡, ㉢, ㉣　⑤ ㉠, ㉡, ㉢, ㉣

11 **당뇨병성케톤산증에서 예상할 수 있는 ABGA의 검사 결과로 가장 적절한 것은?**

① pH 7.28, $PaCO_2$ 51mmHg, HCO_3^- 24mEq/L
② pH 7.28, $PaCO_2$ 35mmHg, HCO_3^- 14mEq/L
③ pH 7.28, $PaCO_2$ 30mmHg, HCO_3^- 28mEq/L
④ pH 7.46, $PaCO_2$ 14mmHg, HCO_3^- 14mEq/L
⑤ pH 7.46, $PaCO_2$ 35mmHg, HCO_3^- 28mEq/L

12 **심부전 환자의 중재에 대한 설명으로 옳은 것을 모두 고르시오.**

㉠ 후부하를 낮추기 위해 이뇨제를 투여한다.
㉡ 심근 수축력을 강화시키기 위해 Digoxin을 투여한다.
㉢ Digitalis 제제의 효과를 높이기 위해 칼륨 수치를 높게 유지한다.
㉣ 혈관 확장제 투여는 증상 완화에 도움을 준다.

① ㉠, ㉡　② ㉡, ㉣　③ ㉠, ㉡, ㉢
④ ㉡, ㉢, ㉣　⑤ ㉠, ㉡, ㉢, ㉣

13 **저칼륨혈증일 때 나타나는 심전도의 변화로 옳은 것을 모두 고르시오.**

㉠ 뾰족한 T파
㉡ 뚜렷한 U파
㉢ 넓은 QRS군
㉣ ST 분절 하강

① ㉠, ㉡　② ㉡, ㉣　③ ㉠, ㉡, ㉢
④ ㉡, ㉢, ㉣　⑤ ㉠, ㉡, ㉢, ㉣

14 **뇌막염 환자의 증상으로 옳지 않은 것은?**

① 오심 및 구토
② Kernig 징후 양성
③ Romberg 검사 양성
④ 광선공포증
⑤ 산재성 혈관 내 응고(DIC) 초래

15 다음 환자의 GCS 점수로 옳은 것은?

통증을 주었을 때 눈을 뜨고 자극에 움츠리는 반응을 보인다. 알 수 없는 소리 만을 내고 있다.

① E1 V1 M2 ② E2 V2 M4 ③ E2 V2 M5
④ E3 V3 M2 ⑤ E2 V3 M3

16 환자의 혈액검사 결과가 다음과 같을 때, 간호중재로 옳은 것은?

ABGA pH 7.42, $PaCO_2$ 35mmHg, PaO_2 82mmHg, HCO_3^- 23mEq/L Na 158mEq/L, K 3.8mEq/L

① 중탄산나트륨을 투여한다.
② 고염분식이를 섭취하도록 한다.
③ 고농도의 산소를 즉시 투여한다.
④ 0.45% 생리식염수 수액을 투여한다.
⑤ 녹황색 채소의 추가적인 섭취를 격려한다.

17 뇌전증(간질) 환자가 침대에 누워있다 갑자기 경련을 시작하였다. 사지의 불수의적인 움직임을 보이며, 구강 내 분비물이 가득 차 있다. 다음 중 가장 우선적인 간호중재는?

① 병실의 다른 환자와 보호자들이 놀라지 않도록 설명한다.
② 주변의 위험한 물건들을 치운다.
③ 침상난간을 올리고 패드를 덧댄다.
④ 고개를 옆으로 돌려준다.
⑤ 경련의 양상, 시간, 강도 등을 기록한다.

18 **광선 요법을 적용하고 있는 신생아의 중재에 대한 설명으로 옳은 것을 모두 고르시오**

㉠ 빌리루빈 배설을 돕기 위해 시행한다. ㉡ 광선조사기는 최대한 환자와 가깝게 비치하여 효과를 높인다. ㉢ 안대를 적용하고 고환을 가려준다. ㉣ 충분한 수분 공급이 필요하다.

① ㉠, ㉡ ② ㉡, ㉣ ③ ㉠, ㉢, ㉣
④ ㉡, ㉢, ㉣ ⑤ ㉠, ㉡, ㉢, ㉣

19 **임신에 따른 생리적 변화로 옳은 것을 모두 고르시오.**

㉠ 자궁경부는 혈액이 충혈되어 경직된다. ㉡ 자궁저부가 높아지면서 횡격막이 상승한다. ㉢ progesterone의 분비 증가로 변비, 치질 등이 발생한다. ㉣ 혈장이 혈구에 비해 과도하게 증가하여 빈혈이 발생한다.

① ㉠, ㉡ ② ㉡, ㉣ ③ ㉠, ㉡, ㉢
④ ㉡, ㉢, ㉣ ⑤ ㉠, ㉡, ㉢, ㉣

20 **시험 결과가 좋지 않아 부모에게 혼이 난 아이가 갑자기 눈이 안 보인다고 호소할 때, 예측할 수 있는 질환으로 옳은 것은?**

① 해리장애
② 전환장애
③ 허위성장애
④ 사회불안장애
⑤ 편집성성격장애

21 0.9% N/S 1L와 heparin 12000u을 mix하려고 한다. heparin 1vial이 25000u/5ml일 때, 몇 cc를 mix 하여야 하는가?

① 1.2cc ② 2.4cc ③ 3.2cc
④ 4cc ⑤ 4.8cc

22 인슐린 1vial 에 1000unit(10ml)일 때, 3unit을 주고자 한다면, 몇 cc를 주어야 하는가?

① 0.01cc ② 0.03cc ③ 0.3cc
④ 0.1cc ⑤ 3cc

23 1 tablet이 10mg이다. 20mg, bid의 처방일 때 3일 동안 복용하게 되는 tablet의 총 개수는?

① 3T ② 6T ③ 12T
④ 15T ⑤ 18T

24 1 tablet이 5mg이다. 10mg, bid의 처방일 때 5일 동안 복용하게 되는 tablet의 총 개수는?

① 4T ② 8T ③ 12T
④ 16T ⑤ 20T

25 **10% DW에 450ml에 20% DW 50ml를 혼합할 경우 몇 % 포도당이 되는가?**

① 4.5% ② 9% ③ 11%
④ 12.5% ⑤ 15%

26 **0.9% N/S 200ml를 8시간 동안 주려 할 때, 몇 cc/hr로 주입해야 하는가?**

① 25cc/hr ② 30cc/hr ③ 35cc/hr
④ 40cc/hr ⑤ 50cc/hr

27 **3% NaCl 200ml 1bag을 10시간 동안 투여하려고 한다. 1pm에 주입을 시작했다면, 8pm에 남은 수액양으로 옳은 것은?**

① 5ml ② 10ml ③ 30ml
④ 60ml ⑤ 100ml

28 **H/D 1000ml를 24시간 동안 투여하려고 할 때, 분당 방울 수는 어떻게 되는가?**

※ 수액세트 점적 방울 수의 기준: 20gtt/mL

① 5~10방울 ② 10~15방울 ③ 15~20방울
④ 20~25방울 ⑤ 25~30방울

29 **0.9% N/S 200cc를 2시간 동안 투여하려면 약 몇 gtt로 주어야 하는가?**

※ 수액세트 점적 방울 수의 기준: 20gtt/mL

① 약 15gtt ② 약 17gtt ③ 약 21gtt
④ 약 33gtt ⑤ 약 48gtt

30 **60kg인 환자에게 Norepinephrine 20mg(1ampule/10mg/10cc)을 5% DW 480cc에 mix 하여 0.1μg/kg/min의 속도로 투여하고자 할 때 몇 cc/hr로 주입해야 하는가?**

※ 수액세트 점적 방울 수의 기준: 20gtt/mL

① 7cc/hr ② 9cc/hr ③ 11cc/hr
④ 13cc/hr ⑤ 15cc/hr

간호사 GSAT

GLOBAL SAMSUNG APTITUDE TEST

실전 모의고사

2회

수리논리

문항수 | 20문항
제한시간 | 30분

추리

문항수 | 30문항
제한시간 | 30분

직무상식

문항수 | 30문항
제한시간 | 30분

수리논리

문항수 20문항 · 제한시간 30분

정답 페이지 70~77

01 A업체에서 공기청정기 또는 선풍기를 구매한 사람은 총 200명이며, 이 중 공기청정기를 구매한 사람은 120명이고, 두 제품을 모두 구매한 사람은 20명이다. 선풍기의 가격은 7만 원이고, 공기청정기의 가격은 15만 원이며, 두 제품을 모두 구매한 경우에는 총 구매 금액에서 2만 원을 할인해준다고 할 때, A업체의 총 판매 금액은 얼마인가?

① 2,220만 원 ② 2,340만 원 ③ 2,460만 원
④ 2,580만 원 ⑤ 2,700만 원

02 1부터 8까지 8개의 숫자 버튼으로 구성된 자물쇠가 있다. 이 자물쇠의 비밀번호는 4개의 숫자로 설정할 수 있고, 비밀번호에 해당하는 숫자 버튼을 순서에 상관없이 모두 누르면 자물쇠를 열 수 있다. 연속된 4개의 숫자를 이용한 비밀번호는 설정할 수 없을 때, 자물쇠를 열기 위한 숫자 버튼 조합은 총 몇 개인가?

① 60개 ② 63개 ③ 65개 ④ 67개 ⑤ 70개

03 다음은 기업별 아시아 시장 휴대폰 판매량에 관한 자료이다. 이에 대한 설명으로 옳은 것은?

〈표〉 기업별 아시아 시장 휴대폰 판매량

(단위: 만 대)

구분	2016년	2017년	2018년	2019년	2020년
삼성전자	4,830	6,500	7,280	6,160	6,240
애플	4,370	5,750	3,900	4,620	5,280
화웨이	4,140	3,250	3,640	2,640	3,840
샤오미	3,220	3,500	3,380	3,520	3,360
오포	3,450	2,750	4,160	2,420	2,880
비보	1,840	1,750	2,340	2,200	1,440
전체	23,000	25,000	26,000	22,000	23,040

① 2017~2020년 동안 아시아 시장 전체 휴대폰 판매량이 전년 대비 감소한 해에 아시아 시장 휴대폰 판매량이 전년 대비 감소한 회사는 3개사이다.

② 조사기간 동안 아시아 시장 휴대폰 판매량이 많은 순으로 회사를 나열했을 때 순위가 매년 동일한 회사는 3개사이다.

③ 2020년에 삼성전자와 애플의 아시아 시장 휴대폰 판매량의 합은 나머지 회사의 아시아 시장 휴대폰 판매량보다 많다.

④ 조사기간 동안 샤오미의 아시아 시장 휴대폰 판매량이 화웨이보다 많은 해는 3개년이다.

⑤ 2018년에 아시아 시장 휴대폰 판매량 중 샤오미가 차지하는 비중은 전년 대비 감소했다.

【Q】 [04~05] 다음은 의약품 수입액 상위 5개국 현황에 관한 자료이다. 이어지는 물음에 답하시오.

<표 1> 의약품 수입액 상위 5개국 현황

(단위: 만 달러)

구분	2017년		2018년		2019년		2020년	
	국가	수입액	국가	수입액	국가	수입액	국가	수입액
1위	미국	75,000	미국	82,500	미국	90,750	미국	99,000
2위	영국	72,000	영국	75,600	중국	84,640	독일	90,000
3위	중국	64,000	독일	75,000	독일	82,500	중국	88,320
4위	독일	60,000	중국	73,600	영국	79,380	영국	60,480
5위	일본	52,000	일본	57,200	스위스	56,000	스위스	58,240

<표 2> 의약품 수입액 상위 5개국의 완제의약품 및 원료의약품 수입액 비중

(단위: %)

구분	2017년			2018년			2019년			2020년		
	국가	완제 의약품	원료 의약품	국가	완제 의약품	원료 의약품	국가	완제 의약품	원료 의약품	국가	완제 의약품	원료 의약품
1위	미국	88	12	미국	96	4	미국	94	6	미국	94	6
2위	영국	92	8	영국	97	3	중국	6	94	독일	91	9
3위	중국	5	95	독일	84	16	독일	86	14	중국	5	95
4위	독일	75	25	중국	8	92	영국	96	4	영국	96	4
5위	일본	45	55	일본	46	54	스위스	92	8	스위스	94	6

04 위 자료에 대한 설명으로 옳지 않은 것은?

① 2019년에 스위스의 원료의약품 수입액은 4,400만 달러 이상이다.
② 조사기간 내내 의약품 수입액 상위 5개국 중 순위가 매년 동일한 국가는 미국뿐이다.
③ 2018년 대비 2020년에 독일의 의약품 수입액 증가율은 미국의 의약품 수입액 증가율보다 크다.
④ 2018년에 의약품 수입액 상위 5개국 중 수입액이 전년 대비 가장 크게 증가한 국가는 독일이다.
⑤ 조사기간 내내 의약품 수입액 상위 5개국 중 원료의약품 수입액 비중이 완제의약품 수입액 비중보다 큰 국가는 매년 1개국 이상이다.

05 위 자료에 대한 설명으로 옳은 것만을 〈보기〉에서 모두 고르면?

<보기>

㉠ 2018~2020년 내내 독일의 의약품 수입액 중 완제의약품 수입액 비중은 매년 전년 대비 증가했다.
㉡ 2018~2020년 동안 영국에서 수입한 의약품 수입액 총합은 21억 달러 미만이다.
㉢ 2017년과 2020년 미국의 완제의약품 수입액의 차이는 3억 달러 이상이다.

① ㉠ ② ㉢ ③ ㉠, ㉡
④ ㉡, ㉢ ⑤ ㉠, ㉡, ㉢

06 다음은 연도별 A시 청소년의 학업중단에 관한 자료이다. 이에 대한 설명으로 옳은 것은?

<그래프 1> A시 청소년의 학업중단율

(단위: %)

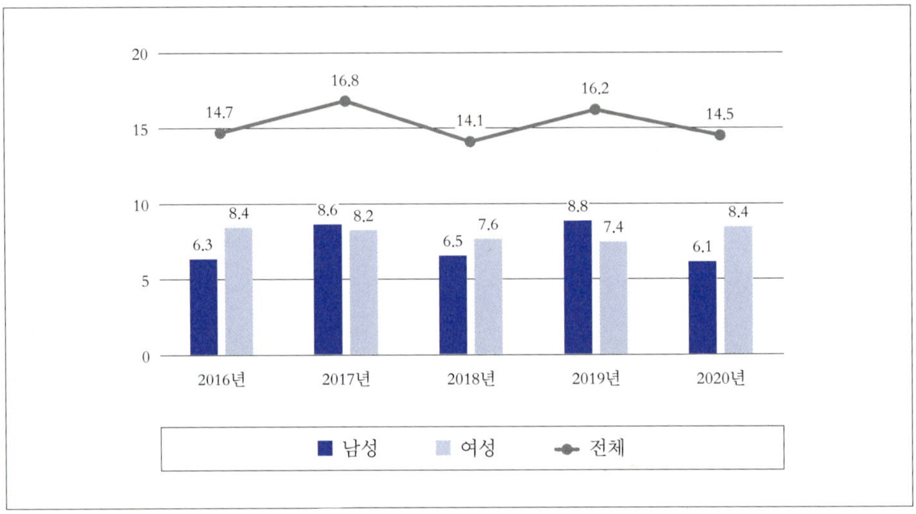

<그래프 2> A시 청소년의 학업중단 사유

(단위: 명)

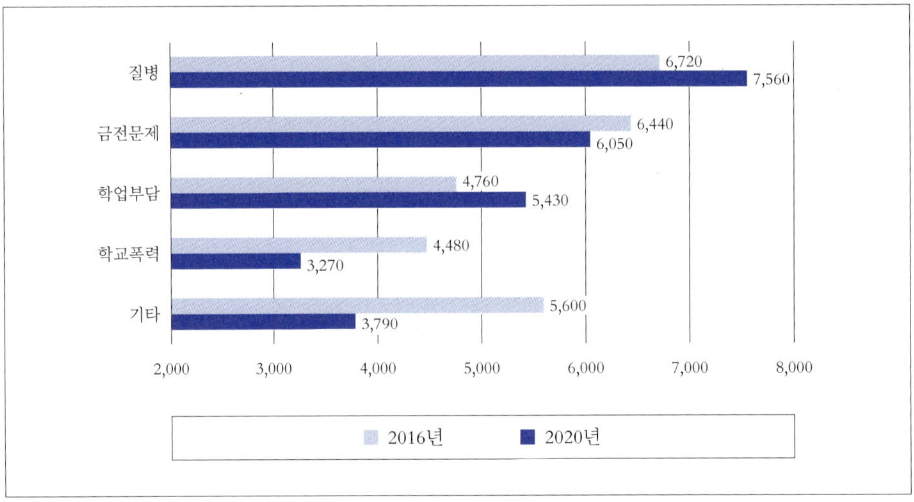

① 2020년에 A시의 전체 청소년 수는 20만 명 이상이다.

② 2016년에 학업을 중단한 청소년 중 여성은 남성보다 3천 명 이상 더 많다.

③ 2016년에 학업을 중단한 청소년 중 그 사유가 학업부담인 경우는 20% 이상이다.

④ 조사기간 동안 전체 청소년의 학업중단율이 가장 높은 해와 남성 청소년의 학업중단율이 가장 높은 해는 동일하다.

⑤ 2017~2020년 내내 남성 청소년 학업중단율의 전년 대비 증감 추이는 전체 청소년 학업중단율의 전년 대비 증감 추이와 정반대이다.

07 다음은 우리나라의 2021년 상반기 1~3차 산업 생산지수에 관한 자료이다. 이에 대한 설명으로 옳지 않은 것은?

<표> 2021년 상반기 1~3차 산업 생산지수

(단위 : p, %)

구분		1월	2월	3월	4월	5월	6월
1차 산업	생산지수	122.4	128.0	105.6	119.6	110.7	107.8
	증가율	2.0	2.4	-4.0	4.0	2.5	-2.0
2차 산업	생산지수	109.2	106.7	106.6	93.1	98.7	95.2
	증가율	4.0	-3.0	2.5	-2.0	5.0	-4.8
3차 산업	생산지수	112.8	119.6	111.3	96.4	96.9	111.3
	증가율	2.5	4	5	-3.6	2	6

※ 증가율은 전년 동월 대비 증가율임.

① 2020년 4월에 2차 산업 생산지수는 전월 대비 10p 이상 감소했다.

② 2021년 6월에 1~3차 산업 생산지수는 모두 동년 1월 대비 감소했다.

③ 4~6월 내내 생산지수가 높은 순으로 산업을 나열하면 3차 산업의 순위는 매월 다르다.

④ 2~6월 중 1차 산업 생산지수가 가장 낮은 달에는 1~3차 산업 생산지수가 모두 전월 대비 감소했다.

⑤ 1~6월 동안 3차 산업 생산지수가 전년 동월 대비 감소한 달에는 2차 산업 생산지수도 전년 동월 대비 감소했다.

08 다음은 2020년 B사의 차종별 생산량이다. 이에 대한 설명으로 옳지 않은 것은?

<그래프> 2020년 B사의 차종별 생산량

(단위: 대)

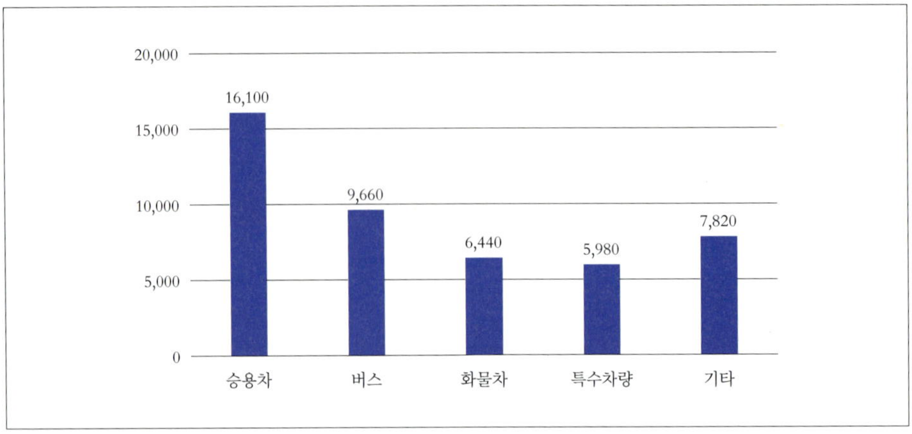

<표> 차종별 생산량의 전년 대비 증가량

(단위: 대)

구분	2017년	2018년	2019년	2020년
승용차	-770	1,230	1,290	-700
버스	-660	2,090	-1,190	-900
화물차	270	-140	-340	200
특수차량	300	180	1,080	-740
기타	-140	1,640	160	140

① 2020년에 승용차 생산량은 화물차 생산량의 240% 이상이다.
② 2016년에 버스와 화물차의 생산량 차이는 3천 대 이상이다.
③ 2016~2020년 중 특수차량의 생산량이 가장 많은 해는 2019년이다.
④ 2020년에 생산량이 가장 적은 차종은 2019년에도 생산량이 가장 적다.
⑤ 2017~2020년 내내 승용차와 화물차 생산량의 전년 대비 증감 추이는 정반대이다.

09 다음은 A시의 예산 규모, 지방 교부세액, 재정 자립도, 재정 자주도에 관한 자료이다. 이에 대한 설명으로 옳지 않은 것은?

<그래프> A시 예산 규모, 지방 교부세액, 재정 자립도, 재정 자주도

(단위: 억 원, %)

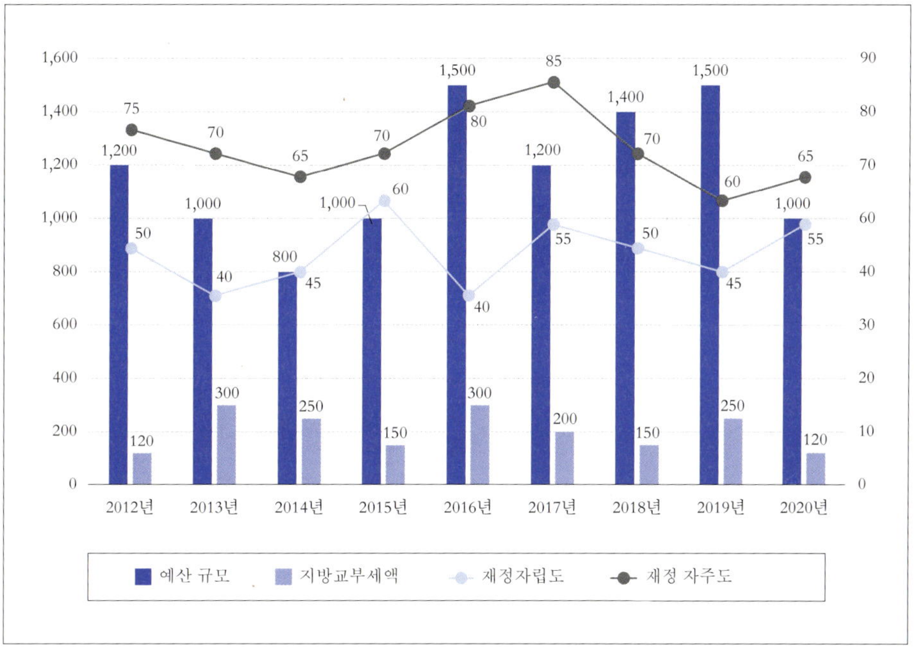

※ 자주 재원 = 지방 교부세액 + 조정 교부금 및 재정 보전금

① 2016년 대비 2019년에 재정 자주도의 감소율은 25%이다.

② 조사기간 동안 재정 자립도와 재정 자주도의 차이가 가장 큰 해는 2016년이다.

③ 2013~2020년 중 전년 대비 지방 교부세액의 증가량이 가장 큰 해는 2016년이다.

④ 2013~2020년 중 예산 규모가 가장 작은 해의 전년 대비 재정 자립도의 증가율은 12% 이상이다.

⑤ 2020년의 조정 교부금 및 재정 보전금이 100억 원이라면, 해당 연도의 자주 재원은 200억 원 이상이다.

10 **다음은 산업에 대한 주요 경제지표인 부가가치 유발계수와 취업 유발계수, 고용 유발계수의 추이를 나타낸 자료이다. 이에 대한 설명 중 옳지 않은 것은?**

<표> 2020년 지역별 광물 생산 현황

(단위: 개소, 억 원)

구분	금속광		비금속광	
	탄광 수	생산액	탄광 수	생산액
수도권	3	2,520	8	4,480
강원	15	5,400	11	9,280
충청	8	5,120	16	8,820
전라	12	5,040	13	7,540
경상	9	5,220	14	9,660
제주	6	2,040	5	2,220

① 전체 비금속광 생산액에서 경상이 차지하는 비중은 20% 이상이다.

② 충청의 비금속광 생산액은 수도권의 금속광 생산액의 4배 이상이다.

③ 전라의 탄광 1개소당 생산액은 비금속광 탄광이 금속광 탄광보다 더 많다.

④ 비금속광 탄광 수가 금속광 탄광 수보다 많은 지역 수가 적은 지역 수보다 더 많다.

⑤ 금속광과 비금속광의 생산액이 많은 순으로 지역을 각각 나열했을 때 순위가 다른 지역은 2개 지역이다.

11 **다음은 건강가정지원센터 현황에 대한 자료이다. 이에 대한 설명으로 옳지 않은 것은?**

<표> 건강가정지원센터 설치 수 및 이용자 현황

(단위: 개소, 명)

구분		2014	2015	2016	2017	2018	2019
설치 수		138	139	148	151	151	151
이용자 현황	계	1,095,928	1,290,645	1,459,471	1,834,447	2,038,437	2,303,318
	가족교육	323,685	367,399	367,105	440,105	469,038	502,112
	가족상담	174,101	203,446	220,973	248,215	253,044	262,772
	가족문화	401,276	495,307	317,938	457,048	500,119	581,256
	가족돌봄	75,841	121,155	477,836	599,721	737,911	849,735
	다양한가족통합	121,025	103,338	75,619	89,358	78,325	107,443

① 이용자가 매년 증가하는 이용자 유형은 총 두 가지이다.

② 2016년 이후 건강가정지원센터 한 곳을 이용하는 평균 이용자 수는 매년 증가하고 있다.

③ 2014년 대비 2019년 이용자 수가 가장 적게 변한 것은 가족상담 이용자 수이다.

④ 2017년에 건강가정지원센터 이용자 수에서 가족교육이 차지하는 비중은 전체 이용자 수의 25%를 넘지 않는다.

⑤ 최근 3년간 가족돌봄 이용자의 증가 추세가 유지된다면 2021년에는 가족돌봄 이용자 수가 100만 명을 초과할 것이다.

【Q】 [12~13] 다음은 A~F 6개 지역의 종교별 인구에 관한 자료이다. 이어지는 물음에 답하시오.

<표 1> A~F 지역의 종교별 남자 인구

(단위 : 백 명)

구분	종교 있음						종교 없음
		불교	천주교	개신교	원불교	기타	
A지역	2,750	1,100	495	1,045	5	105	4,950
B지역	3,750	1,350	525	1,800	10	65	6,250
C지역	3,500	630	560	2,100	140	70	5,250
D지역	3,100	775	465	1,705	25	130	5,425
E지역	5,150	2,575	515	1,545	10	505	7,725
F지역	6,400	4,160	640	1,280	20	300	9,600

<표 2> A~F 지역의 종교별 여자 인구

(단위 : 백 명)

구분	종교 있음						종교 없음
		불교	천주교	개신교	원불교	기타	
A지역	3,400	1,360	510	1,360	5	165	4,250
B지역	4,600	1,610	460	2,300	15	215	5,520
C지역	4,500	855	2,610	765	135	135	4,500
D지역	4,000	1,080	560	2,240	40	80	4,800
E지역	6,400	3,520	640	1,920	10	310	6,720
F지역	8,000	5,280	1,840	720	40	120	8,000

※ 지역별 남자(여자) 인구 = 지역별 종교가 있는 남자(여자) 인구 + 지역별 종교가 없는 남자(여자) 인구

※ 지역별 전체 인구 = 지역별 남자 인구 + 지역별 여자 인구

※ 지역별 종교 인구 = 지역별 남자 종교 인구 + 지역별 여자 종교 인구

12　위의 자료에 대한 설명으로 옳은 것은?

① 개신교 인구가 불교 인구보다 많은 지역은 4개 지역이다.

② 6개 지역의 남녀 인구 모두 종교가 있는 인구가 종교가 없는 인구보다 적다.

③ D지역의 종교가 없는 남자 인구는 종교가 있는 남자 인구보다 75% 이상 많다.

④ F지역의 종교가 있는 여자 인구 중 불교, 천주교, 개신교 여자 인구의 합이 차지하는 비중은 96%이다.

⑤ 기타를 제외하고 C지역의 종교가 있는 남자 인구와 여자 인구가 많은 순서대로 종교를 각각 나열하면 그 순서는 동일하다.

13　위의 자료에 대한 설명으로 옳지 않은 것만을 <보기>에서 모두 고르면?

<보기>

㉠ E지역의 종교가 없는 여자 인구는 종교가 없는 남자 인구보다 많다.

㉡ B지역 불교 남자 인구는 B지역 남자 인구의 10% 이상이다.

㉢ 6개 지역 중 전체 인구가 세 번째로 많은 지역의 천주교 인구는 10만 명 이상이다.

① ㉠　　② ㉢ ③　　㉠, ㉡

④ ㉠, ㉢　　⑤ ㉡, ㉢

【Q】 [14~15] 다음은 OO국 뿌리산업의 스마트 공장 구축 현황에 관한 자료이다. 이어지는 물음에 답하시오.

<표 1> 뿌리산업의 업종별 스마트 공장 구축 기간 및 비용

(단위: 개, 개월, 백만 원)

구분	2018년			2019년		
	사업체 수	평균 투자기간	총투자비용	사업체 수	평균 투자기간	총투자비용
주조업	75	12	16,125	135	10	55,350
금형업	115	10	15,525	345	8	51,060
소성가공업	250	11	47,500	500	11	74,000
용접업	300	9	40,500	810	8	97,200
표면처리업	325	10	99,125	390	9	81,900
열처리업	60	9	20,100	90	8	20,880

※ 평균 투자비용(백만 원) = $\frac{\text{총투자비용}}{\text{사업체 수}}$

※ 월평균 투자비용(백만 원) = $\frac{\text{평균 투자비용}}{\text{평균 투자기간}}$

<표 2> 뿌리산업의 업종별 스마트 공장 구축방식 비율

(단위: 개, %)

구분	2018년			2019년		
	사업체 수	정부지원	자체 구축	사업체 수	정부지원	자체 구축
주조업	75	20.0	80.0	135	40.0	60.0
금형업	115	80.0	20.0	345	60.0	40.0
소성가공업	250	78.0	22.0	500	87.0	13.0
용접업	300	62.0	38.0	810	90.0	10.0
표면처리업	325	60.0	40.0	390	70.0	30.0
열처리업	60	35.0	65.0	90	60.0	40.0

14 **위 자료에 대한 설명으로 옳은 것은?**

① 2019년에 평균 투자기간은 6개 업종 모두 전년 대비 감소했다.
② 주조업 평균 투자비용은 2019년이 2018년보다 1억 9,500만 원 더 많다.
③ 총투자비용이 큰 업종부터 순서대로 나열하면 그 순서는 2018년과 2019년이 동일하다.
④ 2018년 대비 2019년에 사업체 수의 증가율이 가장 큰 업종은 2018년 대비 2019년 스마트 공장 자체 구축 비율의 감소량도 가장 크다.
⑤ 2018년에 정부지원으로 스마트 공장을 구축한 표면처리업 사업체 수는 2018년에 정부지원으로 스마트 공장을 구축한 소성가공업 사업체 수보다 많다.

15 **2018년 금형업 사업체의 월평균 투자비용은 (A)백만 원이고 2019년 용접업 사업체의 월평균 투자비용은 (B)백만 원일 때, 2A + B의 값은 얼마인가?**

① 38 ② 42 ③ 46
④ 50 ⑤ 54

【Q】 [16~17] 다음은 A결혼정보회사의 연례 매칭행사에 관한 자료이다. 이어지는 물음에 답하시오.

<표> 거주지별 행사 참가자 수

(단위 : 명)

구분		2016년	2017년	2018년	2019년	2020년
대도시	남성	3,120	2,970	3,190	3,360	3,540
	여성	2,730	3,060	3,510	3,520	3,360
전체	남성	5,200	5,400	5,800	5,600	6,400
	여성	4,200	5,100	5,400	5,500	5,600

<그래프> 연도별 매칭률

(단위 : %)

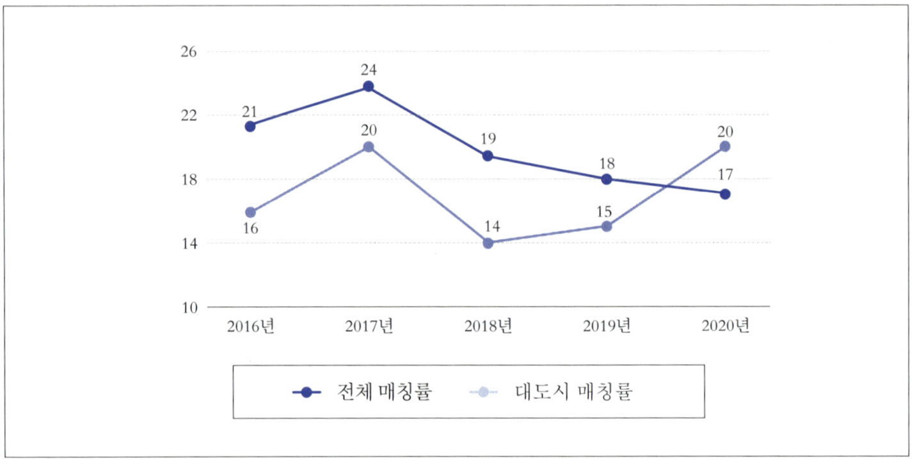

※ 매칭률(%) = 결혼 성사자 / 참가자 × 100

※ 결혼 성사자는 연례 매칭 행사 참가자들끼리 결혼이 성사된 행사 참가자임.

16 **위의 자료에 대한 설명으로 옳은 것은?**

① 2017년 대도시에 거주하지 않는 참가자는 남성 참가자가 여성 참가자보다 500명 이상 더 많다.

② 2020년 전체 여성 참가자 중 대도시 거주자의 비율은 전년 대비 10%p 이상 감소했다.

③ 2017~2020년 내내 대도시 거주 참가자 수의 전년 대비 증감 추이는 남성과 여성이 동일하다.

④ 조사기간 동안 대도시 거주 참가자 중 여성 참가자 수가 남성 참가자 수보다 많은 해에는 전체 참가자 수도 여성 참가자 수가 남성 참가자 수보다 많다.

⑤ 2018년에 결혼이 성사되지 않은 참가자는 대도시에 거주하는 참가자가 대도시에 거주하지 않는 참가자보다 2,000명 이상 더 많다.

17 **2020년에 대도시에 거주하지 않는 참가자 중 결혼이 성사되지 않은 남성 참가자는 (A)명이고, 결혼이 성사되지 않은 여성 참가자는 (B)명일 때, A와 B에 들어갈 숫자를 각각 바르게 짝지은 것은?**

	A	B
①	2,530	1,910
②	2,450	2,070
③	2,380	2,160
④	2,290	2,270
⑤	2,130	2,320

18 **다음은 A~C병원의 내원 환자 수에 관한 자료이다. 이를 바탕으로 2017~2020년 동안의 내원 환자 수의 전년 대비 증가율을 나타낸 그래프로 옳은 것은? (단, 계산 시 소수점 둘째 자리에서 반올림한다.)**

<표> A~C병원의 내원환자 수

(단위: 명)

구분	2016년	2017년	2018년	2019년	2020년
A병원	700	900	1,000	1,100	1,300
B병원	800	1,000	1,300	1,600	2,100
C병원	1,200	1,400	1,600	1,900	2,000

① (단위: %)

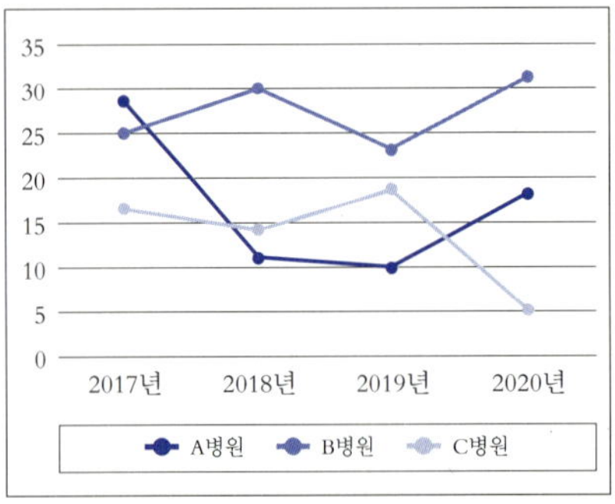

② (단위: %)

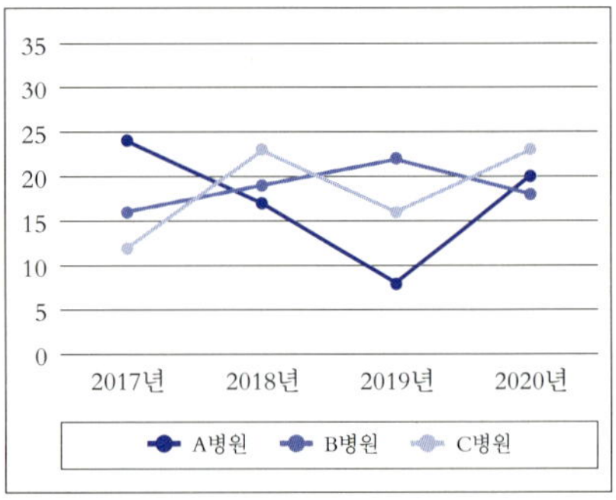

③ (단위: %)

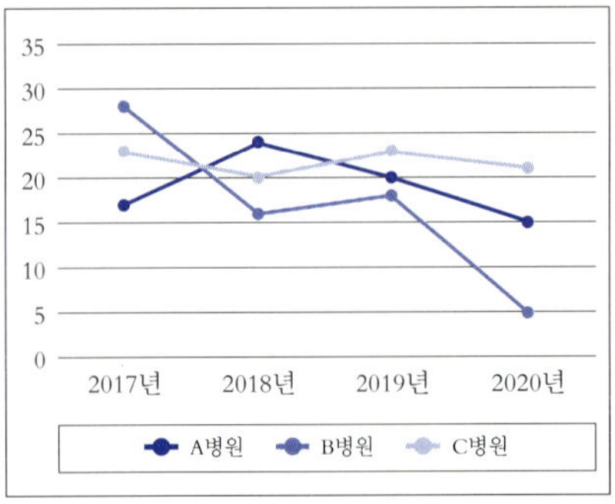

④ (단위: %)

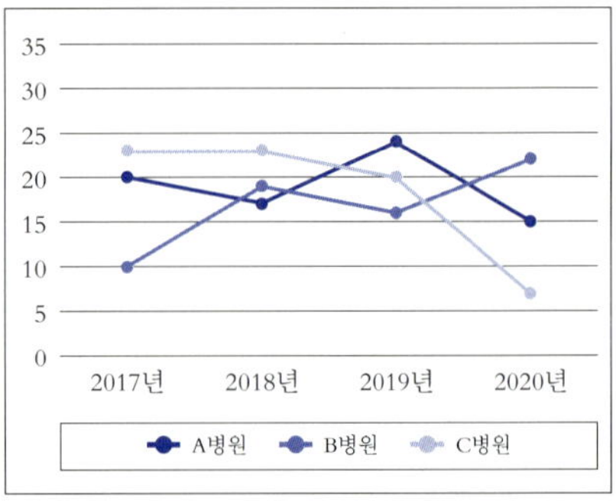

⑤ (단위: %)

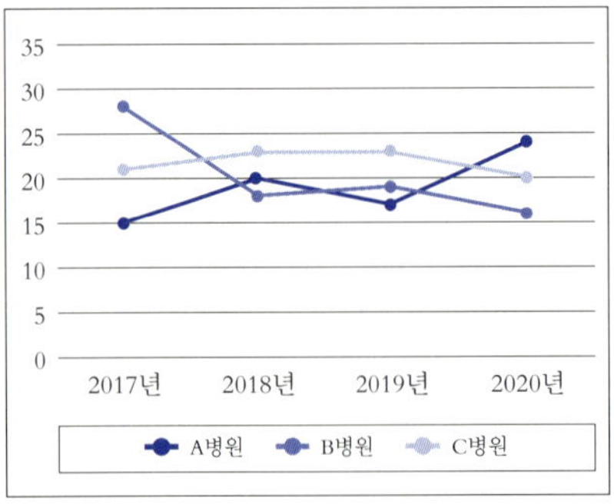

19 다음 <보기>는 1월 1일부터의 시간에 따른 A호텔과 B호텔의 1박 금액에 관한 자료이다. A호텔과 B호텔의 1박 금액이 동일해지는 날은 언제인가?

<보기>

1월 1일의 x일 후 1박 금액을 y원이라고 할 때, 다음과 같은 식이 성립한다.

- A호텔: $y = 58{,}000 + 273x$
- B호텔: $y = 127{,}000 - 279x$

※ 1, 3, 5월은 31일까지, 2월은 28일까지, 4, 6월은 30일까지 있다.

① 5월 2일 ② 5월 3일 ③ 5월 4일
④ 5월 5일 ⑤ 5월 6일

20 다음은 S사의 A공장과 B공장의 월별 차량용 반도체 생산량에 관한 자료이다. A공장과 B공장의 차량용 반도체 생산량에는 일정한 규칙이 있다고 할 때, B공장의 차량용 반도체 생산량이 A공장의 차량용 반도체 생산량의 3배가 되는 시기는 언제인가?

<표> A공장과 B공장의 월별 차량용 반도체 생산량

(단위: 개)

구분	A공장	B공장
2021년 8월	68,000	24,000
2021년 9월	69,000	25,000
2021년 10월	70,000	28,000
2021년 11월	71,000	33,000
2021년 12월	72,000	40,000
2022년 1월	73,000	49,000
⋮	⋮	⋮

① 2022년 10월 ② 2022년 11월 ③ 2022년 12월
④ 2023년 1월 ⑤ 2023년 2월

추리

문항수 30문항

제한시간 30분

정답 페이지 78~91

01 **다음 두 전제로 도출되는 결론으로 가장 타당한 것은?**

[전제 1] - 승부욕이 강한 사람은 모두 성적이 우수하다.
[전제 2] - 승부욕이 강한 사람은 모두 도박을 좋아한다.
[결론] - (   )

① 성적이 우수한 모든 사람은 도박을 좋아한다.
② 도박을 좋아하는 어떤 사람은 성적이 우수하다.
③ 도박을 좋아하는 모든 사람은 성적이 우수하다.
④ 승부욕이 강한 어떤 사람은 도박을 좋아하지 않는다.
⑤ 도박을 좋아하는 어떤 사람은 승부욕이 강하지 않다.

02 다음 [결론]을 항상 참으로 하는 [전제 2]를 고르면?

[전제 1] - 빨래를 좋아하는 사람은 부엉이를 좋아하지 않는다.
[전제 2] - (   )
[결론] - 부엉이를 좋아하는 사람은 보석을 좋아하지 않는다.

① 빨래를 좋아하지 않는 사람 중 보석을 좋아하는 사람도 있다.
② 빨래를 좋아하지 않는 사람은 보석을 좋아하지 않는다.
③ 빨래를 좋아하는 사람 중 보석을 좋아하지 않는 사람은 없다.
④ 보석을 좋아하는 사람 중 빨래를 좋아하는 사람도 있다.
⑤ 보석을 좋아하지 않는 사람은 빨래를 좋아하지 않는다.

03 다음 제시된 전제들로부터 항상 참이 되는 [결론]을 고르면?

[전제 1] - 롱보드를 타는 사람은 자전거를 타지 않는다.
[전제 2] - 전동킥보드를 타지 않는 사람은 롱보드를 탄다.
[결론] - (   )

① 전동킥보드를 타는 사람 중 롱보드를 타는 사람도 있다.
② 전동킥보드를 타지 않는 사람은 자전거를 타지 않는다.
③ 자전거를 타는 사람은 전동킥보드를 타지 않는다.
④ 자전거를 타는 어떤 사람은 전동킥보드를 타지 않는다.
⑤ 자전거를 타지 않는 사람은 전동킥보드를 타지 않는다.

04 **면접관 누리, 다운, 민영, 보람은 지원자 A, B, C, D, E에 대한 면접을 진행하였다. 면접관이 면접결과에 대하여 아래와 같이 말하였으며, 이들 중 한 사람만 거짓말을 하고 있다. 합격한 지원자가 1명일 때, 합격한 지원자는 누구인가?**

- 누리: B와 D는 면접 시 태도가 불량하여 뽑지 않았어.
- 다운: D와 E의 전문성이 특출났어. 이 두 명 중 한 명이 합격자야.
- 민영: 지원자의 성향으로 볼 때 A와 E는 채용하지 않기로 했어.
- 보람: C와 D는 토론에 적극적으로 임하지 않았기에 탈락시켰어.

① A ② B ③ C ④ D ⑤ E

05 **사고 현장의 부상자 15명을 중증도에 따라 5개 등급(1~5등급)으로 분류한 결과가 다음 <조건>과 같을 때, 항상 참인 것은? (단, 각 등급의 부상자 수는 모두 다르다.)**

<조건>

㉠ 분류된 부상자는 각 등급당 한 명 이상이다.
㉡ 3등급 부상자의 비중은 전체 부상자의 40% 미만이지만 다른 어느 등급 부상자 수보다 많다.
㉢ 1등급과 5등급 부상자 수의 합은 2등급과 4등급 부상자 수의 합과 같다.
㉣ 2등급과 5등급 부상자 수의 합은 3등급과 4등급 부상자 수의 합 이상이다.
㉤ 1등급과 2등급 부상자 수의 합은 4등급과 5등급 부상자 수의 합보다 많다.

① 1등급 부상자 수는 2명이다.
② 2등급 부상자 수는 5명이다.
③ 3등급 부상자 수는 4명이다.
④ 4등급 부상자 수는 1명이다.
⑤ 5등급 부상자 수는 3명이다.

06 **S 병원의 신입 간호사 강민, 미래, 새롬, 정수는 병동, 수술실, 중환자실, 외래진료 중 서로 다른 부서로 한 명씩 배치되었다. 아래 <조건>이 모두 참일 때, 항상 거짓인 것은?**

> <조건>
>
> ㉠ 미래는 병동이나 중환자실에 배치된다.
>
> ㉡ 정수는 수술실이나 중환자실에 배치된다.
>
> ㉢ 강민은 병동과 외래진료에 배치되지 않는다.

① 미래는 병동에 배치된다.

② 미래는 중환자실에 배치된다.

③ 정수는 수술실에 배치된다.

④ 정수는 중환자실에 배치된다.

⑤ 새롬은 외래진료에 배치된다.

07 **A~G 7명이 그림과 같은 교실 좌석에 앉아 있다. 이들은 모두 같은 조이며, 이들이 앉아 있는 좌석에 대한 정보가 다음 <조건>과 같을 때, 조장이 될 수 있는 사람을 모두 고르면?**

1행		
2행		
3행		
4행		

> <조건>
>
> ㉠ 조장은 한 명이다.
>
> ㉡ B 바로 앞에는 E가 앉아 있다.
>
> ㉢ 두 번째 행에는 C가 앉아 있다.
>
> ㉣ B와 F는 같은 열에 앉아 있으며, 이들 사이에는 한 자리가 비어 있다.
>
> ㉤ G는 조장 바로 뒷자리에 앉아 있다.
>
> ㉥ 조장의 왼쪽 자리는 비어 있다.

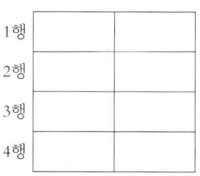

① A, C　② A, D　③ C, D

④ C, E　⑤ D, E

08 민지는 3개의 3인실 병실에 A, B, C, D, E, F, G 7명의 환자를 배치하려고 한다. 아래 <조건>이 모두 참일 때, G와 같은 병실을 이용할 수 있는 환자를 모두 고르면?

<조건>

㉠ C와 E는 같은 병실을 두 명만 이용한다.

㉡ F와 G는 서로 다른 병실을 이용한다.

㉢ B와 D는 같은 병실을 이용한다.

㉣ A는 두 명만 있는 병실을 이용한다.

① A　② B, D　③ A, F
④ A, B, D　⑤ A, B, D, F

09 A~D 4명은 신발을 구매했다. 이들이 구매한 신발의 가격은 각각 2만 원, 4만 원, 6만 원, 8만 원으로 서로 다르며, 신발의 색상은 흰색, 검은색, 갈색 중 하나이다. 이들이 구매한 신발에 대한 정보가 다음 <조건>과 같을 때, A가 구매한 신발에 대한 정보로 옳은 것은?

<조건>

㉠ 4켤레의 신발 중 2켤레만 흰색이고 나머지는 서로 다른 색이다.

㉡ A가 구매한 신발이 C가 구매한 신발보다 비싸다.

㉢ 6만 원짜리 신발은 갈색이다.

㉣ C가 구매한 신발은 2만 원도 아니고 갈색도 아니다.

㉤ B가 구매한 신발은 4만 원 이하이다.

㉥ A가 구매한 신발과 C가 구매한 신발의 색이 같다.

① 검은색　② 갈색　③ 4만 원
④ 6만 원　⑤ 8만 원

10 한 병원 안에 내과, 외과, 소아과, 안과, 치과, 피부과 병실이 복도를 사이에 두고 왼쪽과 오른쪽에 각각 세 병실이 있다. 다음 <조건>이 참이라고 할 때, 항상 참인 것은?

> <조건>
>
> ㉠ 내과와 안과는 같은 쪽에 있지만, 외과와는 반대쪽에 있다.
>
> ㉡ 내과, 안과, 치과는 서로 붙어 있지 않으며, 서로 마주보고 있지도 않다.
>
> ㉢ 치과와 소아과는 같은 쪽에 있다.
>
> ㉣ 외과는 들어가는 입구 첫 번째 왼쪽에 있다.

① 피부과와 내과는 복도를 두고 마주 보고 있다.
② 치과와 안과는 복도를 두고 마주 보고 있다.
③ 치과와 내과는 바로 옆에 있다.
④ 피부과와 안과는 바로 옆에 있다.
⑤ 소아과와 외과는 바로 옆에 있다.

11 규현, 누리, 두희, 래원, 명석 5명이 사내 워크샵 답사를 갔다. 숙소에서 시작하는 워크숍 탐방로 후보 5개를 각자 다녀오고 숙소에 모이기로 하였다. 다음 <조건>이 모두 참일 때, 항상 참인 것은?

> <조건>
>
> ㉠ 명석이 도착하고 보니, 도착한 사람은 한 명이었다.
>
> ㉡ 두희는 래원보다 늦게 도착했다.
>
> ㉢ 규현은 두희보다 빨리 도착했다.
>
> ㉣ 누리는 두희보다 늦게 도착했다.

① 래원이 첫 번째로 도착했다.
② 규현이 세 번째로 도착했다.
③ 두희가 네 번째로 도착했다.
④ 규현은 명석보다 먼저 도착했다.
⑤ 래원은 명석보다 늦게 도착했다.

12 **S 병원의 본관 6층부터 11층까지는 입원병동이 있다. 본관 병동의 진료를 담당하는 과는 산과, 신생아실, 부인과, 소아과, 정형외과, 뇌신경과 총 6개 과이며 각각 한 층씩 진료를 담당하고 있다. 아래와 같은 <조건>을 모두 만족할 때, 병동 9층을 담당하는 진료과는 어디인가?**

<조건>

㉠ 신생아실은 반드시 6층에 배치돼야 한다.
㉡ 정형외과와 뇌신경과는 이웃하게 위치해야 한다.
㉢ 산과와 신생아실은 세 층 이상 차이 나서는 안된다.
㉣ 소아과는 산과와 한 층 떨어져 있다.

① 부인과 ② 신생아실 ③ 소아과
④ 산과 ⑤ 정형외과

13 **A~G 7명은 같은 버스에 타고 있으며, 1~7번째 정류장에 한 명씩 내리려고 한다. 이들이 정류장에 내리는 것에 대한 정보가 다음 <조건>과 같을 때, 항상 참인 것은?**

<조건>

㉠ A는 3번째 정류장에 내린다.
㉡ C는 B보다는 먼저 정류장에 내리고, G보다는 늦게 정류장에 내린다.
㉢ F가 1번째 정류장에 내리면, D는 7번째 정류장에 내린다.
㉣ B와 E는 연달아 정류장에 내린다.
㉤ F는 1번째 정류장 또는 2번째 정류장에 내린다.
㉥ G는 1번째 정류장에 내리지 않는다.

① C는 A보다 먼저 정류장에 내린다.
② E는 D보다 먼저 정류장에 내린다.
③ D와 F는 연달아 정류장에 내린다.
④ A와 G는 연달아 정류장에 내린다.
⑤ E는 5번째 정류장에 내린다.

14 그림과 같은 지역의 A~F 구역에 가로등을 설치하려고 한다. 가로등을 설치하는 것에 대한 정보가 다음 <조건>과 같을 때, 벽을 제외하고 가로등의 빛이 비치지 않는 구역의 개수를 구하면?

	A			
			벽	F
	B	벽		
C	벽		E	
	D			

<조건>

㉠ 가로등은 각 구역의 동서남북 중 한곳에 다음과 같이 설치할 수 있다.

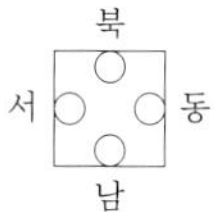

㉡ 가로등은 설치된 위치에 따라 다음과 같이 빛을 비춘다.

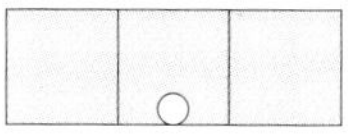

㉢ A구역과 D구역에는 같은 방향에 가로등을 설치한다.

㉣ C구역과 F구역에는 B구역과 반대 방향에 가로등을 설치한다.

㉤ E구역에는 북쪽에 가로등을 설치한다.

㉥ B, C, D, E 구역에는 각각 동서남북 중 서로 다른 한 곳에 가로등을 설치한다.

㉦ 벽이 있는 구역에는 가로등 빛이 비치지 않는다.

① 3개 ② 4개 ③ 5개

④ 6개 ⑤ 7개

【Q】 [15~18] 다음에서 도형들은 일정한 규칙에 따라 문자를 변환시킨다. 도형들에 따른 변환규칙을 파악한 후 이어지는 물음에 답하시오.

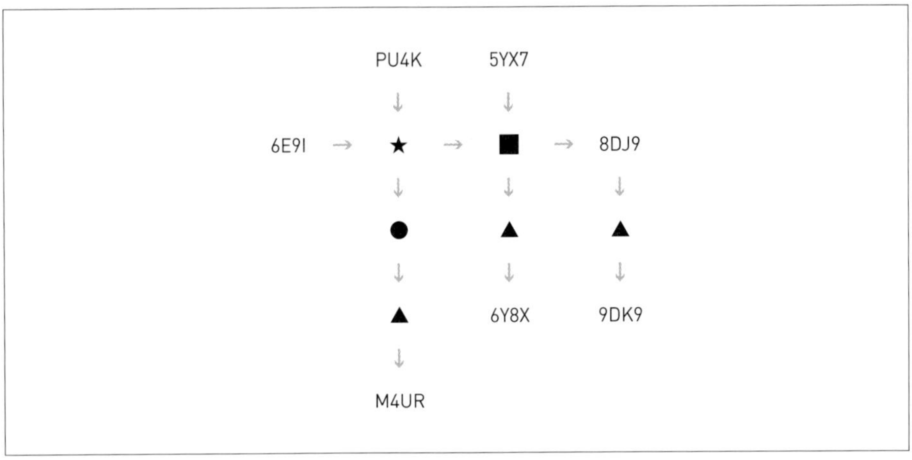

15 물음표에 들어갈 문자로 알맞은 것은?

14E5 → ● → ★ → ?

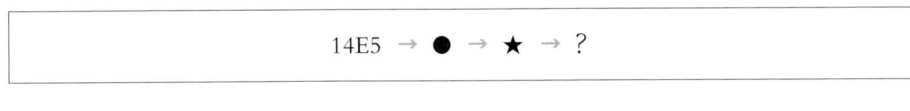

① 47D2 ② 2D74 ③ 7D42 ④ D742 ⑤ 247D

16 물음표에 들어갈 문자로 알맞은 것은?

M31K → ■ → ▲ → ?

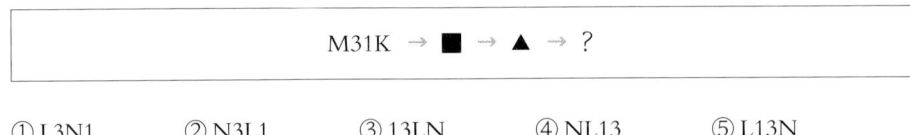

① L3N1 ② N3L1 ③ 13LN ④ NL13 ⑤ L13N

17 물음표에 들어갈 문자로 알맞은 것은?

? → ● → ■ → 84SH

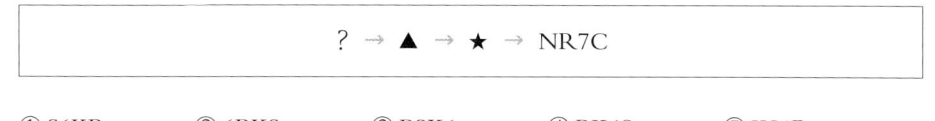

① SH48 ② HS84 ③ H84S ④ S4H8 ⑤ S84H

18 물음표에 들어갈 문자로 알맞은 것은?

? → ▲ → ★ → NR7C

① S6KB ② 6BKS ③ BSK6 ④ BK6S ⑤ KS6B

19 다음 도형들은 일정한 규칙을 가지고 있다. 물음표에 들어갈 알맞은 도형은?

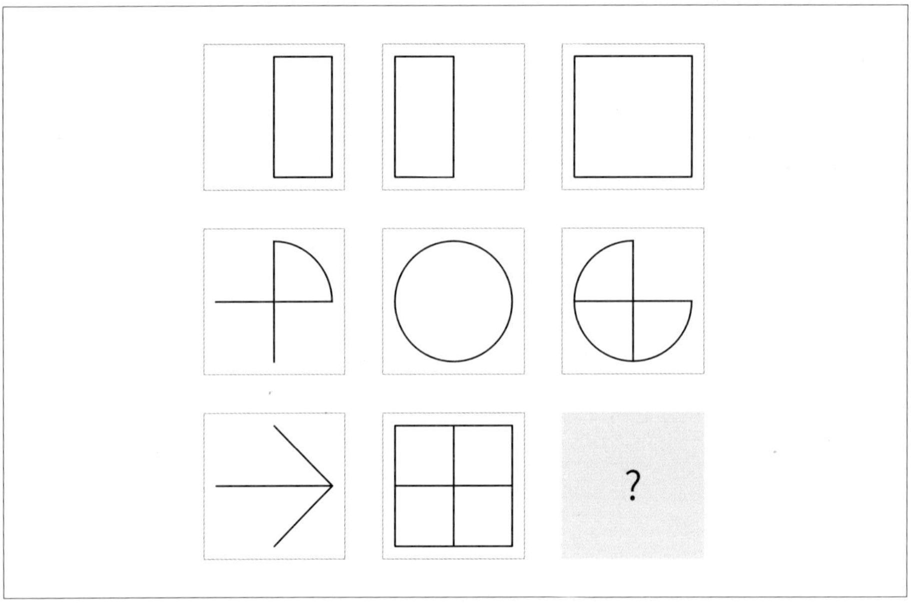

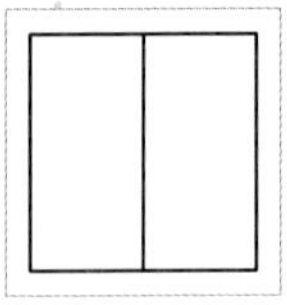
①

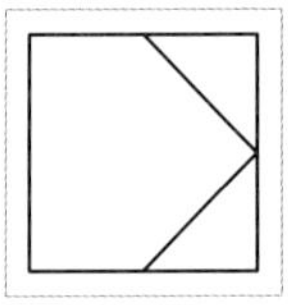
②

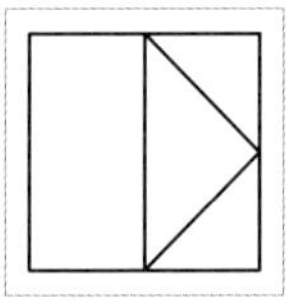
③

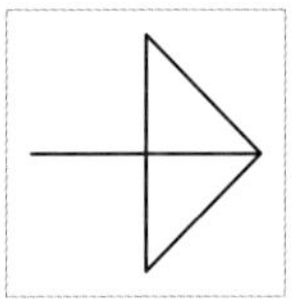
④

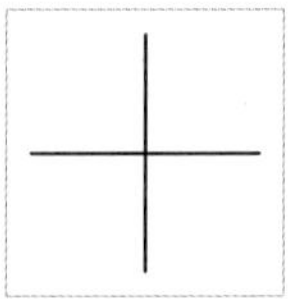
⑤

20 다음 도형들은 일정한 규칙을 가지고 있다. 물음표에 들어갈 도형으로 알맞은 것은?

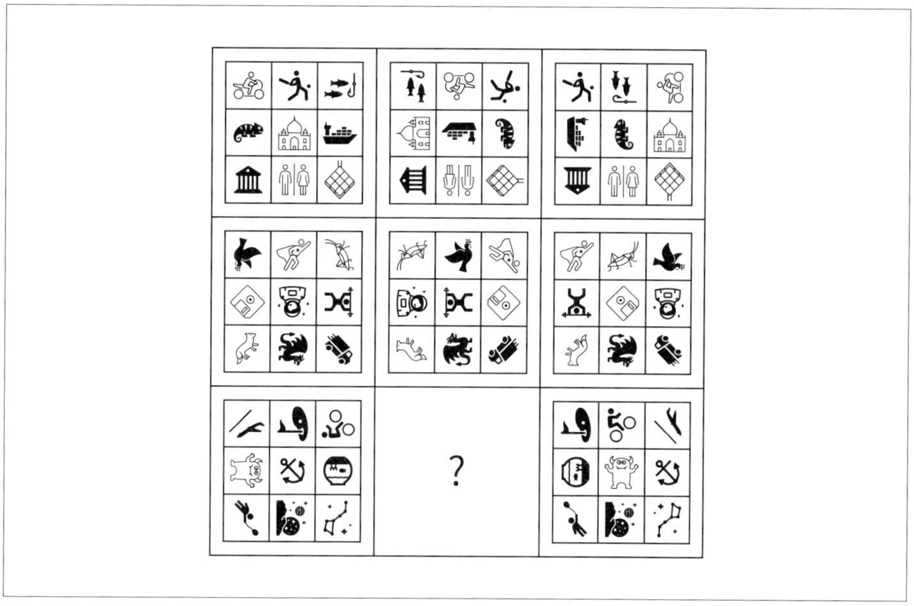

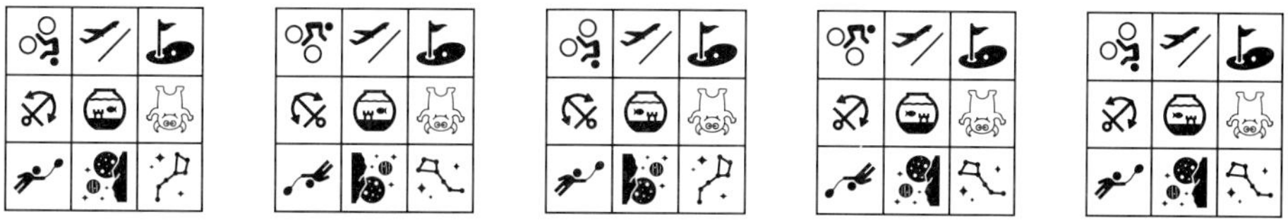

① ② ③ ④ ⑤

21 다음 도형들은 일정한 규칙을 가지고 있다. 물음표에 들어갈 도형으로 알맞은 것은?

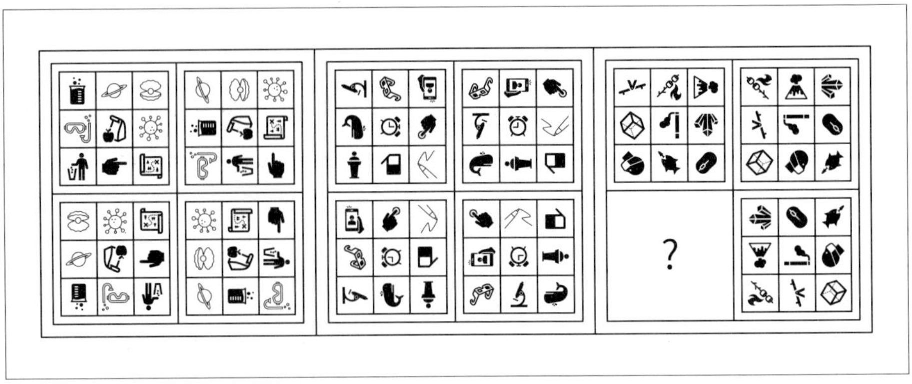

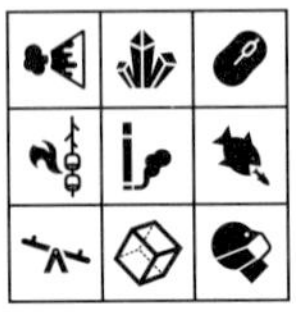

①

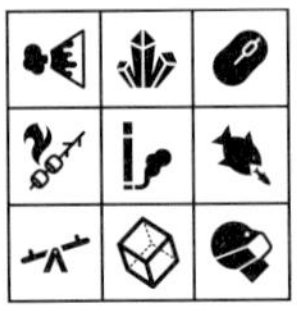

②

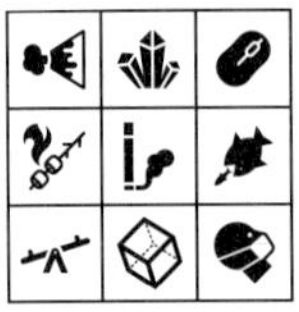

③

④

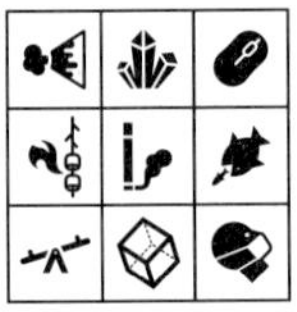

⑤

22 다음 글의 (A)~(D)를 문맥에 맞게 순서대로 배열한 것은?

(A) 게토는 16세기 이탈리아 베네치아를 시작으로 서유럽에 많이 분포했다. 게토는 여러 제한 조치를 수반했는데, 대표적으로 유대인이 게토 밖으로 나갈 때는 특정 모자나 두건을 두르고 가슴에 노란 마크를 달아야 했다.

(B) 20세기 이후에는 게토의 의미가 점차 확대되어 다른 특정 민족·종교집단 등에 대한 격리, 차별, 탄압, 불평등 등의 의미로 사용되고, 소수민족이 모여 사는 특정 지역을 지칭하기도 한다.

(C) 기독교의 힘이 막강했던 중세 시대에는 유대인에 대한 박해가 강했다. 이는 유대인들에 대한 거주지 제약으로 이어졌고, 유대인을 강제 격리하기 위한 거주지역인 '게토(ghetto)'가 생겨났다.

(D) 18세기 말 이후부터는 종교적인 이유로 생긴 게토는 점차 사라졌지만, 20세기에 독일 나치에 의해 계승되었다. 나치의 게토는 형태상으로는 중세 게토의 부활이지만, 그 배경에는 인종 차별이 있었다.

① (A) - (D) - (B) - (C)
② (C) - (A) - (D) - (B)
③ (C) - (D) - (A) - (B)
④ (D) - (A) - (C) - (B)
⑤ (D) - (B) - (A) - (C)

23 다음 글의 (A)~(D)를 문맥에 맞게 순서대로 배열한 것은?

(A) 이어웜은 아주 잠깐 들은 특정 노래나 멜로디가 머릿속에서 끊임없이 맴도는 현상이다. 멜로디가 빠르고 기억하기 쉬운 노래일수록 이어웜이 더 쉽게 발생하며, 가사가 있는 곡보다 기악곡이 이어웜을 더 잘 일으킨다.

(B) 이는 뇌가 음악이 멈춘 뒤에도 몇 시간 동안 음악을 계속 처리하기 때문이다. 이에 연구진은 수면 장애가 있는 사람에게 평소 음악을 적당히 듣고, 잠을 자기 직전에는 음악을 듣지 않는 것을 권했다. 이외에도 뇌가 이어웜에서 벗어날 수 있도록 취침 전 5~10분 동안 계획을 세우거나 생각을 메모하는 등의 인지 활동을 할 것을 권했다.

(C) 음악 감상은 많은 전문가가 수면 장애를 앓고 있는 사람에게 권하는 방법의 하나이다. 그런데 음악 감상이 수면에 도움이 된다는 기존 관념과 달리, 최근 한 연구 결과에서 음악 감상이 오히려 수면을 방해할 수 있다는 결과가 나왔다. 바로 이어웜(Earworm) 때문이다.

(D) 이어웜은 보통 깨어있을 때 발생하지만 수면 중에도 발생할 수 있다. 평소 음악을 많이 듣는 사람일수록 수면 중에 이어웜을 자주 경험한다. 또한 잠들기 직전에 음악을 들으면 이어웜이 심해져 얕은 수면 상태가 지속되거나 잠이 들더라도 자주 깨는 등 수면의 질이 떨어진다.

① (C) - (A) - (D) - (B)
② (C) - (B) - (A) - (D)
③ (C) - (D) - (B) - (A)
④ (D) - (B) - (A) - (C)
⑤ (D) - (C) - (A) - (B)

24 다음 주장에 대한 반박으로 가장 타당한 것을 고르시오.

> 해커들이 침투시킨 악성코드는 다양한 기능을 수행할 수 있다. 다른 PC로 악성코드를 전파할 수 있고 저장된 정보를 빼낼 수 있고 PC의 모든 기능을 해커가 마음대로 쓸 수 있고, DDoS공격에도 동원될 수 있다. 악성코드의 어떤 기능을 이용해서 무엇을 할지는 해커의 목적에 따라 다를 것이다. 돈이 목적인 해커라면 돈을 털어갈 것이다. 모든 금융정보가 충분히 확보되면 바로 계좌이체 등을 시도한다. 금융 정보가 아니라도 민감한 정보라면 이를 통해서 협박해서 돈을 빼낸다. 성형 전후 사진을 확보해서 협박한 사례 등이 있다. 악성코드가 충분히 많이 배포되면, DDoS공격을 하여 금융기관 등의 서버에 장애를 일으키고 협박하여 돈을 뜯어내기도 한다. 뽑아낸 정보를 활용해서 돈을 벌 만큼 벌면, 다른 곳에 돈을 받고 판다. 돈을 목적으로 국내에서 해킹을 일으키는 해킹 조직은 거의 대부분 중국에서 활동하는 조직으로 추정된다. 전세계에서 발견되는 악성코드가 대다수가 중국산이기 때문이다. 전세계의 악성코드의 60%가 중국에서 제작된다는 조사가 있을 정도이다.

① 금융정보만 아니더라도 기타 협박을 할 수 있는 중요 정보의 경우까지 해킹조직이 훔칠 수 있다.

② 해킹조직의 목적은 다양해보이나 종국에는 돈을 벌기 위해 악성코드를 침투시킨다는 점을 간과해서는 안된다.

③ 악성코드를 침투시키는 방법은 인터넷 기술발달의 역사에 따라 궤를 같이해 발전해왔다는 점도 고려해야 한다.

④ 이미 국제적인 수사 공조를 통해 수십 명 이상의 기업형 해킹 조직에 대하여 체계적인 조사를 벌이고 있다.

⑤ 해킹코드가 중국 생산이어도 한국이나 제3국의 해킹조직이 해킹을 저지를 수 있으므로 해킹조직이 중국에서 활동한다는 추정은 옳지 않나.

25 다음 내용이 모두 참이라고 할 때 반드시 거짓인 것은?

개인의 판단은 상대적이며, 판단의 대상은 어떤 맥락에 있는지에 따라 긍정적 또는 부정적으로 평가된다. 이는 소비자의 선택 행동에서도 발견된다. 소비자는 선택하고자 하는 상품이 포함된 후보 상품군에 어떤 상품들이 포함되어 있는지에 따라 선택하고자 하는 상품의 가치를 다르게 느끼는데 이를 맥락 효과라 한다. 가장 잘 알려진 맥락 효과에는 유사성 효과가 있다. 후보 상품군에 새로운 대안이 등장할 때, 기존 대안 중 새로운 대안과 더 유사한 대안일수록 소비자의 선택 확률이 낮아지는 것이다. 두 번째로 유인 효과가 있다. 기존 대안과 A요소의 수준은 동일하지만, B요소의 수준이 열등한 새로운 대안이 등장하면 기존 대안이 덜 극단적으로 느껴져 소비자의 선택 확률이 높아지는 것이다. 끝으로 타협 효과가 있다. 후보 상품군에 극단적인 대안들만 존재할 때, 중간 정도의 위치에 있는 대안이 무난하다고 여겨져 소비자의 선택 확률이 높아지는 것이다. 마케터는 맥락 효과를 고려하여 맥락을 조성하며, 이를 통해 소비자의 판단에 영향을 준다. 소비자는 선택의 타당성을 검토하지 않은 채 맥락에 의한 지각적 편향에 따라 마케터의 의도대로 움직인다.

① 맥락 효과는 소비자가 합리적으로 대안을 선택할 수 있도록 돕는다.
② 동일한 상품군에서 신형 상품의 등장으로 구형 상품의 판매율이 높아질 수 있다.
③ 맥락 효과로 인하여 특정 상품의 가치가 항상 긍정적으로 평가되는 것은 아니다.
④ 마케터가 후보 상품군에 새로운 대안을 투입하는 것은 맥락 조성으로 볼 수 있다.
⑤ 맥락 효과 중 소비자의 선택 행동에서 가장 빈번하게 나타나는 것은 유인 효과이다.

26 다음 내용이 모두 참이라고 할 때 반드시 거짓인 것은?

라포르(Rapport)는 일반적인 인간관계는 물론 상담·치료·교육 관계, 비즈니스 관계에서 기본적인 조건으로 여겨진다. 본래 라포르는 최면법으로 시행자와 피술자 간에 발생하는 깊은 심리적 교류를 의미하였으나, 이는 시행자로부터 일방통행적인 것이었다. 이와 달리 오늘날 라포르는 상호 소통이 원활하게 이루어짐에 따라 구축된 신뢰 관계를 가리킨다. 라포르를 형성하기 위해서는 상대방의 감정과 사고, 경험을 이해해야 하며, 공통점을 발견함으로써 공감대를 이루어야 한다. 인간은 공감대가 잘 이루어질수록 서로 호감을 갖게 될 확률이 높기 때문이다. 또한 상대방과 나의 개별적 정신 세계가 통할 수 있도록 해야 한다. 이 특징으로 인해 라포르는 단순한 접촉이나 언어적 의사소통과는 구별된다. 라포르는 타인과의 관계에서만 존재하는 것으로 생각하기 쉽지만, 자기 자신과 라포르를 형성하는 것도 가능하다. 이는 특히나 인간의 변화와 성취를 위한 요소로 작용하기도 한다.

① 과거의 라포르와 오늘날의 라포르는 성격이 다르다.
② 나와 라포르를 형성할 수 있는 대상에는 나 자신도 있다.
③ 사적 관계뿐만 아니라 공적 관계에서도 라포르가 형성된다.
④ 양자 간 공통점이 많을수록 라포르를 형성하는 것이 더 쉬워진다.
⑤ 라포르가 형성된다는 것은 언어적 의사소통이 이루어진다는 의미이다.

27 다음 내용이 모두 참이라고 할 때 반드시 거짓인 것은?

초순수는 여과, 이온교환, 증류 등의 정제를 조합 및 반복하여 무기질, 미립자, 용존 가스, 박테리아 등을 제거한 물이다. 일반적으로 수돗물의 불순물 농도는 약 100ppm이며, 초순수의 불순물 농도는 10ppb* 이하이다. 초순수는 의약품 제조, 생화학적·생물학적 실험, 원자력 발전 등 다양한 분야에서 사용되는데, 이는 실험 결과에 영향을 미치는 불순물이 거의 없기 때문이다. 특히 초순수는 반도체 제조 과정 중 공정 전후에 진행되는 세정 작업에 주로 활용된다. 예를 들어 식각공정 이후 웨이퍼를 깎고 남은 부스러기를 씻어내는 경우, 이온주입공정 이후 남은 이온을 씻어내는 경우 등이다. 반도체는 나노미터 단위 초미세공정을 다루기 때문에 미세한 입자 하나에도 민감하게 반응하여 큰 오류가 발생할 수 있다. 이에 공정 중간중간에 웨이퍼를 초순수로 세정함으로써 반도체의 청정도를 확보하고 불량 최소화를 통해 수율을 높인다.

* 1ppb = 10-3ppm

① 모든 초순수는 불순물이 완전하게 제거된 상태이다.
② 초순수를 생산하는 데 다양한 정제 방식이 사용된다.
③ 웨이퍼를 세정하는 물에 따라 반도체 생산성이 달라진다.
④ 수돗물은 초순수에 비해 실험 결과에 미치는 영향이 크다.
⑤ 반도체 제조 시 이온주입공정 이후의 잔여 이온으로 오류가 발생할 수 있다.

28 다음 내용이 모두 참이라고 할 때 반드시 거짓인 것은?

> 신생아가 생애 초반부에 보이는 대부분의 운동 행동은 무의식적인 반사행동이다. 신생아 약 40개의 다양한 반사행동을 가지고 태어나며, 이는 자라면서 자연스럽게 사라지거나 의식적이고 자발적인 운동으로 대치되는 경우가 많다. 모로반사는 대표적인 신생아 반사행동으로, 바람이 불거나, 큰 소리가 나거나, 머리나 몸의 위치가 갑자기 바뀔 때 팔과 다리를 바깥쪽으로 벌렸다가 다시 안쪽으로 움츠리는 행동이다. 일부 신생아 반사행동은 신생아의 생존 가능성을 높여주는 명백한 이유와 기능이 있으며, 그중에서도 모로반사는 위험한 상황에서 엄마에게 매달리려는 본능적 행동으로 해석된다. 모로반사는 태어나자마자 관찰되어 약 3개월 이후부터 자연스럽게 사라지기 시작하며, 신생아마다 그 강도가 다르다. 한편 모로 반사는 신생아 검사에서 가장 많이 관찰하는 행동 중 하나인데, 만약 모로반사가 관찰되지 않으면 신경계 손상을 의심한다.

① 신생아 검사에서는 신생아 반사행동을 관찰한다.
② 신경계 결함이 없는 신생아는 모로반사를 보인다.
③ 모로반사는 신생아의 생존과 관련 있는 반사행동이다.
④ 직접적인 신체의 변화가 있어야만 모로반사가 나타난다.
⑤ 모든 신생아 반사행동이 자연스럽게 사라지는 것은 아니다.

29 다음 내용이 모두 참이라고 할 때 반드시 거짓인 것은?

> 가상 인플루언서는 컴퓨터 그래픽으로 구현된 가상의 디지털 인물로, 본인의 SNS 계정을 통해 대중과 소통하고 일상을 공유한다. 이는 실존 인물처럼 이름, 성별, 나이, 성격, 외모 등의 구체적 특징이 규정되는데, 특히 최근 등장한 가상 인플루언서들은 문화 소비의 주축인 MZ세대를 겨냥하여 여행, 패션, 운동 등의 취미를 가지고 있다. 가상 인플루언서의 영향력이 확대되자 이를 활용한 마케팅 시장 규모도 전 세계적으로 커지는 중이다. 컴퓨터 그래픽으로 가상 인플루언서 그 자체뿐만 아니라 주변 환경까지 연출 가능하므로 시간과 장소의 제약 없이 마케팅이 가능하다는 장점이 있다. 또한 과거에 기업은 광고 모델에 적합한 유명인을 섭외하기 위해 고심했으나, 가상 인플루언서는 인간이 통제 가능한 대상이므로 기업은 광고 모델에 적합한 가상 인플루언서를 창조할 수 있다. 유명인의 사생활 문제나 부정적 이슈로 그와 관련된 광고 또는 기업이 타격을 입는 것과 달리 가상 인플루언서는 그러한 위험이 없다는 점에서도 광고 모델로서 가치가 상승하고 있다.

① 가상 인플루언서는 실존 인물과 소통이 가능하다.
② 가상 인플루언서의 외적 특성은 인간에 의해 결정된다.
③ 가상 인플루언서를 둘러싼 환경은 인간이 조성할 수 없다.
④ 가상 인플루언서는 광고 모델로서 새롭게 제작되기도 한다.
⑤ 가상 인플루언서를 활용한 마케팅 시장 규모가 가장 큰 나라는 한국이다.

30 다음 진술이 모두 참이라고 할 때 반드시 참인 것을 고르시오.

> 미세먼지 농도가 올라가면 호흡기와 심혈관계 질환을 가진 환자 수가 두 배 이상 늘고 사망률도 4.1% 정도 높아진다. 미세먼지는 지름이 10μm(마이크로미터, 1μm=10^{-6}m)보다 작은 고체입자나 액체방울을 말한다. 미세먼지는 기도에서 폐까지 자극해 면역을 담당하는 대식세포의 이동을 막는 단백질(MIF)을 대량으로 분비시킨다. 몸 안에 MIF 단백질이 증가하면 기관지염, 폐렴 같은 호흡기 질환자의 상태가 악화될 수 있다.
>
> 원래 0.5μm의 미세먼지는 기도로 방향이 꺾이지 않고 식도 안쪽의 벽에 부딪혀 가래에 섞여 나오거나 음식물에 섞여 위장으로 들어간다. 1초과~5μm의 미세먼지는 미세한 털(섬모)이 난 기도 벽의 점막에 달라붙는다. 기관지라 통칭하는 이 점막에 붙은 미세먼지는 기침을 하거나 음식을 삼킬 때 제거된다. 0.5초과~1μm의 미세먼지는 기도와 폐를 연결하는 세기관지에 달라붙는다. 세기관지에 붙은 미세먼지는 폐의 대식세포가 제거한다. 0.5μm보다 작은 미세먼지는 폐에서 산소와 이산화탄소를 교환할 때 피에 섞여 들어갈 수 있다. 따라서 이 미세먼지는 심혈관계 질환을 앓는 환자에게 치명적이다. 혈관을 돌아다니는 미세먼지가 침전하면 혈관을 막아 동맥경화나 뇌졸중을 일으키고, 심장으로 들어가 심장마비를 일으킬 수도 있다.

① 1월 1일과 1월 2일의 미세먼지의 농도가 600μg으로 동일하다고 하더라도, 1월 1일에 0.6μm크기의 미세먼지 비율이 다른 크기의 미세먼지들의 비율보다 유독 높았다면, 1월 1일이 심혈관계 환자에게 더 위험했을 것이다.

② 미세먼지의 농도가 600μg으로 동일하다고 하더라도, 1월 1일에는 1초과~5μm의 미세먼지 비율이 0.5초과~1μm의 미세먼지 비율보다 높았고, 1월 2일에는 역으로 낮았다면, 1월 2일이 1월 1일보다 대식세포의 미세먼지 제거작용이 더 상대적으로 활발했을 것이다.

③ 미세먼지의 크기가 클수록 인체 내에서 미세먼지 제거작용이 어려울 것이다.

④ 0.5μm의 미세먼지는 건강한 사람도 폐렴에 걸리게 만드는 작용을 할 것이다.

⑤ 심혈관계 환자에게는 황사주의보가 발령된 농촌지역 A보다 황사가 발생하지 않은 도시 공업지대 B가 더 안전할 확률이 높다.

실전 모의고사 1회 2회 3회

직무상식

문항수 30문항 | 제한시간 30분

정답 페이지 92~97

01 다음 중 정맥요법이 금지되는 경우를 모두 고르시오.

> ㉠ 영아의 두피정맥
> ㉡ 동정맥루를 가지고 있거나 시행 예정인 팔
> ㉢ 유방 절제술로 림프절 절제를 시행한 팔
> ㉣ 상대정맥 증후군을 가진 자의 팔

① ㉠, ㉣　② ㉡, ㉣　③ ㉠, ㉢
④ ㉠, ㉡, ㉢　⑤ ㉡, ㉢, ㉣

02 기관 내 흡인 시 간호중재에 대한 설명으로 옳지 않은 것을 모두 고르시오.

> ㉠ 성인 환자의 경우, 110~150mmHg의 압력으로 흡인한다.
> ㉡ 효과적인 분비물 제거를 위해 최대한 자주 시행한다.
> ㉢ 자극을 줄이기 위해 가장 얇은 카테터를 사용한다.
> ㉣ 저산소증 예방을 위해 1회 흡인 시간은 20초 이내로 제한한다.

① ㉠, ㉡　② ㉢, ㉣　③ ㉠, ㉡, ㉢
④ ㉡, ㉢, ㉣　⑤ ㉠, ㉡, ㉢, ㉣

03 다음 중 기도흡인의 방법으로 옳은 것을 모두 고르시오.

㉠ 카테터를 삽입한 후, 고정상태에서 흡인한다. ㉡ 카테터를 삽입할 때는 흡인하지 않는다. ㉢ 카테터 삽입에서 제거까지 10초를 넘기지 않는다. ㉣ 흡인과 흡인 사이에 휴식시간을 갖지 않는다.

① ㉠, ㉡ ② ㉡, ㉢ ③ ㉠, ㉡, ㉢
④ ㉡, ㉢, ㉣ ⑤ ㉠, ㉡, ㉢, ㉣

04 ARDS를 진단받은 환자의 증상으로 옳은 것을 모두 고르시오.

㉠ 저산소혈증 ㉡ 청색증 ㉢ 맥박 증가 ㉣ 초기 호흡성 알칼리증

① ㉠, ㉡ ② ㉠, ㉡, ㉢ ③ ㉠, ㉡, ㉣
④ ㉡, ㉢, ㉣ ⑤ ㉠, ㉡, ㉢, ㉣

05 항암화학요법 중인 환자의 간호중재로 옳은 것을 모두 고르시오.

㉠ 감염예방을 위한 간호중재를 수행한다. ㉡ 통증이 있을 때에는 아스피린을 복용한다. ㉢ 영양분을 고루 갖춘 기호에 맞는 음식을 섭취한다. ㉣ 탈모는 영구적으로 지속되므로 정서적 지지가 필요하다.

① ㉠, ㉢ ② ㉡, ㉣ ③ ㉠, ㉡, ㉢
④ ㉡, ㉢, ㉣ ⑤ ㉠, ㉡, ㉢, ㉣

06 Digoxin을 복용하는 환자의 간호중재로 옳은 것은?

① 수분 섭취를 철저히 제한한다.
② 오심, 구토, 기면 등의 증상이 나타나면 즉시 의사에게 알린다.
③ 주기적으로 혈액검사하여 혈소판 수치를 확인한다.
④ 구강으로는 흡수되지 않으므로 정맥으로 투여한다.
⑤ 복용 전후 1분 간 혈압을 측정한다.

07 팔다리에 심한 화상을 입은 환자가 응급실에 내원하였을 때, 가장 중요한 간호중재는?

① 통증을 사정하고 진통제를 투여한다.
② 손상된 피부 보호를 위해 연고를 적용한다.
③ 환자의 상태에 따른 적절한 수액요법을 시행한다.
④ 화상 부위의 혈류 저하를 위해 차가운 얼음을 대준다.
⑤ 항생제를 투여하고 추가적인 손상이 발생하지 않도록 관리한다.

08 COPD 환자의 간호중재로 옳은 것은?

① 저산소혈증을 교정하기 위해 고농도의 산소를 제공한다.
② 영양증진을 위해 고탄수화물, 고단백식이를 제공한다.
③ 세기관지 허탈을 방지하기 위해 흉식 호흡을 교육한다.
④ 활동의 피로도를 감소시키기 위해 앙와위로 휴식을 취하게 한다.
⑤ 필요시 흡인을 시행하여 객담을 제거한다.

09 인슐린을 자가투여하는 당뇨 환자에게 시행할 교육 내용으로 옳은 것은?

① 저혈당 증상을 예방하기 위해 운동을 최소화한다.
② 통풍이 잘 되도록 여름에는 맨발로 다닐 것을 설명한다.
③ 발톱으로 인한 손상을 방지하기 위해 가능한 바짝 깎는다.
④ 신체 활동이 증가하면 간식과 음식을 추가로 섭취하도록 한다.
⑤ 인슐린 주사는 같은 부위에 반복하여 투여하며 투여 후 마사지해준다.

10 덤핑증후군의 간호중재로 옳지 않은 것을 모두 고르시오.

㉠ 식사를 할 때는 바로 앉은 자세를 취하게 한다.
㉡ 위 배출 속도를 지연시키기 위해 항콜린제를 투여한다.
㉢ 식사가 끝나면 위 배출을 지연시키기 위해 누워있게 한다.
㉣ 포만감을 느끼기 쉽게 고단백, 고지방, 고탄수화물 식이를 제공한다.

① ㉠, ㉣ ② ㉡, ㉢ ③ ㉠, ㉡, ㉢
④ ㉡, ㉢, ㉣ ⑤ ㉠, ㉡, ㉢, ㉣

11 식도정맥류로 인해 S-B tube를 삽입한 환자의 간호중재로 옳은 것은?

① 응급상황에 대비하여 침상 옆에 가위를 준비해둔다.
② 24시간 동안은 식도 내 팽창된 풍선을 1시간마다 감압해준다.
③ 앙와위 자세를 유지해 압력이 빠지지 않도록 한다.
④ S-B tube는 1개월 이상 유지할 수 있다는 장점을 갖는다.
⑤ 위 세척이 불가능하므로 필요시 세척용 위관을 따로 삽입해야 한다.

12 **T-tube에 대한 설명으로 옳지 않은 것은?**

① 반좌위 체위는 배액물의 배출에 도움이 된다.
② 배액물로 드레싱이 젖은 경우 바로 드레싱을 교체한다.
③ 배액량이 급격히 감소한 경우 T-tube의 개방성을 확인한다.
④ 식사 전후 1~2시간 정도 잠가 놓는다.
⑤ 담관의 개통성과 상관없이 제거할 수 있다.

13 **흉관 배액관을 삽입한 환자이다. 밀봉병 안의 파동이 관찰되지 않을 때의 간호중재로 옳은 것은?**

① 환자의 자세를 변경해본다.
② 배액관을 손으로 약간 밀어 넣는다.
③ 가능한 측위 상태를 유지하게 한다.
④ 흉관 배액관을 제거한 후 압박드레싱을 시행한다.
⑤ 겸자로 배액관을 잠그고, 즉시 의사에게 보고한다.

14 **B형 간염에 대한 설명으로 옳은 것을 모두 고르시오.**

㉠ 주로 분변이나 구강으로 전파된다. ㉡ 전 세계적으로 발병 가능하다. ㉢ 잠복기는 2주 전후이다. ㉣ 가장 효과적인 예방법은 예방접종이다.

① ㉠, ㉢
② ㉡, ㉣
③ ㉠, ㉡, ㉢
④ ㉡, ㉢, ㉣
⑤ ㉠, ㉡, ㉢, ㉣

15 **심부정맥 혈전증에 대한 설명으로 옳은 것을 모두 고르시오.**

㉠ 심부정맥 혈전증을 예방하기 위해 수술 전후 압박스타킹을 착용한다. ㉡ Homan's sign이란 발목을 발바닥 쪽으로 구부려 확인하는 검사이다. ㉢ 심부정맥 혈전증을 예방하기 위해 수술 후 조기이상을 격려한다. ㉣ 맥박이 소실되며 감각이상 및 창백한 양상을 보인다.

① ㉠, ㉡ ② ㉠, ㉢ ③ ㉠, ㉡, ㉢
④ ㉡, ㉢, ㉣ ⑤ ㉠, ㉡, ㉢, ㉣

16 **THR 환자의 간호중재로 옳은 것은?**

① 수술한 쪽으로 측위를 취하게 한다.
② 발등을 밖으로 유지하여 내회전을 예방한다.
③ 수술부위 보호를 위해 일주일간 절대안정하게 한다.
④ 고관절 탈구 예방을 위해 항상 내전을 유지하게 한다.
⑤ 90°이상으로 고관절을 굴곡시켜 관절 기능의 회복을 돕는다.

17 **파킨슨병에 대한 설명으로 옳지 않은 것은?**

① 뇌의 기저신경절 내 도파민 부족으로 발생한다.
② Levodopa를 복용할 때 비타민 B6의 섭취를 제한하도록 한다.
③ 진전 증상은 휴식 상태에서 나타나며 활동 및 수면 시 사라진다.
④ 자율신경계 이상으로 배뇨에 어려움을 느끼므로 즉시 유치도뇨관을 삽입한다.
⑤ 체위성 저혈압이 발생할 수 있으므로 갑자기 자세를 변경하지 않도록 설명한다.

18 **oxytocin을 사용하여 유도분만을 시행하는 방법에 대한 설명으로 옳지 않은 것을 모두 고르시오.**

> ㉠ 자궁경관을 부드럽게 하여 선진부 진입을 돕는다.
> ㉡ 가변성 감퇴가 나타나는 경우 즉시 투여를 중단한다.
> ㉢ 태아 심박동수가 140회/분 이상인 경우 투여를 감량하고 산소를 공급한다.
> ㉣ 이뇨효과를 자극하여 탈수를 유발하므로 섭취량과 배설량을 주의 깊게 관찰한다.

① ㉠, ㉡ ② ㉡, ㉣ ③ ㉠, ㉢, ㉣
④ ㉡, ㉢, ㉣ ⑤ ㉠, ㉡, ㉢, ㉣

19 **급성 사구체신염 아동의 증상으로 옳은 것을 모두 고르시오.**

> ㉠ 단백뇨
> ㉡ 복통
> ㉢ 혈뇨
> ㉣ 부종

① ㉠, ㉡ ② ㉡, ㉣ ③ ㉠, ㉡, ㉢
④ ㉡, ㉢, ㉣ ⑤ ㉠, ㉡, ㉢, ㉣

20 **Lithium 투여 후, 혼돈을 보일 때 간호중재로 옳은 것을 모두 고르시오.**

> ㉠ 수액을 주입한다.
> ㉡ 투여 용량을 감량한다.
> ㉢ 해독제로 Benztropine을 투여한다.
> ㉣ 전해질 및 심전도 검사를 시행한다.

① ㉠, ㉣ ② ㉡, ㉣ ③ ㉠, ㉡, ㉢
④ ㉡, ㉢, ㉣ ⑤ ㉠, ㉡, ㉢, ㉣

21 Lasix 1ampule은 20mg(2cc)이다. 30mg을 투여하려고 한다면 몇 cc를 투여해야 하는가?

① 0.5cc ② 2.5cc ③ 3cc
④ 4cc ⑤ 5cc

22 1 tablet이 10mg이다. 10mg, qid의 처방일 때 2일 동안 복용하게 되는 tablet의 총 개수는?

① 2T ② 4T ③ 6T
④ 8T ⑤ 16T

23 Solu medrol 125mg를 0.9% N/S 5cc에 희석하여 75mg을 투약하고자 한다. 몇 cc를 투여해야 하는가?

① 1cc ② 2cc ③ 2.5cc
④ 3cc ⑤ 5cc

24 0.9% N/S 500ml 1bag을 10시간 동안 주입하려고 한다. 12pm에 주입을 시작하였다면, 6pm에는 몇 ml가 남아있는가?

① 100ml ② 150ml ③ 200ml
④ 250ml ⑤ 300ml

25 **NaCl 1ampule은 2.34g/20ml이다. 0.9% N/S 900ml에 NaCl 5ampule을 mix 하였다. 이 수액의 농도를 구했을 때, 소수점 둘째자리 숫자로 옳은 것은?**

① 2　② 4　③ 5
④ 6　⑤ 8

26 **0.9% N/S 500ml를 하루 동안 투여하려면 약 몇 gtt로 투여해야 하는가?**

※ 수액세트 점적 방울 수의 기준: 20gtt/mL

① 약 3gtt　② 약 5gtt　③ 약 7gtt
④ 약 9gtt　⑤ 약 11gtt

27 **5% Albumin 500ml를 하루 동안 투여하려 할 때, 몇 초에 한 방울로 주어야 하는가?**

※ 수액세트 점적 방울 수의 기준: 20gtt/mL

① 약 6~7초　② 약 8~9초　③ 약 10~11초
④ 약 12~13초　⑤ 약 14~15초

28 **0.9% N/S 50ml를 30분 동안 투여하려면 몇 초에 한 방울로 주입해야 하는가?**

※ 수액세트 점적 방울 수의 기준: 20gtt/mL

① 약 1~2초　② 약 5~6초　③ 약 7~8초
④ 약 10~11초　⑤ 약 13~14초

29 60kg인 환자에게 Dopamine 800mg(1ampule/400mg/5ml)을 5% DW 490ml에 mix하여 4μg/kg/min의 속도로 투여하고자 할 때, 몇 cc/hr로 주입해야 하는가?

① 2cc/hr ② 5cc/hr ③ 6cc/hr
④ 7cc/hr ⑤ 9cc/hr

30 Nicardipine 250mg을 5% DW와 mix하여 500ml로 만들었다. 몸무게가 65kg인 환자에게 0.5mg/kg/min의 속도로 투여하려면 몇 ml/min으로 주어야 하는가?

① 20ml/min ② 25ml/min ③ 45ml/min
④ 50ml/min ⑤ 65ml/min

간호사 GSAT

GLOBAL SAMSUNG APTITUDE TEST

실전 모의고사

3회

수리논리

문항수 | 20문항
제한시간 | 30분

추리

문항수 | 30문항
제한시간 | 30분

직무상식

문항수 | 30문항
제한시간 | 30분

수리논리

문항수 | 제한시간

20문항 30분

정답 페이지 98~106

01 S사는 2024년 상반기 신입사원 채용을 위해 50문제로 구성된 필기 시험을 실시하였다. 합격자의 평균 정답 개수는 불합격자의 평균 정답 개수의 2배보다 6문제가 적고, 불합격자의 평균 정답 개수는 전체 응시자의 평균 정답 개수보다 5문제가 적다. 합격자와 불합격자의 비율이 1 : 2일 때, 합격자의 평균 정답 개수와 불합격자의 평균 정답 개수의 차이는 몇 문제인가?

① 12문제 ② 13문제 ③ 14문제
④ 15문제 ⑤ 16문제

02 S사의 마케팅팀에서는 매주 10명의 팀원 중 1명을 우수사원으로 뽑는다. 우수사원이 된 팀원은 그 다음 주에 우수사원으로 뽑히지 않는다고 할 때, 마케팅팀 팀원인 A가 3주 동안 2번 우수사원으로 뽑힐 확률은 얼마인가?

① $\frac{1}{90}$ ② $\frac{2}{45}$ ③ $\frac{1}{30}$ ④ $\frac{2}{45}$ ⑤ $\frac{1}{18}$

03 다음은 A~C시의 자동차 보급 및 도로 현황에 관한 자료이다. 이에 대한 설명으로 옳지 않은 것은?

<표> 자동차 보급 현황

(단위: km2, 천 명, 천 대)

구분	A시	B시	C시
면적	540	250	200
인구	400	1,240	750
자동차	1,400	700	1,200

<그래프> 도로 현황

(단위: km)

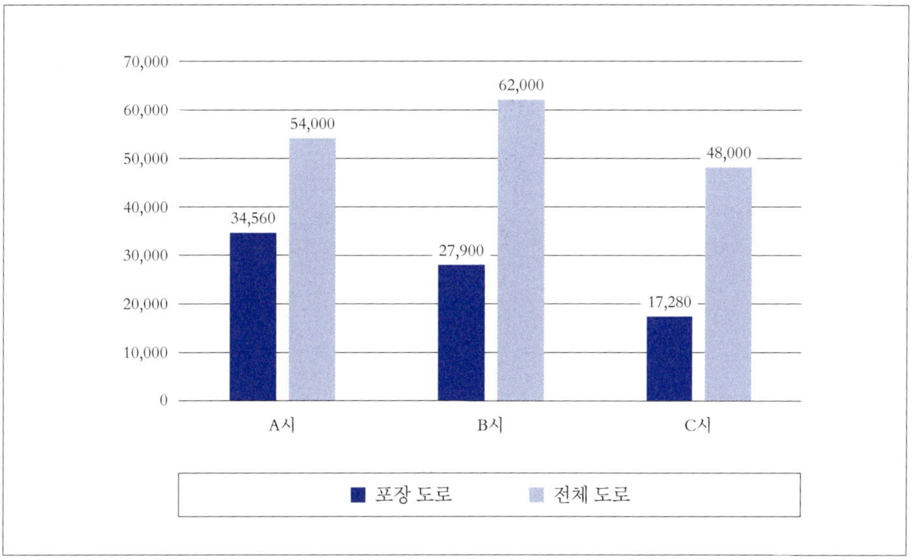

※ 도로보급률(%) = 전체 도로 / (국토 면적 × 인구 / 1,000) × 100

※ 도로포장률(%) = 포장 도로 / 전체 도로 × 100

※ 인구당 도로연장 = 전체 도로 / (인구 / 1,000)

① A~C시의 도로포장률은 모두 40% 이상이다.

② A시의 인구 1인당 자동차 대수는 C시의 2배 이상이다.

③ C시의 도로보급률은 B시에 비해 10%p 이상 더 높다.

④ A시의 인구당 도로연장은 B시와 C시를 합한 것보다 더 길다.

⑤ A와 B시의 포장 도로 길이의 합은 B시의 전체 도로 길이보다 더 길다.

【Q】 [04~05] 다음은 6대 광역시의 수입액과 수출액에 관한 자료이다. 이어지는 물음에 답하시오.

<표 1> 6대 광역시의 수입액

(단위: 만 달러)

구분	2016년	2017년	2018년	2019년	2020년
부산	13,500	14,500	15,000	13,800	12,550
대구	4,500	4,500	4,500	4,500	4,000
인천	34,000	41,000	46,000	42,000	38,500
광주	5,600	6,500	6,500	5,900	6,500
대전	3,500	3,500	3,500	3,000	3,500
울산	28,000	30,000	36,000	33,000	28,000

<표 2> 6대 광역시의 수출액

(단위: 만 달러)

구분	2016년	2017년	2018년	2019년	2020년
부산	14,000	15,000	14,500	13,900	11,300
대구	7,000	7,200	8,100	7,500	6,000
인천	36,000	39,600	41,000	39,000	38,000
광주	14,500	15,000	14,500	13,400	13,340
대전	4,200	4,500	2,480	4,000	5,000
울산	65,000	66,300	70,000	70,000	56,000

04 위 자료에 대한 설명으로 옳지 않은 것은?

① 2016년 대비 2020년에 광주의 수출액은 7% 감소했다.
② 2016~2019년 내내 수입액이 동일한 광역시는 대구뿐이다.
③ 2020년에 부산의 수입액과 수출액은 각각 전년 대비 감소했다.
④ 수입액이 많은 순서대로 각 광역시를 나열하면 2019년과 2020년의 순서는 동일하다.
⑤ 2017년에 6대 광역시의 전체 수입액에서 인천의 수입액이 차지하는 비중은 40% 이상이다.

05 위 자료에 대한 설명으로 〈보기〉에서 옳은 것만을 모두 고르면?

<보기>

㉠ 2019년 대비 2020년에 대구의 수출액 감소율은 울산의 수출액 감소율과 동일하다.
㉡ 2017년에 수입액이 수출액보다 많은 광역시는 2020년에 수출액이 수입액보다 많다.
㉢ 2019년에 6대 광역시의 전체 수출액과 전체 수입액의 차이는 45,000만 달러 이상이다.

① ㉠ ② ㉡ ③ ㉠, ㉢
④ ㉡, ㉢ ⑤ ㉠, ㉡, ㉢

06 다음은 대한민국 해외파병 및 유엔분담금 현황에 관한 자료이다. 이에 대한 설명으로 옳은 것은?

<표 1> 대한민국 해외파병 현황

(단위: 명)

구분	2016년	2017년	2018년	2019년	2020년
UN PKO	480	520	640	600	420
다국적군	300	280	560	480	320
국방교류협력	120	140	180	280	240

<표 2> 대한민국 유엔분담금 현황

(단위: 억 달러)

구분	2016년	2017년	2018년	2019년	2020년
유엔총예산	85	105	100	120	125
대한민국 유엔분담금	3.4	4.2	3.6	3.6	4

① 2017~2020년 내내 유엔총예산은 전년 대비 증가했다.

② 조사기간 중 대한민국 유엔분담금이 동일한 두 해에는 대한민국 해외파병 총인원수도 동일하다.

③ 조사기간 중 대한민국 다국적군 인원수와 대한민국 국방교류협력 인원수의 차가 200명 이상인 해는 3개 연도이다.

④ 조사기간 중 대한민국 유엔분담금이 가장 많은 해에 대한민국 유엔분담금이 유엔총예산에서 차지하는 비중은 4%이다.

⑤ 2017~2020년 내내 대한민국 UN PKO 인원수의 전년 대비 증감 추이와 대한민국 국방교류협력 인원수의 전년 대비 증감 추이는 동일하다.

07 다음은 외평채 가산금리 추이에 관한 자료이다. 이에 대한 설명으로 옳지 않은 것은?

<표> 외평채 가산금리 추이

(단위: bp)

구분	2019년	2020년	2021년					
			1월	2월	3월	4월	5월	6월
2024년물(USD)	62	32	33	37	33	34	33	31
2027년물(USD)	66	44	30	41	39	42	37	36
2028년물(USD)	72	48	22	18	18	16	15	18
2029년물(USD)	55	47	24	19	20	18	18	19
2044년물(USD)	81	49	52	55	46	48	47	49
2048년물(USD)	91	45	45	48	44	52	46	44

※ 외평채(외국환평형기금채권): 외화자금의 수급조절을 위해 정부가 발행하는 채권

① 2021년 2~6월 중 가산금리가 전월과 동일한 달이 있었던 외평채는 2가지이다.

② 전월 대비 2021년 6월에 가산금리 증가량이 가장 큰 외평채의 가산금리는 6월 가산금리 중 가장 낮다.

③ 2021년 1월에 가산금리가 30bp 이상인 외평채는 모두 6월에도 가산금리가 30bp 이상이다.

④ 2021년 2~6월 내내 전월 대비 가산금리 증감 추이가 2024년물(USD)과 동일한 외평채는 2가지이다.

⑤ 2019년과 2020년에 가산금리가 높은 순으로 외평채를 각각 나열했을 때 순위가 동일한 외평채는 2가지이다.

08 **다음은 2020년 동원예비군 교육훈련 대상자 수 및 참석률에 관한 자료이다. 이에 대한 설명으로 옳은 것은?**

<표> 2020년 동원예비군 교육훈련 대상자 수 및 참석률

(단위: 명, %)

구분		1분기	2분기	3분기	4분기
1년차	대상자 수	24,000	25,000	22,000	21,000
	참석율	98	94	95	96
2년차	대상자 수	22,000	20,000	21,000	25,000
	참석율	95	93	96	92
3년차	대상자 수	25,000	21,000	24,000	23,000
	참석율	92	91	94	95
4년차	대상자 수	23,000	22,000	25,000	26,000
	참석율	90	92	93	94

① 2분기에 1년차 교육훈련 대상자 중 교육훈련 미참석자 수는 2천 명 이상이다.

② 3분기에는 교육훈련 대상자 수가 많은 연차일수록 교육훈련 참석률이 저조하다.

③ 2020년에 3년차 교육훈련 대상자 수는 2년차 교육훈련 대상자 수보다 8천 명 이상 더 많다.

④ 4분기에 교육훈련 대상자 수가 전 분기 대비 증가한 연차는 교육훈련 참석률이 전 분기 대비 감소했다.

⑤ 조사기간 중 4년차 교육훈련 대상자 수가 2년차보다 많은 분기에는 4년차의 교육훈련 참석률이 2년차보다 더 낮다.

09 다음은 우리나라 공유 자전거 및 자전거 전용도로 현황에 관한 자료이다. 이에 대한 설명으로 옳지 않은 것은?

<표> 공유 자전거 및 자전거 전용도로 현황

(단위: 대, %, 명, km)

구분	수도권		비수도권	
	2019년	2020년	2019년	2020년
공유 자전거 수	29,400	32,200	33,600	43,400
증가율	5.0	9.5	-4.0	29.2
공유 자전거 1대당 인구	870	780	740	580
자전거 전용도로	16,170	19,320	97,020	91,140

※ 증가율은 전년 대비 증가율임.

① 2020년에 수도권 인구는 전년 대비 40만 명 이상 감소했다.
② 2019년에 비수도권의 자전거 전용도로 길이는 수도권의 5배 이상이다.
③ 2020년에 비수도권의 공유 자전거 1대당 자전거 전용도로 길이는 2km 이상이다.
④ 2018년에 비수도권의 공유 자전거 수는 수도권보다 8,000대 이상 더 많다.
⑤ 2020년에 우리나라 전체 공유 자전거 수는 전년 대비 15% 이상 증가했다.

10 **다음은 A사의 2020년 분기별 계약 수주 현황에 관한 자료이다. 이에 대한 설명으로 옳은 것은?**

<표> 계약 형태별 수주 현황

(단위 : 건, 백만 원)

구분		1분기	2분기	3분기	4분기
수의계약	계약건수	24	22	18	25
	계약금액	10,360	19,040	17,100	21,500
경쟁계약	계약건수	38	26	28	32
	계약금액	14,240	12,800	19,500	22,230

<그래프> 전체 계약금액 중 공사별 비중

(단위 : %)

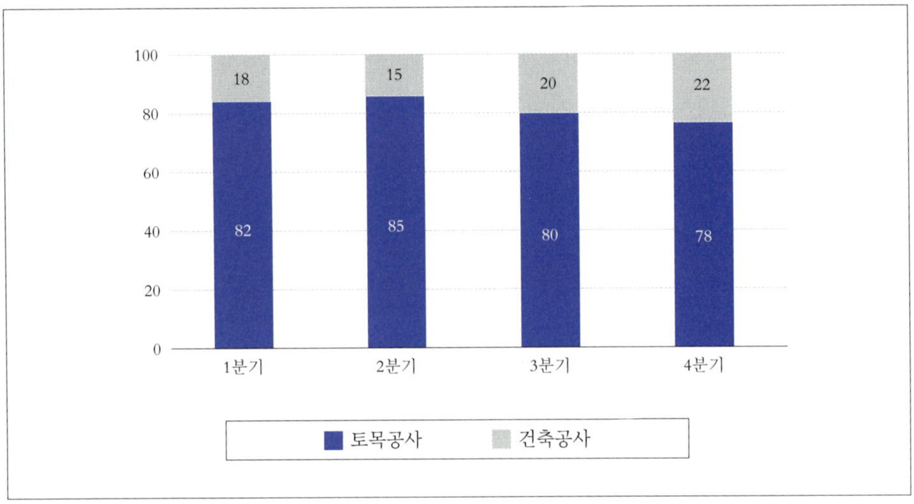

① 4분기에 경쟁계약 금액은 전 분기 대비 15% 이상 증가했다.

② 4분기에 수의계약 1건당 계약금액은 전 분기보다 100백만 원 이상 감소했다.

③ 1분기 전체 계약금액 중 토목공사 계약금액과 건축공사 계약금액의 차이는 160억 원 이상이다.

④ 2020년 전체 수의계약 금액 중 2분기의 수의계약 금액이 차지하는 비중은 30% 이상이다.

⑤ 3분기에 경쟁계약 금액 중 토목공사의 비중이 87%라면 수의계약 금액 중 토목공사 금액은 120억 원 이상이다.

【Q】 [11~12] 다음은 외상 전문 ○○병원의 내원 환자 성별 및 치료 사유와 매출액에 관한 자료이다. 이어지는 물음에 답하시오. (단, 내원 환자의 치료 사유는 골절, 염좌, 열상, 기타 중 오직 하나이다.)

<표> 내원 환자 성별 및 치료 사유

(단위: 명)

구분		2016년	2017년	2018년	2019년	2020년
성별	남성	560	680	810	760	720
	여성	620	750	800	860	840
치료 사유	골절	240	180	320	260	350
	염좌	360	490	560	480	560
	열상	330	360	430	640	540
	기타	250	400	300	240	110

<그래프> 매출액

(단위: 만 원)

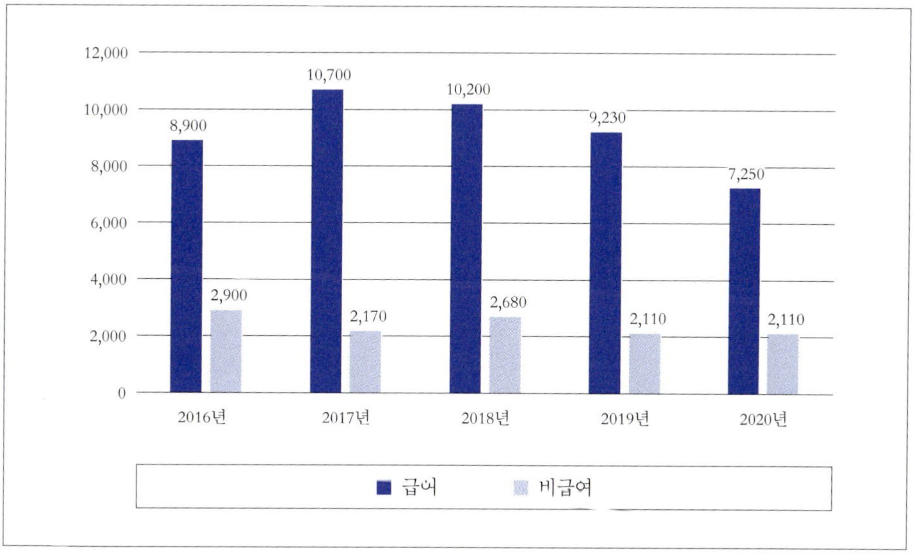

11 **위의 자료에 대한 설명으로 옳은 것은?**

① 2017년 대비 2019년에 전체 내원 환자 수의 증가율은 15% 이상이다.
② 조사기간 중 비급여 매출액이 가장 많은 해에 전체 내원 환자 수는 1,200명 이상이다.
③ 조사기간 중 여성 내원 환자 수가 가장 많은 해와 남성 내원 환자 수가 가장 많은 해는 동일하다.
④ 조사기간 중 열상 치료 환자 수가 가장 많은 해에 급여 매출액은 비급여 매출액의 4배 이상이다.
⑤ 2017~2020년 내내 기타 치료 환자 수의 전년 대비 증감 추이와 염좌 치료 환자 수의 전년 대비 증감 추이는 정반대이다.

12 **조사기간 중 총매출액이 가장 적은 해에 환자 1인당 매출액은 (A)원이고, 골절 치료 환자 수가 두 번째로 많은 해에 환자 1인당 매출액은 (B)원일 때, A + B의 값은 얼마인가?**

① 110,000 ② 120,000 ③ 130,000
④ 140,000 ⑤ 150,000

【Q】 [13-14] 다음은 2020년 A병원의 항생제 처방 현황 및 내원환자 현황에 관한 자료이다. 이어지는 물음에 답하시오. (단, 조사기간 동안 내원환자 중 항생제 처방환자 1명당 항생제 처방은 1건인 것으로 가정한다.)

<표 1> A병원의 항생제 처방률 및 부적응률

(단위: %)

구분	1분기	2분기	3분기	4분기
항생제 처방률	24	26	22	20
항생제 부적응률	4.0	4.5	3.4	4.5

※ 항생제 처방률(%) = 항생제 처방건수 / 내원일수 × 100

※ 항생제 부적응률(%) = 항생제 부적응자 수 / 내원환자 수 × 100

<표 2> A병원의 내원환자 수 및 내원일수

(단위: 명, 일)

구분	1분기	2분기	3분기	4분기
내원환자 수	18,000	22,800	19,500	20,400
내원일수	32,400	27,500	26,700	30,600

13 위 자료에 대한 설명으로 옳은 것은?

① 2020년 전체 항생제 처방건수는 30,000건 이상이다.

② 4분기에 내원환자 1인당 내원일수는 1분기보다 20% 이상 증가했다.

③ 1분기 내원환자 수는 해당 분기 항생제 부적응자 수의 30배 이상이다.

④ 2분기에 항생제를 처방받지 않은 내원환자 수는 전 분기 대비 5,000명 이상 증가했다.

⑤ 2~4분기 내내 내원환자 수의 전 분기 대비 증감 추이와 내원일수의 전 분기 대비 증감 추이는 정반대이다.

14 3분기에 항생제 처방환자 중 항생제 부적응이 발생하지 않은 환자 수는 전 분기 대비 몇 명 감소하였는가?

① 907명 ② 910명 ③ 913명

④ 916명 ⑤ 919명

15 다음은 A사와 B사의 수출액에 관한 자료이다. A사와 B사의 수출액에는 일정한 규칙이 있다고 할 때, 2016년부터 B사의 수출액이 A사의 수출액의 두 배 이상이 되는 해까지의 B사의 수출액의 합은 얼마인가?

<표> A사와 B사의 수출액

(단위: 억 원)

구분	A사	B사
2016년	300	200
2017년	310	210
2018년	320	230
2019년	330	260
2020년	340	300
⋮	⋮	⋮

① 4,660억 원 ② 4,860억 원 ③ 5,060억 원
④ 5,260억 원 ⑤ 5,460억 원

16 다음은 국제난민의 해양사고 발생 현황에 관한 자료이다. 이에 대한 설명으로 옳지 않은 것은?

<표> 국제난민의 해양사고 발생 현황

(단위: 건, 명)

구분		2016년	2017년	2018년	2019년	2020년
발생 건수		2,560	2,420	3,150	2,940	2,730
인명피해	사망자	6,830	8,850	7,430	7,670	6,490
	부상자	40,200	49,560	48,850	53,690	56,400
	실종자	970	590	420	680	470

① 2018년에 발생한 사고 1건당 전체 인명피해는 15명 이상이다.
② 2019년에 발생한 인명피해 중 부상자 수는 사망자 수의 8배 이상이다.
③ 2020년에 발생한 전체 인명피해는 2016년 대비 30% 이상 증가했다.
④ 2017년에 발생한 전체 인명피해 중 실종자가 차지하는 비중은 1% 이상이다.
⑤ 2017~2020년 내내 해양사고 발생 건수와 부상자 수의 전년 대비 증감 추이는 정반대이다.

17 다음은 X국의 물가상승률에 따른 실업률과 실업자 수에 관한 자료이다. X국의 물가상승률에 따른 실업률을 구하는 식이 <보기>의 (가)와 (나) 중 하나일 때, ㉠~㉢에 들어갈 값을 각각 바르게 짝지은 것은?

물가상승률(%)	6	4	(㉠)
실업률(%)	3.5	(㉡)	4.5
실업자 수(명)	(㉢)	12,800	14,400

※ 실업률(%) = 실업자 수 / 경제활동인구 × 100(단, 경제활동인구는 상수이며, 일정하다.)

<보기>

X국의 물가상승률이 x일 때의 실업률을 구하는 식은 (가)와 (나) 중 하나이다.

(가): $3+\frac{6}{x}-\frac{1}{2}$

(나): $3\times(\frac{2}{x}+1)\times\frac{x}{8}$

	㉠	㉡	㉢
①	3	4	10,500
②	3	4	11,200
③	3	4.2	10,500
④	2	4	10,850
⑤	2	4.2	11,200

18 **다음은 K사의 직원이 고객에게 지급할 사은품 구매를 위해 받은 견적서이다. 이에 대한 설명으로 옳은 것은?**

<표 1> 2019년 견적서

(단위: 개, 원)

사은품	구매 수량	공급가
A	34	74,800
B	57	68,400
C	76	57,000
합계		200,200

<표 2> 2020년 견적서

(단위: 개, 원)

사은품	구매 수량	공급가
A	40	98,560
B	62	81,840
C	81	64,395
합계		244,795

① 2019년과 2020년의 총 견적 비용의 차이는 44,505원이다.
② 2020년에 사은품 A의 개당 공급가는 전년 대비 300원 이상 높다.
③ 2019년에 사은품 B의 개당 공급가는 사은품 C의 개당 공급가의 2배 이상이다.
④ 2020년에 사은품 A~C 중 전년 대비 구매 수량의 증가량이 가장 큰 제품은 B이다.
⑤ 2020년에 사은품 A~C 중 전년 대비 개당 공급가 증가율이 가장 낮은 제품은 C이다.

19 다음은 A~D시의 실업 현황에 관한 자료이다. 이를 바탕으로 전체 경제활동인구 중 청년 경제활동인구가 차지하는 비중을 나타낸 그래프로 옳은 것은?

<표> A~D시의 실업 현황

(단위: 명, %)

구분	A시	B시	C시	D시
전체 실업자	17,500	15,000	14,000	32,000
전체 실업률	7	8	7	8
청년 실업자	2,800	3,600	4,200	6,400
청년 실업률	14	10	12	8

※ 실업률(%) = 실업자 / 경제활동인구 × 100

① (단위: %)

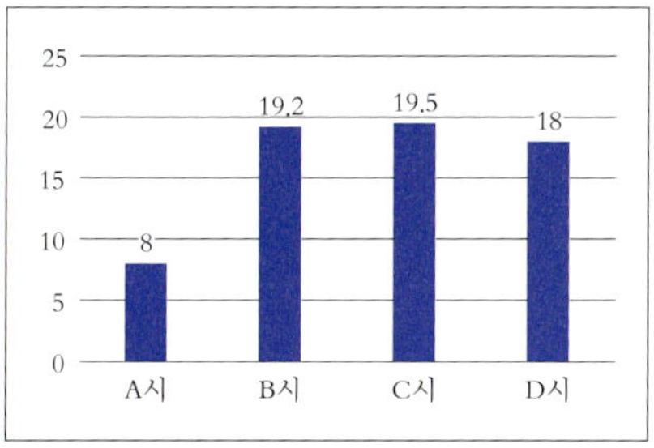

② (단위: %)

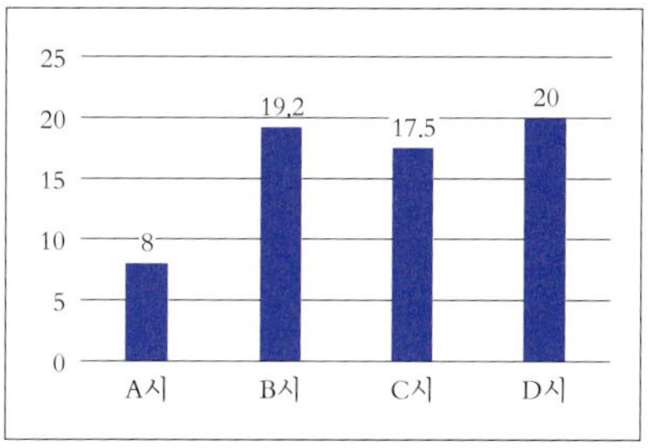

③ (단위: %)

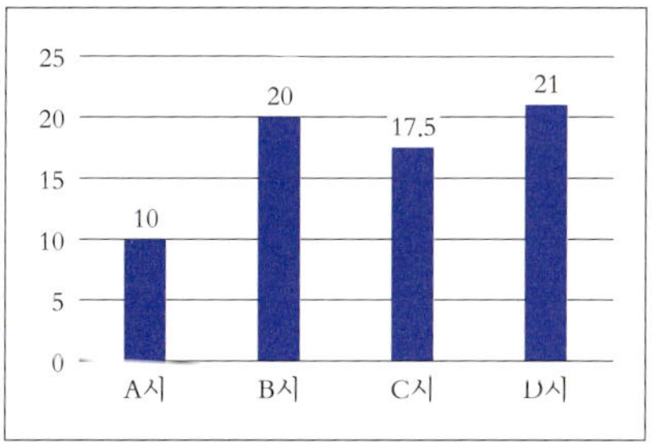

④ (단위: %)

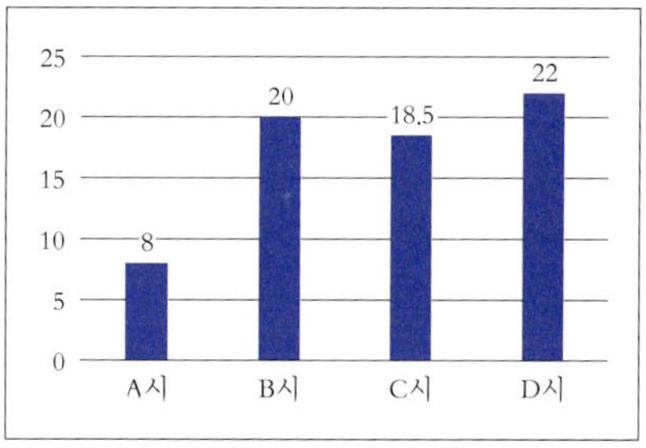

⑤ (단위: %)

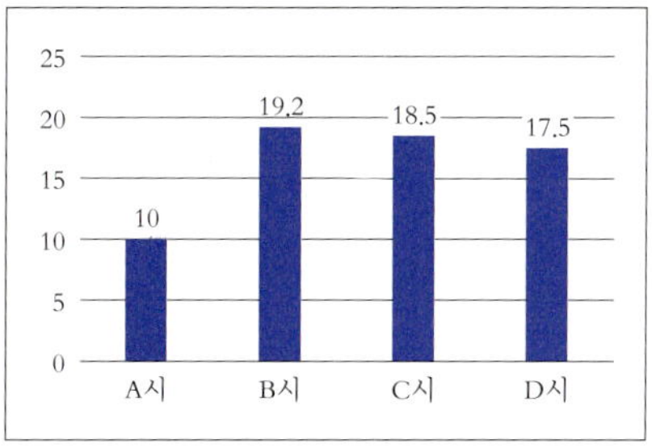

20 다음은 A사와 B사의 영업이익에 관한 자료이다. A사와 B사의 영업이익에는 일정한 규칙이 있다고 할 때, 2026년 A사 영업이익과 2030년 B사 영업이익의 합은 얼마인가?

<표> A사와 B사의 영업이익

(단위 : 억 원)

구분	A사	B사
2012년	40	2
2013년	45	3
2014년	50	6
2015년	55	11
2016년	60	18
⋮	⋮	⋮

① 406억 원　② 416억 원　③ 426억 원　④ 436억 원　⑤ 446억 원

추리

문항수 30문항 제한시간 30분

정답 페이지 107~119

01 다음 [결론]을 항상 참으로 하는 [전제 2]를 고르면?

[전제 1] - 부품을 생산하는 모든 회사는 공장이 있다.
[전제 2] - ( )
[결론] - 부품을 생산하는 모든 회사는 제조부서가 있다.

① 부품을 생산하는 회사 중 공장이 있는 회사가 있다.
② 제조부서가 있는 회사는 부품을 생산하는 회사이다.
③ 제조부서가 있는 회사는 공장이 있다.
④ 공장이 있는 회사는 제조부서가 있다.
⑤ 제조부서가 없는 회사는 공장이 있다.

02 **다음 결론을 참으로 하는 [전제 1]을 고르면?**

> [전제 1] - (   )
> [전제 2] - 어떤 외야수는 올스타전에 참가한다.
> [결론] - 어떤 외야수는 올스타전에 참가한 외국인이다.

① 어떤 내야수는 외국인이다.
② 어떤 외국인은 올스타전에 참가한다.
③ 모든 외야수는 외국인이다.
④ 모든 내야수는 외국인이다.
⑤ 모든 외국인은 올스타전에 참가한다.

03 **다음 제시된 전제들로부터 항상 참이 되는 [결론]을 고르면?**

> [전제 1] - 대통령 선거에 참여하는 사람은 국회의원 선거에 참여하지 않는다.
> [전제 2] - 대통령 선거에 참여하는 사람은 재보궐 선거에 참여하지 않는다.
> [결론] - (   )

① 재보궐 선거에 참여하는 사람은 국회의원 선거에 참여하지 않는다.
② 국회의원 선거에 참여하는 사람은 재보궐 선거에 참여한다.
③ 국회의원 선거에 참여하지 않는 사람 중 재보궐 선거에 참여하지 않는 사람이 있다.
④ 대통령 선거에 참여하는 사람 중 국회의원 선거에 참여하는 사람이 있다.
⑤ 대통령 선거에 참여하지 않는 사람 중 재보궐 선거에 참여하지 않는 사람이 있다.

04 **A~D 4명이 시립 문화센터에서 꽃꽂이, 댄스, 볼링, 자전거, 축구 중 서로 다른 강좌를 하나씩 수강하려고 한다. 다음 <조건>에 따라 강좌를 수강한다고 할 때, 항상 참인 것은?**

<조건>

㉠ A는 볼링, 자전거, 축구를 수강하지 않는다.

㉡ B는 꽃꽂이를 수강한다.

㉢ C는 댄스 혹은 볼링을 수강한다.

① A는 댄스를 수강한다.

② D는 축구를 수강한다.

③ C는 볼링을 수강하지 않는다.

④ D는 자전거를 수강하지 않는다.

⑤ 아무도 수강하지 않는 강좌는 자전거이다.

05 **갑은 기계 조립을 위해 X, Y, Z 세 종류의 부품을 각각 1개 이상씩 총 5개 구매하려고 한다. X, Y, Z 부품은 A~E 5개 회사에서 모두 판매하며, 갑이 부품을 구매하는 것에 대한 정보가 다음 <조건>과 같을 때, 항상 거짓인 것은?**

<조건>

㉠ 한 회사에서 한 종류의 부품만 구매한다.

㉡ Y부품은 1개만 구매한다.

㉢ B회사와 C회사에서 구매하는 부품의 종류는 서로 다르다.

㉣ E회사에서 구매하는 종류의 부품을 A회사에서 구매하는 종류의 부품보다 많이 구매한다.

㉤ D회사에서 구매하는 부품의 종류는 Z부품이다.

㉥ X부품의 가격은 2,500원, Y부품과 Z부품의 가격은 2,000원이다.

㉦ X부품과 Z부품의 구매 개수는 같다.

① A회사에서 Y부품을 구매한다.

② B회사에서 구매하는 부품 가격이 C회사에서 구매하는 부품 가격보다 비싸다.

③ C회사에서 구매하는 부품 가격은 2,000원이다.

④ E회사에서 구매하는 부품 가격은 2,000원이다.

⑤ X부품은 총 2개 구매한다.

06 오전에는 반드시 거짓말을 하고 오후에는 반드시 참말을 하는 가국과 오전에는 반드시 참말을 하고 오후에는 반드시 거짓말을 하는 나국이 있다. 다음 발언을 한 사람이 모두 가국이나 나국의 사람이라면 다음 중 가국 사람으로만 적절하게 묶인 것은?(단, 가국 사람과 나국 사람은 각각 두 명이다.)

<보기>

A: 지금은 오전이다.
B: 지금은 오후이다.
C: B는 거짓말을 하고 있다.
D: A는 나국의 사람이다.

① A, B ② A, C ③ A, D ④ B, C ⑤ B, D

07 A~E 5명은 1층부터 5층까지 5개 층이 있는 건물의 서로 다른 층에서 근무하고 있다. 이들은 현재 자신이 근무하는 층이 아닌 다른 층에 있으며 엘리베이터에 타고 자신이 근무하는 층으로 이동하려고 한다. 이들이 엘리베이터에 타고 이동한 것에 대한 정보가 다음 <조건>과 같을 때, B가 근무하는 층은?

<조건>

㉠ 엘리베이터는 1층에서 출발하여 5층까지 올라간 후, 다시 1층으로 내려온다.
㉡ 현재 두 사람 이상이 같은 층에 있는 경우는 없다.
㉢ 현재 자신이 있는 층보다 근무하는 층이 높은 경우에는 올라가는 엘리베이터만 탈 수 있고 현재 자신이 있는 층보다 근무하는 층이 낮은 경우에는 내려가는 엘리베이터만 탈 수 있다.
㉣ 처음 1층에서는 E만 엘리베이터에 탔다.
㉤ 3층에서 C가 엘리베이터에 탔을 때 엘리베이터 안에는 A만 있었으며, C는 A와 단둘이 엘리베이터를 타고 올라갔다.
㉥ 5층에서 D는 엘리베이터에 탔고, A는 엘리베이터에서 내렸다.
㉦ B가 근무하는 층보다 D가 근무하는 층이 더 낮다.

① 1층 ② 2층 ③ 3층 ④ 4층 ⑤ 5층

08 진규는 그림과 같이 앞면에 숫자 1이 적힌 카드 다섯 장을 뒤집으려고 한다. 진규가 카드를 뒤집는 것에 대한 정보가 다음 <조건>과 같을 때, 진규가 마지막으로 카드를 뒤집은 후 보이는 카드 숫자의 합으로 옳은 것은?

1	1	1	1	1

<조건>

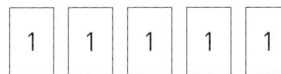

㉠ 5장의 카드 뒷면에는 1~5까지 서로 다른 숫자가 적혀 있으며, 카드 순서는 맨 왼쪽부터 차례로 첫 번째~다섯 번째이다.

㉡ 왼쪽 3장의 카드 뒷면에 적혀 있는 숫자를 모두 합하면 8이고, 오른쪽 2장의 카드 뒷면에 적혀 있는 숫자를 모두 합하면 7이다.

㉢ 두 번째 카드 뒷면에 적혀 있는 숫자는 2이고, 네 번째 카드 뒷면에 적혀 있는 숫자보다 다섯 번째 카드 뒷면에 적혀 있는 숫자가 더 크다.

㉣ 세 번째 카드 뒷면에 적혀 있는 숫자와 네 번째 카드 뒷면에 적혀 있는 숫자의 합은 5보다 작다.

㉤ 진규는 처음 카드를 뒤집을 때, 첫 번째, 세 번째, 네 번째 카드를 뒤집었고, 다음으로 카드를 뒤집을 때, 두 번째, 세 번째, 다섯 번째 카드를 뒤집었다.

① 11 ② 12 ③ 13 ④ 14 ⑤ 15

09 **A~F 6명이 그림과 같이 배치된 좌석버스에 앉아 있다. 버스의 좌석 배치가 다음 <조건>과 같을 때, 내측 좌석에 앉은 사람은? (단, 01번, 05번, 09번이 같은 줄이며, 02번, 06번, 10번이 같은 줄이다.)**

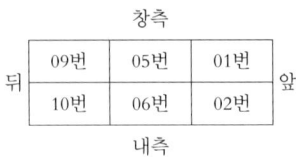

창측

뒤	09번	05번	01번	앞
	10번	06번	02번	

내측

<조건>

㉠ C, E 각각의 좌석은 01번과 05번이 아니다.

㉡ B, D, F 각각의 좌석은 02번이 아니다.

㉢ A, E, F 각각의 좌석은 05번과 06번이 아니다.

㉣ F의 좌석은 D의 좌석과 같은 줄에 있으며, D의 좌석 바로 앞에 있다.

㉤ C의 좌석은 B의 좌석과 다른 줄에 있으며, B의 좌석보다 앞에 있다.

① A, B, D ② A, C, E ③ B, C, F

④ C, D, E ⑤ D, E, F

10 **어느 병원에서 신입 간호사 3명을 새로 채용하였다. 다음 <조건>이 모두 참일 때, 항상 거짓인 것은?**

> <조건>
>
> ㉠ 신입 간호사의 성(姓)은 각각 김, 이, 박이며 출신은 서울, 인천, 구리 중 하나이다.
>
> ㉡ 신입 간호사가 배치 받은 곳은 병동, 중환자실, 응급실 중 한 곳이다.
>
> ㉢ 김씨 성을 가진 신입간호사의 출신은 서울이 아니며 입사 순서는 두 번째이다.
>
> ㉣ 인천 출신의 신입 간호사는 가장 먼저 입사하였다.
>
> ㉤ 이씨 성을 가진 신입간호사는 응급실로 배정받았다.

① 김씨 성을 가진 신입 간호사는 중환자실로 배치된다.

② 인천 출신 신입 간호사는 응급실로 배치된다.

③ 박씨 성을 가진 신입 간호사는 병동에 근무하고 서울 출신이다.

④ 마지막으로 입사한 신입 간호사는 병동 또는 중환자실에만 배치된다.

⑤ 이씨 성을 가진 간호사가 인천 출신이라면 박씨 성을 가진 간호사가 마지막으로 입사한다.

11 **해외영업부, 마케팅부, 신규사업부, 물류부 4개 부서에서 신입 및 경력 사원 채용을 진행했다. 각 부서의 채용인원에 대한 정보가 다음 <조건>과 같을 때, 4개 부서 채용인원의 합은?**

> <조건>
>
> ㉠ 부서별 채용인원은 6명 이하이고 그중 신입 채용인원은 1명 이상이다.
>
> ㉡ 채용인원은 경력 사원이 신입 사원의 절반이다.
>
> ㉢ 물류부 채용인원이 신규사업부 채용인원보다 1명 더 많다.
>
> ㉣ 3개 부서의 채용인원은 각각 홀수이고 나머지 1개 부서의 채용인원은 짝수이다.
>
> ㉤ 경력 사원을 채용하지 않은 부서는 마케팅부 1개 부서뿐이다.
>
> ㉥ 해외영업부와 신규사업부 2개 부서에서 채용된 인원은 총 5명이다.

① 9명　　② 12명　　③ 15명

④ 18명　　⑤ 21명

12 **어느 병원에서 간호사 워크숍을 가게 되었다. 다음 <조건>이 모두 참일 때 간호부장의 차에 탈 수 있는 인원구성은?**

<조건>
㉠ 간호부장 2명, 팀장 2명, 파트장 3명, 평간호사 5명이 3대의 차량으로 워크숍을 간다.
㉡ 운전은 간호부장 1명, 팀장 1명, 파트장 1명이 하며 한 대의 차량에는 운전자를 포함해 4명이 탈 수 있다.
㉢ 같은 직급이 운전하는 차에는 탈 수 없다.
㉣ 팀장이 운전하는 차에는 평간호사가 3명이 탄다.

① 팀장 1명, 파트장 1명, 평간호사 1명
② 파트장 2명, 평간호사 1명
③ 파트장 1명, 평간호사 2명
④ 팀장 1명, 평간호사 2명
⑤ 간호부장 1명, 팀장 2명

13 **1~4호 4개의 방을 흰색, 파란색, 초록색, 회색 4가지 색상의 페인트 중 2가지 색상으로 각각 칠하려고 한다. 4개의 방을 칠하는 방법이 다음 <조건>과 같을 때, 반드시 거짓인 것은?**

<조건>
㉠ 1호와 2호는 초록색 페인트로 칠하지 않는다.
㉡ 2호를 칠하는 2가지 색상으로는 4호를 칠하지 않는다.
㉢ 흰색과 파란색 2가지 색상으로 칠하는 방은 없다.
㉣ 3호를 칠하는 2가지 색상 중 1가지 색상은 4호에도 칠한다.
㉤ 1호, 2호, 3호 각각을 칠하는 2가지 색상 중 1가지 색상은 3개의 방이 모두 같고, 나머지 1가지 색상은 3개의 방이 모두 서로 다르다.

① 1호는 파란색과 회색으로 칠한다.
② 2호는 흰색과 회색으로 칠한다.
③ 3호는 초록색과 흰색으로 칠한다.
④ 4호는 흰색과 초록색으로 칠한다.
⑤ 초록색으로 칠한 방의 개수는 2개이다.

14 **A~E 5명은 그림의 시작 위치에서 오른쪽으로 한 칸씩 이동하면서 광고를 시청하려고 한다. 이들의 이동에 대한 정보가 다음 <조건>과 같을 때, 옳지 않은 것은?**

시작	1회차	2회차	3회차	4회차	5회차
A	신발	의자	차	옷	여행
B	투자	음료	PC	핸드폰	라면
C	이어폰	과자	TV	햄	보험
D	책상	가방	참치	햄버거	커피
E	피자	지갑	은행	빵	게임

<조건>

㉠ A~E는 5회의 게임을 하여 각 회차마다 1, 2, 3 중 하나의 숫자를 얻는다.

㉡ A~E는 회차별로 얻은 숫자에 따라 다음과 같이 이동할 수 있으며, 5행 5열의 전체 칸을 벗어나는 경우는 없다.

예)

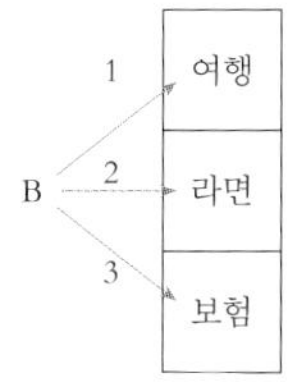

㉢ A가 각 회차에서 얻은 숫자는 2로 항상 동일하다.

㉣ B는 회차 순서대로 2, 1, 3, 2, 3의 숫자를 얻었다.

㉤ C는 1, 2회차에만 2를 얻었으며, 5회차 중 모든 광고 시청이 E와 겹치지 않는다.

㉥ D는 각 회차에서 2 또는 3만 얻었으며, 햄버거 광고를 시청한다.

㉦ E는 회차 순서대로 1, 2, 1, 2, 1의 숫자를 얻었다.

① 1회차의 모든 광고가 시청되지는 않는다.

② 4회차의 모든 광고가 시청된다.

③ 5회차의 모든 광고가 시청된다.

④ C는 여행 광고를 시청한다.

⑤ E는 햄 광고를 시청한다.

【Q】 [15~18] 다음에서 도형들은 일정한 규칙에 따라 문자를 변환시킨다. 도형들에 따른 변환규칙을 파악한 후 이어지는 물음에 답하시오.

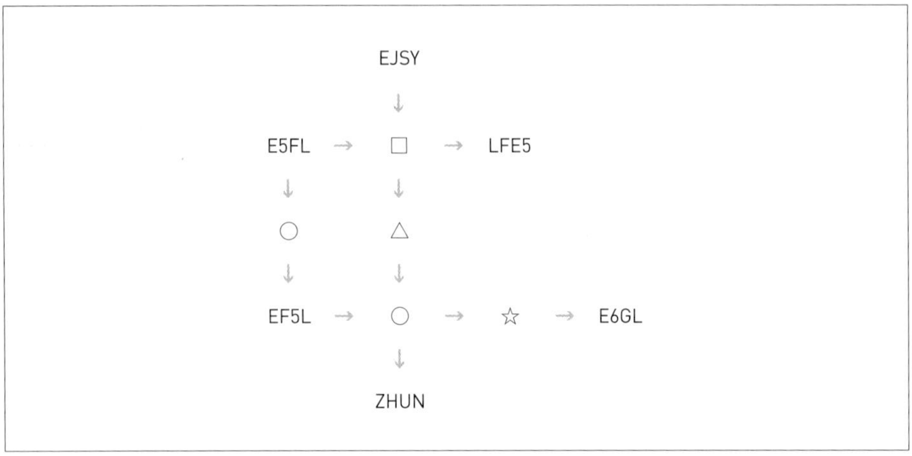

15 물음표에 들어갈 문자로 알맞은 것은?

JBYK → ○ → ☆ → ?

① JZCK ② CKZJ ③ JKCZ ④ KJCZ ⑤ ZKJC

16 물음표에 들어갈 문자로 알맞은 것은?

MKS4 → △ → □ → ?

① 8MNV ② MN8V ③ VNM8 ④ N8VM ⑤ 8VNM

17 물음표에 들어갈 문자로 알맞은 것은?

? → ○ → △ → U65I

① 42ET ② E42T ③ TE24 ④ T24E ⑤ 2TE4

18 물음표에 들어갈 문자로 알맞은 것은?

? → ☆ → □ → 9CUD

① BCU9 ② UCB9 ③ 9BUC ④ 9CBU ⑤ CU9B

19 다음 도형들은 일정한 규칙을 가지고 있다. 물음표에 들어갈 도형으로 알맞은 것은?

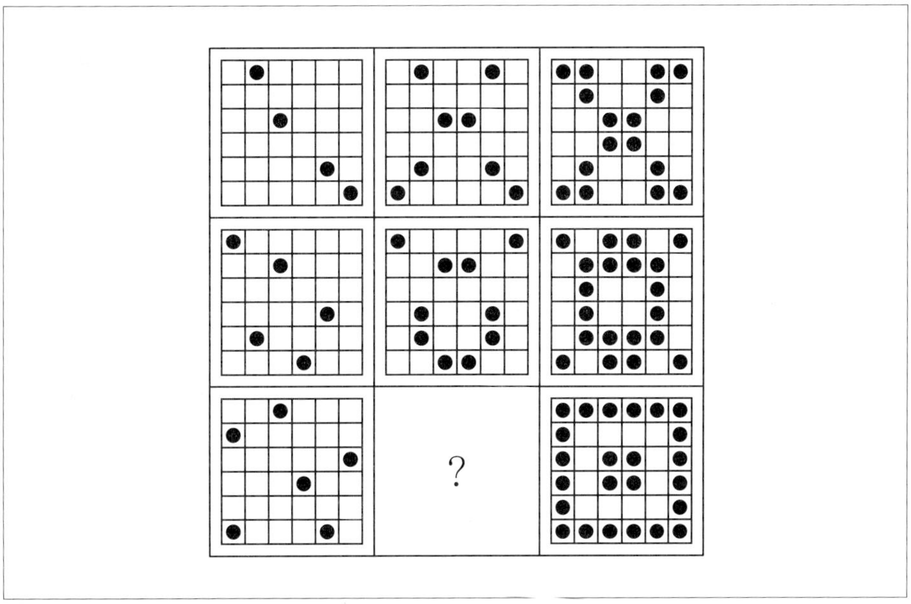

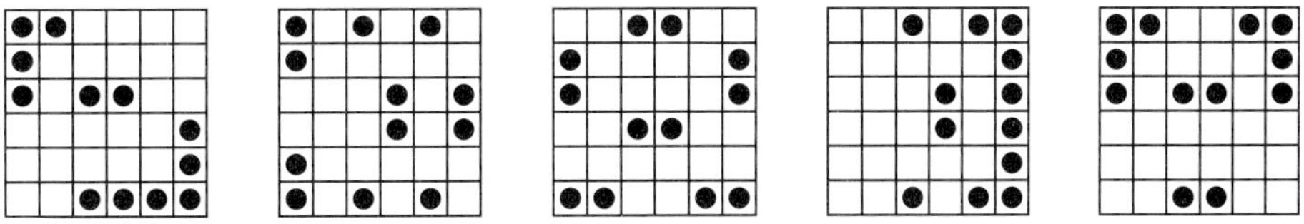

① ② ③ ④ ⑤

20 다음 도형들은 일정한 규칙을 가지고 있다. 물음표에 들어갈 도형으로 알맞은 것은?

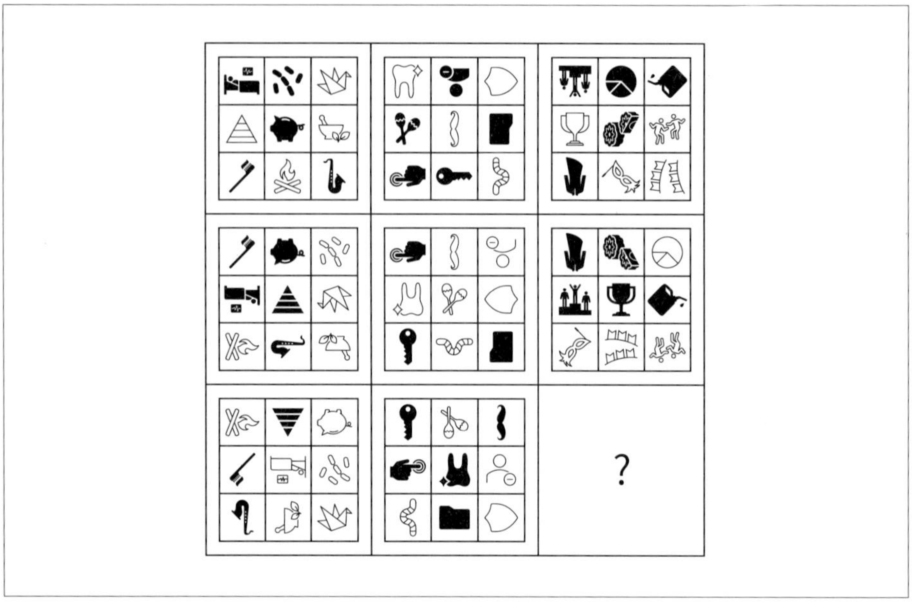

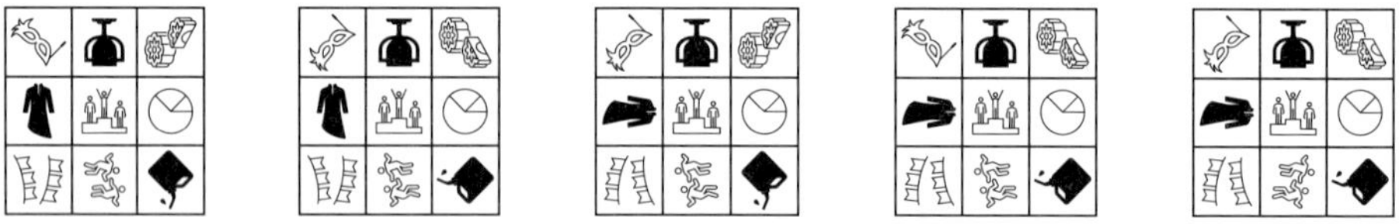

① ② ③ ④ ⑤

21 다음 도형들은 일정한 규칙을 가지고 있다. 물음표에 들어갈 도형으로 알맞은 것은?

①

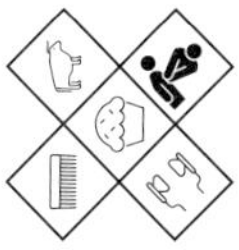

②

③

④

⑤

22 **다음 글의 (A)~(D)를 문맥에 맞게 순서대로 배열한 것은?**

(A) 먼저 비수술적 방법인 약물요법에는 모발이 잘 자랄 수 있게 도와주는 약물을 이용하는 방법과 모발이 빠지는 것을 방지하는 약물을 이용하는 방법이 있다. 전자는 모발의 주성분이 단백질임을 감안해 충분한 영양 공급이 이루어질 수 있는 재료를 사용하며, 후자는 탈모의 주원인인 남성호르몬의 분비를 억제하는 약물을 사용한다.

(B) 자가모발이식은 탈모가 진행되지 않은 뒷머리의 피부조각을 떼어 내 그 부분의 모발을 탈모 부위에 뿌리째 이식하는 방법이다. 본인의 피부를 이식하므로 거부 반응이 적고, 외상을 입지 않는 이상 이식한 모발이 유지되므로 치료 효과가 좋다. 그러나 자가모발이식은 이식 부위가 넓을수록 이식할 수 있는 충분한 모발을 확보하기 어렵고, 비용 부담이 크다는 단점이 있다.

(C) 그러나 약물요법은 탈모가 이미 많이 진행된 경우에는 큰 효과가 없으며, 약물 사용을 중단하면 탈모가 다시 진행된다는 단점이 있다. 따라서 탈모가 어느 정도 진행되어 약물의 효과가 미미한 경우에는 자가모발이식과 같은 수술적인 방법을 시도할 수 있다.

(D) 탈모란 정상적으로 모발이 존재해야 할 부위에 일시적 또는 영구히 모발이 없는 상태를 말한다. 두피에서의 탈모뿐만 아니라, 수염이나 눈썹 등의 모발이 비정상으로 빠지는 것도 탈모에 포함된다. 이러한 탈모의 치료방법으로는 크게 비수술적인 방법과 수술적인 방법이 있다.

① (B) - (A) - (C) - (D)
② (B) - (D) - (C) - (A)
③ (D) - (A) - (C) - (B)
④ (D) - (C) - (A) - (B)
⑤ (D) - (C) - (B) - (A)

23 다음 글의 (A)~(D)를 문맥에 맞게 순서대로 배열한 것은?

(A) 베타카로틴은 식물의 광합성뿐만 아니라 인체의 생리 활성화 측면에서도 매우 중요하다. 베타카로틴이 항산화, 항암, 항염 등의 약리 활성을 갖고 있다는 연구 결과가 지속적으로 보고되고 있으며, 체내에 일정량의 베타카로틴을 유지할 경우, 유해산소로 말미암은 암, 동맥경화증 등과 같은 성인병을 예방할 수 있다.

(B) 천연 카로티노이드의 일종인 베타카로틴은 녹황색 채소와 과일, 해조류에 다량 함유되어 있다. 베타카로틴은 광합성 보조색소로서, 식물의 광합성 과정에서 광합성 주색소인 엽록소가 흡수하지 못하는 파장대의 빛을 흡수하며, 빛 에너지가 과도하게 흡수될 경우, 이를 소산시켜 광합성 기구의 손상을 막는 역할을 수행한다.

(C) 베타카로틴 외에 알파카로틴이나 감마카로틴의 경우도 비타민A의 전구체로 작용한다. 그러나 베타카로틴의 활성 능력이 알파카로틴과 감마카로틴의 활성 능력보다 더 강하다.

(D) 이렇듯 베타카로틴은 그 자체로도 인체의 면역력을 강화시키지만, 체내에 비타민A가 부족할 경우, 비타민A로 전환되어 작용하기도 한다. 이 경우 베타카로틴은 장과 간에서 레티놀로 전환되고, 레티놀은 다시 비타민A의 형태로 전환되는 과정을 거친다.

① (A) - (C) - (B) - (D)
② (A) - (D) - (C) - (B)
③ (B) - (D) - (A) - (C)
④ (B) - (A) - (D) - (C)
⑤ (C) - (B) - (A) - (D)

24 다음 글을 읽고 제기할 수 있는 반박으로 가장 적절한 것은?

> 원격의료는 환자가 직접 병원을 방문하지 않아도 ICT 기술이 적용된 의료 장비를 활용하여 의사의 진료를 받을 수 있는 서비스이다. 이는 의료 소외 계층의 의료 접근성을 향상시킬 수 있는 가장 효과적인 방안인 만큼 본격적 도입이 고려되어야 한다. 원격의료의 시행으로 거동이 불편한 노인, 병원이 거의 없는 도서·산간 지역의 주민 등은 병원에 직접 가지 않더라도 집에서 진료를 받을 수 있다. 생계, 육아 등의 사유로 병원에 가기 어려운 일반 환자도 원격의료의 혜택을 누릴 수 있다. 따라서 의료 소외 계층을 대상으로 우선 원격의료 시범 사업을 시행한 후, 그 효과를 평가하여 부족한 점을 개선해 나가는 방식으로 수혜 대상을 점차 확대해야 한다.

① 신종 감염병이 지속적으로 발생하는 상황을 고려한다면 효과적인 대처와 진료를 위해 비대면 의료 시장을 발전시켜야 한다.

② 원격의료를 도입하기에 앞서, 일부 환자를 대상으로 시범적 원격의료를 시행하고 그 효과를 확인해 보는 절차가 필요하다.

③ 우리나라의 기술 발전 수준을 고려할 때, 원격의료는 제한적인 상황에서 대면 진료를 보조하는 수단 정도로만 활용 가능하다.

④ 우리나라는 방문 진료가 활성화될 수 있는 좋은 조건으로, 방문 진료야말로 별도의 장비나 병원 방문 없이 의료 접근성을 대폭 향상시키는 방안이다.

⑤ 원격의료가 도입되면 ICT 기술을 보유한 대기업들이 의료 분야로 진출할 것이며, 이는 대기업들의 독과점으로 이어져 결국 진료비가 향상될 것이다.

25 다음 주장에 대한 반박으로 가장 적절한 것은 무엇인가?

인간은 사회 속에서만 자신을 더 나은 존재로 느낄 수 있기 때문에 자신을 사회화하고자 한다. 인간은 사회 속에서만 자신의 자연적 소질을 실현할 수 있는 것이다. 그러나 인간은 자신을 개별화하거나 고립시키려는 강한 성향도 있다. 이는 자신의 의도에 따라서만 행위하려는 반사회적인 특성을 의미한다. 그리고 저항하려는 성향이 자신뿐만 아니라 다른 사람에게도 있다는 사실을 알기 때문에, 그 자신도 곳곳에서 저항에 부딪히게 되리라 예상한다. 이러한 저항을 통하여 인간은 모든 능력을 일깨우고 나태해지려는 성향을 극복하며, 명예욕이나 지배욕, 소유욕 등에 따라 행동하게 된다.

인간에게 이러한 반사회성이 없다면, 인간의 모든 재능은 꽃피지 못하고 만족감과 사랑으로 가득찬 목가적인 삶 속에서 영원히 묻혀 버리고 말 것이다. 그리고 양처럼 선량한 기질의 사람들은 가축 이상의 가치를 자신의 삶에 부여하기 힘들 것이다. 자연 상태에 머물지 않고 스스로의 목적을 성취하기 위해 자연적 소질을 계발하여 창조의 공백을 메울 때, 인간의 가치는 상승되기 때문이다.

① 인간의 본성은 변할 수 없다.
② 동물도 사회성을 키울 수 있다.
③ 사회성만으로도 재능이 계발될 수 있다.
④ 반사회성만으로는 재능이 계발될 수 없다.
⑤ 목가적인 삶 속에서도 반사회성이 생겨날 수 있다.

26 다음 내용을 바탕으로 추론할 수 있는 것은?

> 밀키트는 손질된 식자재와 그에 맞는 적절한 분량의 양념, 조리법 등이 하나의 세트로 구성된 제품이다. 조리되지 않은 식자재를 제공한다는 점에서, 이미 조리된 상태로 데우기만 하면 되는 가정간편식과 구별된다. 밀키트는 냉장 상태의 신선한 식자재를 취급하여 유통기한이 짧고 대량생산이 어렵다. 그러나 외식과 비교할 때 비교적 저렴하게 영양식을 접할 수 있어 인기가 매우 높다. 또한 식자재 손질에 드는 시간이 줄어들고, 적절한 분량으로 음식 쓰레기가 적게 발생하여 특히 1인가구와 맞벌이 가구로부터 호평을 받고 있다. 밀키트 시장은 2010년대 중반부터 빠르게 성장하였는데, 최근 코로나19의 출현으로 가정에서 식사하는 경우가 늘어나면서 밀키트 수요 역시 폭발적으로 증가하였다. 다만, 과잉 포장으로 지나치게 많은 플라스틱 쓰레기를 양산한다는 지적을 받고 있어, 유통업체들은 친환경 포장 제품 비중을 확대하는 등의 해결 방안을 모색하고 있다.

① 밀키트 소비 가구 중 1인가구가 차지하는 비중이 가장 크다.
② 밀키트의 가장 큰 문제점은 대량의 음식 쓰레기이다.
③ 밀키트는 저렴한 만큼 영양가가 부족한 편이다.
④ 밀키트는 직접 조리가 필요한 제품이다.
⑤ 밀키트는 가정간편식의 한 종류이다.

27 다음 내용이 모두 참이라고 할 때 반드시 거짓인 것은?

> 알고리즘은 문제를 논리적으로 해결하기 위해 요구되는 일련의 순서화된 절차, 방법, 명령어 등의 모임으로, 넓게는 문제를 사람의 손으로 해결하는 것, 컴퓨터로 해결하는 것, 수학적으로 해결하는 것, 비수학적으로 해결하는 것 모두를 포함하는 개념이다. 컴퓨터 프로그램에 있어 알고리즘은 여러 단계의 명령어 집합들로 구성되며, 각 단계의 명령어 집합은 하나 또는 그 이상의 연산을 필요로 한다. 좋은 컴퓨터 프로그램을 만들기 위해서는 알고리즘을 어떤 형식으로 표현할지에 대해 고민해야 한다. 알고리즘을 구성하는 것은 컴퓨터 프로그램 제작 과정 중 계획 단계에 해당하는데, 동일한 결과가 도출되더라도 알고리즘에 따라 시간이나 조작성 등에서 큰 차이가 발생할 수 있기 때문이다. 이때의 알고리즘은 기본적으로 다음 조건들을 만족해야 한다. 먼저 0개 이상의 입력과 1개 이상의 출력이 있어야 하며 모든 명령어는 명백하고 실행 가능해야 한다. 또한 알고리즘은 한정된 단계를 거친 후에는 반드시 종료되어야 한다.

① 컴퓨터 프로그램의 알고리즘은 입력이 없을 수도 있다.
② 컴퓨터 프로그램 특성상 특정 결과를 도출하는 알고리즘은 1개뿐이다.
③ 사람이 문제를 논리적으로 해결하는 절차들도 알고리즘으로 볼 수 있다.
④ 컴퓨터 프로그램의 알고리즘은 반드시 출력 값을 도출하고 끝이 나야 한다.
⑤ 컴퓨터 프로그램의 알고리즘이 총 3단계로 구성된다면, 수행 연산은 최소 3개이다.

28 다음 내용이 모두 참이라고 할 때 반드시 거짓인 것은?

미토콘드리아는 세포 안에서 부피를 가장 많이 차지하는 세포소기관으로, 세포 하나에는 100~3,000개 정도의 미토콘드리아가 있다. 하나의 세포에 함유된 미토콘드리아의 수는 에너지의 수용과 관련이 있으며, 미토콘드리아가 많을수록 세포는 더 많은 에너지를 만들어낸다. 몸속에 음식물이 들어오면 미토콘드리아의 내막에 존재하는 단백질인 'ATP 합성 효소'가 에너지원인 ATP(Adenosine Tri-Phosphate)를 만든다. 인체의 근육이 늘어나면 근육세포도 증가하고, 근육세포 내 미토콘드리아의 수도 증가하며, 체력이 향상되고 지구력도 좋아진다. 그러나 운동을 꾸준히 하지 않으면 미토콘드리아는 사라지거나 그 부피가 줄어든다. 또한 미토콘드리아가 많을수록 기초대사량도 높은데, 기초대사량이 높으면 흡수한 영양소를 에너지로 소비하는 양이 많아진다.

① 미토콘드리아가 많으면 ATP도 많다.
② 미토콘드리아의 수와 기초대사량은 비례한다.
③ 인체가 영양소를 흡수하면 ATP가 생성된다.
④ 세포 내에서 미토콘드리아보다 부피의 비중이 큰 것은 없다.
⑤ 한번 생성된 미토콘드리아는 인체가 수명을 다할 때까지 소멸하지 않는다.

29 다음 내용이 모두 참이라고 할 때 반드시 거짓인 것은?

> 종양은 세포가 비정상적으로 증식하여 덩어리를 형성한 것이다. 근종, 선종, 지방종, 섬유종 등의 양성종양은 성장 속도가 느리며 다른 조직에 전이되지 않는다. 또한 일정한 크기 이상 자라지 않기 때문에 크기에 따른 압박 증상이나 미용상 문제가 없으면 평생 갖고 있어도 큰 문제가 되지 않는다. 반면 '암'이라 불리는 악성종양은 주변 조직을 파고들며 빠르게 성장한다. 특히 혈관, 림프관 등을 통해 신체의 다른 부위로 쉽게 확산되고 전이되며, 주변 조직을 파괴한다. 이 때문에 종양 부위만 제거하면 일반적으로 큰 문제가 없고 재발이 적은 양성 종양과 달리, 악성종양은 종양 주위를 제거한 후에도 종양 주변부의 치료를 위한 방사선 치료가 필요하며 전이 및 재발을 막기 위한 약물 치료도 동반된다. 우리가 흔히 말하는 항암 치료는 이를 통칭하는 것이다.

① 종양 제거 수술을 받아도 추가 치료가 필요할 수 있다.
② 암은 섬유종보다 상대적으로 성장 속도가 빠르다.
③ 악성종양은 혈관과 림프관을 통해서만 전이된다.
④ 양성종양은 한 번 제거되면 재발하지 않는다.
⑤ 양성종양은 반드시 제거하지 않아도 된다.

30 다음 내용이 모두 참이라고 할 때 반드시 거짓인 것은?

일방향 마케팅의 시대가 종료되면서, 상품이나 브랜드의 출범에 소비자의 의견을 반영하는 것이 중요해졌다. 이러한 측면에서 투자·제조 과정에 직접 참여하여 원하는 상품이나 브랜드를 키워내는 소비자, 이른바 팬슈머(Fansumer)가 주목받고 있다. 팬슈머는 '본인이 상품이나 브랜드를 키운' 경험을 통해 즐거움을 느끼며 애정을 가지고 적극적으로 상품을 소비한다. 그러나 맹목적으로 지지하지만은 않는다. 이들은 정서적·재무적 투자에 비례하여 간섭하고, 브랜드에 전반적으로 관여한다. 이러한 팬슈머의 특성에 최적화된 투자 플랫폼이 크라우드 펀딩이다. 기업에 대한 투자가 재무적 관점에서 한정적으로 접근되었던 과거와는 달리, 크라우드 펀딩은 기업이 아닌 투자자가 관심을 갖는 아이템에 직접 투자한다. 팬슈머는 크라우드 펀딩으로 세상에 없던 상품을 만드는 데 일조한다는 자부심을 가지며, 투자 수익과 보상까지 기대한다.

① 팬슈머는 특정 상품이나 브랜드를 무조건적으로 옹호한다.
② 크라우드 펀딩은 상대적으로 재정적 측면이 덜 중요한 투자 방식이다.
③ 상품이나 브랜드에 감정을 쏟는 것도 투자의 일종이다.
④ 과거에 출시된 많은 상품과 브랜드에는 소비자 의견이 고려되지 않았다.
⑤ 투자자는 크라우드 펀딩을 통해 수익을 창출할 수 있다.

직무상식

문항수 30문항

제한시간 30분

정답 페이지 120~124

01 **CPR 상황에서 epinephrine의 정맥주사가 어려울 때 그 다음 선택할 수 있는 투여 경로는?**

① Subcutaneous ② Intramuscular ③ Intraosseous
④ Intratracheal ⑤ Intradermal

02 **갑상샘 기능저하증에 대한 설명으로 옳은 것을 모두 고르시오.**

> ㉠ 보상기전으로 갑상샘이 비대해질 수 있다.
> ㉡ 지방대사의 변화로 체중이 증가한다.
> ㉢ 혈청 TSH가 상승한다.
> ㉣ 신장 혈류의 감소로 수분 배설이 감소한다.

① ㉠, ㉢ ② ㉡, ㉣ ③ ㉠, ㉡, ㉢
④ ㉡, ㉢, ㉣ ⑤ ㉠, ㉡, ㉢, ㉣

03 **근육주사의 부위와 그에 대한 설명으로 옳은 것을 모두 고르시오.**

㉠ 둔근의 복면 : 앙와위, 복위에서도 투여할 수 있다. ㉡ 둔근의 배면 : 좌골신경 손상의 위험이 있다. ㉢ 대퇴직근 : 자가주사할 때 사용할 수 있는 부위다. ㉣ 삼각근 : 3세 미만 소아에게 적합한 근육주사 부위다.

① ㉠, ㉢ ② ㉡, ㉣ ③ ㉠, ㉡, ㉢
④ ㉡, ㉢, ㉣ ⑤ ㉠, ㉡, ㉢, ㉣

04 **호흡기전에 대한 설명으로 옳지 않은 것은?**

① 흡기일 때 횡격막이 수축한다.
② 흡기일 때 외늑간근이 수축한다.
③ 흉강내압이 증가하면서 호기가 발생한다.
④ 내호흡은 폐 모세혈관과 폐포 간에 이루어지는 가스교환을 말한다.
⑤ 확산이란 산소 및 이산화탄소 기체가 분압이 높은 곳에서 낮은 곳으로 이동하는 것을 말한다.

05 **Hb 6g/dL로 급격히 저하된 환자에게 시행할 수 있는 수혈의 종류로 옳은 것은?**

① Whole blood
② Platelet concentrate
③ Fresh frozen plasma
④ packed-Red blood cell
⑤ Cryoprecipitate

06 **30년 이상 흡연을 한 환자가 객담을 동반하는 지속적인 기침으로 병원에 내원하였다. 폐암 stage II, T2 N1 M0 로 진단받았을 때, 이에 대한 설명으로 옳은 것은?**

① 종격동 침범이 확인된다.
② 림프절 전이가 확인된다.
③ 종양의 크기가 1cm 미만이다.
④ 간, 뇌, 부신 등의 원위부 전이가 확인된다.
⑤ 육안으로 확인할 수 없으며 악성 세포만 발견된다.

07 **재생불량성빈혈의 진단검사 결과로 옳지 않은 것은?**

① 적혈구 수치 감소
② 백혈구 수치 정상
③ 혈소판 수치 감소
④ 적혈구 모양 정상
⑤ 망상적혈구 수치 감소

08 **아래 그림의 심전도에 대한 우선적인 간호중재로 옳은 것은?**

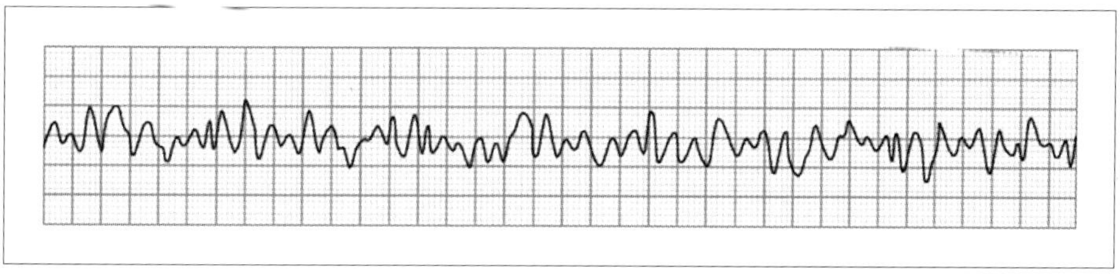

① EKG lead를 새로 부착한다.
② 응급상황이므로 바로 제세동기를 준비한다.
③ 심박출량 증가를 위해 즉시 정맥으로 수액을 투여한다.
④ 심방의 비정상적인 흥분이 원인으로 미주신경을 자극한다.
⑤ 노인에게서 흔하게 나타나는 심전도 양상으로 증상이 있을 때 항응고제를 투여한다.

09 **격리된 활동성 결핵 환자를 간호할 때 주의해야 할 점으로 옳은 것을 모두 고르시오.**

㉠ N95 마스크를 착용함 ㉡ 비말전파 지침을 준수함 ㉢ 음압 격리실에 환자를 격리함 ㉣ 격리실 문을 주기적으로 열어 공기를 순환시킴

① ㉠, ㉡ ② ㉠, ㉢ ③ ㉠, ㉡, ㉢
④ ㉡, ㉢, ㉣ ⑤ ㉠, ㉡, ㉢, ㉣

10 **백혈병을 진단받은 환자의 혈소판 수치가 16,000/µℓ일 때, 간호중재로 옳은 것은?**

① 음식물을 소량씩 자주 섭취하도록 설명한다.
② 되도록 근육주사를 통해 약물을 투여한다.
③ 방문객을 제한하고 격리실로 이동시킨다.
④ 모든 음식은 익혀먹도록 설명한다.
⑤ 변비 예방을 위한 중재를 설명한다.

11 **흉관배액관 제거 시 간호중재로 옳은 것을 모두 고르시오.**

㉠ 제거 전 초음파로 폐의 팽창 여부를 확인한다. ㉡ 제거할 때는 가능한 신속히 시행한다. ㉢ 제거할 때는 환자에게 천천히 호흡하게 한다. ㉣ 제거 후 바셀린 거즈로 폐쇄 드레싱을 시행한다.

① ㉠, ㉡ ② ㉡, ㉣ ③ ㉠, ㉡, ㉢
④ ㉡, ㉢, ㉣ ⑤ ㉠, ㉡, ㉢, ㉣

12 **수술 직후 중환자실에 입실한 환자이다. 수술 부위 통증을 호소하여 진통제를 투여하였고 갑자기 오심 및 호흡곤란을 호소한다. 다음 중 가장 우선적인 간호는?**

① 항구토제를 투여한다.
② 불안감을 표현하도록 격려한다.
③ 반좌위 혹은 좌위를 취하게 한다.
④ 일시적으로 나타나는 증상임을 설명한다.
⑤ 자극을 최소화하기 위해 조용한 환경을 조성한다.

13 **다음과 같이 동시다발적인 상황이 발생했을 때, 가장 적절한 간호중재의 순서는?**

1. 수혈 중 환자가 가슴 답답함을 호소한다.
2. 환자가 죽에서 밥으로 식이 변경을 요청한다.
3. 투석 환자의 정규 드레싱을 해야 한다.
4. 환자의 수액 주입 부분이 부어 있다.
5. 침상커버를 새 것으로 교체 해 달라고 한다.

① 1 → 5 → 2 → 3 → 4 ② 1 → 4 → 3 → 2 → 5 ③ 2 → 3 → 1 → 5 → 4
④ 2 → 5 → 4 → 3 → 1 ⑤ 4 → 3 → 1 → 5 → 2

14 **성인의 CPR에 대한 설명으로 옳은 것은?**

① 가슴압박 시 4cm 보다 깊게 누르지 않는다.
② 가슴압박을 2분 동안 시행한 후 심전도를 확인한다.
③ 가슴압박은 분당 130~140회 정도로 시행한다.
④ 환자를 침대에서 바닥으로 옮긴 후 CPR을 시행한다.
⑤ 두 명의 구조자가 있다면 가슴압박 대 인공호흡은 15:2의 비율을 유지한다.

15　**다음 중 외과적 무균법에 대한 설명으로 옳은 것은?**

① 이동섭자의 끝은 항상 위를 향하도록 한다.
② 멸균 용액은 소량 따라 버린 후 사용해야 한다.
③ 멸균 물품의 뚜껑을 들 때에는 안쪽 면이 위를 향하도록 한다.
④ 외과적 손씻기를 한 경우, 손끝은 팔꿈치보다 아래에 위치해야 한다.
⑤ 멸균 물품의 포장이 약간 젖었다 하더라도 물품 자체에 닿지 않았다면 사용 가능하다.

16　**T-tube를 제거하기 전, 총담관을 통한 담즙이 제대로 배출되고 있는지 확인할 수 있는 방법으로 옳은 것은?**

① 대변이 단단해진다.
② 대변이 갈색이 된다.
③ 대변이 회백색이 된다.
④ 소변이 분홍빛을 띤다.
⑤ 소변에서 거품이 보인다.

17　**만성 신부전에 대한 설명으로 옳지 않은 것은?**

① 적혈구 생성 저하로 빈혈이 발생한다.
② 혈소판 응집 증가로 혈전 위험성이 높아진다.
③ 대사성산증의 보상작용으로 호흡수가 증가한다.
④ 사구체여과율 감소로 전해질 불균형이 발생한다.
⑤ 저칼슘혈증으로 인해 신성골이영양증이 발생한다.

18 고혈압이 있는 산모에게 분만 후 ergonovine을 투여하지 않는 이유로 옳은 것은?

① 항이뇨 작용으로 인한 맥박 상승
② 심장의 혈액유입량 감소로 인한 혈압 하강
③ 말초혈관 수축으로 인한 혈압 상승
④ 자궁 이완으로 인한 출혈 증가
⑤ 자궁 강직으로 인한 자궁퇴축 지연

19 출생 1분 후 신생아를 사정하였을 때 다음과 같았다. APGAR 점수로 적절한 것은?

· 맥박 90회/분	· 규칙적인 호흡양상
· 몸통: 분홍색 / 사지: 창백	· 큰 소리로 울음
· 활발히 움직임	

① 5점 ② 6점 ③ 7점
④ 8점 ⑤ 9점

20 자궁근종에 대한 설명으로 옳지 않은 것을 모두 고르시오.

㉠ 수개월 지속되는 무월경 증상이 흔하게 나타난다.
㉡ 근종이 방광을 압박하면 빈뇨나 배뇨곤란 등이 발생한다.
㉢ 폐경기 여성에서 증상이 쉽게 악화되므로 주의 깊은 관찰이 필요하다.
㉣ 증상이 없더라도 악성으로 변화할 수 있어 반드시 수술로 제거해야 한다.

① ㉠, ㉢ ② ㉡, ㉣ ③ ㉠, ㉢, ㉣
④ ㉡, ㉢, ㉣ ⑤ ㉠, ㉡, ㉢, ㉣

21 인슐린 30unit을 투여하려고 한다. 인슐린 1vial이 100unit(1cc)일 때, 몇 cc를 주어야 하는가?

① 0.01cc ② 0.1cc ③ 0.3cc
④ 1cc ⑤ 3cc

22 Morphine 45mg을 투여하려고 한다. Morphine 1ampule이 30mg(2ml)일 때, 몇 cc를 주어야 하는가?

① 0.5cc ② 1cc ③ 1.5cc
④ 2cc ⑤ 3cc

23 KCl 1ampule은 3g/20ml이다. 0.9% N/S 960ml에 KCl 2ampule을 mix 하였다. 이 수액의 KCl 농도로 옳은 것은?

① 0.3 ② 0.6 ③ 1
④ 3 ⑤ 6

24 H/S 1L를 12시간 동안 주입하려고 한다. 약 몇 cc/hr로 주입해야 하는가?

① 약 83cc/hr ② 약 103cc/hr ③ 약 115cc/hr
④ 약 130cc/hr ⑤ 약 150cc/hr

25 **H/S 1000ml 1bag을 10시간 동안 투여하려고 한다. 7am에 주입을 시작했다면, 3pm에 확인할 수 있는 주입 중인 수액백의 남은 양으로 옳은 것은?**

① 0ml ② 100ml ③ 200ml
④ 500ml ⑤ 700ml

26 **20% Albumin 100ml를 4시간 동안 주입하려고 한다. 약 몇 gtt/min으로 주입해야 하는가?**

※ 수액세트 점적 방울 수의 기준: 20gtt/mL

① 약 5gtt/min ② 약 8gtt/min ③ 약 10gtt/min
④ 약 15gtt/min ⑤ 약 17gtt/min

27 **0.9% N/S를 20gtt/min으로 투여하고 있다면, 하루 동안 주입되는 수액의 양은 얼마인가?**

※ 수액세트 점적 방울 수의 기준: 20gtt/mL

① 500ml ② 720ml ③ 1000ml
④ 1250ml ⑤ 1440ml

28 **0.9% N/S 1.5L를 하루 동안 투여하려면 약 몇 초에 한 방울 주입해야 하는가?**

※ 수액세트 점적 방울 수의 기준: 20gtt/mL

① 약 2~3초 ② 약 4~5초 ③ 약 6~7초
④ 약 8~9초 ⑤ 약 10~11초

29 **H/S 1000ml를 24시간 동안 투여하려면 몇 초에 한 방울로 주입해야 하는가?**

※ 수액세트 점적 방울 수의 기준: 20gtt/mL

① 약 1~2초 ② 약 4~5초 ③ 약 7~8초
④ 약 9~10초 ⑤ 약 11~12초

30 **Aminophylline 250mg을 0.9% N/S에 mix하여 250ml로 만들었다. 몸무게가 80kg인 환자에게 0.5mg/kg/hr의 속도로 투여하려면 몇 cc/hr로 주어야 하는가?**

① 10cc/hr ② 15cc/hr ③ 30cc/hr
④ 40cc/hr ⑤ 60cc/hr

2025 **삼성병원 취업**을 위한

간호사 GSAT

정답 및 해설

2025 개정판

간호사 취업
베스트셀러
1위

예스24 간호사 분야 취업/필기 부문 1위
(2024년 10월 1주차 주별 베스트 기준)

2025 **삼성병원 취업**을 위한

간호사 GSAT

정답 및 해설

2025 개정판

간호사 취업 베스트셀러 1위

예스24 간호사 분야 취업/필기 부문 1위
(2024년 10월 1주차 주별 베스트 기준)

목차

1부

수리논리

연습문제

01	④	06	④								
02	③	07	③								
03	⑤	08	③								
04	①	09	③								
05	④	10	⑤								

01 ④ 전년 대비 2025년에 A사 직원은 50 + 30 = 80명 증가했으며, 전년 대비 16% 증가했으므로 2024년 A사 직원은 80 / 0.16 = 500명이다. 2024년 A사 직원의 남녀 비율은 4 : 6이므로 2024년 A사 여성 직원은 500 × 6 / 10 = 300명이다. 따라서 2025년 A사 여성 직원은 300 + 30 = 330명이므로 정답은 ④이다.

02 ③ S사의 20대 사원의 수를 x, 30대 사원의 수를 y, 40대 사원의 수를 z라고 하면 다음과 같은 식이 성립한다.

$$\begin{cases} x + y + z = 100 \\ z = y + 15 \\ y = 2 \times x \end{cases}$$

$\therefore x = 17, y = 34, z = 49$

따라서 S사의 30대 사원은 34명이므로 정답은 ③이다.

03 ⑤ 각 부서별로 여자는 2명 이상, 남자는 1명 이상이 배치해야 한다. 우선 남자 간호사를 각 부서에 배치하는 경우의 수는 3!=6가지이다.

여자 간호사의 경우 우선 3명, 2명, 2명으로 그룹을 나눠야 한다. 동일한 그룹의 크기가 2개인 조합이므로 경우의 수는 $\frac{{}_7C_3 \times {}_4C_2 \times {}_2C_2}{2!}$ = 105가지이다.

여자 간호사를 남자 간호사가 이미 배치된 각 부서에 배치하므로 순열로 경우의 수를 계산해야 하며, 이들을 배치하는 경우의 수는 3!=6가지이다.

따라서 전체 경우의 수는 105×6×6=3,780가지이므로 정답은 ⑤이다.

04 ① B사원이 혼자서 과제를 해결할 수 없는 확률은 $1 - \frac{7}{9} = \frac{2}{9}$이고, A대리와 B사원이 과제를 해결할 수 없는 확률은 $1 - \frac{26}{27} = \frac{1}{27}$이다. A대리와 B사원이 과제를 해결할 수 없는 확률은 'A대리가 혼자서 과제를 해결할 수 없는 확률 × B사원이 혼자서 과제를 해결할 수 없는 확률'과 동일하다.

그러므로 A대리가 혼자서 과제를 해결할 수 있는 확률을 P(A)라고 하면 A대리가 혼자서 과제를 해결할 수 없는 확률은 1 - P(A)이고, 다음과 같은 식이 성립한다.

$\frac{2}{9} \times (1 - P(A)) = \frac{1}{27}$

$6(1 - P(A)) = 1$

$\therefore P(A) = \frac{5}{6}$

따라서 A대리가 혼자서 과제를 해결할 수 있는 확률은 $\frac{5}{6}$이므로 정답은 ①이다.

05 ④ 2023년 3분기에 나프탈렌 수입액은 15,630 / (1 + 0.042) = 15,000억 원이고, 2023년 2분기 수입액은 18,920 / (1 - 0.054) = 20,000억 원이므로 2023년 3분기 나프탈렌 수입액은 전 분기 대비 |15,000 - 20,000| = 5,000억 원 감소했다. 따라서 정답은 ④이다.

① 2024년에 전체 나프탈렌 수출액은 25,080 + 23,320 + 22,540 + 26,350 = 97,290억 원 = 9.729조 원이다.

② 2023년 4분기에 나프탈렌 생산액은 46,080 / (1 - 0.04) = 48,000억 원 = 4.8조 원이다.

③ 2024년 2분기에 나프탈렌 내수 규모는 40,170 - 23,320 + 18,920 = 35,770억 원이므로 3.5조 원 이상이다.

⑤ 2024년 2~4분기 동안 나프탈렌 수출액과 수입액이 모두 전 분기 대비 감소한 분기는 3분기이고, 3분기에 생산액은 전 분기 대비 증가했다.

06 ④ 조사기간 동안 상장 주식 수가 많은 순으로 나열하면 '6월 - 5월 - 3월 - 4월 - 2월 - 1월'이고, 거래대금이 많은 순으로 나열하면 '1월 - 2월 - 4월 - 6월 - 3월 - 5월'이다. 따라서 조사기간 동안 상장 주식 수와 거래대금이 많은 달을 순서대로 각각 나열했을 때 그 순위가 동일한 달은 없으므로 정답은 ④이다.

① 거래된 주식 1주당 거래대금은 1월에 82,550 × 100,000 / 66,040 = 125,000원, 2월에 64,260 × 100,000 / 85,680 = 75,000원이므로 2월에 거래된 주식 1주당 거래대금은 전월 대비 |75,000 - 125,000| = 50,000원 감소했다.

② 2~6월 동안의 상장 회사 수와 상장 종목 수의 전월 대비 증감 추이는 '증가 - 증가 - 동일 - 증가 - 동일'로 동일하다.

③ 전월 대비 상장 주식 시가총액의 증가액은 2월에 24,570 - 24,310 = 260천억 원, 3월에 25,270 - 24,570 = 700천억 원, 4월에 26,090 - 25,270 = 820천억 원, 5월에 26,560 - 26,090 = 470천억 원, 6월에 27,450 - 26,560 = 890천억 원이므로 2~6월 중 전월 대비 상장 주식 시가총액 증가액이 가장 많은 달은 6월이다.

⑤ 조사기간 동안 상장 주식 거래량이 세 번째로 많은 달은 4월이고, 4월의 상장 주식 종목 1개당 상장 주식 수는 10,240 / 2,560 = 4백만 주이다.

07 ③ 2018년에 CMO 누적 승인 건수는 8 + 7 + 7 = 22건이므로, CMO 누적 제품 수 대비 CMO 누적 승인 건수 비율은 22 / 25 × 100 = 88%이다. 따라서 정답은 ③이다.

① 2018년에 CMO 신규 승인 건수는 (8 + 7 + 7) - (4 + 5 + 3) = 10건, FDA 신규 승인 건수는 8 - 4 = 4건이므로, 2018년에 CMO 신규 승인 건수 중 FDA가 차지하는 비중은 4 / 10 × 100 = 40%이다.

② CMO 신규 제품 수는 2017년에 18 - 13 = 5개, 2018년에 25 - 18 = 7개, 2019년에 36 - 25 = 11개, 2020년에 57 - 36 = 21개, 2021년에 69 - 57 = 12개이므로, 2021년에 전년 대비 감소했다.

④ CMO 신규 수주 금액은 2017년에 33 - 31 = 2억 달러, 2021년에 75 - 61 = 14억 달러이므로, 2021년의 CMO 신규 수주 금액은 2017년 CMO 신규 수주 금액의 14 / 2 = 7배이다.

⑤ 전년 대비 2019년에 CMO 누적 총 승인 건수의 증가율은 {(9 + 12 + 34) - (8 + 7 + 7)} / (8 + 7 + 7) × 100 = 150%이다.

08 ③ 2016~2018년 동안 누적된 CMO 제품 수는 25 - 13 = 12개, 누적된 수주 금액은 37 - 31 = 6억 달러이므로, 2016~2018년 동안 누적된 CMO 제품 수 1개당 누적된 수주 금액은 6 × 10,000 / 12 = 5,000만 달러이다. 2018~2020년 동안 누적된 CMO 제품 수는 57 - 25 = 32개, 누적된 수주 금액은 61 - 37 = 24억 달러이므로, 2018~2020년 동안 누적된 CMO 제품 수 1개당 누적된 수주 금액은 24 × 10,000 / 32 = 7,500만 달러이다. 2021년 CMO 누적 승인 건수 1건당 누적 수주 금액은 75 × 10,000 / (18 + 19 + 83) = 6,250만 달러이다. 따라서 A + 2B - 3C = 5,000 + 2 × 7,500 - 3 × 6,250 = 1,250이므로 정답은 ③이다.

09 ③ 경작 면적 120ha를 (가)와 (나)에 대입하면 다음과 같다.

1) (가)에 대입할 경우

보리 수확량은 $3 \times 120 \times (\frac{120}{10} + 2) + 120 = 5{,}160$kg이다.

2) (나)에 대입할 경우

보리 수확량은 $36 \times (\frac{120}{10})^2 - 120 = 5{,}064$kg이다.

(가)와 (나) 중 경작 면적에 따른 보리 수확량을 구하는 식은 (나)이다. 이에 따라 ㉠과 ㉡의 값을 구하면 다음과 같다.

- ㉠: $36 \times (\frac{x}{10})^2 - x = 3{,}500$

  $\frac{36}{100}x^2 - x - 3{,}500 = 0$

  $(\frac{36}{100}x + 35)(x - 100) = 0$

  $\therefore x = 100(\because x$는 양수)

- ㉡: $36 \times (\frac{130}{10})^2 - 130 = 5{,}954$

따라서 ㉠과 ㉡은 각각 차례로 '100, 5,954'이므로 정답은 ③이다.

---

10 ⑤ 경복궁 총관람객 수는 2016년에 6,400 + 6,200 = 12,600명, 2017년에 5,100 + 7,500 = 12,600명, 2018년에 5,400 + 6,800 = 12,200명, 2019년에 5,600 + 7,800 = 13,400명, 2020년에 3,800 + 3,200 = 7,000명이다. 이에 따라 경복궁 내국인 관람객 수는 2016년에 12,600 - 4,300 = 8,300명, 2017년에 12,600 - 4,700 = 7,900명, 2018년에 12,200 - 5,100 = 7,100명, 2019년에 13,400 - 5,800 = 7,600명, 2020년에 7,000 - 200 = 6,800명이다. 따라서 정답은 ⑤이다.

조각 모의고사

01	③	06	④	11	④	16	②				
02	⑤	07	②	12	④	17	④				
03	⑤	08	②	13	⑤	18	①				
04	②	09	③	14	③	19	④				
05	②	10	⑤	15	④	20	②				

01 ③ A제품과 B제품의 원가를 각각 a, b라고 하면 다음과 같은 식이 성립한다.

$$\begin{cases} a + b = 40{,}000 \\ (a \times 1.25 + b \times 1.3) \times 0.9 = 40{,}000 + 5{,}630 \end{cases}$$

$\therefore$ a = 26,000, b = 14,000

따라서 A제품의 정가는 26,000 × 1.25 = 32,500원이므로 정답은 ③이다.

02 ⑤ 영업팀, 재무팀, 설비팀은 총 8명이므로, 8명 중 3명을 뽑는 경우의 수는 ${}_8C_3 = \frac{8 \times 7 \times 6}{3 \times 2 \times 1} = 56$가지이다. 또한 영업팀 4명 중 1명을 뽑는 경우의 수는 ${}_4C_1 = 4$가지, 재무팀 2명 중 1명을 뽑는 경우의 수는 ${}_2C_1 = 2$가지, 설비팀 2명 중 1명을 뽑는 경우의 수는 ${}_2C_1 = 2$가지이다. 따라서 영업팀 4명, 재무팀 2명, 설비팀 2명 중에서 3명을 뽑아 프로젝트팀을 만들려고 할 때, 각 팀에서 1명씩 뽑을 확률은 $\frac{4 \times 2 \times 2}{56} = \frac{2}{7}$ 이므로 정답은 ⑤이다.

03 ⑤ 2020년에 심장질환으로 인한 사망자 수는 폐렴으로 인한 사망자보다 (9,120 + 8,840 + 6,760 + 10,080) - (8,360 + 7,480 + 6,240 + 11,760) = 960명 더 많다. 따라서 정답은 ⑤이다.

① 4분기에 암으로 인한 사망자 수는 전 분기 대비 (22,750 - 18,200) / 18,200 × 100 = 25% 증가했다.

② 1분기 전체 사망자 중 암으로 인한 사망자가 차지하는 비중은 24,320 / 76,000 × 100 = 32%이다.

③ 2분기의 3대 사망원인으로 인한 사망자 수는 2분기 전체 사망자 수의 (19,040 + 8,840 + 7,480) / 68,000 × 100 = 52%이다.

④ 2~4분기 동안 사망자 수의 전 분기 대비 증감 추이는 3대 사망원인 모두 '감소 - 감소 - 증가'로 동일하다.

04 ② 2017~2020년 동안의 어획량의 전년 대비 증감 추이는 2선단이 '증가 - 감소 - 증가 - 증가'이며, 3선단이 '감소 - 증가 - 감소 - 증가'이므로 2020년에 2선단과 3선단의 어획량은 전년 대비 모두 증가했다. 따라서 정답은 ②이다.

① 2016~2020년 동안 조업일수가 많은 순으로 선단을 나열하면 '1선단 - 3선단 - 2선단'으로 매년 동일하다.

③ 전체 인건비는 2016년에 2,880 + 21,120 = 24,000만 달러, 2017년에 3,620 + 21,820 = 25,440만 달러이므로, 2017년에 전체 인건비는 전년 대비 (25,440 - 24,000) / 24,000 × 100 = 6% 증가했다.

④ 전체 어획량은 2019년에 27,540 + 27,720 + 24,240 = 79,500톤, 2020년에 23,880 + 31,200 + 24,750 = 79,830톤이므로, 2020년에 전체 어획량은 전년 대비 79,830 - 79,500 = 330톤 증가했다.

⑤ 2016년에 외국인 선원 수는 3,840명, 내국인 선원 수는 240명이므로, 외국인 선원 수는 내국인 선원 수의 3,840 / 240 = 16배이다.

05 ② 2020년에 1선단의 조업 1일당 어획량은 23,880 / 199 = 120톤이며, 2019년의 내국인 선원 1인당 인건비는 3,640 / 260 = 14만 달러이다. 따라서 A와 B에 들어갈 숫자는 각각 차례로 '120, 14'이므로 정답은 ②이다.

06 ④ 조사기간 동안 2L 생수 판매량이 가장 적은 해는 2019년이고, 이 해에 2L와 7L 생수 판매량의 합은 5,980 + 2,760 = 8,740병이다. 따라서 정답은 ④이다.

① 조사기간 동안 500ml, 2L, 7L 생수가 각각 가장 많이 팔린 해는 2018년으로 동일하다.

② S사의 전체 생수 판매액은 2019년에 37,260 × 0.05 + 5,980 × 0.2 + 2,760 × 0.7 = 4,991만 원, 2020년에 40,040 × 0.05 + 7,800 × 0.2 + 4,160 × 0.7 = 6,474만 원이므로 2020년에 전년 대비 6,474 - 4,991 = 1,483만 원 증가했다.

③ 2017~2020년 내내 500ml와 2L 생수 판매량의 전년 대비 증감 추이는 '증가 - 증가 - 감소 - 증가'로 동일하다.

⑤ 조사기간 동안 7L 생수 판매량이 3,000병 이하인 해는 2017년과 2019년이고 2017년과 2019년에 전체 생수 판매량은 각각 5만 병 이하이다.

07 ② 2020년에 신재생에너지 발전량은 36,000GWh이고, 2020년 신재생 에너지 발전량은 총발전량의 12%이므로 총발전량은 36,000 / 12 × 100 = 300,000GWh이다. 2020년에 원자력 발전량은 300,000 × 0.41 = 123,000GWh, 석탄 발전량은 300,000 × 0.27 = 81,000GWh이다. 따라서 2020년에 원자력 발전량은 석탄 발전량보다 123,000 - 81,000 = 42,000GWh 더 많으므로 정답은 ②이다.

① 2018년에 바이오 발전량은 태양열 발전량의 5,580 / 930 = 6배이다.

③ 조사기간 동안 풍력 발전량보다 해양 발전량이 더 많은 해는 2019년, 2020년 2개년이다.

④ 2017년에 신재생에너지 발전량 중 태양열과 수력 발전량 합이 차지하는 비중은 (1,160 + 4,060) / 29,000 × 100 = 18%이다.

⑤ 신재생에너지 발전량이 많은 순으로 항목을 나열하면 2019년은 '폐 기물 - 바이오 - 수력 - 해양 - 풍력 - 지열 - 태양열 - 태양광'이고, 2020년은 '폐기물 - 수력 - 바이오 - 해양 - 풍력 - 태양광 - 태양열 - 지열'이므로 순위가 동일한 항목은 태양열, 풍력, 폐기물, 해양 4가지이다.

08 ② 2020년에 시간급 최저임금은 2016년 대비 (4,800 - 3,200) / 3,200 × 100 = 50% 증가했다. 따라서 정답은 ②이다.

① 2013년 영향률은 840 / 8,000 × 100 = 10.5%이고, 2017년 영향률은 1,020 / 8,500 × 100 = 12%이므로 그 차이는 12 - 10.5 = 1.5%p이다.

③ 2019년에 수혜근로자 모두 1일에 8시간 근무한다면, 수혜근로자에게 지급해야 하는 최저임금은 1,250 × 1,000 × 8 × 4,500 = 45,000,000,000 = 450억 원이다.

④ 2016~2020년 동안 적용 대상 근로자 수의 전년 대비 증감 추이는 '증가 - 증가 - 감소 - 증가 - 증가'이고, 수혜근로자 수의 증감 추이는 '증가 - 증가 - 증가 - 증가 - 증가'이다.

⑤ 시간급 최저임금의 전년 대비 증가량은 2014년에 2,600 - 2,400 = 200원, 2015년에 3,000 - 2,600 = 400원, 2016년에 3,200 - 3,000 = 200원, 2017년에 3,800 - 3,200 = 600원, 2018년에 4,000 - 3,800 = 200원, 2019년에 4,500 - 4,000 = 500원, 2020년에 4,800 - 4,500 = 300원이므로 2017년에 가장 크다. 적용 대상 근로자 수가 전년 대비 증가한 해는 2016년, 2017년, 2019년, 2020년이고, 전년 대비 증가량은 2016년에 8,200 - 7,800 = 400천 명, 2017년에 8,500 - 8,200 = 300천 명, 2019년에 2,600 - 8,450 = 150천 명, 2020년에 8,850 - 8,600 = 250천 명이므로 2016년에 가장 크다.

09 ③ 1인 창조기업 사업체 수가 많은 순서대로 업종을 나열하면 2019년은 '제조업 - 교육 서비스업 - 단체·개인 서비스업 - 과학·기술 서비스업 - 사업관리 서비스업 - 정보통신업 - 도·소매업 - 여가 서비스업 - 금융·보험업 - 농·임·어업'이고, 2021년은 '제조업 - 교육 서비스업 - 단체·개인 서비스업 - 과학·기술 서비스업 - 사업관리 서비스업 - 정보통신업 - 여가 서비스업 - 도·소매업 - 금융·보험업 - 농·임·어업'이다. 따라서 2019년과 2021년에 도·소매업과 여가 서비스업의 순서가 다르므로 정답은 ③이다.

① 2019년에 1인 창조기업 개인 사업체 비중이 가장 낮은 업종은 개인 사업체 비중이 41%인 농·임·어업이고, 이 업종은 2020년에도 개인 사업체 비중이 13%로 가장 낮다.

② 수도권의 1인 창조기업 사업체 수 중 서울의 1인 창조기업 사업체 수가 차지하는 비중은 2019년에 60 / 125 × 100 = 48%, 2020년에 63 / 140 × 100 = 45%, 2021년에 90 / 200 × 100 = 45%이다.

④ 2021년에 1인 창조기업 사업체 수의 전년 대비 증가량은 인천·경기가 110 - 77 = 33천 개고, 서울이 90 - 63 = 27천 개다.

⑤ 2021년에 1인 창조기업 중 법인 사업체 수는 호남권이 50 × (1 - 0.8) = 10천 개, 충청권이 40 × (1 - 0.85) = 6천 개다.

---

10 ⑤ ㉠ 2021년에 수도권을 제외한 권역의 법인 사업체 비중은 충청권이 100 - 85 = 15%, 호남권이 100 - 80 = 20%, 영남권이 100 - 89 = 11%, 강원·제주권이 100 - 87 = 13%이다.

㉡ 2020~2021년 동안의 1인 창조기업 사업체 수의 전년 대비 증감 추이는 농·임·어업은 '동일-동일', 제조업은 '증가 - 증가', 도·소매업은 '동일 - 증가', 정보통신업은 '증가 - 증가', 금융·보험업은 '증가 - 감소', 과학·기술 서비스업은 '증가 - 증가', 사업관리 서비스업은 '증가 - 증가', 교육 서비스업은 '감소 - 증가', 여가 서비스업은 '증가 - 증가', 단체·개인 서비스업은 '감소 - 증가'이므로 사업관리 서비스업의 전년 대비 증감 추이와 동일한 업종은 제조업, 정보통신업, 과학·기술 서비스업, 여가 서비스업 4개이다.

㉢ 과학·기술 서비스업의 1인 창조기업 개인 사업체 수는 2019년에 24 × 0.75 = 18천 개, 2020년에 25 × 0.6 = 15천 개로, 2020년에 전년 대비 |15 - 18| = 3천 개 감소했다.

따라서 〈보기〉에서 옳은 것만을 모두 고르면 '㉠, ㉡, ㉢'이므로 정답은 ⑤이다.

---

11 ④ 활착률은 '생존묘목 / 식재묘목 × 100'이므로 생존묘목은 '식재묘목 × 활착률 / 100'으로 구할 수 있다. 생존묘목 수는 2016년에 (2,640 + 9,240 + 10,120) × 65 / 100 = 14,300천 본이고, 2018년에 (2,010 + 8,330 + 9,660) × 57.2 / 100 = 11,440천 본이므로 2016년 대비 2018년에 식재묘목 중 생존묘목 수의 감소율은 |(11,440 - 14,300)| / 14,300 × 100 = 20%이다. 따라서 정답은 ④이다.

① 2017년에 산주 조림면적은 국가와 지자체 조림면적의 합의 1,716 / (26 + 106) = 13배이다.

② 2019년 전체 식재묘목 중에서 지차체 식재묘목이 차지하는 비중은 7,790 / (1,520 + 7,790 + 9,690) × 100 = 41%이다.

③ 2020년 전체 식재묘목은 1,800 + 7,800 + 10,400 = 20,000천 본이다. 2020년에 활착률이 61%이므로 생존묘목은 20,000 × 61 / 100 = 12,200천 본이고, 생존하지 못한 묘목은 20,000 - 12,200 = 7,800 천 본 = 780만 본이다.

⑤ 전체 조림면적은 2019년에 34 + 125 + 1,241 = 1,400ha, 2020년에 39 + 138 + 1,475 = 1,652ha이므로 2020년에 전체 조림면적은 전년 대비 (1,652 - 1,400) / 1,400 × 100 = 18% 증가했다.

12 ④ 순자산이 전년 대비 가장 많이 증가한 해는 그래프의 막대 그래프가 급격하게 변화한 2016년이다. 2016년도의 실물자산은 2018년, 2019년보다 적기 때문에 잘못된 설명이다.

① <표>를 보면 매년 자산이 증가하고 있다.

② 자산은 금융자산과 실물자산으로 구성된다. 매년 실물자산은 2억이 넘지만 전체 자산은 4억보다 낮다. 따라서 항상 자산 중 절반 이상이 실물자산의 형태임을 알 수 있다.

③ 2017년 순자산이 감소했다. 순자산은 자산과 부채의 차이므로 자산보다 부채가 더 많이 증가했음을 알 수 있다.

⑤ 2014년의 순자산은 약 2억 3,000만 원, 2019년의 순자산은 약 2억 8,000만 원이다. 6년 동안 약 5,000만 원가량 증가했다.

---

13 ⑤ 버스 1대당 인구는 '인구 / 버스 등록대수'이므로 인구는 '버스 1대당 인구 × 버스 등록대수'로 구할 수 있다. 2019년에 서울 인구는 1,260 × 7,380 = 9,298,800명이고, 제주 인구는 820 × 630 = 516,600명이다. 따라서 2019년에 서울 인구는 제주 인구의 9,298,800 / 516,600 = 18배이므로 정답은 ⑤이다.

① 2019년에 전체 지자체 지원금은 2,840 + 3,320 + 1,850 + 2,850 + 2,940 + 6,890 + 1,310 = 22,000억 원이고, 서울과 경기의 지자체 지원금 합은 2,840 + 3,320 = 6,160억 원이므로 전체 지자체 지원금 중 서울과 경기의 지자체 지원금 합이 차지하는 비중은 6,160 / 22,000 × 100 = 28%이다.

② 2020년에 버스 등록대수가 전년 대비 증가한 지역은 강원, 충청, 전라, 경상, 제주이며, 해당 지역의 지자체 지원금은 모두 전년 대비 증가했다.

③ 2020년에 버스 1대당 인구가 전년 대비 감소한 지역은 경기, 강원, 경상, 제주 4개 지역이다.

④ 2020년에 강원의 지자체 지원금은 전년 대비 (2,220 - 1,850) / 1,850 × 100 = 20% 증가했다.

---

14 ③ ㉠ 2020년에 전라의 인구는 1,080 × 5,240 = 5,659,200명이므로 전라에 등록된 택시 1대당 인구는 5,659,200 / 7,200 = 786명이다.

㉡ 서울과 경기의 버스 등록대수의 합은 2019년에 7,380 + 13,800 = 21,180대, 2020년에 7,250 + 13,540 = 20,790대이므로 2020년에 서울과 경기의 버스 등록대수의 전년 대비 감소량은 |20,790 - 21,180| = 390대이다.

따라서 〈보기〉에서 옳은 것만을 모두 고르면 '㉠, ㉡'이므로 정답은 ③이다.

㉢ 2020년에 버스 등록대수가 많은 순으로 지역을 나열하면 '경기 - 경상 - 서울 - 충청 - 전라 - 강원 - 제주'이고, 택시 등록대수가 많은 순으로 지역을 나열하면 '경기 - 서울 - 경상 - 전라 - 충청 - 강원 - 제주'이므로 순위가 다른 지역은 경상, 서울, 전라, 충청 4개 지역이다.

15 ④ 부적합률은 '부적합 건수 / 검사 건수 × 100'이므로 검사 건수는 '부적합 건수 / 부적합률 × 100'으로 구할 수 있으며, 2분기에 국산식품 검사 건수는 1,020 / 4.0 × 100 = 25,500건이고, 수입식품 검사 건수는 3,040 / 8.0 × 100 = 38,000건이다. 따라서 2분기에 국산식품 검사 건수는 수입식품 검사 건수보다 |25,500 - 38,000| = 12,500건 더 적으므로 정답은 ④이다.

① 1분기에 국산식품 검사 건수는 720 / 3.0 × 100 = 24,000건, 수입식품 검사 건수는 1,980 / 5.5 × 100 = 36,000건이므로 전체 식품 검사 건수는 24,000 + 36,000 = 60,000건이다. 1분기에 전체 식품의 부적합 건수는 720 + 1,980 = 2,700건이므로 전체 식품의 부적합률은 2,700 / 60,000 × 100 = 4.5%이다.

② 2020년 전체 국산식품 부적합 건수는 720 + 1,020 + 550 + 960 = 3,250건이다.

③ 조사기간 동안 국산식품과 수입식품 부적합률이 가장 높은 분기는 2분기로 동일하다.

⑤ 국산식품과 수입식품의 부적합 건수가 많은 순으로 분기를 각각 나열하면 '2분기 - 4분기 - 1분기 - 3분기'로 동일하다.

16 ② 전체 범법자 수는 2017년에 180 + 720 = 900명, 2018년에 520 + 780 = 1,300명, 2019년에 250 + 750 = 1,000명, 2020년에 420 + 780 = 1,200명이다. 전체 범법자 중 소년범의 비중은 2017년에 180 / 900 × 100 = 20%, 2018년에 520 / 1,300 × 100 = 40%, 2019년에 250 / 1,000 × 100 = 25%, 2020년에 420 / 1,200 × 100 = 35%이다. 따라서 정답은 ②이다.

17 ④ 먼저 정규직 직원 수와 비정규직 직원 수의 합을 구하면 2017년에 23,400 + 12,600 = 36,000명, 2018년에 19,200 + 12,800 = 32,000명, 2019년에 21,000 + 9,000 = 30,000명, 2020년에 21,000 + 7,000 = 28,000명이다. 이에 따라 정규직 직원 수의 비중은 2017년에 23,400 / 36,000 × 100 = 65%, 2018년에 19,200 / 32,000 × 100 = 60%, 2019년에 21,000 / 30,000 × 100 = 70%, 2020년에 21,000 / 28,000 × 100 = 75%이고, 비정규직 직원 수의 비중은 2017년에 12,600 / 36,000 × 100 = 35%, 2018년에 12,800 / 32,000 × 100 = 40%, 2019년에 9,000 / 30,000 × 100 = 30%, 2020년에 7,000 / 28,000 × 100 = 25%이다. 따라서 정답은 ④이다.

18 ① ㉠ [참] 표의 주석을 보면 농작업 면적 중 농기계를 사용해서 농작업을 한 면적이 농업기계화율이다. 벼농사는 농업기계화율이 항상 90% 이상이므로 적절한 설명이다.

㉡ [참] 농기계 보유대수는 지속적으로 감소하고 있지만 농업 기계화율은 높아지고 있다. 따라서 농지가 감소한 것이 아니라면 농기계 한 대가 작업하는 농지는 더 넓어졌다고 추론할 수 있다.

㉢ [거짓] 제시된 자료만으로 알 수 없다. 트랙터의 보유대수가 증가하고 있지만 밭농사의 기계화율의 증가와 직접적으로 연관이 있는지 알 수 없기 때문이다.

㉣ [거짓] 2019년에 2014년과 비교했을 때 농기계 중 경운기의 대수가 가장 많이 감소하였다.

따라서 정답은 ①이다.

---

19 ④ (가), (나)의 식을 정리하면 다음과 같다.

$$(가): -\frac{x}{40}(x - 140) - \frac{65}{2} = -\frac{1}{40}x^2 + \frac{7}{2}x - \frac{65}{2}$$

$$(나): -\frac{200}{6} - \frac{x}{36} \times x + \frac{65}{18}x = -\frac{1}{36}x^2 + \frac{65}{18}x - \frac{100}{3}$$

신약 복용 후 시간 10분, 20분, 30분을 (가)와 (나)에 대입하면 다음과 같다.

1) (가)에 대입할 경우

구분	효능
10분	$-\frac{1}{40} \times 10^2 + \frac{7}{2} \times 10 - \frac{65}{2} = -2.5 + 35 - 32.5 = 0$
20분	$-\frac{1}{40} \times 20^2 + \frac{7}{2} \times 20 - \frac{65}{2} = -10 + 70 - 32.5 = 27.5$
30분	$-\frac{1}{40} \times 30^2 + \frac{7}{2} \times 30 - \frac{65}{2} = -22.5 + 105 - 32.5 = 50$

2) (나)에 대입할 경우

구분	효능
10분	$-\frac{1}{36} \times 10^2 + \frac{65}{18} \times 10 - \frac{100}{3}$ $= \frac{-100 + 1{,}300 - 1{,}200}{36} = 0$
20분	$-\frac{1}{36} \times 20^2 + \frac{65}{18} \times 20 - \frac{100}{3}$ $= \frac{-400 + 2{,}600 - 1{,}200}{36} = \frac{1{,}000}{36} \fallingdotseq 27.8$
30분	$-\frac{1}{36} \times 30^2 + \frac{65}{18} \times 30 - \frac{100}{3}$ $= \frac{-900 + 3{,}900 - 1{,}200}{36} = \frac{1{,}800}{36} = 50$

(가)와 (나) 중 신약 복용 후 시간에 따른 효능을 구하는 식은 (가)이다. 이에 따라 A의 값과 B의 값을 구하면 다음과 같다.

• A: $-\frac{1}{40} \times 50^2 + \frac{7}{2} \times 50 - \frac{65}{2}$

$= -62.5 + 175 - 32.5$

$= 80$

• B: $-\frac{1}{40} \times 70^2 + \frac{7}{2} \times 70 - \frac{65}{2}$

$= -122.5 + 245 - 32.5$

$= 90$

따라서 A, B는 각각 차례로 '80, 90'이므로 정답은 ④이다.

---

20 ② A사업장과 B사업장의 독감백신 접종자 수 추이를 통해 규칙을 찾아야 한다.

• A사업장의 독감백신 접종자 수 추이

A사업장의 독감백신 접종자 수는 12월 2일에 12월 1일보다 17 - 10 = 7명, 12월 3일에 12월 2일보다 26 - 17 = 9명, 12월 4일에 12월 3일보다 37 - 26 = 11명, 12월 5일에 12월 4일보다 50 - 37 = 13명 더 많다. 그러므로 A사업장의 독감백신 접종자 수의 계차가 등차수열이며, 12월 1일의 n일 후에 A사업장의 독감백신 접종자 수는 $10 + \sum_{k=1}^{n}(2k + 5) = 10 + n \times (n + 1) + 5n = n^2 + 6n + 10$명이다.

• B사업장의 독감백신 접종자 수 추이

B사업장의 독감백신 접종자 수는 12월 2일에 12월 1일보다 8 - 2 = 6명, 12월 3일에 12월 2일보다 18 - 8 = 10명, 12월 4일에 12월 3일보다 32 - 18 = 14명, 12월 5일에 12월 4일보다 50 - 32 = 18명 더 많다. 그러므로 B사업장의 독감백신 접종자 수의 계차가 등차수열이며, 12월 1일의 n일 후에 B사업장의 독감백신 접종자 수는 $2 + \sum_{k=1}^{n}(4k + 2) = 2 + 2 \times \{n \times (n + 1)\} + 2n = 2 \times (n + 1)^2$명이다.

B사업장의 독감백신 접종자 수가 A사업장의 독감백신 접종자 수보다 처음으로 100명 이상 많아지는 날에는 다음의 식이 성립한다.

$2 \times (n + 1)^2 - (n^2 + 6n + 10) = 2n^2 + 4n + 2 - n^2 - 6n - 10 = n^2 - 2n - 8 \geq 100$

$\therefore n \geq 12$

따라서 12월 1일의 12일 후인 12월 13일에 B사업장의 독감백신 접종자 수가 A사업장의 독감백신 접종자 수보다 처음으로 100명 이상 많아지므로 정답은 ②이다.

2부

추리

연습문제

01	⑤	06	②	11	⑤						
02	②	07	④	12	③						
03	②	08	①	13	③						
04	④	09	④								
05	⑤	10	②								

01 ⑤ 정언삼단논법의 규칙에 따라 각 개념요소는 2번 이상 언급되어야 한다. 제시된 전제에서 개념요소는 '반도체 연구원', '정시 퇴근', '신입사원'이다. 그러므로 결론에는 '정시 퇴근'과 '신입사원'에 대한 언급이 있어야 한다. 따라서 ②, ③은 제외된다. 그리고 [전제1]과 [전제2]를 도식화하면 다음과 같다.

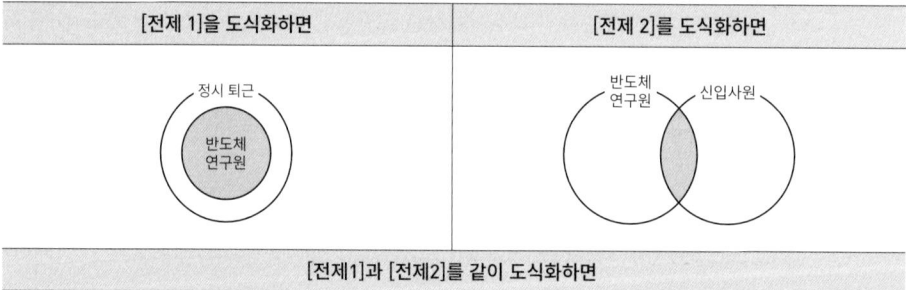

[전제 1]을 도식화하면	[전제 2]를 도식화하면
	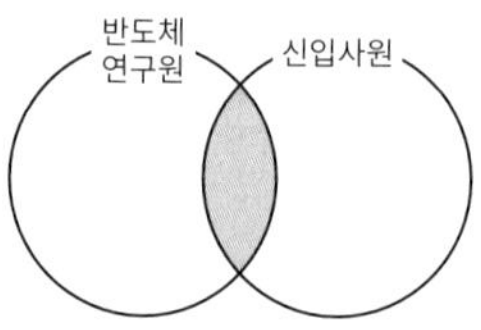

[전제1]과 [전제2]를 같이 도식화하면

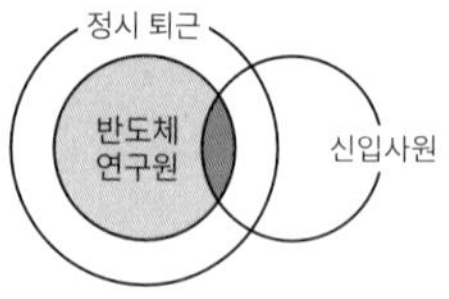

전제들을 통해 '정시에 퇴근하는 어떤 사원은 신입사원이다.'라는 [결론]은 항상 참이 된다. 따라서 정답은 ⑤이다.

02 ② 정언삼단논법의 규칙에 따라 각 개념요소는 2번 이상 언급되어야 한다. 제시된 전제와 결론에서 개념요소는 '와인', '치즈', '포도'이다. 그러므로 [전제 2]에는 '치즈'와 '포도'에 대한 언급이 있어야 한다. 따라서 ③은 제외된다. 그리고 [전제 1]과 [결론]을 도식화하면 다음과 같다.

[전제 1]을 도식화하면

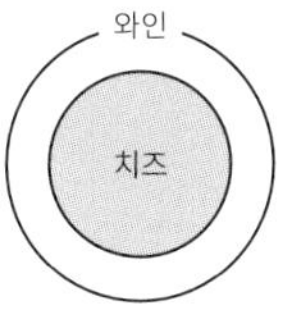

[결론]을 도식화하면

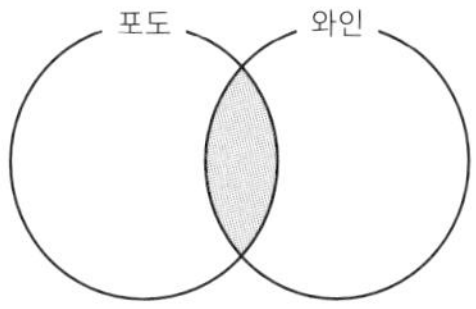

②의 대우를 도식화하면

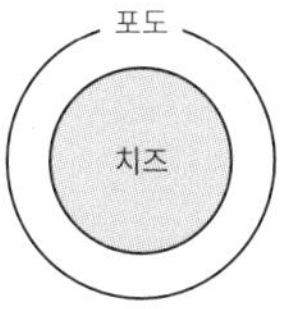

[전제 1]과 ②의 대우를 같이 도식화하면

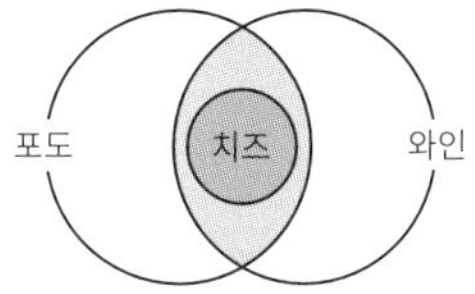

'포도를 좋아하지 않는 사람은 치즈를 좋아하지 않는다'라는 전제가 있어야 전제들을 통해 '포도를 좋아하는 어떤 사람은 와인을 좋아한다'라는 [결론]이 항상 참이 된다. 따라서 정답은 ②이다.

03 ② ㉡, ㉢을 정리하면 다음과 같다.

구분	초급	중급	고급
갑			X
을		X	O
병			O
정			O

㉠에 의해 중급 코스를 듣지 않고 초급 코스와 고급 코스를 함께 들을 수 없으므로 을은 초급 코스를 듣지 않는다. ㉣에 의해 세 가지 코스를 모두 듣는 사람이 1명 있고, 병은 아니라고 했으므로 세 가지 코스를 모두 듣는 사람은 정이다. ㉤에 의해 을을 제외하고 모두 2개 이상의 코스를 들어야 하므로 갑은 초급과 중급 코스를 듣고, 병은 중급 코스를 듣는다. 이를 정리하면 다음과 같다.

구분	초급	중급	고급
갑	O	O	X
을	X	X	O
병	X	O	O
정	O	O	O

따라서 병은 초급 코스를 듣지 않으므로 정답은 ②이다.

04 ④ 기영과 나라 각각은 자신이 우유를 주문한 사람이 아니라고 하였으므로, 기영과 나라의 진술은 거짓이다. 이에 따라 기영은 라테와 우유를 주문하지 않았고, 나라와 라희는 우유를 주문하지 않았다. 라희의 진술이 거짓이므로 나라는 밀크티를 주문했고, 도현은 라테와 아이스커피를 주문하지 않았다. 나라는 밀크티를 주문했으므로 도현의 진술은 거짓이며, 도현이 주문한 음료는 자몽주스이다. 그리고 기영, 나라, 도현, 라희가 우유를 주문하지 않았으므로 우유를 주문한 사람은 명준이며, 기영은 아이스커피를 주문했고 라희는 라테를 주문했다. 이를 정리하면 다음과 같다.

구분	기영	나라	도현	라희	명준
진술의 진위	거짓	거짓	거짓	거짓	참
음료	아이스커피	밀크티	자몽주스	라테	우유

따라서 라희는 라테를 주문했으므로 정답은 ④이다.

05 ⑤ ㉠을 정리하면 다음과 같다.

구분	A	B	C	D	E	F
횟수	1회					

㉡에 의해 B와 C가 빨래를 한 횟수가 같으므로 B와 C가 빨래를 한 횟수를 1회, 2회, 3회로 나누어 검토할 수 있다.

1) B와 C가 빨래를 1회 한 경우

D, E, F 3명이 빨래를 총 8회 해야 한다. ㉤에 의해 F는 E보다 빨래를 한 횟수가 많으므로 D, F가 각각 3회, E가 2회 빨래를 한다. 이를 정리하면 다음과 같다.

구분	A	B	C	D	E	F
경우1	1회	1회	1회	3회	2회	3회

2) B와 C가 빨래를 2회 한 경우

D, E, F 3명이 빨래를 총 6회 해야 한다. ㉤에 의해 F는 E보다 빨래를 한 횟수가 많으므로 가능한 경우를 정리하면 다음과 같다.

구분	A	B	C	D	E	F
경우1	1회	2회	2회	2회	1회	3회
경우2	1회	2회	2회	1회	2회	3회
경우3	1회	2회	2회	3회	1회	2회

3) B와 C가 빨래를 3회 한 경우

D, E, F 3명이 빨래를 총 4회 해야 한다. ㉤에 의해 D, E가 각각 1회, F가 2회 빨래를 한다.

구분	A	B	C	D	E	F
경우1	1회	3회	3회	1회	1회	2회

따라서 B가 빨래를 3회 한 경우 E는 빨래를 2회 할 수 없으므로 정답은 ⑤이다.

06 ②

07 ④

08 ①

● : 각 행의 문자나 숫자를 +1, +2, -1, -2	예 1234 → 2422
■ : 각 행의 문자나 숫자를 +1, -2, +3, -4	예 EFGH → FDJD
▲ : 1과 4번의 순서 변경	예 1234 → 4231

09 ④ 각 행에서 1열의 외부 도형과 3열의 외부 도형의 동일한 내부 도형 색이 서로 같은 경우 2열 외부 도형의 동일한 내부 도형 색을 흰색으로 하고, 서로 다른 경우 2열 외부 도형의 동일한 내부 도형 색을 검은색으로 한다. 따라서 정답은 ④이다.

10 ② [1 2 / 3 4] 형태의 도형이 오른쪽으로 이동할 때, 내부 도형의 그림이 시계 방향으로 90도 회전 및 색 반전한다. 따라서 정답은 ②이다.

11 ⑤ 세포의 노화는 시간의 경과가 아닌 세포의 분열 횟수에 따라 진행된다고 하였다. 따라서 정답은 ⑤이다.

① 아포토시스는 노화 외에 호르몬, 바이러스, 방사선 등 다양한 자극으로 인해 세포의 상태가 비정상일 때도 일어난다고 하였다. 이를 통해 외부 자극으로 인해 아포토시스가 발생하기도 함을 추론할 수 있다.

② 아포토시스는 피부 세포와 같이 빈번히 교체되는 세포에서 쉽게 발생한다고 하였다. 이를 통해 개체의 특정 부위에서는 세포의 죽음이 여러 번 반복되기도 함을 추론할 수 있다.

③ 아포토시스는 주로 세포가 노화할 때 일어나며, 노화 외에 다양한 자극으로 인해 세포의 상태가 비정상일 때도 일어난다고 하였다. 이를 통해 세포의 상태가 비정상인 것은 아니지만 노화하면 스스로 죽기도 함을 추론할 수 있다.

④ 아포토시스는 세포가 스스로 죽음을 선택하는 현상이며, 생명을 유지하는 데 매우 중요한 역할을 하는 세포들은 아포토시스를 일으키지 않는다고 하였다. 이를 통해 스스로 죽지 않는 세포도 있음을 추론할 수 있다.

12 ③ 스넬렌 시력 검사에 따른 분수 값에서 분모는 수검자가 20피트 거리에서 읽을 수 있는 가장 작은 문자가 포함된 줄의 값이라고 하였다. 또한, 정상 시력인 '20/20'의 분모에 해당하는 20은 약 0.3인치 높이의 문자가 포함된 줄의 값이며, '20/200'은 시력표의 가장 윗줄에 있는 문자를 읽을 정도의 시력이라고 하였다. 이를 통해 스넬렌 시력 검사에 따른 분수의 분모가 작을수록 시력이 좋음을 추론할 수 있다. 따라서 정답은 ③이다.

① 스넬렌 시력 검사에 따른 분수에서 분자 20은 고정 값으로 검사 거리 20피트를 가리킨다고 하였다. 이를 통해 스넬렌 시력 검사로 측정한 시력이 '25/20'일 수 없음을 추론할 수 있다.

② 전통적인 스넬렌 시력표는 'C, D, E, F, L, N, O, P, T, Z'의 알파벳만을 포함한다고 하였다. 그러나 이를 통해 오늘날 스넬렌 시력표가 총 10개의 알파벳으로만 구성되었는지는 알 수 없다.

④ 스넬렌 시력표를 사용한 스넬렌 시력 검사는 측정 시력을 '20/20'과 같은 형태로 나타낸 최초의 분수 값 시력 검사라고 하였다. 그러나 이를 통해 스넬렌 시력표가 발명되기 이전에 시력을 특정 값으로 나타낼 수 없었는지는 알 수 없다.

⑤ 스넬렌 시력표의 가장 첫 번째 줄에는 가장 큰 문자가 있으며, 그 다음 줄로 내려갈수록 문자의 크기가 점점 작아진다고 하였다. 이를 통해 스넬렌 시력표에서 두 번째 줄에 있는 문자가 세 번째 줄에 있는 문자보다 크기가 큼을 추론할 수 있다.

13 ③ 먼저 법칙을 발견한 인물인 허버트 W. 하인리히에 대한 설명과 그가 하나의 통계적 법칙을 발견했다는 사실을 설명하는 (B)가 와야 한다. 이어서 하나의 통계적 법칙의 이름인 하인리히 법칙과 하인리히 법칙에 관해 설명하는 (D)가 와야 한다. '거기에다 더하여'라는 의미를 가진 부사 '더불어' 뒤에서 이 법칙에 대해 더 자세히 설명하고 있으므로, (A)는 (D) 뒤에 위치한다. (A)의 후술에서 큰 재해는 항상 사소한 것들을 방치할 때 발생한다고 정리하고 있으므로 이어서 사소한 문제에 대하여 설명하고, 하인리히 법칙이 노동 현장에서의 재해뿐만 아니라 각종 사고나 재난과 관련된 법칙으로 확장되어 해석되고 있다고 설명하는 (C)가 와야 한다. 따라서 (A)~(D)를 문맥에 맞게 순서대로 배열하면 '(B) - (D) - (A) - (C)'이므로 정답은 ③이다.

조각 모의고사

01	②	06	⑤	11	④	16	④	21	②	26	②
02	③	07	③	12	③	17	②	22	④	27	⑤
03	①	08	③	13	③	18	③	23	③	28	③
04	②	09	④	14	③	19	④	24	⑤	29	③
05	②	10	①	15	⑤	20	③	25	⑤	30	②

01 ② 정언삼단논법의 규칙에 따라 각 개념요소는 2번 이상 언급되어야 한다. 제시된 전제에서 개념요소는 '안전성', '24시간', '인화성'이다. 그러므로 [결론]에는 '24시간'과 '인화성'에 대한 언급이 있어야 한다. 따라서 ⑤는 제외된다. 그리고 [전제 1]과 [전제 2]를 도식화하면 다음과 같다.

[전제 1]을 도식화하면

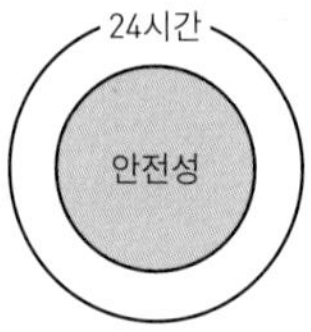

[전제 2]를 도식화하면

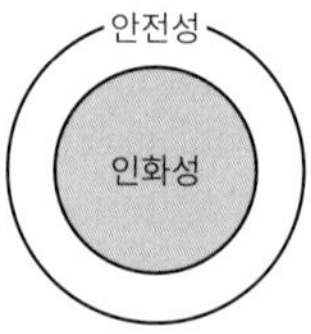

[전제 1]과 [전제 2]를 같이 도식화하면

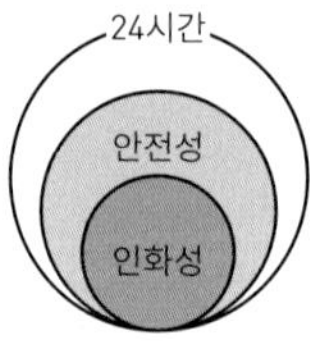

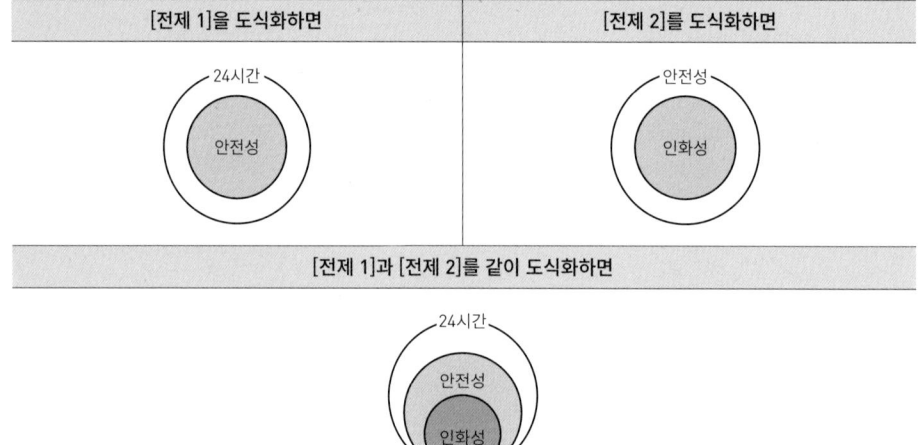

전제들을 통해 '24시간 이내에 자연발화하지 않는 모든 물질은 인화성 물질이 아니다.'라는 [결론]은 항상 참이 된다. 따라서 정답은 ②이다.

02 ③ 정언삼단논법의 규칙에 따라 각 개념요소는 2번 이상 언급되어야 한다. 제시된 전제와 결론에서 개념요소는 '볶음', '불맛', '매움'이다. 그러므로 [전제 2]에는 '불맛'과 '매움'에 대한 언급이 있어야 한다. 따라서 ④는 제외된다. 그리고 [전제 1]과 [결론]을 도식화하면 다음과 같다.

[전제 1]을 도식화하면	[결론]을 도식화하면
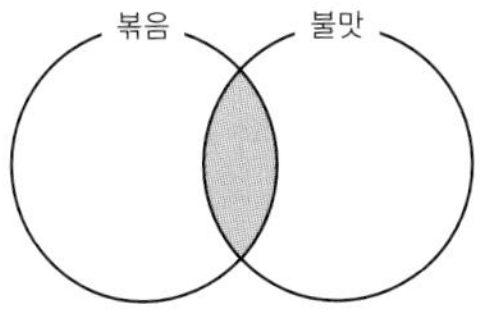	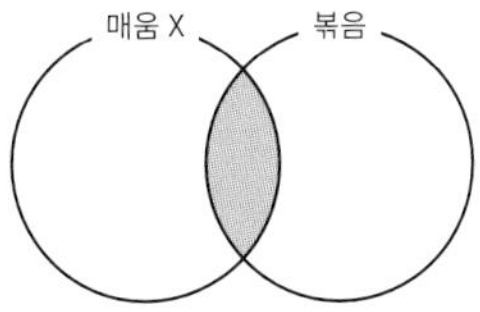
③을 도식화하면	**[전제 1]과 ③을 도식화하면**
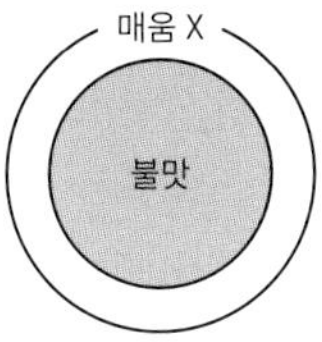	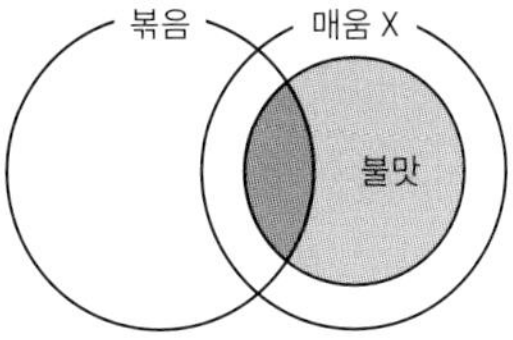

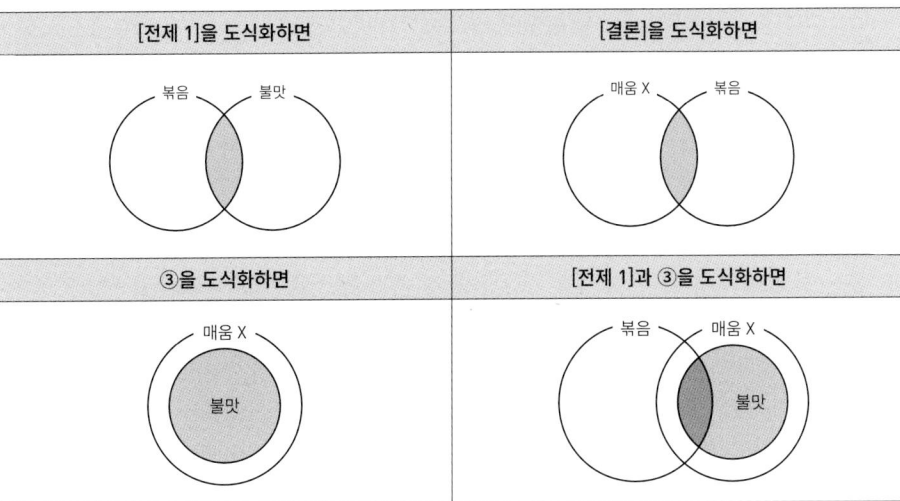

'불맛이 나는 음식은 맵지 않다'라는 전제가 있어야 전제들을 통해 '맵지 않은 음식 중 볶은 것도 있다'라는 [결론]이 항상 참이 된다. 따라서 정답은 ③이다.

03 ① 정언삼단논법의 규칙에 따라 각 개념요소는 2번 이상 언급되어야 한다. 제시된 전제와 결론에서 개념요소는 '암벽등반', '필라테스', '크로스핏'이다. 그러므로 [전제 1]에는 '암벽등반'과 '크로스핏'에 대한 언급이 있어야 한다. 따라서 ②는 제외된다. 그리고 [전제 2]와 [결론]을 도식화하면 다음과 같다.

[전제 2]를 도식화하면	[결론]을 도식화하면
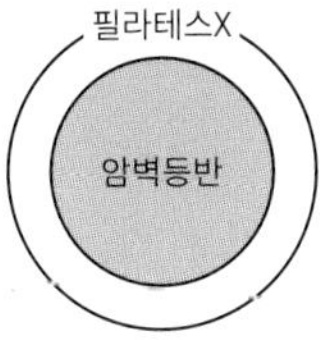	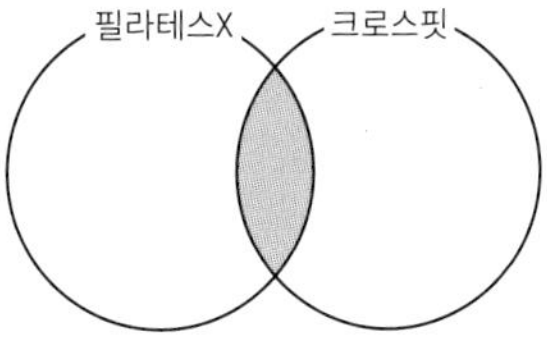
①을 도식화하면	**[전제 2]와 ①을 같이 도식화하면**
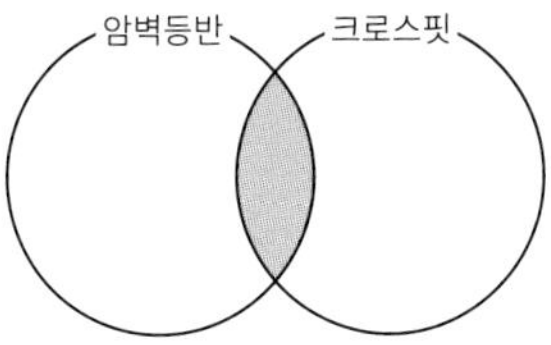	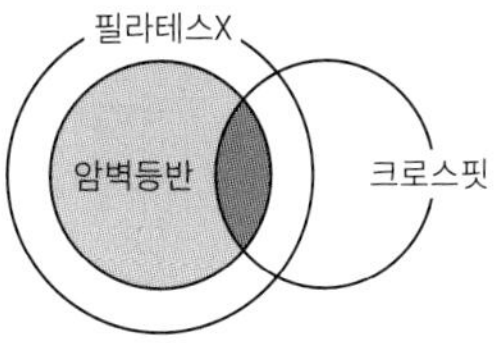

'암벽등반을 하는 사람 중 크로스핏을 하는 사람도 있다'라는 전제가 있어야 전제들을 통해 '필라테스를 하지 않는 사람 중 크로스핏을 하는 사람도 있다'라는 [결론]이 항상 참이 된다. 따라서 정답은 ①이다.

04 ② 발언을 정리해보면 B와 E가 서로 동일 조건이고 B, E는 A와 모순 조건이다. B, E가 참이라면 범인은 C이다. 그리고 C가 범인이므로 거짓말을 한 사람은 A, C, D 세 명이 된다. 따라서 B, E는 참이 될 수 없다. B, E가 거짓이라면 A, C, D 모두가 참이다. C와 D의 발언을 고려해보면 범인은 B가 되므로 정답은 ②이다.

05 ② ㉠, ㉡에 의해 '갑 > 병'이고, '을 - 무 > 정' 혹은 '무 - 을 > 정'이다. 그리고 ㉢, ㉣에 따라 가장 먼저 진료를 받는 사람은 갑이 아니고 정과 무 각각이 진료를 받는 사이에 2명 이상이 진료를 받으므로, 첫 번째로 진료를 받는 사람이 을인 경우와 무인 경우로 나누어 검토할 수 있다.

1) 첫 번째로 진료를 받는 사람이 을인 경우

㉡에 의해 무는 두 번째로 진료를 받으며, ㉠, ㉣에 의해 갑이 세 번째, 병이 네 번째, 정이 다섯 번째로 진료를 받는다. 이를 정리하면 다음과 같다.

첫 번째	두 번째	세 번째	네 번째	다섯 번째
을	무	갑	병	정

2) 첫 번째로 진료를 받는 사람이 무인 경우

㉡에 의해 을은 두 번째로 진료를 받으며, ㉠, ㉣에 의해 갑이 세 번째, 정과 병은 네 번째 혹은 다섯 번째로 진료를 받는다. 이를 정리하면 다음과 같다.

첫 번째	두 번째	세 번째	네 번째	다섯 번째
무	을	갑	병/정	정/병

따라서 어떠한 경우에도 세 번째로 진료를 받는 사람은 병이 아니므로 정답은 ②이다.

06 ⑤ 각 사다리로 내려갈 때의 경로는 다음과 같다.

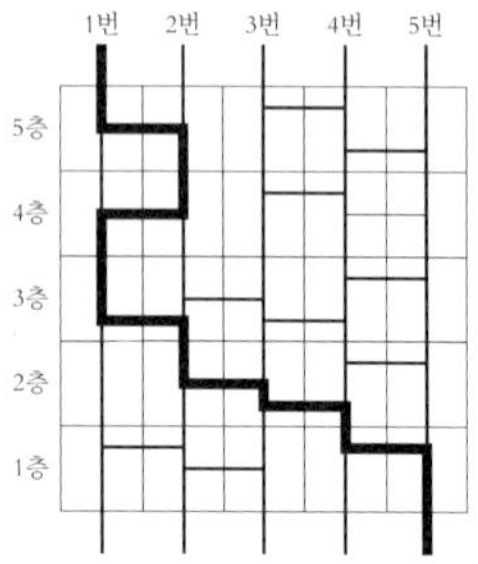

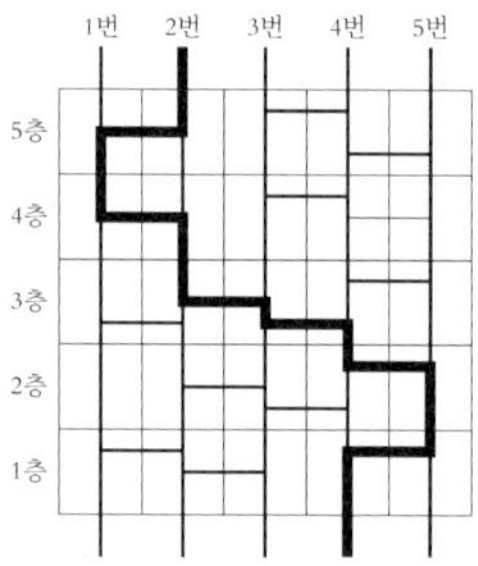

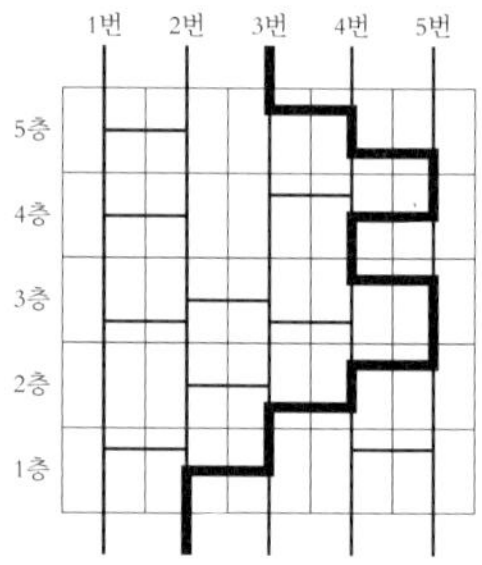

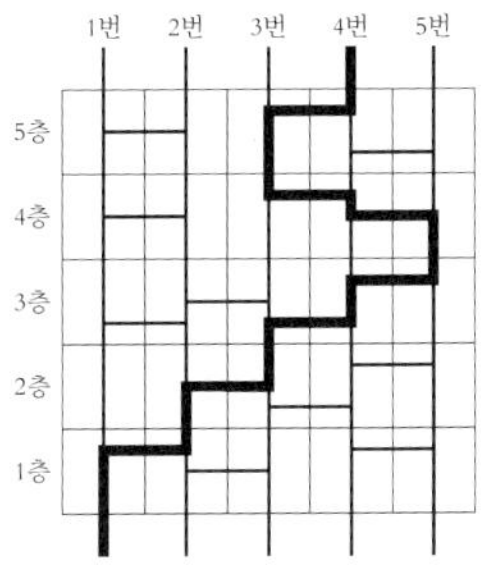

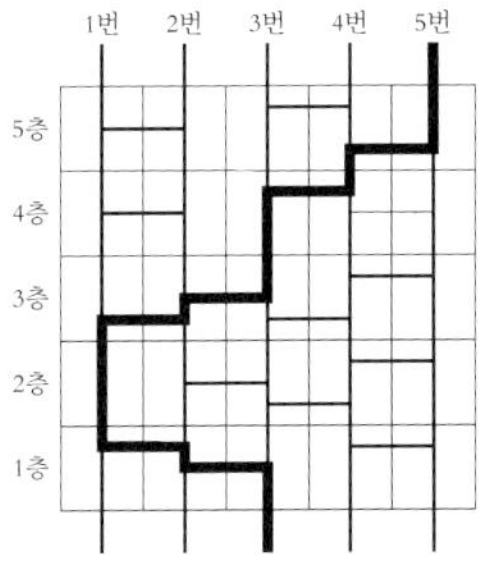

ⓜ에 의해 사다리를 타고 내려갈 때는 각 층의 1호를 한 번도 지나지 않으므로 내려갈 때 이용하는 시작 사다리는 3번 사다리이다. ⓗ에 의해 사다리를 타고 올라갈 때 이용하는 시작 사다리는 내려갈 때 이용하는 시작 사다리보다 번호가 높으므로 4번이나 5번 사다리를 이용한다. 또한 ⓢ에 의해 처음 세 개의 연결 다리만 이용한 후에는 다른 연결 다리를 이용하지 않고 곧바로 올라가므로 올라갈 때의 경로는 다음과 같다.

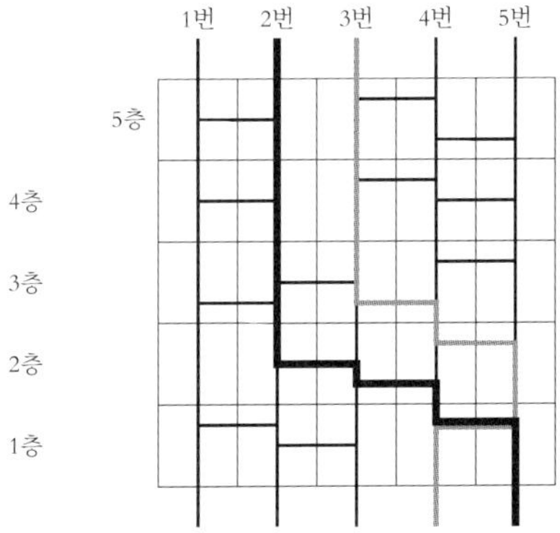

따라서 사다리를 타고 올라갈 때는 4층 4호를 지나지 않으므로 정답은 ⑤이다.

07 ③ ㉠, ㉡에 따라 갑과 병은 서로 같은 제조사의 스마트폰을 구매했고, 을과 정 각각은 나머지 3명과는 다른 제조사의 스마트폰을 구매했다. 그리고 ㉢에서 갑이 L사 스마트폰을 구매했다고 하였으므로, 4명 중 갑과 병 2명이 L사 스마트폰을 구매했음을 알 수 있다. 을과 정이 구매 가능한 스마트폰의 제조사는 A사와 S사 중에 있는데 ㉣에 의해 정이 S사 스마트폰을 구매하지 않았으므로 이를 정리하면 다음과 같다.

갑	을	병	정
L사	S사	L사	A사

따라서 을은 S사 스마트폰을 구매했으므로 정답은 ③이다.

08 ③ ㉣에 의해 가장 왼쪽에는 가정용 상품이 전시되고, ㉠에 의해 같은 용도의 상품을 나란히 전시하는 경우는 없으므로 용도를 기준으로 다음과 같이 전시되어 있다.

가정용	산업용	가정용	산업용	가정용	산업용	가정용	산업용

㉢에 의해 모든 냉장고가 모든 에어컨보다 왼쪽에 전시되어 있는데, 가정용 냉장고가 왼쪽에서 세 번째에 있는 경우 ㉡에 의해 산업용 냉장고는 왼쪽에서 여섯 번째에 전시되어야 하고, 이 경우 가정용 에어컨과 산업용 에어컨은 각각 왼쪽에서 일곱 번째, 여덟 번째에 전시되어야 하므로 조건에 위배된다. 그러므로 가정용 냉장고는 가장 왼쪽에 전시되고 산업용 냉장고는 네 번째에 전시된다. 에어컨은 냉장고보다 오른쪽에 전시되어야 하므로 다섯 번째와 여덟 번째에 전시된다. ㉤에 의해 청소기는 산업용이 가정용보다 더 왼쪽에 전시되어 있으므로 두 번째와 일곱 번째에 전시되고, 나머지 세탁기는 세 번째와 여섯 번째에 전시된다. 이를 정리하면 다음과 같다.

가정용	산업용	가정용	산업용	가정용	산업용	가정용	산업용
냉장고	청소기	세탁기	냉장고	에어컨	세탁기	청소기	에어컨

따라서 왼쪽에서 여섯 번째에 전시되어 있는 상품은 산업용 세탁기이므로 정답은 ③이다.

09 ④ 우선 제시된 <조건>을 정리하면 다음과 같다.

구분	월	화	수
8~9시	A	B	D
9~10시			D
10~11시	B		
11~12시	D		

월요일을 보면 A, B, D 팀이 위 표에서 정리된 시간만 회의실을 사용하기로 하였다. 따라서 9~10시에는 C팀이 회의실을 사용한다.

화요일을 보면 ㉣ 조건으로 인해 D가 회의실을 사용하는 시간대는 10~11시만 가능하다. 그렇지 않으면 수요일에 8~10시까지 회의실을 쓸 수 없기 때문이다.(D가 전혀 회의실을 사용하지 않는 경우를 고려해볼 수 있지만 그 경우 ㉡ 조건을 만족시키지 못한다.) 9~10시를 보면 전날에 회의실을 사용한 C, 8~9시만 회의실을 사용하는 B, 10~11시만 회의실을 사용하는 D는 들어갈 수 없다. 따라서 9~10시 회의실을 사용하는 팀은 A이다. 11~12시는 C팀이 들어가게 된다.

수요일은 10~11시간대에는 A, B, C가 회의실을 쓸 수 있고 11~12시 시간대는 A, B가 쓸 수 있다.

이를 정리하면 다음과 같다.

구분	월	화	수
8~9시	A	B	D
9~10시	C	A	D
10~11시	B	D	A or B or C
11~12시	D	C	A or B

수요일 10부터 11시는 A, B, C가 모두 이용 가능하므로 ④가 정답이다.

① 수요일에 회의실을 세 팀이 이용할 수도 있다. 예를 들어 D-D-C-B 순으로 회의실을 이용 가능하다.

⑤ 수요일에 2시간 연속으로 회의실을 이용할 수 있는 팀은 A, B이다.

10 ① ㉡을 정리하면 다음과 같다.

구분	A	B	C	D
직무		공정		설비

㉠에 의해 C와 D는 같은 직무를 선택하지 않았고, ㉥에 의해 D는 품질 직무를 선택하지 않았으므로 C는 품질 직무를 선택했고, ㉣에 의해 다른 사람은 품질 직무를 선택하지 않았다. ㉤에 의해 공정 직무를 선택한 사람은 3명인데, C와 D는 같은 직무를 선택하지 않았으므로 A는 공정 직무를 선택했다. 이에 C와 D가 각각 품질과 설비 외에 공정, 회로 직무를 선택한 경우와 회로, 공정 직무를 선택한 경우로 나누어 검토할 수 있다.

1) C가 공정 직무, D가 회로 직무를 선택한 경우

㉢에 의해 A는 D가 선택한 설비 또는 회로 직무를 선택하고, ㉦에 의해 A와 B가 선택한 직무가 모두 동일하지는 않으므로 A가 설비 직무를 선택한 경우 B는 회로 직무를 선택하고, A가 회로 직무를 선택한 경우 B는 설비 직무를 선택한다. 이를 정리하면 다음과 같다.

구분	A	B	C	D
직무	공정	공정	품질	설비
	설비/회로	회로/설비	공정	회로

2) C가 회로 직무, D가 공정 직무를 선택한 경우

㉢에 의해 A는 C가 선택한 직무 중 하나와 동일해야 하는데, 품질 직무를 선택한 사람은 1명이므로 회로 직무를 선택한다. 이에 B는 설비 직무를 선택한다. 이를 정리하면 다음과 같다.

구분	A	B	C	D
직무	공정	공정	품질	설비
	회로	설비	회로	공정

따라서 A가 설비 직무를 선택한 경우 B는 회로 직무를 선택하므로 정답은 ①이다.

11 ④ ㉣에 의해 A와 B의 점수를 합하면 260점인데 ㉡에 의해 가능한 경우는 140점, 120점인 경우이다. 140점이 가장 높은 점수이며 ㉦에 의해 B의 점수는 가장 높지 않으므로 A가 140점, B가 120점이다. 여기서 ㉧에 의해 A와 B가 모두 [가]팀일 경우, 총점 350점이 되기 위해서는 90점이 더 필요하므로 ㉥에 의해 C와 D 중 한 명이 같은 팀이어야 한다. 이때 E와 F가 같은 팀이 되므로 ㉤에 위배된다. 그러므로 A와 B는 서로 다른 팀이다.

㉣에 의해 C와 F의 점수를 합하면 180점인데 ㉥에 의해 C는 100점 미만이므로 C는 80점, F는 100점이다. 이에 따라 D는 90점이다. 또한 ㉥에 의해 C와 D는 서로 다른 팀이며, ㉤에 의해 D는 A와 서로 다른 팀이므로 D는 [나]팀이고 C는 [가]팀이다. 이를 정리하면 다음과 같다.

[가]팀	A	C			총점
	140점	80점			350점
[나]팀	B	D			총점
	120점	90점			420점

A와 C의 점수의 합이 220점이므로 총점 350점이 되기 위해서는 130점이 더 필요하다. 이때 G가 [가]팀일 경우 E와 F가 같은 팀이 되어 ㉤에 위배되므로 G는 [나]팀이고, E가 130점으로 [가]팀이다. 이를 정리하면 다음과 같다.

[가]팀	A	C	E	총점	
	140점	80점	130점	350점	
[나]팀	B	D	G	F	총점
	120점	90점	110점	100점	420점

따라서 E의 점수와 G의 점수의 합은 130 + 110 = 240점이므로 정답은 ④이다.

12 ③ ㉢, ㉥을 정리하면 다음과 같다.

구분	A	B	C	D	E
오전		국어	사회		
오후				수학	

㉣, ㉤에 의해 A의 오후 수업은 E의 오전 수업과 같고 B의 오후 수업은 D의 오전 수업과 같으므로 A, B, C는 오후에 사회 수업을 들을 수 없다. 그러므로 E는 오후에 사회 수업을 듣는다. D는 오전에 수학 수업을 들을 수 없고, 사회 수업을 들을 수 없다. 또한 B가 오전에 국어 수업을 들으므로 국어 수업도 들을 수 없다. 그리고 ㉥에 의해 D는 과학 수업을 듣지 않으므로 D는 오전에 영어 수업을 듣고, B는 오후에 영어 수업을 듣는다. ㉣에 의해 A의 오후 수업과 E의 오전 수업과 같으므로 그 과목은 과학이어야 한다. C가 오후에 수업을 듣는 과목은 국어이고, A가 오전에 수업을 듣는 과목은 수학이다. 이를 정리하면 다음과 같다.

구분	A	B	C	D	E
오전	수학	국어	사회	영어	과학
오후	과학	영어	국어	수학	사회

따라서 E가 듣는 2개의 과목은 과학, 사회이므로 정답은 ③이다.

13 ③ ㉠을 정리하면 다음과 같다.

X				
			X	

㉡에 의해 F와 E가 순서대로 3번과 4번에 앉아 있는 경우, 5번과 6번에 앉아 있는 경우, 6번과 7번에 앉아 있는 경우로 나누어 검토할 수 있다.

1) F와 E가 순서대로 3번과 4번에 앉아 있는 경우

㉢에 의해 A는 6번, D는 2번에 앉아 있어야 하는데, 이 경우 B와 C가 같은 줄에 앉아 있게 되므로 ㉣에 위배된다.

2) F와 E가 순서대로 5번과 6번에 앉아 있는 경우

㉢에 의해 A는 9번, D는 4번에 앉아 있다. 그리고 ㉣에 의해 C는 7번에, ㉤에 의해 G는 3번에, 남은 B는 2번에 앉아 있다. 이를 정리하면 다음과 같다.

X	B		G	D
F	E	C	X	A

3) F와 E가 순서대로 6번과 7번에 앉아 있는 경우

㉢에 의해 A는 9번, D는 4번에 앉아 있다. 그리고 ㉣에 의해 C는 5번에, B와 G는 2번 혹은 3번에 앉아 있다. 이를 정리하면 다음과 같다.

X	B/G		G/B	D
C	F	E	X	A

따라서 어떠한 경우에도 A 바로 왼쪽 자리에는 아무도 앉아 있지 않으므로 정답은 ③이다.

14 ③ 8대의 차를 주차할 수 있는 주차장에 6대의 차가 주차되어 있으므로 빈 공간은 2개이다. ㉣에서 1행 4열에 주차된 차가 없다고 하였으므로, ㉢에 따라 F의 차는 2행 1~3열 중 하나에 주차되어 있다. 이에 따라 F의 차가 2행 1열, 2행 2열, 2행 3열에 주차되어 있는 경우로 나누어 검토할 수 있다.

1) F의 차가 2행 1열에 주차되어 있는 경우

㉢에 따라 1행 4열 외에 나머지 빈 공간은 1행 2열 혹은 1행 3열이어야 하는데 1행 2열이 빈 공간인 경우 ㉠, ㉡을 모두 충족할 수 없다. 1행 3열이 빈 공간인 경우 D와 E의 차는 1행 2열과 2행 2열에, A와 B의 차는 2행 3열과 2행 4열에 주차되어 있고, C의 차는 1행 1열에 주차되어 있다. 이를 정리하면 다음과 같다.

	1열	2열	3열	4열
1행	C	D/E	X	X
2행	F	E/D	A/B	B/A

2) F의 차가 2행 2열에 주차되어 있는 경우

㉢에 따라 1행 4열 외에 나머지 빈 공간은 1행 1열 혹은 1행 3열이어야 하는데, 1행 1열이 빈 공간인 경우 ㉠, ㉡을 모두 충족할 수 없다. 1행 3열이 빈 공간인 경우 D와 E의 차는 1행 1열과 2행 1열에, A와 B의 차는 2행 3열과 2행 4열에 주차되어 있고, C의 차는 1행 2열에 주차되어 있다.

이를 정리하면 다음과 같다.

	1열	2열	3열	4열
1행	D/E	C	X	X
2행	E/D	F	A/B	B/A

3) F의 차가 2행 3열에 주차되어 있는 경우

1행 4열 외에 나머지 빈 공간은 1행 1열 혹은 1행 2열이어야 하는데, 이 2가지 경우 모두 ㉠, ㉡을 모두 충족할 수 없다.

따라서 어떠한 경우에도 1행 3열은 빈 공간이므로 정답은 ③이다.

15 ⑤ △는 다음과 같이 값이 증감한다: ABCD → A(+1)B(+2)C(+1)D(+2)

☆는 다음과 같이 값이 증감한다: ABCD → A(0)B(+1)C(0)D(-1)

□는 다음과 같이 순서가 변화한다: ABCD → DCBA

□는 다음과 같이 순서가 변화한다: ABCD → ACBD

2CE6	→	3EF8	→	3FE8
	△		□	

따라서 물음표에 들어갈 문자는 '3FE8'이므로 정답은 ⑤이다.

16 ④

A39S	→	A49R	→	R94A	→	R49A
	☆		□		□	

따라서 물음표에 들어갈 문자는 'R49A'이므로 정답은 ④이다.

17 ②

A28C	→	B49E	→	B59D
	△		☆	

따라서 물음표에 들어갈 문자는 'A28C'이므로 정답은 ②이다.

18 ③

6KA2	→	7MB4	→	7BM4	→	4MB7
	△		□		□	

따라서 물음표에 들어갈 문자는 '6KA2'이므로 정답은 ③이다.

19 ④ 각 행에서 다음 열로 이동할 때, 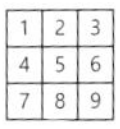 형태의 도형에서 1열의 내부 도형은 '1 → 4 → 7 → 1 → …' 순서로, 2열의 내부 도형은 '2 → 8 → 5 → 2 → …' 순서로, 3열의 내부 도형은 '3 → 6 → 9 → 3 → …' 순서로 자리를 이동한다. 따라서 정답은 ④이다.

20 ③ 각 열에서 다음 행으로 이동할 때, 전체 도형이 시계 방향으로 90도 회전 후 색 반전한다. 따라서 정답은 ③이다.

21 ② 각 행에서 2열의 직사각형 개수는 1열과 3열에서 2열을 가리키는 화살표의 개수이고, 4열의 직사각형 개수는 1열과 3열에서 4열을 가리키는 화살표의 개수이다. 따라서 정답은 ②이다.

22 ④ 과학과 문학의 기능이 재현과 표현으로 구별되어 있음을 설명하는 (B)가 가장 먼저 와야 한다. 이어서 과학과 문학이 어떻게 다른지 부연 설명을 하는 (C)가 와야 하며, 이 문단의 후술에서 '그러나'라는 접속사를 통해 앞으로 이어질 이야기는 반전될 것임을 알 수 있다. (A)에서 시는 문학과 달리 단순한 허구적 상상물에서 벗어나 작가의 객관적 진리를 재현하는 것이라고 하였으며 (D)에서 이러한 시적 의도는 인지적인 부분이 있어 과학적 의도와 가깝다고 하였으므로, (C) 뒤에는 (A)와 (D)가 순서대로 와야 한다. 따라서 (A)~(D)를 문맥에 맞게 순서대로 배열하면 '(B) - (C) - (A) - (D)'이므로 정답은 ④이다.

23 ③ 골전도 이어폰에 대해 처음 언급을 시작하는 (B)문단이 가장 먼저 와야 한다. (B)문단의 마지막에서 골전도 이어폰에 관한 관심이 높아지고 있다고 하였고, (D)문단에서는 골전도의 의미와 골전도 이어폰에 대해 설명하고 있으므로, (D)문단이 (B)문단 뒤에 이어져야 한다. (D)문단의 마지막에서 골전도 이어폰이 귀 주변 뼈와 피부를 통해 내이에 진동을 줌으로써 소리를 전달하는 방식을 사용한다고 하였고, (C)문단에서는 뼈로 진동을 전달해야 하기 때문에 골전도 이어폰은 주로 귀 주변 연골에 부착해 사용한다고 하였으므로, (C)문단이 (D)문단 뒤에 이어지는 것이 적절하다. (C)문단의 마지막에서 골전도 이어폰이 귓바퀴에서 고막으로 이어지는 외이도에 밀착되어 주위의 소음을 차단하기 때문에 큰 사고로 이어질 수 있는 커널형 이어폰에 비해 안전성이 높은 편이라고 하였고, (A)문단에서는 하지만 전문가들의 의견에 따르면 골전도 이어폰 역시 안전성 측면에서 문제가 있다고 하였으므로, (A)문단이 (C)문단 뒤에 이어져야 한다. 따라서 (A)~(D)를 문맥에 맞게 순서대로 배열하면 '(B) - (D) - (C) - (A)'이므로 정답은 ③이다.

24 ⑤ 제시글에서는 현재 우리나라의 시스템 반도체의 전 세계 점유율은 매우 낮은 편이지만, 시스템 반도체를 사용하는 전자제품을 생산하는 국내 대기업이 있으므로, 시스템 반도체의 발전에 유리한 편이라고 주장한다. 이러한 주장을 뒷받침하기 위해 시스템 반도체 설계 기술이 확보되면 대기업의 요구대로 중소기업에서 시스템 반도체를 설계하고, 이를 사용한 전자제품을 대기업에서 생산하는 생태계를 구축할 수 있다는 점을 근거로 들고 있다. 이에 따라 제시글을 읽고 반박하기 위해서는 상대적으로 기술력이 부족한 영세 규모의 기업들이 대기업의 요구대로 시스템 반도체를 설계하는 것은 현실적으로 어렵다고 주장하는 것이 적절하다. 따라서 정답은 ⑤이다.

25 ⑤ 본문에서는 중국과의 비교우위를 근거로 제시하면서, 중국이 '빈부격차의 심화로 시장경제에 악영향이 발생'하였다고 지적한다. 그런데 이를 반론의 근거로 삼을 수 있을 것이다. '1인당 국민소득은 지난해 2,545달러'인데, '수십만 달러를 호가하는 주택'에 사는 '신흥 부유층'의 등장을 본문에서 함께 제시했기 때문이다. 평균 국민소득의 백 배 이상(수십만달러/2,545달러)의 주택에 산다는 것자체가 양극화가 극심해졌음을 의미할 것이다. 따라서 이러한 근거를 종합하여, 본문의 주요 논지인 '베트남의 지속적 경제 성장 전망'에 반론하는 ⑤가 가장 적절한 반박이라 할 수 있다.

26 ② 온열 자극에 의해 피부 온도가 일정 수준 이상 올라가면 손바닥과 발바닥을 제외한 모든 피부 면에서 땀이 난다고 하였다. 따라서 온몸에서 땀이 나는 것은 아니므로 정답은 ②이다.

① 땀은 수분이 증발할 때 주위로부터 열을 빼앗은 성질을 이용하여 몸에서 열을 내보낸다고 하였다. 이를 통해 수분이 증발하면 주위의 온도는 낮아질 것임을 추론할 수 있다.

③ 정신적 발한은 체온 조절과는 상관이 없으며, 일부 과학자들은 정신적 발한이 인류의 진화과정에서 비롯된 것이라고 주장한다고 하였다. 이를 통해 정신적 발한이 발생하도록 진화하기 전의 인류는 정신적 발한을 겪지 않았을 것임을 추론할 수 있다.

④ 미각적 발한의 경우 보통의 땀 분비 과정과 달리, 반사 반응처럼 뇌를 경유하지 않고 땀샘으로 신호를 직접 전한다고 하였다. 이를 통해 뇌를 경유하지 않고 신호를 전하는 반사 반응이 뇌를 경유하여 신호를 전하는 보통의 땀 분비 반응보다 빠를 것임을 추론할 수 있다.

⑤ 미각적 발한은 온도 수용체가 매운 것을 더운 것으로 오인하여 발생한다고 하였다. 이를 통해 체온이 높아지지 않아도 땀이 분비될 수 있음을 추론할 수 있다.

27 ⑤ 엠제코(MZ-ECO) 세대는 'MZ 세대'와 'ECO(생태, 환경)'를 합친 말로, 환경을 중요한 가치관으로 삼아 환경 이슈에 민감하게 반응하고 환경 보호의 윤리적 가치를 추구하는 MZ 세대를 일컫는다고 하였다. 이를 통해 엠제코 세대는 환경 이슈에 관심이 많은 MZ 세대임을 추론할 수 있다. 따라서 정답은 ⑤이다.

① 엠제코 세대는 지구 온난화와 기후변화 등 직접적으로 환경오염을 경험하고 이에 대한 심각성을 인지하면서 긍정적인 변화를 이끌기 위해 직접 행동에 나선다고 하였으므로, 이를 통해 이들은 환경과 관련된 피해를 일상 속에서 체감함을 추론할 수 있다.

② 기업에서는 엠제코 세대를 겨냥한 친환경 마케팅을 펼치는데, 리필 스테이션을 운영 중인 한 화장품 업체에 따르면 리필 스테이션을 이용하는 고객의 70%가 MZ 세대라고 하였으므로, 30%는 다른 세대에서 리필 스테이션을 이용함을 알 수 있으며 이를 통해 MZ 세대 외의 다른 세대도 기업의 친환경 마케팅을 이용함을 추론할 수 있다.

③ 엠제코 세대는 조깅하면서 쓰레기를 줍는 '플로깅(Plogging)', 환경을 보호하기 위해 쓰레기 배출량을 줄이는 '제로 웨이스트 챌린지(Zero Waste Challeng)' 등 환경 보호를 위한 긍정적인 변화를 이끌기 위해 직접 행동에 나선다고 하였다.

④ 최근 기업에서는 엠제코 세대를 겨냥한 친환경 마케팅을 펼치고 있으며, 실제로 친환경 마케팅 전략을 활용한 화장품 업체의 경우 이용 고객의 70%가 MZ 세대라고 하였다. 다만 이를 통해 엠제코 세대를 겨냥한 친환경 마케팅 전략이 항상 성공할 것인지는 알 수 없다.

28 ③ 상이 망막보다 앞에 맺히는 안구는 근시안으로, 근시안은 안구 전후의 길이가 정상적인 안구보다 길고 각막 표면의 곡률이 크다고 하였다. 이를 통해 상이 망막보다 앞에 맺히는 안구의 곡률은 정상안보다 클 것임을 추론할 수 있다. 따라서 정답은 ③이다.

29 ③ 해시함수는 입력은 상이하지만 같은 출력이 나오는 충돌이 반드시 존재한다고 하였다. 따라서 해시함수는 상이한 입력에 대해서 반드시 상이한 출력이 발생하는 것이 아니므로 정답은 ③이다.

① 암호 알고리즘은 키를 사용하지만 해시함수는 키를 사용하지 않아 동일한 입력에 대해 언제나 동일한 출력이 보장된다고 하였다. 이를 통해 암호 알고리즘과 해시함수는 키의 사용 유무가 서로 다름을 추론할 수 있다.

② 안전한 사용을 위해 해시함수는 충돌을 찾아내기 힘들어야 한다고 하였다. 이를 통해 해시함수는 충돌을 발견하기 어려울수록 더 안전함을 추론할 수 있다.

④ 현재 사용되는 표준 해시함수들은 160비트 내지 256비트의 해시값을 출력한다고 하였다. 이를 통해 현재 사용되는 표준 해시함수는 해시값이 256비트를 초과하지 않음을 추론할 수 있다.

⑤ 해시함수는 일반적으로 전자서명과 함께 사용되는데, 전체 메시지에 대해 직접 서명하는 것이 아니라 먼저 메시지를 입력하여 짧은 해시값을 계산하고 이에 대해 한 번의 서명을 한다고 하였다. 이를 통해 해시함수를 사용하는 전자서명은 서명자가 해시값에 서명을 하는 방식임을 추론할 수 있다.

30 ② 심은 장치 간에 자유롭게 교체할 수 있어 활용 범위가 넓다고 하였다. 이를 통해 하나의 나노 심으로 휴대폰과 태블릿PC를 사용할 수 있다는 내용을 추론할 수 있다. 따라서 정답은 ②이다.

① 단말기가 소형화되면서 심의 크기는 미니 심, 마이크로 심, 나노 심으로 점차 작아지고 있다고 하였으며, e심은 나노 심보다 크기가 작다고 하였으므로, e심은 마이크로 심과 나노 심보다 작음을 추론할 수 있다.

③ 일반적인 심과 달리 e심은 가입자 정보가 기록되지 않아 인터넷에서 프로필을 다운로드하여 e심 모듈에 저장할 수 있다고 하였으므로, 인터넷에서 다운로드 한 가입자 정보를 저장할 수 있는 것은 e심임을 추론할 수 있다.

④ 일반적인 심과 달리 e심은 기기의 메인보드에 부착되어 있다고 하였으므로, e심을 사용할 경우 서비스 사업자는 물리적인 심을 발급할 필요가 없음을 추론할 수 있다.

⑤ e심은 일반적인 심과 달리 기기의 메인보드에 부착되어 있으며, 가입자 정보가 기록되지 않기 때문에 인터넷에서 프로필을 다운로드하여 e심 모듈에 저장하거나 다시 쓸 수 있다고 하였다. 그러나 이를 통해서 e심에 프로필을 두 번 다운받으면 두 개의 번호를 사용할 수 있는지는 알 수 없다.

3부
직무상식

조각 모의고사

01	②	06	④	11	⑤	16	①	21	③	26	②
02	③	07	③	12	①	17	②	22	④	27	①
03	④	08	④	13	①	18	④	23	③	28	④
04	①	09	④	14	③	19	③	24	②	29	②
05	①	10	①	15	②	20	④	25	①	30	③

01 ②

㉢ 장기침상으로 부동 상태가 지속되면 하지의 근육 수축의 감소로 인해 정맥혈이 정체되고 정맥 압력이 증가하며 뼛속에서 칼슘이 빠져나와 혈액의 응고력을 증가시킨다.

㉣ 혈액 내 수분이 조직으로 빠져나가 혈액의 점도가 증가하며 이는 혈전 형성의 요인이 된다.

개념

혈전: 혈소판, 섬유소, 혈액세포들이 축적되어 동맥이나 정맥의 내부 벽에 유착된 것

02 ③

인슐린 투여 후 저혈당으로 의식이 소실되었으므로 즉시 혈당을 올릴 수 있는 중재를 수행해야 한다.

㉠ glucagon은 인슐린의 작용과 반대로 간의 포도당 대사를 증가시켜 혈당을 높여 준다.

㉢ 저혈당으로 의식이 소실된 경우 즉시 정맥으로 고농도의 포도당(50% DW)을 주입하여 혈당을 높여 준다.

03 ④

GCS는 E,V,M 3가지 영역을 통해 대상자의 의식수준을 사정하는 도구를 의미한다. E(2)는 통증 자극에 의해서만 눈 뜨는 상태를 의미하며 V(2)는 이해할 수 없는 소리를 내거나 신음소리를 낼 때의 상태를 의미한다. M(1)은 아무런 움직임이 없는 상태를 의미하므로 낙상의 위험군에 해당하지 않는다.

㉡, ㉢, ㉣ 기립성 저혈압, 감각 장애, 마비 등은 낙상의 위험성을 높이므로 낙상 고위험군으로 분류한다.

참고

낙상의 위험요인: 노인, 아동, 낙상의 과거력, 시력 및 균형 감각 손상(마비), 보행 장애, 약물 복용(이뇨제, 신경안정제, 수면제, 진정제, 진통제, 항우울제 등), 혼돈 상태, 지남력 상실 등

04 ①

수혈 시작 15분은 부작용이 가장 많이 나타나는 시기로 천천히 투여하며 환자를 주의 깊게 사정한다. 수혈할 때에는 미생물 감염을 방지하기 위해 최대 4시간을 경과하지 않도록 조절하여 주입한다.

㉡ 0.9% 생리식염수는 수혈 시 동시에 투여할 수 있으나 0.45% 생리식염수는 저장성 수액으로 용혈을 유발할 수 있으므로 함께 투여할 수 없다.

㉣ 수혈 시 가려움증, 두드러기는 수혈 부작용 중 하나로 즉시 수혈을 중단하고 의사에게 알려 적절한 조치를 취하도록 한다.

05 ①

삼차신경은 제5뇌신경으로 저작기능 및 얼굴감각을 담당한다.

㉡ 외안근 검사는 안구의 움직임을 확인하는 검사로 외안근은 제3뇌신경, 제4뇌신경, 제6뇌신경과 관련되어 있다.

㉣ 표정에 관여하는 신경은 제7뇌신경(안면신경)으로 웃기, 이마에 주름 짓기, 눈썹 올리기 등을 통해 이상 여부를 확인할 수 있다.

06 ④

㉠ 위 내용물의 제거는 위의 산도 및 체액량에 변화를 줄 수 있으므로 버리지 말고 주입한다.

㉡ 영양액 주입이 끝나면 30mL 정도의 물을 주입하여 관을 세척한다.

㉣ 위 내용물 흡입 시 녹색을 띠는 액체는 정상적인 위액 양상에 해당한다.

07 ③

비재호흡마스크는 자발호흡이 있는 대상자에게 고농도의 산소(100% 산소 농도 가능)를 제공하기 위해 적용한다. 사용 전, 저장주머니에 산소를 채운 후 적용해야 환자에게 효과적인 산소 공급이 가능하다. 호기된 공기는 저장주머니에 유입되지 않는다.

① 비강캐뉼라는 비강으로 산소가 공급되므로 산소화 증진을 위해 코를 통해 호흡하도록 교육한다.

② 100% 산소 농도를 제공할 때는 비재호흡 마스크를 사용한다.

④ 산소 유량이 느리면 호기 내 이산화탄소가 정체되어 재흡인될 수 있으므로 최소 5L/분 이상으로 산소유량을 유지하여 공급한다.

⑤ 벤츄리마스크는 가장 정확한 농도로 산소를 공급할 수 있는 장치이다. 정확한 농도의 산소를 공급하기 위해 농도 조절 구멍은 항상 개방되어 있어야 한다.

08 ④

ABGA(Arterial Blood Gas Analysis, 동맥혈 가스 분석)를 시행하여 인공호흡기를 통한 폐 환기의 적절성을 평가할 수 있다. 평가 결과를 토대로 주치의는 인공 호흡기의 세팅을 조절하게 된다.

① 필요시 suction하여 기도 개방을 유지한다.

② 기관 내관의 위치는 자주 사정하여 이탈을 방지한다.

③ 인공호흡기 회로는 눈에 보이는 오염이 있거나 임상적으로 필요한 경우 의료기관의 지침에 따라 교체한다.

⑤ 구강간호는 구내염 및 폐렴 등의 감염을 예방하므로 병원 지침에 따라 시행한다.

09 ④

㉡ NTG(nitroglycerin)를 복용하였을 때 작열감이 느껴지는 것은 정상적인 반응으로 약효가 완전함을 의미한다.

㉢ 삼키거나 저작해 복용하지 말고 설하에 넣어 복용한다.

㉣ 혈관 평활근을 이완시켜 혈관저항과 혈압을 낮춤으로써 심부담을 줄여주고 관상순환 혈량을 증가시킨다.

10 ①

간성혼수는 간 기능 저하로 인한 암모니아의 축적으로 혈액 속에 과량의 암모니아가 유입되어 뇌 기능에 변화가 발생한 상태를 뜻한다. 암모니아 배출을 돕기 위해 락툴로오스 관장을 시행한다.

11 ⑤

오심 및 구토 등의 증상 완화를 위해 금식을 시행하고 비위관을 삽입한다.

① Morphine은 oddi 괄약근의 수축을 유발할 수 있어 주의가 필요하다. 진통 효과를 위해 NSAIDs, Demerol 등을 투여할 수 있다.

② 증상 완화를 위해 금식하고 정맥주사를 통해 수분 및 전해질을 공급한다.

③ 담석증 환자의 간호중재에 해당되지 않는다.

④ 담석에 의해 담즙이 배출될 수 없는 상태에서 고지방식이를 하는 경우, 지방으로 인해 담즙 생성은 촉진되나 배출이 이루어지지 않아 담낭이 팽창되고 경련이 발생하게 된다. 이로 인해 담석 산통이 더욱 증가하므로 기름진 음식은 제한한다.

개념

담석 산통(Billary colic): 담석이 담도계를 막았을 때, 담낭의 수축에 의해 발생하게 되는 통증을 의미한다. 담석이 담낭에서 담관으로 이동할 때 경련이 발생하게 되며 상복부 중앙에서 RUQ로 퍼져 등과 우측 견갑골로 방사된다.

12 ①

전부하는 심실 수축 전 심근의 팽창정도를 나타낸다. 체액량이 많거나 심장 기능이 저하되었을 때 상승할 수 있다.

㉢ furosemide는 이뇨제로 체액량 배출을 도와 전부하를 감소시켜준다.

㉣ 과다 출혈의 상태는 체액량 부족 상태를 야기하여 전부하가 감소될 수 있다.

13 ①

문맥 혈관계가 폐색되어 문맥성 고혈압이 발생하면 정수압이 상승하여 혈관 내 체액이 복강으로 유입되어 복수가 발생하게 된다. 복수로 인한 복부 팽만은 폐를 압박하여 호흡곤란을 유발할 수 있으므로 호흡을 주의 깊게 사정하고 호흡곤란 시 반좌위를 취해주고 산소를 공급한다.

㉡ 혈관 내 체액이 복강으로 유입되면 순환 혈류량이 감소하여 신장에서 레닌-안지오텐신의 기전이 자극된다. 나트륨과 수분의 정체가 증가되고 소변량이 감소하게 된다.

㉣ 많은 양의 복수가 한꺼번에 제거되면 혈압이 저하되고 쇼크가 발생할 수 있으므로 주의한다. 복수 안에는 알부민, 전해질 등이 포함되어 있으므로 복수천자를 하는 경우 알부민을 함께 보충한다.

14 ③

Hct 59%, Hb 20g/dL로 높으며 시간당 소변량이 30mL 미만이며, 잦은 구토를 보이므로 체액량이 부족함을 알 수 있다. 그러므로 체액량 보충을 위해 수액을 주입하여 hydration해야 한다.

㉠, ㉢ 해당하지 않는 내용이다.

㉡ 체액량이 부족한 상태이므로 이뇨제 투여는 적절하지 않다.

개념

Hct(Hematocrit, 적혈구 용적) 정상수치: 약 35~50%

Hb(Hemoglobin, 혈색소) 정상수치: 약 12~18g/dL

15 ②

두개내압이 20mmHg 이상(두개내압 정상수치 5~15 mmHg)으로 상승한 상태를 두개내압 상승이라 한다. 두개내압이 상승된 경우 의식수준 저하, 동공 변화 등이 나타나므로 동공반사 및 GCS를 자주 사정한다. 또한 뇌조직 관류 유지를 위해 침상 머리를 15~30° 올려주며 경부의 과도한 회전이나 굴곡을 금지한다.

㉡ 두개내압 상승 시 연수가 압박되어 불규칙한 호흡, 서맥, 수축기 혈압이 상승할 수 있으므로 활력징후를 주의 깊게 사정한다.

㉣ Valsalva maneuver은 성문을 닫은 상태에서 늑간근과 복근을 수축시키는 방법으로 복압이 순간적으로 상승하게 된다. 복압이 상승하면 두개내압이 상승할 수 있으므로 금한다.

16 ①

ABGA pH 7.41, $PaCO_2$ 38mmHg, HCO_3^- 23mEq/L는 정상 범위 내 위치하나 PaO_2가 낮은 상태이므로, 산소 제공 등의 간호중재가 필요하다.

BP 110/60mmHg, BT 36.7℃, HR 80회/분, RR 20회/분은 정상 범위 내 위치하므로 추가적인 중재는 필요하지 않다.

개념

ABGA(Arterial Blood Gas Analysis, 동맥혈 가스 분석) 정상범위

pH	$PaCO_2$ (mmHg)	PaO_2 (mmHg)	HCO_3^- (mEq/L)
7.35~7.45	35~45	80~100	22~26

17 ②

아나필락시스는 과민반응 중 가장 심각하고 위험한 증상으로 식품이나 약물 등에 의해 발생한다. 천식, 호흡곤란, 소양증, 천명음 등의 증상이 나타난다. 광범위한 혈관 이완으로 저혈압, 심박출량 감소 등의 관류 이상을 초래하게 되므로 혈관수축을 위해 에피네프린을 투여한다. 또한 기관지 경련이 나타나 기관지가 협착되어 저산소혈증을 초래할 수 있으므로 고용량의 산소를 공급한다.

ⓛ 기관지 확장을 위해 우선적으로 기관지 확장 및 혈관수축 작용을 하는 에피네프린을 투여한다. 이외 베타2 항진제 등을 투여한다. 스테로이드제제는 염증반응을 조절해주므로 아나필락시스 증상 완화를 위해 투여할 수 있다.

ⓡ 아나필락시스 시 대량의 체액이 혈관 밖으로 빠져나가므로 0.9% 생리식염수를 정맥 부여한다.

개념

아나필락시스 초기 치료를 위한 일차 약제로 에피네프린을 투여한다.

18 ④

PPI(proton pump inhibitor, 프로톤펌프억제제)는 위산 분비를 강력하게 억제하는 약물로서 장기간 복용할 경우 칼슘 흡수가 저하되어 골절위험도가 증가할 수 있다. 이외 비타민 B12, 철, 마그네슘 등의 흡수 장애가 발생할 수 있으며 위장관 내 세균에 의한 감염 등이 유발될 수 있다.

19 ③

비청색증형 심질환에서는 좌심장으로 들어온 혈액이 비정상적인 통로를 통해 폐로 유입되어 폐혈류량이 증가한 상태를 보인다. 평상시 별 증상이 나타나지 않을 수 있으나 운동 시 숨이 차거나 쉽게 피로할 수 있다. 이외 발육부전, 심잡음 등의 증상이 나타나며 호흡기 감염에 쉽게 이환될 수 있다.

ⓒ 곤봉형 손가락은 청색증형 심질환에서 나타나는 특징적인 증상이다. 손가락 끝이 곤봉 모양으로 둥글고 크며 손톱과 손톱바닥의 각도가 180° 이상을 나타낸다.(정상 각도 160° 정도)

20 ④

조현병의 음성 증상이란, 감정과 행동이 정상적인 반응과 기능을 하지 못하는 상태로 무감동, 사회적 고립, 주의력 결핍, 사회적 위축, 의욕 감퇴 등을 나타낸다.

개념

조현병: 망상, 환각, 와해된 언어, 심하게 와해된 행동 혹은 긴장하는 행동(긴장성 혼미), 음성 증상 등 여러 방면에서의 장애로 통합적인 사고를 하지 못하는 정신 질환을 말한다.

- 양성 증상과 음성 증상으로 나누어 볼 수 있다.
- 양성 증상: 정상인에게는 나타나지 않는 증상으로 망상, 환각, 사고이탈, 긴장성 혼미 등이 포함된다.

21 ③

10mg : 1cc = 4mg : x

x = 0.4cc

22 ④

1) RI 1000unit : 10ml = 4unit : $x$ml

∴ x = 0.04ml

2) NPH 100unit : 1ml = 20unit : $y$ml

∴ y = 0.2ml

23 ③

200mg, qid의 처방은 한 번에 200mg을 하루 4번 투여 하라는 의미이다.

1000mg : 10cc = 200mg : $x$cc

∴ x = 2cc

24 ②

500mg, tid의 처방은 한 번에 500mg을 하루 3번 투여 하라는 의미이다.

2000mg : 10cc = 500mg : $x$cc

∴ x = 2.5cc

25 ①

$$\frac{\text{용질의 양}}{\text{용액의 양}} \times 100 = \text{농도}$$

$$\frac{2.34 \times 5}{400 + 100} \times 100 = 2.34$$

∴ 소수점 첫째자리 숫자는 3

26 ②

1) $\frac{\text{주입량(ml)}}{\text{주입시간(hr)}}$ = 시간당주입량(ml/hr)

$$\frac{3{,}000\text{(ml)}}{24\text{(hr)}} = 125\text{(ml/hr)}$$

2) 6am ~ 11am(5시간) 수액 주입량

125ml × 5시간 = 625ml

남은 수액량 : 1000ml - 625 = 375ml

27 ①

1.0m² : 125ml = 1.32m² : $x$ml

∴ x = 165ml

28 ④

$$\frac{\text{주입시간(hr)} \times 60\text{분} \times 60\text{초}}{\text{주입량(ml)} \times 20\text{gtt/ml}}$$

= 한 방울 점적에 걸리는 시간(sec/gtt)

$$\frac{5.5\text{hr} \times 60\text{분} \times 60\text{초}}{500\text{ml} \times 20\text{gtt/ml}} = 1.98\text{(sec/gtt)}$$

∴ 소수점 둘째자리 숫자는 8

29 ②

$$\frac{\text{주입시간(hr)} \times 60\text{분} \times 60\text{초}}{\text{주입량(ml)} \times 20\text{gtt/ml}}$$

= 한 방울 점적에 걸리는 시간(sec/gtt)

$$\frac{12\text{hr} \times 60\text{분} \times 60\text{초}}{500\text{(ml)} \times 20\text{gtt/ml}} = 4.32\text{(sec/gtt)}$$

30 ③

1) 50000unit : 500cc = $x$mg : 1cc

∴ 1cc 당 100unit의 heparin이 녹아있는 것

2) 1시간동안 10unit × 70kg = 700unit의 Heparin이 투여된다.

1cc : 100unit = $x$cc : 700unit

∴ x = 7(cc/hr)

4부

실전 모의고사 1회

수리논리

01	③	06	⑤	11	④	16	③				
02	④	07	④	12	④	17	②				
03	⑤	08	④	13	③	18	②				
04	⑤	09	②	14	④	19	①				
05	⑤	10	③	15	③	20	④				

01 ③ 2024년 IT부서 인원을 x명, 기술지원부서 인원을 y명라고 하면 다음과 같은 식이 성립한다.

$x - 12 = 0.94x$

$y + 12 = 1.1y$

$\therefore x = 200, y = 120$

따라서 2024년 IT부서와 기술지원부서의 인원 차이는 200 - 120 = 80명이므로 정답은 ③이다.

02 ④

- 기영이 S사 스마트폰과 S사 이어폰을 구매할 확률: $\frac{3}{5} \times \frac{3}{4} = \frac{9}{20}$
- 기영이 A사 스마트폰과 S사 이어폰을 구매할 확률: $\frac{2}{5} \times \frac{1}{3} = \frac{2}{15}$

따라서 기영이 S사 이어폰을 구매했을 때, 같이 구매한 스마트폰이 S사 스마트폰일 확률은

$\dfrac{\frac{9}{20}}{\frac{9}{20}+\frac{2}{15}} = \dfrac{\frac{27}{60}}{\frac{35}{60}} = \frac{27}{35}$ 이므로 정답은 ④이다.

03 ⑤ 2021년 3분기의 경우 전체 교통사고와 음주 교통사고의 건수 모두가 4분기보다 적다. 따라서 정답은 ⑤이다.

① 2021년 전체 교통사고 발생건수는 1,020 + 1,560 + 1,280 + 1,410 = 5,270건으로, 전년 대비 (5,270 - 4,250) / 4,250 × 100 = 24% 증가했다.

② 2021년 2~4분기 내내 전체 교통사고와 음주 교통사고의 전 분기 대비 증감 추이는 '증가 - 감소 - 증가'로 동일하다.

③ 2020년에 전체 교통사고 중 음주 교통사고는 765 / 4,250 × 100 = 18%이다.

④ 2021년 1분기와 2분기 음주 교통사고 건수의 합은 280 + 350 = 630건으로, 해당연도 4분기 음주 교통사고의 630 / 180 = 3.5배이다.

04 ⑤ 이벤트 기간 중 볼펜의 소모량이 가장 많은 달은 4월이고, 이 달에 4개 판촉물의 총소모량은 350 + 230 + 130 + 280 = 990개이다. 따라서 정답은 ⑤이다.

① 부채의 소모량은 전월 대비 3월에 감소했다.

② 1월에 소모한 4개 판촉물의 단가 총합은 (220 × 800) + (180 × 500) + (80 × 600) + (380 × 900) = 656,000원이다.

③ 1개당 단가가 가장 비싼 판촉물은 마스크이며, 이벤트 기간 중 마스크의 소모량이 가장 많은 달은 1월이다.

④ 이벤트 기간 중 부채의 소모량이 가장 많은 달은 6월이고, 이 달에 4개 판촉물 중 부채의 소모량이 가장 많다.

05 ⑤ 국가지정문화재 관리 총예산은 2016년에 3,200 + 2,500 = 5,700억 원, 2017년에 3,600 + 3,000 = 6,600억 원, 2018년에 3,800 + 3,600 = 7,400억 원, 2019년에 4,000 + 4,100 = 8,100억 원, 2020년에 4,800 + 4,000 = 8,800억 원이다. 따라서 2017~2020년 내내 국가지정문화재 관리 총예산은 전년 대비 증가했으므로 정답은 ⑤이다.

① 정부의 국가지정문화재 관리 예산과 지자체의 국가지정문화재 관리 예산의 차는 2016년에 3,200 - 2,500 = 700억 원, 2017년에 3,600 - 3,000 = 600억 원, 2018년에 3,800 - 3,600 = 200억 원, 2019년에 4,100 - 4,000 = 100억 원, 2020년에 4,800 - 4,000 = 800억 원이므로, 2020년에 가장 크다. 2020년에 명승 지정 건수는 무형문화재 지정 건수보다 더 적다.

② 2017~2020년 동안의 천연기념물 지정 건수의 전년 대비 증감 추이와 민속문화재 지정 건수의 전년 대비 증감 추이는 '증가 - 증가 - 증가 - 증가'로 동일하다.

③ 전년 대비 2018년에 국가지정문화재 지정 건수는 사적이 504 - 500 = 4건, 명승이 115 - 112 = 3건, 천연기념물이 467 - 462 = 5건, 무형문화재가 155 - 147 = 8건, 민속문화재가 304 - 298 = 6건 증가했다.

④ 2016년 대비 2020년에 국가지정문화재 관리 예산의 증가율은 정부가 (4,800 - 3,200) / 3,200 × 100 = 50%, 지자체가 (4,000 - 2,500) / 2,500 × 100 = 60%이다.

06 ⑤ 2020년에 상위 5개국 해외 건설 수주 금액의 합에서 상위 3개국 해외 건설 수주 금액의 합이 차지하는 비중은 (44,760 + 38,100 + 29,480) / (44,760 + 38,100 + 29,480 + 26,400 + 25,260) × 100 = 68.5%이다. 따라서 정답은 ⑤이다.

① 전년 대비 2020년에 베트남에서 수주한 건설 수주 금액의 증가율은 (26,400 - 16,500) / 16,500 × 100 = 60%이다.

② 조사기간 동안 매년 해외 건설 수주 금액 상위 10개국에 속한 국가는 아랍에미리트, 베트남, 사우디아라비아, 중국 총 4개국이다.

③ 2018~2019년에 싱가포르에서 수주한 건설 수주 금액의 합은 25,840 + 12,880 = 38,720십만 달러이고, 2020년에 싱가포르에서 수주한 건설 수주 금액은 10위 중국의 13,800십만 달러 미만일 것이므로 2018~2020년에 싱가포르에서 수주한 건설 수주 금액의 합은 38,720 + 13,800 = 52,520십만 달러 = 5,252백만 달러 미만이다.

④ 방글라데시에서 수주한 건설 수주 금액은 2019년에 8,750십만 달러이고, 2020년에 17,500십만 달러이므로 2020년에 방글라데시에서 수주한 건설 수주 금액은 2019년에 방글라데시에서 수주한 건설 수주 금액의 17,500 / 8,750 = 2배이다.

07 ④ 조사기간 중 생산액이 가장 많은 해는 2019년이고, 이 해에 기업 1개소당 근로자 수는 6,728 / 116 = 58명이다. 따라서 정답은 ④이다.

① 2017년에 근로자 1명당 생산액은 22,656 / 7,552 = 3억 원이다.

② 전년 대비 2019년에 생산액의 증가율은 (26,499 - 16,060) / 16,060 × 100 = 65%이다.

③ 조사기간 중 수출액이 가장 많은 해는 2016년이고, 이 해에 생산액 대비 수출액 비율은 7,056 / 17,640 × 100 = 40%이다.

⑤ 2017~2020년 동안의 근로자 수의 전년 대비 증감 추이는 '증가 - 증가 - 감소 - 증가'이고, 기업 수의 전년 대비 증감 추이는 '감소 - 감소 - 증가 - 증가'이다.

08 ④ 직업 교육 경험자의 비율이 가장 높은 구간은 15~29세다. 실제로 비율을 계산한 결과는 다음과 같다.

구 분		전 체	직업교육(훈련)경험 있음	비율(%)
전 체		42,002	630	1.5
성 별	남자	20,534	288	1.4
	여자	21,469	342	1.6
연령계층별	15~29세	9,546	240	2.5
	30~39세	7,863	157	2.0
	40~49세	8,478	122	1.4
	50~59세	7,619	76	1.0
	60세이상	8,496	35	0.4

① 여자가 전체 인구가 많지만, 직업교육 경험자의 비율이 상대적으로 더 많기 때문에 적절한 설명이다. 실제로 계산하면 남자는 약 1.4%, 여자는 약 1.6%이다.

③ 연령계층별 인구수는 큰 차이는 없지만 60세 이상 인구는 다른 연령 대비 절반 이하만 직업교육 경험이 있으므로 적절한 설명이다.

⑤ 제시된 자료만으로는 유추할 수 없다.

09 ② 2017년 산불 피해면적은 전년 대비 (50,960 - 45,500) / 45,500 × 100 = 12% 증가했다. 따라서 정답은 ②이다.

① 산불 1건당 피해면적은 2019년에 56,760 / 430 = 132ha, 2020년에 11,880 / 540 = 22ha이므로 2019년 산불 1건당 피해면적은 2020년의 132 / 22 = 6배이다.

③ 산불 1건당 피해액이 많은 순으로 나열하면 '2019년 - 2016년 - 2020년 - 2018년 - 2017년' 순이고, 산불 피해면적이 큰 순으로 나열하면 '2019년 - 2017년 - 2016년 - 2018년 - 2020년' 순이다.

④ 산불로 인한 전체 피해액은 2019년에 6,000 × 430 = 2,580,000만 원, 2020년에 5,500 × 540 = 2,970,000만 원이므로 2020년에 산불로 인한 전체 피해액은 전년 대비 2,970,000 - 2,580,000 = 390,000만 원 = 39억 원 증가했다.

⑤ 소방헬기 출동건수가 가장 적은 해는 2020년이고, 이 해에 산불 발생건수 대비 소방헬기 출동 건수의 비율은 81 / 540 × 100 = 15%이다.

10 ③ 영아사망률은 '영아 사망자 / 출생아 × 1,000'이므로 출생아는 '영아 사망자 / 영아사망률 × 1,000'으로 구할 수 있으며, D국의 출생아는 2,400 / 8 × 1,000 = 300,000명이므로 영아 사망자의 300,000 / 2,400 = 125배이다. 따라서 정답은 ③이다.

① 모성사망률은 '모성 사망자 / 가임기 여성 × 10,000'이므로 가임 기 여성은 '모성 사망자 / 모성사망률 × 10,000'으로 구할 수 있다. 가임기 여성은 A국이 480 / 6 × 10,000 = 800,000명이고, B국이 420 / 8 × 10,000 = 525,000명이므로, A국이 B국보다 800,000 - 525,000 = 275,000명 더 많다.

② A~D국의 영아 사망자는 'D국 - C국 - B국 - A국' 순으로 많고, 모성 사망자는 'D국 - C국 - A국 - B국' 순으로 많다.

④ 전체 모성 사망자 중 B국이 차지하는 비중은 420 / (480 + 420 + 550 + 720) / 100 ≒ 19.4%이다.

⑤ D국의 영아 및 모성 사망자를 합하면 A국보다 (2,400 + 720) - (960 + 480) = 1,680명 더 많다.

---

11 ④ 전체 외국인 체류자는 2016년에 10,400 + 36,400 + 18,200 = 65,000천 명, 2020년에 10,530 + 38,610 + 21,060 = 70,200천 명이므로 2020년에 전체 외국인 체류자는 2016년 대비 (70,200 - 65,000) / 65,000 × 100 = 8% 증가했다. 따라서 정답은 ④이다.

① 2018년 전체 외국인 체류자 중 불법체류자가 차지하는 비중은 17,680 / (11,560 + 38,760 + 17,680) × 100 = 26%이다.

② 2020년에는 유럽 출신 외국인 체류자가 전년 대비 감소했다.

③ 외국인 체류자 수가 많은 순으로 출신국을 나열하면 2016년, 2017년, 2018년, 2020년에는 '남북미 - 유럽 - 기타 - 아시아'이고, 2019년에는 '유럽 - 남북미 - 기타 - 아시아'이다.

⑤ 불법체류자가 2천만 명 이상인 해는 2019년과 2020년이고, 합법체류자는 2019년에 10,800 + 41,040 = 51,840천 명이고, 2020년에 10,530 + 38,610 = 49,140천 명이다.

---

12 ④ ㉠ 외국인 체류자의 남녀 간 차이는 2019년에 36,720 - 35,280 = 1,440천 명, 2020년에 35,940 - 34,260 = 1,680천 명이다.

㉢ 2017~2020년 동안 합법체류자 중 장기체류자의 전년 대비 증감 추이는 '증가 - 감소 - 감소 - 감소'이고, 단기체류자의 전년 대비 증감 추이는 '감소 - 증가 - 증가 - 감소'이다.

따라서 <보기>에서 옳지 않은 것만을 모두 고르면 '㉠, ㉢'이므로 정답은 ④이다.

㉡ 2016년에 유럽 출신 외국인 체류자는 아시아 출신 외국인 체류자의 24,440 / 940 = 26배이다.

13 ③ 2017년에 부상자 수의 전년 대비 증가량은 중소기업이 9,520 - 7,840 = 1,680명이고, 대기업이 5,980 - 4,620 = 1,360명이므로, 중소기업이 대기업보다 더 많다. 따라서 정답은 ③이다.

① 2017~2020년 중 전체 사고율과 대기업 사고율 모두 전년 대비 증가한 해는 2017년뿐이다.

② 2018년에 전체 사고자 수 중 대기업 부상자 수가 차지하는 비중은 4,250 / (4,250 + 7,530 + 240 + 480) × 100 = 34%이다.

④ 2019년에 중소기업 부상자 수는 10,440명, 중소기업 사망자 수는 580명이므로 중소기업 부상자 수는 중소기업 사망자 수의 10,440 / 580 = 18배이다.

⑤ 2018년 전체 부상자의 전년 대비 감소율은 |{(4,250 + 7,530) - (5,980 + 9,520)| / (5,980 + 9,520) × 100 = 24%이다.

14 ④ 2017년 건설업 전체 근로자 수는 (5,980 + 9,520 + 260 + 560) / 4.0 × 100 = 408,000명이고, 대기업 근로자 수는 (5,980 + 260) / 3.2 × 100 = 195,000명이므로 중소기업 근로자 수는 408,000 - 195,000 = 213,000명이다. 따라서 대기업 근로자 수와 중소기업 근로자 수의 차이는 213,000 - 195,000 = 18,000명이므로 정답은 ④이다.

15 ③

품명	수량	단위	가격	계산방법
미색복사용지	5	박스	26,000	4개 이상 구매 시 10% 할인이므로 5×26,000×0.9=117,000원
C사 토너	1	개	230,000	230,000원 그대로 적용
테이프	15	개	1,800	10개 구매 시 1개 증정이므로 14개 비용만 계산 14×1,800=25,200원
물류관리라벨(1칸)	100	매	18,400	18,400원

따라서 117,000 + 230,000 + 252,000 + 18,400 = 390,600(원)이므로 정답은 ③이다.

16 ③ 서비스 분야의 사업자당 평균매출은 2017년 25.6억 원에서 2018년 24.8억 원으로 소폭 감소하였다.

② 2017년 약 22억 원에서 2018년 약 21.9억 원으로 소폭 감소하였다.

④ 100억 원 이상 사업자는 52개로 전체 사업자 중 2.97%이며 매출 1,619십억 원으로 전체 매출 중 42.1%를 차지한다.

17 ② 2017~2020년 내내 국내 치즈 생산량의 전년 대비 증감 추이는 '감소 - 증가 - 증가 - 증가'이고, 국내 치즈 생산비의 증감 추이는 '증가 - 감소 - 감소 - 감소'이므로 정반대이다. 따라서 정답은 ②이다.

① 온라인 매출액이 오프라인 매출액보다 적은 해는 2018년과 2019년이며, 온라인 매출액과 오프라인 매출액의 차이는 2018년에 20,910 - 20,090 = 820백만 원 = 8억 2,000만 원이고, 2019년에 21,200 - 18,800 = 2,400백만 원 = 24억 원이다.

③ 치즈 제조업체당 종사자 수는 2019년에 20,300 / 35 = 580명이고, 2020년에 23,010 / 39 = 590명이다.

④ 2016년 대비 2020년 국내 치즈 생산량의 증가율은 (9,860 - 8,500) / 8,500 × 100 = 16%이다.

⑤ 2020년에 치즈 제조업체당 생산이익은 (19,890 + 19,110 - 35,880) / 39 = 80백만 원 = 8천만 원이다.

18 ② 2016년에 국내 치즈 제조업체의 전체 생산이익은 (22,680 + 19,320) - 36,540 = 5,460백만 원이고, 2017년에 국내 치즈 제조업체의 전체 생산이익률은 (23,400 + 21,600 - 39,600) / (23,400 + 21,600) × 100 = 12%이다. 따라서 A와 B에 들어갈 숫자는 '5,460, 12'이므로 정답은 ②이다.

19 ① (가), (나)의 식을 정리하면 다음과 같다.

(가): $3x(x - 230) + 40,800 = 3x^2 - 690x + 40,800$

(나): $2(x - 120)^2 + 1,000 = 2x^2 - 480x + 29,800$

가격 100천 원, 105천 원, 110천 원을 (가)와 (나)에 대입하면 다음과 같다.

1) (가)에 대입할 경우

구분	판매량
100천 원	$3 \times (100)^2 - (690 \times 100) + 40,800 = 1,800$백 개
105천 원	$3 \times (105)^2 - (690 \times 105) + 40,800 = 1,425$백 개
110천 원	$3 \times (110)^2 - (690 \times 110) + 40,800 = 1,200$백 개

2) (나)에 대입할 경우

구분	판매량
100천 원	$2 \times (100)^2 - (480 \times 100) + 29,800 = 1,800$백 개
105천 원	$2 \times (105)^2 - (480 \times 105) + 29,800 = 1,450$백 개
110천 원	$2 \times (110)^2 - (480 \times 110) + 29,800 = 1,200$백 개

(가), (나) 중 가격에 따른 판매량을 구하는 식은 (나)이다. 이에 따라 A제품의 가격이 90천 원일 때의 판매량은 $2 \times (90)^2 - (480 \times 90) + 29{,}800 = 2{,}800$백 개, 110천 원일 때의 판매량은 1,200백 개이다. 따라서 A제품의 가격이 90천 원일 때와 110천 원일 때의 판매량의 차는 2,800 - 1,200 = 1,600백 개이므로 정답은 ①이다.

---

20 ④ 정부예산 중 환경 분야 예산의 비중은 '환경 분야 예산 / 정부예산 × 100' 이므로 정부예산은 '환경 분야 예산 / 정부예산 중 환경 분야 예산의 비중 × 100'으로 구할 수 있다. 정부예산은 2016년에 210 / 2.8 × 100 = 7,500억 원, 2017년에 200 / 2.5 × 100 = 8,000억 원, 2018년에 150 / 1.5 × 100 = 10,000억 원, 2019년에 150 / 2 × 100 = 7,500억 원, 2020년에 250 / 2 × 100 = 12,500억 원, 2021년에 200 / 1 × 100 = 20,000억 원이다. 정부예산 중 에너지 분야 예산의 비중은 2016년에 270 / 7,500 × 100 = 3.6%, 2017년에 320 / 8,000 × 100 = 4%, 2018년에 200 / 10,000 × 100 = 2%, 2019년에 240 / 7,500 × 100 = 3.2%, 2020년에 250 / 12,500 × 100 = 2%, 2021년에 300 / 20,000 × 100 = 1.5%이다. 따라서 정답은 ④이다.

추리

01	④	06	③	11	④	16	②	21	①	26	③
02	①	07	③	12	②	17	④	22	④	27	⑤
03	⑤	08	⑤	13	④	18	④	23	②	28	⑤
04	③	09	⑤	14	⑤	19	④	24	①	29	⑤
05	③	10	④	15	③	20	⑤	25	④	30	⑤

01 ④ 정언삼단논법의 규칙에 따라 각 개념요소는 2번 이상 언급되어야 한다. 제시된 전제와 결론에서 개념요소는 '전세버스', '고효율 배터리', '연료비 저렴'이다. 그러므로 [전제2]에는 '전세버스'와 '연료비 저렴'에 대한 언급이 있어야 한다. 따라서 ①, ③, ⑤는 제외된다. 그리고 [전제1]과 [결론]을 도식화하면 다음과 같다.

[전제1]을 도식화하면

[결론]을 도식화하면

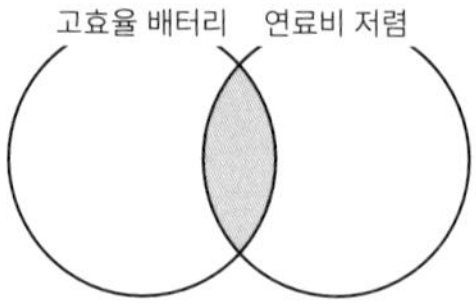

④를 도식화하면

[전제1]과 ④를 도식화하면

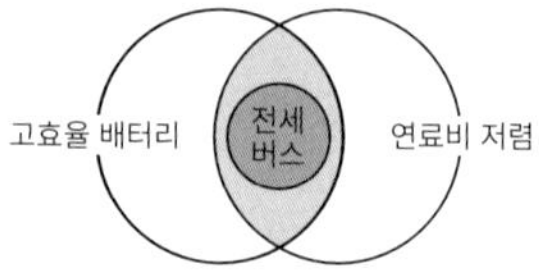

'모든 전세버스는 연료비가 저렴하다.'라는 전제가 있어야 전제들을 통해 '고효율 배터리를 사용하는 어떤 버스는 연료비가 저렴하다.'라는 [결론]이 항상 참이 된다. 따라서 정답은 ④이다.

02 ①

[전제 1]을 도식화하면	[결론]을 도식화하면
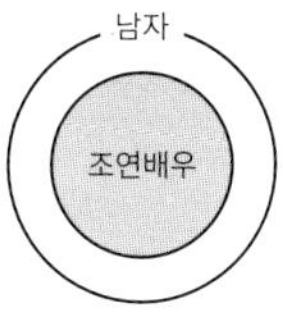	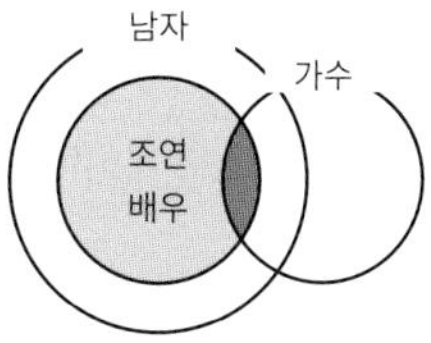 남자, 조연배우, 가수 모두에 공통인 교집합이 존재

④, ⑤ 삼단논법의 개념요소 조건에 위배

[보기 ①]을 도식화하면	[결론]을 도식화하면
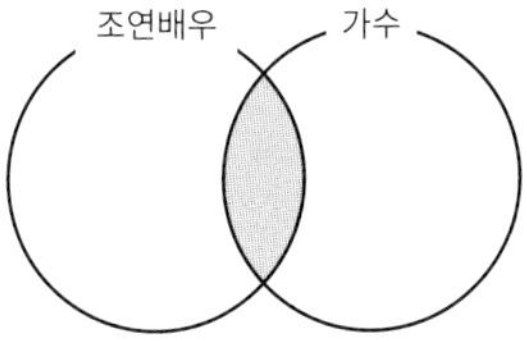	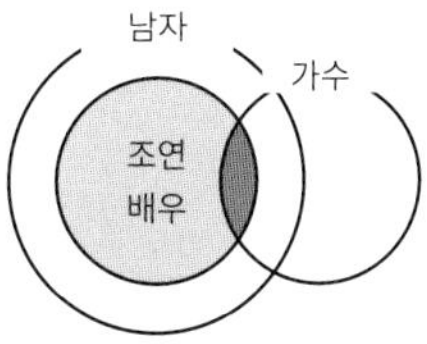
[보기 ②]를 도식화하면	**[결론]을 도식화하면**
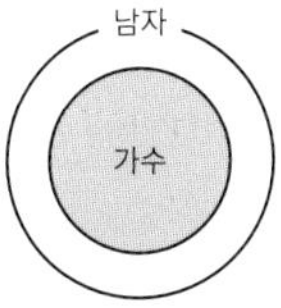	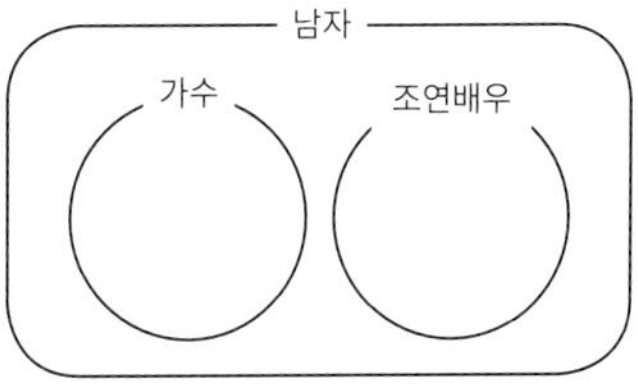 이런 결론이 가능하므로 타당하지 않음
[보기 ③]음 도식화하면	**[결론]을 도식화하면**
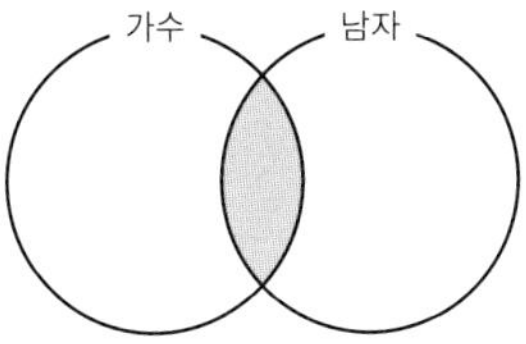	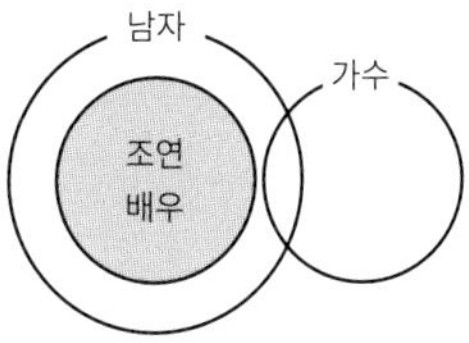 이런 결론이 가능하므로 타당하지 않음

03 ⑤ 정언삼단논법의 규칙에 따라 각 개념요소는 2번 이상 언급되어야 한다. 제시된 전제에서 개념요소는 '걷기', '기숙사 통근', '사외 통근'이다. 그러므로 [결론]에는 '걷기'와 '사외 통근'에 대한 언급이 있어야 한다. 따라서 ②는 제외된다. 그리고 [전제 1]과 [전제 2]의 대우를 도식화하면 다음과 같다.

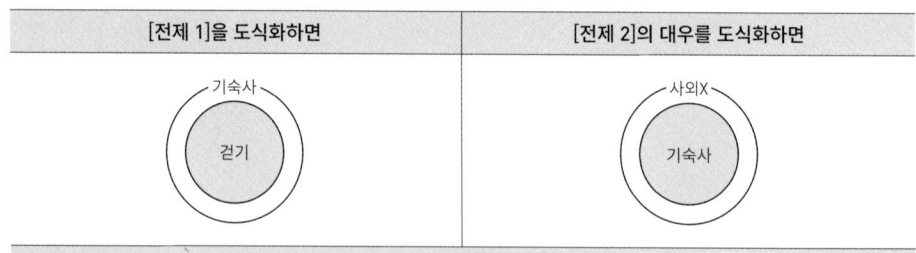

[전제 1]을 도식화하면	[전제 2]의 대우를 도식화하면
	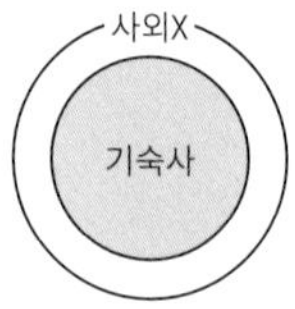

[전제 1]과 [전제 2]의 대우를 같이 도식화하면

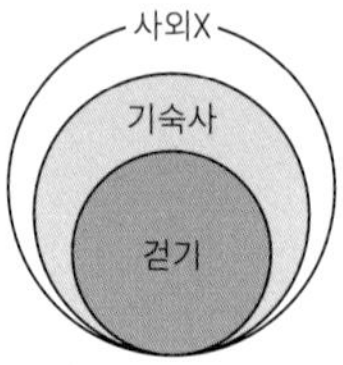

전제들을 통해 '걷기를 좋아하는 모든 사람은 사외 통근하는 사람이 아니다.'라는 [결론]은 항상 참이 된다. 따라서 정답은 ⑤이다.

04 ③ 강아지를 키우는 사람 중 2마리를 키우는 사람이 2명, 1마리를 키우는 사람이 1명이므로, 고양이를 키우는 사람 중 2마리를 키우는 사람이 1명, 1마리를 키우는 사람이 2명이다. 그리고 D는 B가 거짓을 말한다고 하였으므로, D의 진술이 참이면 B의 진술이 거짓이고 D의 진술이 거짓이면 B의 진술이 참이다. 이에 따라 D의 진술이 참인 경우와 거짓인 경우로 나누어 검토할 수 있다.

1) D의 진술이 참인 경우 D는 강아지 1마리를 키우고, B가 거짓을 말하므로 B는 고양이, F는 강아지를 키운다. F의 진술이 참이므로 B와 F 중 한 명은 1마리, 다른 한 명은 2마리를 키우는데, 강아지 1마리를 키우는 사람은 D이므로 F는 강아지 2마리를 키우고 B는 고양이 1마리를 키운다. A, C, E 각각이 키우는 반려동물의 종류와 수는 강아지 2마리, 고양이 1마리, 고양이 2마리 중 서로 다른 하나씩인데, E의 진술이 참일 경우, E는 강아지 1마리를 키우게 되므로 조건에 위배된다. 이에 따라 E의 진술은 거짓이고, E는 고양이 2마리를 키운다. 그리고 A와 C 중 한 명은 강아지 2마리를, 다른 한 명은 고양이 1마리를 키우므로 A의 진술은 거짓이며, 이에 따라 A가 고양이 1마리를, C가 강아지 2마리를 키운다. 이를 정리하면 다음과 같다.

구분	A	B	C	D	E	F
진술의 진위	거짓	거짓	참	참	거짓	참
종류	고양이	고양이	강아지	강아지	고양이	강아지
수	1마리	1마리	2마리	1마리	2마리	2마리

2) D의 진술이 거짓인 경우 D는 고양이 2마리를 키우고, B와 F 중 한 명은 강아지 1마리를, 다른 한 명은 강아지 2마리를 키운다. 그리고 A, C, E 각각이 키우는 반려동물의 종류와 수는 강아지 2마리, 고양이 1마리, 고양이 1마리이므로 A의 진술은 거짓이다. 이에 따라 A는 고양이 1마리를, C는 강아지 2마리를, E는 고양이 1마리를 키운다. E의 진술이 거짓이므로 F는 강아지 1마리를, B는 강아지 2마리를 키운다. 이를 정리하면 다음과 같다.

구분	A	B	C	D	E	F
진술의 진위	거짓	참	참	거짓	거짓	참
종류	고양이	강아지	강아지	고양이	고양이	강아지
수	1마리	2마리	2마리	2마리	1마리	1마리

따라서 어떠한 경우에도 E는 고양이를 키우므로 정답은 ③이다.

05 ③ ㉠에 의해 2번 랜선은 작동하지 않으며, 1번과 3번 랜선은 작동한다. ㉢에 의해 E는 5번 랜선에 연결되어 있는데, 인터넷이 정상적으로 되므로 5번 랜선은 작동하고 4번 랜선은 작동하지 않는다.

또한 ㉡에 의해 A와 C는 1번, 4번 또는 2번, 5번 랜선에 연결되어 있는데, E가 5번 랜선에 연결되어 있으므로 C와 A는 각각 1번과 4번 랜선 중 하나에 연결되어 있다.

이때 ㉣에 의해 B가 A의 바로 다음 번호 랜선에 연결되어 있으므로 A가 1번 랜선, B가 2번 랜선, C가 4번 랜선에 연결되어 있고, 나머지 D는 3번 랜선에 연결되어 있다.

랜선의 작동 여부와 노트북 연결을 정리하면 다음과 같다.

구분	1번	2번	3번	4번	5번
작동 여부	O	X	O	X	O
노트북	A	B	D	C	E

B와 C가 각각 작동하지 않는 2번, 4번 랜선에 연결되어 인터넷이 되지 않는다. 따라서 정답은 ③이다.

06 ③ ㉡에 의해 회의실에 들어간 순서는 F > A > D이며, ㉢에 의해 A와 F는 마시는 커피가 다르므로 F는 에티오피아 커피를 마시고, A와 D는 케냐 커피를 마신다. ㉢에 의해 B와 E는 마시는 커피가 다르고, ㉣에 의해 C가 E보다 먼저 회의실에 들어갔으므로 C와 E는 에티오피아 커피를 마시고 B는 케냐 커피를 마시거나, B와 C는 에티오피아 커피를 마시고 E는 케냐 커피를 마신다. ㉤에 의해 D는 가장 늦게 들어간 사람이 아니므로 케냐 커피를 마시는 사람들이 회의실에 들어간 순서는 A > D > B 또는 A > D > E이며, C는 가장 먼저 들어간 사람이 아니다. 이에 따라 가장 늦게 들어간 사람이 B인 경우와 E인 경우로 나누어 검토할 수 있다.

1) 가장 늦게 들어간 사람이 B인 경우

에티오피아 커피를 마시는 사람은 C, E, F이다. ㉣에 의해 C는 E보다 먼저 회의실에 들어갔고, ㉤에 의해 C는 가장 먼저 들어간 사람이 아니다. 이에 따라 F가 가장 먼저 들어갔고, 그 다음으로 C, E가 순서대로 들어갔다. 이를 정리하면 다음과 같다.

1	2	3	4	5	6
에티오피아			케냐		
F	C	E	A	D	B

2) 가장 늦게 들어간 사람이 E인 경우

에티오피아 커피를 마시는 사람은 B, C, F이다. 그런데 ㉤에 의해 C는 가장 먼저 들어간 사람이 아니므로 C는 두 번째 또는 세 번째에 들어갔다. 이를 정리하면 다음과 같다.

1	2	3	4	5	6
에티오피아			케냐		
B/F	C	F/B	A	D	E
B/F	F/B	C	A	D	E

따라서 어떠한 경우에도 C와 F는 같은 커피를 마시므로 정답은 ③이다.

07 ③ ㉠에 의해 패턴은 2번에서 시작해서 3번에서 종료하며, ㉡에 의해 1번과 6번은 사용할 수 없으므로 5번에서 3번으로 연결하여 종료해야 한다. 이에 따라 2번에서 4번으로 연결하여 시작해야 한다.

㉢에 의해 최소 6개의 숫자를 사용해야 하므로 7, 8, 9 중 두 개 이상의 숫자를 사용해야 한다. 이에 따라 4번에서 7번으로 연결하는 경우와 8번으로 연결하는 경우로 나누어 검토할 수 있다.

1) 4번에서 7번으로 연결하는 경우

7번에서 8번으로 연결하여 이후 '8 - 5 - 3'의 순서로 이어지는 패턴을 만들거나 7번에서 8번과 9번까지 연결하여 이후 '8 - 9 - 5 - 3'의 순서로 이어지는 패턴을 만들 수 있다. 그러므로 만들 수 있는 패턴은 '2 - 4 - 7 - 8 - 5 - 3', '2 - 4 - 7 - 8 - 9 - 5 - 3'의 두 가지이다.

2) 4번에서 8번으로 연결하는 경우

8번에서 7번으로 연결하여 이후 '7 - 5 - 3'의 순서로 이어지는 패턴을 만들거나, 8번에서 9번으로 연결하며 이후 '9 - 5 - 3'의 순서로 이어지는 패턴을 만들 수 있다. 그러므로 만들 수 있는 패턴은 '2 - 4 - 8 - 7 - 5 - 3', '2 - 4 - 8 - 9 - 5 - 3'의 두 가지이다.

따라서 어떠한 경우에도 8번을 사용하지 않는 패턴은 만들 수 없으므로 정답은 ③이다.

08 ⑤ ㉠, ㉤에 의해 A가 출근하고 이틀 뒤에 D가 출근했고, D는 수요일에 출근하지 않았으므로, D가 목요일에 출근한 경우와 금요일에 출근한 경우로 나누어 검토할 수 있다.

1) D가 목요일에 출근한 경우

A는 화요일에 출근하였고, ㉡와 ㉣에 의해 B는 수요일, C는 금요일에 출근하였으며, E는 월요일에 출근하였다. 이를 정리하면 다음과 같다.

월요일	화요일	수요일	목요일	금요일
E	A	B	D	C

2) D가 금요일에 출근한 경우

A는 수요일에 출근하였고, ㉡와 ㉣에 의해 B는 화요일, C는 목요일에 출근하였으며, E는 월요일에 출근하였다. 이를 정리하면 다음과 같다.

월요일	화요일	수요일	목요일	금요일
E	B	A	C	D

따라서 어떠한 경우에도 C는 A보다 늦게 출근하므로 정답은 ⑤이다.

09 ⑤ ㉢~㉥을 정리하면 다음과 같다.

구분	A	B	C	D	E
수출대상국	중국			베트남	
주력 생산품	과자류	음료류	음료류	과자류	마스크
매출액		38억 원	46억 원		34억 원

㉠에 의해 주력 생산품이 음료류인 B와 C의 수출대상국은 중국이고 E의 수출대상국은 베트남이며, A의 주력 생산품은 와플이고 D의 주력 생산품은 쌀과자이다. 또한 ㉡에 의해 A, B, C 3개 회사의 매출액 평균과 D, E 2 개 회사의 매출액 평균이 같으므로 A의 매출액은 42억 원이고 D의 매출액은 50억 원이다. 이를 정리하면 다음과 같다.

구분	A	B	C	D	E
수출대상국	중국	중국	중국	베트남	베트남
주력 생산품	와플	사과주스/생수	생수/사과주스	쌀과자	마스크
매출액	42억 원	38억 원	46억 원	50억 원	34억 원

따라서 어떠한 경우에도 주력 생산품이 와플인 회사와 마스크인 회사의 매출액 차이는 8억 원이므로 정답은 ⑤이다.

10 ④ ㉡에 따르면 동일한 날, 동일한 학교의 설명회에 2명 이상이 참석한 경우는 없었고, ㉢에 따르면 B학교 설명회에 3명 모두가 참석했으므로 순이가 B학교 설명회에 참석한 날은 3일이다. 이에 따라 ㉢~㉥을 정리하면 다음과 같다.

구분	1일	2일	3일	참석 여부
영희	B		순이(1일) 방문 학교	
돌이		B		
순이	영희(3일) 방문 학교		B	~A

순이는 A학교 설명회에 참석하지 않았으므로 1일과 2일에는 C와 D학교 설명회에 참석할 수 있다. 이에 따라 순이가 1일에 C학교, 2일에 D학교 설명회에 참석한 경우와 1일에 D학교, 2일에 C학교 설명회에 참석한 경우로 나누어 검토할 수 있다.

1) 순이가 1일에 C학교, 2일에 D학교 설명회에 참석한 경우

영희가 3일에 C학교 설명회에 참석하게 된다. 영희는 2일에 A 혹은 D학교 설명회에 참석할 수 있는데 순이가 2일에 D학교 설명회에 참석했으므로 영희는 2일에 A학교 설명회에 참석한다. 그리고 돌이는 1일과 3일에 A 혹은 D학교 설명회에 참석할 수 있다. 이를 정리하면 다음과 같다.

구분	1일	2일	3일	참석 여부
영희	B	A	C	~D
돌이	A/D	B	D/A	~C
순이	C	D	B	~A

2) 순이가 1일에 D학교, 2일에 C학교 설명회에 참석한 경우

영희가 3일에 D학교 설명회에 참석하게 된다. 영희는 2일에 A 혹은 C학교 설명회에 참석할 수 있다. 영희가 2일에 C학교 설명회에 참석하는 경우 ㉠, ㉡에 따라 순이는 2일에 A학교 설명회에 참석할 수밖에 없다. 그런데 ㉥에 따르면, 순이는 A학교 설명회에 참석하지 않았으므로 영희가 2일에 C학교 설명회에 참석하는 경우는 조건에 위배된다. 영희가 2일에 A학교 설명회에 참석하는 경우, 순이는 2일에 C학교 설명회에 참석한다. 그리고 돌이는 1일과 3일에 A 혹은 C학교 설명회에 참석할 수 있다. 이를 정리하면 다음과 같다.

구분	1일	2일	3일	참석 여부
영희	B	A	D	~C
돌이	A/C	B	C/A	~D
순이	D	C	B	~A

따라서 영희가 C학교 설명회에 참석했다면 돌이는 C학교 설명회에 참석하지 않았으므로 정답은 ④이다.

11 ④ ⓒ에 의해 B는 첫 번째, C는 세 번째로 보고서를 제출하고, ⓛ에 의해 E는 가장 마지막에 제출하지 않으므로 E가 두 번째로 제출하는 경우와 네 번째로 제출하는 경우로 나누어 검토할 수 있다.

1) E가 두 번째로 제출하는 경우

ⓙ, ⓡ에 의해 D는 A보다 먼저 보고서를 제출하므로, D가 네 번째, A가 가장 마지막으로 보고서를 제출한다. 즉, 'B - E - C - D - A'의 순서로 보고서를 제출한다.

2) E가 네 번째로 제출하는 경우

ⓙ, ⓡ에 의해 D는 A보다 먼저 보고서를 제출하므로, D가 두 번째, A가 가장 마지막으로 보고서를 제출한다. 즉, 'B - D - C - E - A'의 순서로 보고서를 제출한다.

어떠한 경우에도 E는 A보다 보고서를 먼저 제출하므로 ⓙ에 의해 E는 A보다 보고서의 양이 적다. 따라서 정답은 ④이다.

12 ② ⓛ, ⓡ에 의해 B, C의 자리 조합은 각각 (1, 3) 또는 (4, 6)이므로 B, C의 자리 조합이 (1, 3)인 경우와 (4, 6)인 경우로 나누어 검토할 수 있다.

1) B, C의 자리 조합이 (1, 3)인 경우 ⓡ에 의해 A, E의 자리는 2, 5, 6 중에 있다. ⓒ에 의해 E의 자리는 2 또는 5이고, A의 자리는 6이다. ⓙ에 의해 D의 자리는 4와 5일 수 없으므로 D의 자리는 2, E의 자리는 5이고, 나머지 F의 자리는 4이다.

복도	B	D	C
	F	E	A

2) B, C의 자리 조합이 (4, 6)인 경우 ⓡ에 의해 A, E의 자리는 2, 3, 5 중에 있다. ⓒ에 의해 E의 자리는 2 또는 5이고 A의 자리는 3이다. ⓙ에 의해 D의 자리는 1과 2일 수 없으므로 D의 자리는 5, E의 자리는 2이고, 나머지 F의 자리는 1이다.

복도	F	E	A
	B	D	C

따라서 어떠한 경우에도 F와 서로 마주 보는 자리에 배치된 사람은 B이므로 정답은 ②이다.

13 ④ ㉡, ㉢에 따라 산지별 와인 제품 수로 가능한 조합은 (칠레산, 이태리산, 프랑스산) 기준으로 (1가지, 2가지, 7가지), (1가지, 3가지, 6가지), (1가지, 4가지, 5가지), (2가지, 3가지, 5가지)이다. 그런데 ㉣, ㉤에 따라 이태리산 와인 제품 수는 최소 3가지이므로, (1가지, 2가지, 7가지)인 경우는 불가능하다. 이에 따라 산지별 와인 제품 수가 (1가지, 3가지, 6가지)인 경우, (1가지, 4가지, 5가지)인 경우, (2가지, 3가지, 5가지)인 경우로 나누어 검토할 수 있다.

1) 칠레산, 이태리산, 프랑스산 와인이 각각 1가지, 3가지, 6가지인 경우

㉣에 따라 칠레산 와인은 레드와인이다. 그리고 ㉤에 의해 이태리산 와인은 화이트와인이 2가지, 레드와인이 1가지이고, ㉠에 의해 프랑스산 와인은 화이트와인이 2가지, 레드와인이 4가지이다. 이를 정리하면 다음과 같다.

구분	칠레산	이태리산	프랑스산	합계
화이트	0가지	2가지	2가지	4가지
레드	1가지	1가지	4가지	6가지
합계	1가지	3가지	6가지	10가지

2) 칠레산, 이태리산, 프랑스산 와인이 각각 1가지, 4가지, 5가지인 경우

㉣에 따라 칠레산 와인은 레드와인이다. 그리고 ㉤에 의해 이태리산 와인은 화이트와인이 3가지, 레드와인이 1가지이고, ㉠에 의해 프랑스산 와인은 화이트와인이 1가지, 레드와인이 4가지이다. 이를 정리하면 다음과 같다.

구분	칠레산	이태리산	프랑스산	합계
화이트	0가지	3가지	1가지	4가지
레드	1가지	1가지	4가지	6가지
합계	1가지	4가지	5가지	10가지

3) 칠레산, 이태리산, 프랑스산 와인이 각각 2가지, 3가지, 5가지인 경우

㉤에 따라 이태리산 와인은 화이트와인이 2가지, 레드와인이 1가지이다. 그리고 ㉣에 의해 칠레산 와인 2가지 중 1가지만 레드와인인 경우와 2가지 모두 레드와인인 경우가 가능하다. 이를 정리하면 다음과 같다.

구분	칠레산	이태리산	프랑스산	합계
화이트	1/0가지	2가지	1/2가지	4가지
레드	1/2가지	1가지	4/3가지	6가지
합계	2가지	3가지	5가지	10가지

따라서 어떠한 경우에도 이태리산 와인 제품 중 레드와인은 1가지이므로 정답은 ④이다.

14 ⑤ ㉢에 의해 E는 A보다 늦게 터지고, ㉣에 의해 C와 D도 A보다 늦게 터진다. 즉, A보다 늦게 터지는 폭탄이 적어도 3개 이상이므로 A는 가장 먼저 터지거나 두 번째로 터진다. 그런데 ㉤에 의해 3타입의 폭탄이 가장 먼저 터지고, ㉥에 의해 A는 3타입의 폭탄이 아니므로 A는 10시 5분에 터지고, B는 10시 정각에 터진다. 이를 정리하면 다음과 같다.

시간	10시	10시 5분	10시 10분	10시 15분	10시 20분
폭탄		B		A	
타입			3타입		

㉥에 의해 A는 2타입의 폭탄이 아니고 ㉤에 의해 2타입의 폭탄은 E보다 먼저 터진다. ㉦에 의해 E는 10시 15분에 터지며, 10시 20분에는 5타입의 폭탄인 D가 터진다. 10시 10분에는 C가 터지고, ㉦에 의해 E는 1타입의 폭탄이 아니므로 4타입의 폭탄이다. 이를 정리하면 다음과 같다.

시간	10시	10시 5분	10시 10분	10시 15분	10시 20분
폭탄	B	A	C	E	D
타입	3타입	1타입	2타입	4타입	5타입

이에 따라 각 시간별로 건물에서 폭탄이 터지는 위치는 다음과 같다.

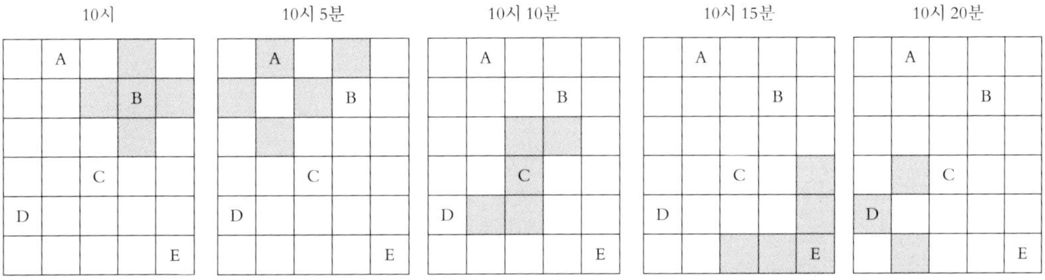

따라서 10시 20분에 4행 1열은 터지지 않으므로 정답은 ⑤이다.

15 ③ ▲는 다음과 같이 값이 증감한다: ABCD → A(0)B(+1)C(0)D(+1)

★는 다음과 같이 값이 증감한다: ABCD → A(-1)B(-2)C(-1)D(-2)

○는 다음과 같이 순서가 변화한다: ABCD → BDAC

□는 다음과 같이 순서가 변화한다: ABCD → CADB

NEAO	→	EONA	→	EPNB
	○		▲	

따라서 물음표에 들어갈 문자는 'EPNB'이므로 정답은 ③이다.

16 ②

C53D	→	B32B	→	3BB2
	★		○	

따라서 물음표에 들어갈 문자는 '3BB2'이므로 정답은 ②이다.

17 ④

U6KE	→	U7KF	→	T5JD
	▲		★	

따라서 물음표에 들어갈 문자는 'U6KE'이므로 정답은 ④이다.

18 ④

DV27	→	DW28	→	2D8W	→	1B7U
	▲		□		★	

따라서 물음표에 들어갈 문자는 'DV27'이므로 정답은 ④이다.

19 ④ 세로를 기준으로, 아래로 내려갈 때마다 시계 반대방향으로 90도씩 회전하고 있다.

20 ⑤ 각 행에서 다음 열로 이동할 때, 외부 도형과 내부 도형 모두 반시계 방향으로 90도 회전 후 색 반전한다. 따라서 정답은 ⑤이다.

21 ① 각 행에서 3열 외부 도형의 내부 도형은 1열 외부 도형의 내부 도형과 2열 외부 도형의 색과 무관하게 내부 도형이 같으면 1열 외부 도형의 내부 도형을 색 반전한 후 시계 방향으로 90도 회전하고, 색과 무관하게 내부 도형이 같지 않으면 2열 외부 도형의 내부 도형을 반시계 방향으로 90도 회전한다. 따라서 정답은 ①이다.

22 ④ 가장 먼저 수동적인 태도에 대해 설명하며, 수동적인 태도의 반대로 여겨지는 공격적인 태도와 단호한 태도를 언급하는 (B)가 와야 한다. (B)에서 공격적인 태도와 단호한 태도가 차이가 있다고 하였으므로, (B)의 뒤에는 공격적인 태도와 단호한 태도 중 단호한 태도에 대해 먼저 설명하는 (D)가 와야 한다. (D)의 뒤에는 단호한 태도와 구분되는 공격적인 태도에 대해 설명하는 (A)가 와야 한다. (A)의 뒤에는 공격적인 태도의 특징에서 발생되는 문제점에 대해 설명하는 (C)가 와야 한다. 따라서 (A)~(D)를 문맥에 맞게 순서대로 배열하면 '(B) - (D) - (A) - (C)'이므로 정답은 ④이다.

23 ② 펠리클이 무엇인지를 설명하는 (C)문단이 가장 먼저 와야 한다. (C)문단의 마지막에서 펠리클이 EUV 공정에서 매우 중요한 역할을 한다고 하였으므로, (A)문단이 (C)문단 뒤에 이어져야 한다. 또한 (A)문단의 마지막에서 펠리클의 사용은 전체적인 생산비용을 줄일 뿐 아니라 수율 자체를 끌어올릴 수 있다고 하였고, (D)문단에서는 EUV 공정의 수율을 높이는 방법 중 가장 중요한 것이 펠리클의 투과율을 증가시키는 것이라고 하였으므로, (D)문단이 (A)문단 뒤에 이어지는 것이 적절하다. (D)문단의 마지막에서는 국내 기업에서 투과율이 91%를 넘는 펠리클을 개발하는 데 성공하였다고 하였으며, (B)문단에서는 투과율이 높은 펠리클이 개발됐음에도 펠리클의 상용화에 대한 태도는 미온적이라고 설명하였다. 이에 따라 (B)문단이 (D)문단 뒤에 이어져야 한다. 따라서 (A)~(D)를 문맥에 맞게 순서대로 배열하면 '(C) - (A) - (D) - (B)'이므로 정답은 ②이다.

24 ① 체크카드로 청구 할인을 이용하면 현장에서 정상 금액이 계좌에서 출금된 후, 체크카드에 설정된 계약일에 할인된 금액만큼 계좌로 입금된다고 하였다. 이를 통해 체크카드로도 청구 할인을 이용할 수 있을 것임을 추론할 수 있다. 따라서 정답은 ①이다.

② 청구 할인은 포인트 적립률이 정상 금액에 적용된다는 장점이 있다고 하였다. 이를 통해 청구 할인은 포인트 적립률이 할인 전 금액에 적용될 것임을 추론할 수 있다.

③ 현장 할인은 청구 할인처럼 할인 여부를 추후 청구서로 확인해야 하는 번거로움이 없으며, 결제 현장에서 할인이 적용된 금액이 결제된다고 하였다.

④ 청구 할인은 현장에서 할인 전 금액을 신용카드로 먼저 결제하면 추후 카드 대금 결제일에 자동이체계좌에서 할인이 적용된 금액으로 카드 대금이 출금된다고 하였다.

⑤ 청구 할인은 할인 여부를 청구서로 확인해야 하는 번거로움이 있다고 하였으며, 현장 할인은 결제 및 청구 시 모두 할인 금액으로 적용된다고 하였다. 이를 통해 구매 대금 1만 원에 대해 청구 할인 5% 혜택과 현장 할인 5% 혜택을 받은 경우 모두 청구 금액은 9천 5백 원으로 동일할 것임을 추론할 수 있다.

25 ④ 액체 상태의 마그마가 관입하면 그 주변 암석의 성질은 달라지며, 마그마는 냉각을 거쳐 화성암이 된다고 하였다. 따라서 마그마의 관입 여부와 상관없이 관입암 주변의 암석은 성질이 항상 동일한 것이 아니므로 정답은 ④이다.

① 관입암만 두고 볼 때 가장자리는 중심부에 비해 빨리 식으므로 상대적으로 입자가 작다고 하였다. 이를 통해 하나의 관입암에서도 그 부위에 따라 입자 크기가 동일하지 않을 수 있음을 추론할 수 있다.

② 지하 심부에서 발생한 마그마가 원래 존재하던 암석을 뚫고 들어가는 현상을 관입이라고 하며, 관입을 통해 암석 내부에 형성되는 화성암을 관입암이라고 하였다. 또한, 관입암이 지표에서 보인다면 그 지역은 융기 이후 윗부분이 모두 침식된 지역이라고 하였다. 이를 통해 관입암은 지하에서 생성되어 지하에 존재하며, 융기와 침식이 없었던 지역이라면 여전히 관입암이 지하에 존재함을 추론할 수 있다.

③ 지질학적으로 관입암은 그 주변 암석보다 시간적으로 후기에 형성된 것으로 간주된다고 하였다. 이를 통해 지질학적으로 관입암은 그 주변 암석과 형성 시기가 같지 않음을 추론할 수 있다.

⑤ 마그마가 암석을 모두 뚫고 지표로 나와 형성되는 화산암과 달리 관입암은 입자가 크며, 이는 관입이 지하에서 발생함에 따라 마그마가 식어서 암석이 되기까지 오랜 시간이 걸리기 때문이라고 하였다. 이를 통해 마그마의 냉각으로 생성된 암석은 마그마의 냉각 속도가 빠르면 입자가 작고, 마그마의 냉각 속도가 느리면 입자가 큼을 추론할 수 있다.

26 ③ 실손의료보험은 2009년 이후 표준화 작업을 통해 의료비의 90%까지만 보장하는 상품만 출시되고 있다고 하였다. 따라서 정답은 ③이다.

① 실손의료보험은 보험료가 3~5년마다 갱신되며, 나이가 들수록 보험료가 상승한다고 하였다.

② 실손의료보험은 보험사에 따라 상이하지만 일반적으로 만 60세 또는 만 65세까지 가입이 가능하다고 하였다.

④ 여러 보험사의 실손의료보험에 가입했더라도 한곳에서만 보장받을 수 있다고 하였다.

⑤ 보장은 가입 시기를 기준으로 하며, 과거에는 의료비를 전액 보장하는 상품도 많았다고 하였다. 이를 통해 2009년 표준화 작업 이전에 실손의료보험에 가입한 경우 가입한 상품에 따라 병원비 중 본인부담금을 모두 보장받을 수도 있을 것임을 추론할 수 있다.

27 ⑤ 스트룹 검사에서 불일치 조건은 단어의 색과 글자가 일치하지 않는 상황이며, 피실험자들은 불일치 조건에서 자동화된 반응을 억제하는 과정을 거치기 때문에 일치 조건에서보다 글자의 색을 정확히 말하는 데 더 많은 시간을 소요한다고 하였다. 이를 통해 스트룹 검사의 불일치 조건에서 자동화된 반응이란 단어의 색이 아닌 글자를 말하는 것임을 추론할 수 있다. 따라서 정답은 ⑤이다.

① 어떤 행동을 반복적으로 쉽게 처리하는 것이 자동적 처리이며, 인지적인 노력과 주의를 기울여야 하는 것이 의식적 처리라고 하였다. 이를 통해 자동적 처리에는 인지적인 노력이 필요하지 않음을 추론할 수 있다.

② 스트룹 효과를 통해 하나의 자극에 대해 언어 구성 요소와 지각 구성 요소에서 파생된 정보가 충돌할 경우 의식적이고 의도적인 노력이 필요하다는 것을 알 수 있다고 하였다. 이를 통해 언어 구성 요소와 지각 구성 요소가 충돌할 수 있음을 추론할 수 있다.

③ 자동적 처리가 의식적 처리보다 빠르게 이루어진다고 하였다.

④ 스트룹 검사에서 일치 조건은 단어의 색과 글자가 일치하는 상황이며, 불일치 조건은 단어의 색과 글자가 불일치하는 상황이라고 하였다. 이를 통해 스트룹 검사의 두 조건에서 동일한 단어가 나오더라도 단어의 색은 동일하지 않음을 추론할 수 있다.

---

28 ⑤ 인간의 뇌는 '뉴런'이라 불리는 뇌세포로 구성되어 있으며, 수많은 뇌세포는 시냅스로 복잡하게 연결되어 있다고 하였다. 또한 감각기관이 제공하는 정보는 전기 신호로 바뀌고, 뇌세포들은 시냅스 연결을 통해 이를 주고받는다. 이를 통해 시냅스가 없다면 감각에 대한 정보를 다른 뉴런으로부터 전달받지 못한 뉴런이 생길 것임을 추론할 수 있다. 따라서 정답은 ⑤이다.

① 인간의 뇌는 '뉴런'이라 불리는 뇌세포로 구성되어 있으며, 수많은 뇌세포는 '시냅스'로 복잡하게 연결되어 있다고 하였다. 이를 통해 뉴런의 수보다 뉴런들을 복잡하게 연결하고 있는 시냅스의 수가 더 많을 것임을 추론할 수 있다.

② 뇌는 수면을 통해 정기적으로 휴식을 취해야 피로가 해소되고 그 기능이 회복된다고 하였다. 하지만 이를 통해 뇌의 피로를 해소할 수 있는 방법이 수면뿐이라고 추론할 수는 없다.

③ 수면은 뇌의 노폐물 및 독소 배출과도 관련이 있는데, 잠을 자지 않을 때보다 잠을 잘 때에 우리가 깨어 있는 동안 쌓인 뇌의 독소와 노폐물이 더 빠르게 배출된다고 하였다. 하지만 제시된 글 어느 부분을 통해서도 수면이 뇌의 노폐물 배출을 방해하는 경우가 있다는 내용을 추론할 수 없다.

④ 신체의 정보를 처리하는 기관인 뇌는 우리 몸이 소비하는 전체 에너지의 약 18%를 소비한다고 하였다. 하지만 이를 통해 신체기관 중 뇌가 가장 많은 양의 에너지를 소비한다는 것을 추론할 수는 없다.

29 ⑤ 제시글에서는 앞으로도 전 세계적으로 파운드리에 대한 의존도가 더욱 심화될 것임을 예측할 수 있다고 주장한다. 이러한 주장을 뒷받침하기 위해 많은 글로벌 ICT 기업을 시작으로 기업에서 자체 제품과 서비스를 위한 전용 칩을 생산하여 위탁생산하고 있다는 점을 근거로 들고 있다. 이에 따라 제시글을 읽고 반박하기 위해서는 파운드리에 대한 의존도를 낮추기 위해 반도체 설계와 생산을 동시에 하는 글로벌 ICT 기업이 늘고 있다고 주장하는 것이 적절하다. 따라서 정답은 ⑤이다.

30 ⑤ 제시문의 주장을 도식화 해보면 다음과 같다.

근거: 반시장적 행위는 시장의 논리만으로 통제되기 어렵다.

주장: 윤리적 규범이나 사회적 규칙이 필요하다.

따라서 가장 적절한 반론은 근거를 반박하는 '반시장적 행위도 시장의 논리로 통제가 될 수 있다'는 내용이 담겨야 한다. 따라서 보기 ⑤번이 가장 적절한 답이 된다.

직무상식

01	①	06	②	11	②	16	④	21	②	26	①
02	③	07	⑤	12	②	17	④	22	②	27	④
03	③	08	③	13	②	18	③	23	③	28	②
04	③	09	④	14	③	19	④	24	⑤	29	④
05	④	10	②	15	②	20	②	25	③	30	②

01 ①

홍역, 수두, 활동성 결핵 환자를 간호할 때는 공기주의 격리지침을 준수한다. 간호 전 반드시 N95 마스크를 착용하며, 환자는 음압 병실에 격리하고 병실문은 항상 닫아둔다. 활동성 결핵 환자의 이동은 최소화하며, 이동이 필요한 경우 내쉬는 공기가 걸러질 수 있도록 환자에게 외과용 마스크를 착용하게 한다.(N95 마스크는 유입되는 공기를 걸러주는 작용을 하므로 적절하지 않다.)

㉡ 장갑 착용과 관계 없이 혈액, 체액, 분비물, 오염된 물건과 접촉한 후에는 반드시 손을 씻는다.

㉣ VRE는 직접 또는 간접 접촉에 의해 전파되므로 접촉주의 격리지침을 준수하여 간호한다. 가능한 환자이동을 제한하고 이동 시 덧가운이나 시트로 감싸 접촉되지 않도록 한다.

02 ③

욕창 상처는 증류수 혹은 생리식염수를 이용하여 세척하며, 피부통합성 유지를 위해 적절한 수분을 제공한다. 발뒤꿈치, 천골, 미골과 같은 부위에 실리콘 성분의 복합층 폼 드레싱을 예방적으로 적용하는 것은 욕창 발생률을 감소시킨다.

㉡ 탄성이 적은 단단한 매트리스는 요통 완화에 도움이 된다. 욕창을 예방할 때는 특수 기능을 갖춘 대체 매트리스나 오버레이 매트리스, 물 침대 등을 사용한다.

03 ③

㉠ 원활한 배변을 위해 충분하게 수분을 섭취한다.

㉡ 장루는 인공 항문에 해당하는 것으로 무균적으로 수행할 필요가 없다.

㉣ 장루 주머니에 가스와 변이 1/3~1/2 정도 차면 배액시키고 배설량을 측정한다.

04 ③

알레르기 반응은 혈장단백질의 항원-항체 반응에 의해 발생하며 홍조, 가려움, 두드러기, 천식, 호흡곤란 등의 증상이 나타난다. 중재로는 즉시 수혈을 중단하며 의사에게 알린다. 활력징후를 측정하고 대상자를 사정하며 처방에 따라 해열제와 항히스타민제를 투여할 수 있다.

05 ④

활동성 결핵이란 전염의 가능성이 있는 상태를 의미한다. 혈액검사에서 급성기 염증과 관련된 ESR(적혈구침강속도), CRP(C-반응단백질) 수치가 증가할 수 있다. 객담 항산균 도말검사 및 투베르쿨린 검사에서 양성의 결과가 나타난다.(투베르쿨린 검사에서 일반적으로 경결의 지름이 10mm 이상일 때 양성으로 판정함)

㉠ 석회화 병변은 칼슘이 침착하여 석회화되어 치유된 병변을 의미하며 활동성 결핵일 때는 침윤, 공동 등이 나타날 수 있다.

개념

항결핵제 복용법: 항결핵제의 흡수율을 높이기 위해 공복에 복용하며 약제 간 효과를 높이고 내성 발생을 줄이기 위해 1일 1회 한꺼번에 복용하도록 한다.

참고

항결핵제를 2주 이상 복용하면 결핵균의 전염력이 급격히 감소한다. 2주 이상 항결핵제를 효과적으로 복용하고 호흡기 증상이 없으며 객담 배양 검사에서 음성이 나왔을 때 전염성이 없는 상태로 간주하나, 완치를 의미하는 것은 아니다.

06 ②

혈중 칼륨 농도의 정상범위는 3.5~5.0mEq/L 이다. 혈중 칼륨 농도가 7.5mEq/L로 고칼륨혈증 상태임을 알 수 있다. 혈중 칼륨 농도의 상승은 부정맥을 유발할 수 있으므로 심전도 검사를 시행하며 칼륨 섭취를 제한한다. 이뇨제 투여, 인슐린과 포도당 투여, kayexalate를 투여해 혈중 칼륨 농도를 낮춘다.

㉡ 바나나는 칼륨이 많이 함유된 식품에 해당하므로 제한한다.

㉢ spironolactone은 칼륨 보유 이뇨제로 혈중 칼륨 농도가 높을 때는 투여를 제한한다. 칼륨 배설을 돕는 furosemide와 같은 이뇨제를 투여한다.

참고

인슐린은 나트륨-칼륨 펌프를 자극 → 칼륨을 세포 내로 이동시킴 → 혈장 내 칼륨 및 혈당을 낮춤 → 인슐린과 고장성 포도당을 함께 주입해 칼륨 농도를 낮추고 저혈당을 방지함

07 ⑤

warfarin은 비타민 K의 역할을 저해하여 항응고 효과를 나타내는 약물이다. 시금치와 같은 녹색 채소에는 비타민 K가 많이 포함되어 있어 항응고 효과를 저해할 수 있다. warfarin을 복용할 때는 시금치와 같은 녹색 채소를 다량 섭취하지 않도록 교육하는 것이 필요하다.

08 ③

㉠ 커프 압력이 높을 경우 조직을 압박해 기관벽이 괴사될 수 있고, 낮을 경우 기도 내 흡인될 수 있으므로 적정 압력을 유지한다.
(적정 압력: 20~25mmHg, 20~30cmH$_2$O 정도)

㉢ 기관절개관 고정끈을 너무 조이면 주위 조직을 압박하거나 질식을 유발하고 너무 느슨하면 분비물 흡인 및 발관을 초래할 수 있으므로 너무 조이거나 헐겁지 않도록 고정한다.

㉣ 감염 예방을 위해 기관절개 주변 피부는 청결하고 건조하게 관리한다.

09 ④

시술 후, 액체를 제거한 빈 공간으로 폐가 확장되는 것을 돕고 흉막액 유출을 방지하기 위해 천자부위를 위로 가게 하고 건강한 쪽이 아래로 가는 자세를 취해 준다.

10 ②

ABGA 검사 상 pH 7.35, HCO_3^- 22mEq/L 보다 낮을 때 대사성 산증을 예상할 수 있다. 정상적으로 신장을 통해 산을 배설하며 중탄산이온에 의해 중화시킨다. 하지만, 신부전인 경우 신장 기능이 저하되면서 산의 배설이 감소하고 중탄산이온의 흡수 장애로 대사성 산증이 유발된다. 당뇨병성케톤산증의 경우 인슐린이 부족해 지방을 대사하면서 케톤체가 생성되어 대사성 산증이 유발된다.

㉡ 알도스테론 호르몬이 과다한 경우 신장에서 나트륨 재흡수가 증가하고 칼륨과 수소이온이 배설된다. 수소이온의 상실로 대사성 알칼리증이 나타나게 된다.

㉣ 구토를 하게 되면 산성 성분인 위액이 소실되어 대사성 알칼리증이 발생할 수 있다.

11 ②

당뇨병성케톤산증이란 인슐린의 용량이 부족하거나 생성되지 않아 발생하는 대사성 산증 상태를 의미한다. 이는 인슐린이 부족하여 지방이 분해되고, 그로 인해 지방산의 대사산물인 케톤체가 발생하여 대사성 산증이 유발되는 것이다. 따라서 pH, HCO_3^-는 정상 범위보다 낮게 나타난다.

참고

당뇨병성케톤산증(DKA)의 증상: 케톤뇨, 고혈당, 구토, 다뇨, 탈수, 빈맥, 대사성 산증, 쿠스말 호흡, 호흡 시 아세톤 냄새 등

12 ②

심부전이란, 심장이 제 기능을 하지 못해 신체 조직에 필요한 혈액을 충분히 공급하지 못하는 상태를 말한다. 증상 완화를 위해 전부하와 후부하를 낮추고 심근 수축력을 강화시키는 중재가 필요하다. Digitalis 제제인 Digoxin은 심근 수축력을 강화하며 혈관 확장제는 후부하를 감소시킨다.

㉠ 이뇨제는 나트륨과 수분의 배설을 도와 전부하를 낮춰주는 효과를 갖는다.

㉢ 칼륨 수치가 저하되면 Digitalis 독성 증상이 가중될 수 있다. 그러므로 칼륨 수치가 정상 범위 내 유지되는지 주의 깊게 monitoring한다.

13 ②

저칼륨혈증일 때 심전도에서 뚜렷한 U파가 특징적으로 나타난다. 이외 T파 및 ST 분절의 하강 등의 변화를 보인다.

㉠, ㉢ 고칼륨혈증일 때 나타나는 심전도의 변화이다.

14 ③

뇌막염(수막염)이란 뇌와 척수를 싸고 있는 수막에 세균, 바이러스 등의 침입으로 염증이 발생한 상태를 의미한다. 증상으로는 Kernig 징후 양성, Brudzinski 징후 양성, 경부경직, 두통, 발열, 오심, 구토, 광선공포증, 산재성 혈관 내 응고(DIC) 등이 있다.

③ Romberg 검사는 감각성 실조를 평가하는 검사로, 눈을 감고 똑바로 선 상태에서 비틀거리거나 자세를 유지하지 못할 경우 양성으로 판단한다.

개념 Kering 징후, Brudzinski 징후

Kernig 징후	앙와위에서 무릎을 구부렸다가 펼 때 통증이 발생하면 양성으로 판정하며 뇌수막염을 예측할 수 있다.
Brudzinski 징후	목을 가슴 쪽으로 굽힐 때 고관절과 무릎이 저절로 굽혀지면 양성으로 판정하며 뇌수막염을 예측할 수 있다.

15 ②

GCS(Glasgow coma scale)는 E, V, M 3가지 영역을 통해 대상자의 의식수준을 사정하는 도구로서 3가지 영역을 평가하여 점수를 합산해 환자의 의식 상태를 사정한다. E는 눈뜨는 반응(eye opening)을, V는 언어 반응(verbal response)을, M은 운동 반응(motor response)을 의미한다. 통증을 주었을 때 눈을 뜨므로 E2, 알 수 없는 소리만을 내고 있으므로 V2, 자극에 움츠리는 반응을 보이므로 M4로 평가할 수 있다.

개념 GCS(Glasgow coma scale)

영역	점수	반응
눈 뜨는 반응 (E)	4	자발적으로 눈을 뜸
	3	부르면 눈을 뜸
	2	통증자극에 의해 눈을 뜸
	1	전혀 눈을 뜨지 않음
언어 반응 (V)	5	지남력 있음
	4	혼돈된 대화
	3	부적절한 언어
	2	이해할 수 없는 언어, 신음
	1	전혀 소리를 내지 않음
운동반사 반응 (M)	6	지시에 따라 움직임
	5	통증에 국소적 반응이 있음
	4	자극에 움츠림
	3	부적절한 굴곡반응
	2	부적절한 신전반응
	1	전혀 움직이지 않음

16 ④

ABGA 검사는 정상범위, Na 158mEq/L은 정상범위(정상범위 135~145mEq/L)보다 높으며, K는 정상범위(정상범위 3.5~5.0mEq/L) 내 위치함을 알 수 있다. 고나트륨혈증인 상태이므로 저장성 용액인 0.45% 생리식염수를 주입하고 저염식이를 제공하도록 한다.

③ ABGA 상 정상수치이므로 고농도의 산소는 필요하지 않다.

⑤ K 수치가 정상이므로 칼륨이 많이 함유된 녹황색 채소의 추가적인 섭취는 필요하지 않다.

개념 정상범위

pH	7.35~7.45	PaO_2	80~100mmHg
$PaCO_2$	35~45mmHg	HCO_3^-	22~26mEq/L

17 ④

기도 개방과 관련된 간호중재는 어떠한 상황에서도 가장 먼저 수행되어야 한다. 고개를 옆으로 돌려 분비물이 기도로 흡인되는 것을 예방한다.

18 ③

광선요법이란, 혈청 빌리루빈의 배설을 돕기 위한 치료법을 말한다. 빌리루빈이 광 에너지를 흡수하여 간대사를 거치지 않고 담즙과 소변으로 배출되도록 돕는 것이다.

광선요법을 적용할 때에는 빛으로 인한 손상을 예방하기 위해 안대를 착용하고 고환도 가려야 한다. 또한, 탈수가 오기 쉬우므로 충분한 수분을 공급한다.

㉡ 광선조사기는 제조사가 규정한 거리에 맞추어 적용한다.

19 ④

자궁저부가 높아지면서 횡격막이 상승하며 이로 인해 심첨부위가 변할 수 있다. progesterone의 분비 증가로 식도괄약근이 이완되어 가슴앓이가 발생할 수 있으며 장의 연동운동이 저하되어 변비, 치질 등이 유발될 수 있다. 또한 혈구량에 비해 혈장량이 과도하게 증가하여 생리적 빈혈이 발생하게 된다.

㉠ 자궁경부는 혈액이 충혈되면서 부드러워진다.

20 ②

전환장애란, 정신적 갈등이나 문제로 인해 감각기관이나 수의근계 기능상실 증상으로 전환되어 나타나는 것을 의미한다. 부모님과의 갈등으로 인해 눈이 안 보이는 감각기관의 상실이 갑자기 발생했으므로 전환장애를 예측할 수 있다.

① 해리장애: 의식, 기억, 행동 및 자기정체감의 통합적 기능에 갑작스럽게 일시적인 이상이 나타나는 장애로 기억장애, 지남력장애, 이인감 등이 나타나는 것을 의미한다.

③ 허위성장애: 질병에 걸렸다는 믿음으로 질병의 증상이나 환자의 역할을 모방하는 것을 의미한다.

④ 사회불안장애: 사회적 상황 혹은 대인관계에서 불안이 나타나는 것을 의미한다.

⑤ 편집성성격장애: 타인에 대한 불신과 의심으로 적대적인 태도를 보이는 성격장애를 의미한다.

21 ②

25000u : 5ml = 12000u : $x$cc

$\therefore x = 2.4$cc

22 ②

1000unit : 10cc = 3unit : $x$cc

$\therefore x = 0.03$cc

23 ③

20mg, bid의 처방은 한 번에 2 tablet(20mg)을 하루 2 번 복용하라는 의미이다.

그러므로 3일 동안 총 12개의 tablet을 복용하게 된다.

24 ⑤

10mg, bid의 처방은 한 번에 2 tablet(10mg)을 하루 2 번 복용하라는 의미이다.

그러므로 5일 동안 총 20개의 tablet을 복용하게 된다.

25 ③

$$\frac{\text{용질의 양}}{\text{용액의 양}} \times 100 = \text{농도}$$

$$\frac{(0.1 \times 450) + (0.2 \times 50)}{450 + 50} \times 100 = 11\%$$

26 ①

$$\frac{\text{주입량(ml)}}{\text{주입시간}} = \text{시간당 주입량(ml/hr)}$$

$$\frac{200\text{ml}}{8\text{hr}} = 25\text{(ml/hr)}$$

27 ④

1) $\frac{\text{주입량(ml)}}{\text{주입시간}} = \text{시간당 주입량(ml/hr)}$

$$\frac{200\text{ml}}{10\text{hr}} = 20\text{(ml/hr)}$$

2) 1pm~8am(7시간) 수액 주입량

20ml × 7시간 = 140ml

남은 수액량: 200ml - 140 = 60ml

28 ②

$$\frac{\text{주입량(ml)} \times 20\text{gtt/ml}}{\text{주입시간} \times 60\text{min}} = \text{분당 방울 수(gtt/min)}$$

$$\frac{1000\text{(ml)} \times 20\text{gtt/ml}}{24\text{hr} \times 60\text{min}} = \text{약 } 13.8\text{(gtt/min)}$$

29 ④

$$\frac{\text{주입량(ml)} \times 20\text{gtt/ml}}{\text{주입시간} \times 60\text{min}} = \text{분당 방울 수(gtt/min)}$$

$$\frac{200\text{(ml)} \times 20\text{gtt/ml}}{2\text{hr} \times 60\text{min}} = 33.3\text{(gtt/min)}$$

30 ②

1) 20mg : 500ml = $x$mg : 1ml

∴ 1ml 당 0.04mg(40㎍)의 약물이 녹아있는 것

2) 1시간동안 0.1㎍ × 60kg × 60min = 360㎍의 Norepinephrine이 투여된다.

1ml : 40㎍ = $y$ml: 360㎍

$\therefore y = 9$(cc/hr)

4부

실전 모의고사 2회

수리논리

01	③	06	②	11	③	16	⑤				
02	③	07	①	12	③	17	①				
03	⑤	08	④	13	④	18	①				
04	③	09	③	14	②	19	⑤				
05	①	10	②	15	②	20	②				

01 ③ A업체에서 공기청정기 또는 선풍기를 구매한 사람은 200명이고, 공기청정기를 구매한 사람은 120명이므로 선풍기만 구매한 사람은 80명이다. 공기청정기와 선풍기 두 제품을 모두 구매한 사람은 20명이므로 공기청정기만 구매한 사람은 100명이다. 따라서 A업체의 총 판매 금액은 80 × 7 + 100 × 15 + 20 × (15 + 7 - 2) = 2,460만 원이므로 정답은 ③이다.

02 ③ 자물쇠의 비밀번호로 가능한 4개의 숫자 조합은 8C4 = $\frac{8 \times 7 \times 6 \times 5}{4 \times 3 \times 2 \times 1}$ = 70가지이다. 연속된 4개의 숫자를 이용한 비밀번호는 설정할 수 없다고 했으므로 (1, 2, 3, 4), (2, 3, 4, 5), (3, 4, 5, 6), (4, 5, 6, 7), (5, 6, 7, 8) 5가지의 숫자 조합은 불가능하다. 따라서 자물쇠를 열기 위한 숫자 버튼 조합은 총 70 - 5 = 65개이므로 정답은 ③이다.

03 ⑤ 아시아 시장 휴대폰 판매량 중 샤오미가 차지하는 비중은 2017년에 3,500 / 25,000 × 100 = 14%, 2018년에 3,380 / 26,000 × 100 = 13%이다. 따라서 정답은 ⑤이다.

① 2017~2020년 동안 아시아 시장 전체 휴대폰 판매량이 전년 대비 감소한 해는 2019년이고, 이 해에 아시아 시장 휴대폰 판매량이 전년 대비 감소한 회사는 삼성전자, 화웨이, 오포, 비보 4개사이다.

② 조사기간 동안 아시아 시장 휴대폰 판매량이 많은 순으로 회사를 나열하면, 2016년에 '삼성전자 - 애플 - 화웨이 - 오포 - 샤오미 - 비보', 2017년에 '삼성전자 - 애플 - 샤오미 - 화웨이 - 오포 - 비보', 2018년에 '삼성전자 - 오포 - 애플 - 화웨이 - 샤오미 - 비보', 2019년에 '삼성전자 - 애플 - 샤오미 - 화웨이 - 오포 - 비보', 2020년에 '삼성전자 - 애플 - 화웨이 - 샤오미 - 오포 - 비보'이므로 순위가 항상 동일한 회사는 삼성전자, 비보 2개사이다.

③ 2020년에 삼성전자와 애플의 아시아 시장 휴대폰 판매량의 합은 6,240 + 5,280 = 11,520만 대이고, 나머지 회사의 아시아 시장 휴대폰 판매량은 23,040 - 11,520 = 11,520만 대이다.

④ 조사기간 동안 샤오미의 아시아 시장 휴대폰 판매량이 화웨이보다 많은 해는 2017년, 2019년 2개년이다.

04 ③ 2018년 대비 2020년에 독일의 의약품 수입액 증가율은 (90,000 - 75,000) / 75,000 × 100 = 20%이고, 미국의 의약품 수입액 증가율은 (99,000 - 82,500) / 82,500 × 100 = 20%이다. 따라서 정답은 ③이다.

① 2019년에 스위스의 원료의약품 수입액은 56,000 × 8 / 100 = 4,480만 달러이다.

② 2017~2020년 동안의 미국의 순위는 '1위 - 1위 - 1위 - 1위', 영국의 순위는 '2위 - 2위 - 4위 - 4위', 중국의 순위는 '3위 - 4위 - 2위 - 3위', 독일의 순위는 '4위 - 3위 - 3위 - 2위', 일본의 순위는 '5위 - 5위 - 6위 이하 - 6위 이하', 스위스의 순위는 '6위 이하 - 6위 이하 - 5위 - 5위'이다.

④ 의약품 수입액 상위 5개국의 2017년 대비 2018년 수입액 증가량은 미국이 82,500 - 75,000 = 7,500만 달러, 영국이 75,600 - 72,000 = 3,600만 달러, 중국이 73,600 - 64,000 = 9,600만 달러, 독일이 75,000 - 60,000 = 15,000만 달러, 일본이 57,200 - 52,000 = 5,200만 달러이다.

⑤ 의약품 수입액 상위 5개국 중 원료의약품 수입액 비중이 완제의약품 수입액 비중보다 큰 국가는 2017년과 2018년에 중국, 일본 2개국, 2019년과 2020년에 중국 1개국이다.

05 ① ㉠ 독일의 의약품 수입액 중 완제의약품 수입액 비중은 2017년에 75%, 2018년에 84%, 2019년에 86%, 2020년에 91%이므로 2018~2020년 내내 독일의 의약품 수입액 중 완제의약품 수입액 비중은 매년 전년 대비 증가했다.

따라서 옳은 것만을 〈보기〉에서 모두 고르면 '㉠'이므로 정답은 ①이다.

㉡ 2018~2020년 동안 영국에서 수입한 의약품 수입액 총합은 75,600 + 79,380 + 60,480 = 215,460만 달러 = 21억 5,460만 달러이다.

㉢ 미국의 완제의약품 수입액은 2017년에 75,000 × 88 / 100 = 66,000만 달러이고, 2020년에 99,000 × 94 / 100 = 93,060만 달러이므로 2017년과 2020년 미국의 완제의약품 수입액의 차이는 93,060 - 66,000 = 27,060만 달러 = 2억 7,060만 달러이다.

06 ② 2016년에 학업을 중단한 청소년은 모두 6,720 + 6,440 + 4,760 + 4,480 + 5,600 = 28,000명이다. 남성 및 여성 학업중단율은 전체 청소년 대비 비율이므로 학업을 중단한 남성 및 여성 청소년은 '학업을 중단한 청소년 × 남성 및 여성 청소년 학업중단율 / 전체 청소년 학업중단율'로 구할 수 있다. 그러므로 학업을 중단한 여성 청소년은 28,000 × 8.4 / 14.7 = 16,000명이고, 남성 청소년은 28,000 × 6.3 / 14.7 = 12,000명이다. 따라서 학업을 중단한 여성 청소년이 남성 청소년보다 16,000 - 12,000 = 4,000명 더 많으므로 정답은 ②이다.

① 2020년에 A시의 전체 청소년 수는 (7,560 + 6,050 + 5,430 + 3,270 + 3,790) / 14.5 × 100 = 180,000명이다.

③ 2016년에 학업을 중단한 청소년 중 그 사유가 학업부담인 경우는 4,760 / (6,720 + 6,440 + 4,760 + 4,480 + 5,600) × 100 = 17%이다.

④ 조사기간 동안 전체 청소년의 학업중단율이 가장 높은 해는 2017년이고, 남성 청소년의 학업중단율이 가장 높은 해는 2019년이다.

⑤ 2017~2020년 동안 남성 청소년 학업중단율의 전년 대비 증감 추이와 전체 청소년 학업중단율의 전년 대비 증감 추이는 '증가 - 감소 - 증가 - 감소'로 동일하다.

07 ① 2020년 2차 산업의 생산지수는 3월에 106.6 / (1 + 0.025) = 104p, 4월에 93.1 / (1 - 0.02) = 95p이므로 2020년 4월에 2차 산업 생산지수는 전월 대비 |95 - 104| = 9p 감소했다. 따라서 정답은 ①이다.

② 2021년 6월에 1~3차 산업 생산지수 모두 동년 1월 대비 감소했다.

③ 4~6월 동안 1~3차 산업을 생산지수가 높은 순으로 나열하면 3차 산업의 순위는 4월에 2위, 5월에 3위, 6월에 1위이다.

④ 2~6월 중 1차 산업 생산지수가 가장 낮은 달은 3월이고, 3월에 1~3차 산업 생산지수가 모두 전월 대비 감소했다.

⑤ 1~6월 동안 3차 산업 생산지수가 전년 동월 대비 감소한 달은 4월이고, 4월에 2차 산업 생산지수도 전년 동월 대비 감소했다.

08 ④ 2020년에 생산량이 가장 적은 차종은 특수차량이다. 2019년 차종별 생산량은 승용차가 16,100 + 700 = 16,800대, 버스가 9,660 + 900 = 10,560대, 화물차가 6,440 - 200 = 6,240대, 특수차량이 5,980 + 740 = 6,720대, 기타가 7,820 - 140 = 7,680대이므로, 2019년에 생산량이 가장 적은 차종은 화물차이다. 따라서 정답은 ④이다.

① 2020년에 승용차 생산량은 화물차 생산량의 16,100 / 6,440 × 100 = 250%이다.

② 2016년에 버스 생산량은 9,660 + 900 + 1,190 - 2,090 + 660 = 10,320대이고, 화물차 생산량은 6,440 - 200 + 340 + 140 - 270 = 6,450대이므로, 버스와 화물차의 생산량 차이는 10,320 - 6,450 = 3,870대이다.

③ 특수차량의 생산량은 2020년에 5,980대, 2019년에 5,980 + 740 = 6,720대, 2018년에 6,720 - 1,080 = 5,640대, 2017년에 5,640 - 180 = 5,460대, 2016년에 5,460 - 300 = 5,160대이므로, 특수차량의 생산량이 가장 많은 해는 2019년이다.

⑤ 2017~2020년 동안 승용차 생산량의 전년 대비 증감 추이는 '감소 - 증가 - 증가 - 감소'이고, 화물차의 전년 대비 증감 추이는 '증가 - 감소 - 감소 - 증가'이다.

---

09 ③ 2013~2020년 중 지방 교부세액이 전년 대비 증가한 해는 2013년, 2016년, 2019년이고, 전년 대비 증가량은 2013년에 300 - 120 = 180억 원, 2016년에 300 - 150 = 150억 원, 2019년에 250 - 150 = 100억 원이므로 증가량이 가장 큰 해는 2013년이다. 따라서 정답은 ③이다.

① 2016년 대비 2019년 재정 자주도 감소율은 |(60 - 80)| / 80 × 100 = 25%이다.

② 조사기간 동안 재정 자립도와 재정 자주도 차이는 2012년에 75 - 50 = 25%p, 2013년에 70 - 40 = 30%p, 2014년에 65 - 45 = 20%p, 2015년에 70 - 60 = 10%p, 2016년에 80 - 40 = 40%p, 2017년에 85 - 55 = 30%p, 2018년에 70 - 50 = 20%p, 2019 년에 60 - 45 = 15%p, 2020년에 65 - 55 = 10%p이므로 2016년에 가장 크다.

④ 2013~2020년 중 예산 규모가 가장 작은 해는 2014년이고, 이 해에 전년 대비 재정 자립도의 증가율은 (45 - 40) / 40 × 100 = 12.5%이다.

⑤ 2020년의 지방 교부세액이 120억 원이므로 2020년의 조정 교부금 및 재정 보전금이 100억 원이라면 자주 재원은 120 + 100 = 220억 원이다.

---

10 ② 충청의 비금속광 생산액은 수도권의 금속광 생산액의 8,820 / 2,520 = 3.5배이다. 따라서 정답은 ②이다.

① 전체 비금속광 생산액은 4,480 + 9,280 + 8,820 + 7,540 + 9,660 + 2,220 = 42,000억 원이고, 전체 비금속광 생산액에서 경상이 차지하는 비중은 9,660 / 42,000 × 100 = 23%이다.

③ 전라의 탄광 1개소당 생산액은 금속광 탄광이 5,040 / 12 = 420억 원이고, 비금속광 탄광이 7,540 / 13 = 580억 원이다.

④ 비금속광 탄광 수가 금속광 탄광 수보다 많은 지역은 수도권, 충청, 전라, 경상 4개 지역이고, 적은 지역은 강원, 제주 2개 지역이다.

⑤ 생산액이 많은 순으로 지역을 나열하면 금속광은 '강원 - 경상 - 충청 - 전라 - 수도권 - 제주'이고, 비금속광은 '경상 - 강원 - 충청 - 전라 - 수도권 - 제주'이므로 순위가 다른 지역은 강원, 경상 2개 지역이다.

11 ③ 2014년 대비 2019년 이용자 수 변화를 살펴보면 다양한 가족통합 이용자 수가 13,582명이 줄어 가장 적게 변했다. 가족상담 이용자 수는 88,671명이 증가하여 두 번째로 적게 변한 이용자 유형이다.

① 매년 이용자 수가 증가하는 유형은 가족상담, 가족돌봄 두 가지 유형이다.

② 이용자 수 증가율보다 건강가정지원센터의 증가율이 낮으므로 참이다. 참고로 실제 건강가정지원센터 한곳당 평균 이용자 수는 아래와 같다.

	2014	2015	2016	2017	2018	2019
한곳당 이용자 수	7,942	9,285	9,861	12,149	13,500	15,254

④ 가족 교육 이용자 수에 4를 곱해도 전체 이용자수보다 적기 때문에 적절한 설명이다.

⑤ 최근 3년간 가족돌봄 이용자 수의 증가 추이를 살피면 약 12.1만 명 증가, 13.8만 명 증가. 11.1만 명이 증가하였다. 이 추세가 지속되면 1년에 약 12.4만 명 정도 증가할 것이므로 적절한 설명이다.

12 ③ D지역의 종교가 있는 남자 인구는 3,100백 명이고, 종교가 없는 남자 인구는 5,425백 명이므로 D지역의 종교가 없는 남자 인구는 종교가 있는 남자 인구보다 (5,425 - 3,100) / 3,100 × 100 = 75% 많다. 따라서 정답은 ③이다.

① 개신교 인구는 A지역이 1,045 + 1,360 = 2,405백 명, B지역이 1,800 + 2,300 = 4,100백 명, C지역이 2,100 + 765 = 2,865백 명, D지역이 1,705 + 2,240 = 3,945백 명, E지역이 1,545 + 1,920 = 3,465백 명, F지역이 1,280 + 720 = 2,000백 명이고, 불교 인구는 A지역이 1,100 + 1,360 = 2,460백 명, B지역이 1,350 + 1,610 = 2,960백 명, C지역이 630 + 855 = 1,485백 명, D지역이 775 + 1,080 = 1,855백 명, E지역이 2,575 + 3,520 = 6,095백 명, F지역이 4,160 + 5,280 = 9,440백 명이므로 개신교 인구가 불교 인구보다 많은 지역은 B지역, C지역, D지역 3개 지역이다.

② 남자 인구의 경우 6개 지역 모두 종교가 있는 인구가 종교가 없는 인구보다 적지만, 여자 인구의 경우 6개 지역 중 C지역과 F지역은 종교 가 있는 인구와 종교가 없는 인구가 동일하다.

④ F지역의 불교, 천주교, 개신교 여자 인구의 합은 5,280 + 1,840 + 720 = 7,840백 명이므로 F지역의 종교가 있는 여자 인구 중 불교, 천주교, 개신교 여자 인구의 합이 차지하는 비중은 7,840 / 8,000 × 100 = 98%이다.

⑤ 기타를 제외하고 C지역의 종교가 있는 남자 인구와 여자 인구가 많은 순서대로 종교를 각각 나열하면 남자 인구는 '개신교 - 불교 - 천주교 - 원불교'이고, 여자 인구는 '천주교 - 불교 - 개신교 - 원불교'이다.

13 ④ ㉠ E지역의 종교가 없는 여자 인구는 6,720백 명이고, E지역의 종교가 없는 남자 인구는 7,725백 명이다.

㉢ 전체 인구는 A지역이 2,750 + 4,950 + 3,400 + 4,250 = 15,350 백 명, B지역이 3,750 + 6,250 + 4,600 + 5,520 = 20,120백 명, C 지역이 3,500 + 5,250 + 4,500 + 4,500 = 17,750백 명, D지역이 3,100 + 5,425 + 4,000 + 4,800 = 17,325백 명, E지역이 5,150 + 7,725 + 6,400 + 6,720 = 25,995 백 명, F지역이 6,400 + 9,600 + 8,000 + 8,000 = 32,000백 명이므로 전체 인구가 세 번째로 많은 지역은 B지역이고, B지역의 천주교 인구는 525 + 460 = 985백 명 = 98,500명이다.

따라서 옳지 않은 것만을 〈보기〉에서 모두 고르면 '㉠, ㉢'이므로 정답은 ④이다.

---

14 ② 주조업 평균 투자비용은 2018년에 16,125 / 75 = 215백만 원, 2019년에 55,350 / 135 = 410백만 원이다. 따라서 주조업 평균 투자비용은 2019년이 2018년보다 410 - 215 = 195백만 원 = 1억 9,500만 원 더 많으므로 정답은 ②이다.

① 2019년에 소성가공업의 평균 투자기간은 전년과 동일하다.

③ 총투자비용이 큰 업종부터 순서대로 나열하면 2018년에는 '표면처리업 - 소성가공업 - 용접업 - 열처리업 - 주조업 - 금형업'이고, 2019년에는 '용접업 - 표면처리업 - 소성가공업 - 주조업 - 금형업 - 열처리업'이다.

④ 2018년 대비 2019년에 사업체 수의 증가율은 주조업이 (135 - 75) / 75 × 100 = 80%, 금형업이 (345 - 115) / 115 × 100 = 200%, 소성가공업이 (500 - 250) / 250 × 100 = 100%, 용접업이 (810 - 300) / 300 × 100 = 170%, 표면처리업이 (390 - 325) / 325 × 100 = 20%, 열처리업이 (90 - 60) / 60 × 100 = 50%로 금형업이 가장 크다. 그러나 2019년에 금형업의 스마트 공장 자체 구축 비율은 전년 대비 증가했고, 금형업을 제외한 나머지 5개 업종은 2019년에 스마트 공장 자체 구축 비율이 전년 대비 감소했으므로 감소량이 가장 적다.

⑤ 2018년에 정부지원으로 스마트 공장을 구축한 표면처리업 사업체 수는 325 × 60 / 100 = 195개이고, 2018년에 정부지원으로 스마트 공장을 구축한 소성가공업 사업체 수는 250 × 78 / 100 = 195개이다.

---

15 ② 2018년 금형업 사업체의 평균 투자비용은 15,525 / 115 = 135백만 원, 월평균 투자비용은 135 / 10 = 13.5백만 원이다. 2019년 용접업 사업체의 평균 투자비용은 97,200 / 810 = 120백만 원, 월평균 투자비용은 120 / 8 = 15백만 원이다. A는 13.5, B는 15이므로 2A + B의 값은 13.5 × 2 + 15 = 42이다. 따라서 정답은 ②이다.

16 ⑤ 매칭률은 '결혼 성사자 / 참가자 × 100'이므로 결혼 성사자는 '참가자 × 매칭률 / 100'으로 구할 수 있다. 2018년 전체 참가자 중 결혼 성사자는 (5,800 + 5,400) × 19 / 100 = 2,128명이고, 대도시 참가자 중 결혼 성사자는 (3,190 + 3,510) × 14 / 100 = 938명이므로, 대도시에 거주하지 않는 참가자 중 결혼 성사자는 2,128 - 938 = 1,190명이다. 이를 바탕으로 계산해 보면, 결혼이 성사되지 않은 참가자 중 대도시에 거주하는 참가자는 3,190 + 3,510 - 938 = 5,762명이고, 결혼이 성사되지 않은 참가자 중 대도시에 거주하지 않는 참가자는 5,800 + 5,400 - 3,190 - 3,510 - 1,190 = 3,310명이다. 따라서 2018년에 결혼이 성사되지 않은 참가자는 대도시에 거주하는 참가자가 대도시에 거주하지 않는 참가자보다 5,762 - 3,310 = 2,452명 더 많으므로 정답은 ⑤이다.

① 2017년 대도시에 거주하지 않는 참가자 중 남성 참가자는 5,400 - 2,970 = 2,430명이고, 여성 참가자는 5,100 - 3,060 = 2,040명이므로 남성 참가자가 여성 참가자보다 2,430 - 2,040 = 390명 더 많다.

② 전체 여성 참가자 중 대도시 거주자의 비율은 2019년에 3,520 / 5,500 × 100 = 64%이고, 2020년에 3,360 / 5,600 × 100 = 60%이 므로 2020년에 전년 대비 |60 - 64| = 4%p 감소했다.

③ 2017~2020년 내내 대도시 거주 참가자 수의 전년 대비 증감 추이는 남성이 '감소 - 증가 - 증가 - 증가', 여성이 '증가 - 증가 - 증가 - 감소'이다.

④ 조사기간 동안 대도시 거주 참가자 중 여성 참가자 수가 남성 참가자 수보다 많은 해는 2017년, 2018년, 2019년이고, 해당 연도에는 전체 행사 참가자 중 여성 참가자 수가 남성 참가자 수보다 적다.

17 ① 2020년 대도시에 거주하지 않는 참가자는 남성이 6,400 - 3,540 = 2,860명이고, 여성이 5,600 - 3,360 = 2,240명이다. 2020년 대도시에 거주하지 않는 참가자 중 결혼이 성사된 참가자는 [(6,400 + 5,600) × 17 / 100] - [(3,540 + 3,360) × 20 / 100] = 2,040 - 1,380 = 660명 이므로 대도시에 거주하지 않는 참가자 중 결혼이 성사되지 않은 남성 참가자는 2,860 - (660 / 2) = 2,530명이고, 결혼이 성사되지 않은 여성 참가자는 2,240 - (660 / 2) = 1,910명이다. 따라서 A와 B에 들어갈 숫자는 각각 '2,530, 1,910'이므로 정답은 ①이다.

18 ① 내원 환자 수의 전년 대비 증가율은 2017년에 A병원이 (900 - 700) / 700 × 100 ≒ 28.6%, B병원이 (1,000 - 800) / 800 × 100 = 25%, C병원이 (1,400 - 1,200) / 1,200 × 100 ≒ 16.7%, 2018년에 A병원이 (1,000 - 900) / 900 × 100 ≒ 11.1%, B병원이 (1,300 - 1,000) / 1,000 × 100 = 30%, C병원이 (1,600 - 1,400) / 1,400 × 100 ≒ 14.3%, 2019년에 A병원이 (1,100 - 1,000) / 1,000 × 100 = 10%, B병원이 (1,600 - 1,300) / 1,300 × 100 ≒ 23.1%, C병원이 (1,900 - 1,600) / 1,600 × 100 ≒ 18.8%, 2020년에 A병원이 (1,300 - 1,100) / 1,100 × 100 ≒ 18.2%, B병원이 (2,100 - 1,600) / 1,600 × 100 ≒ 31.3%, C병원이 (2,000 - 1,900) / 1,900 × 100 ≒ 5.3%이다. 따라서 정답은 ①이다.

19 ⑤ 1월 1일의 x일 후에 A호텔과 B호텔의 1박 금액이 동일해질 때, 다음과 같은 식이 성립한다.

$58{,}000 + 273x = 127{,}000 - 279x$

$\therefore x = 125$

A호텔과 B호텔의 1박 금액이 동일해지는 날은 1월 1일의 125일 후이므로, 1월 1일의 31 + 28 + 31 + 30 = 120일 후는 5월 1일이고, 5월 1일의 5일 후는 5월 6일이다. 따라서 A호텔과 B호텔의 1박 금액이 동일해지는 날은 5월 6일이므로 정답은 ⑤이다.

20 ② A공장과 B공장의 생산량의 추이를 통해 규칙을 찾아야 한다.

- A공장의 생산량 추이

  A공장의 생산량은 2021년 9월에 2021년 8월보다 69,000 - 68,000 = 1,000개, 2021년 10월에 2021년 9월보다 70,000 - 69,000 = 1,000개, 2021년 11월에 2021년 10월보다 71,000 - 70,000 = 1,000개, 2021년 12월에 2021년 11월보다 72,000 - 71,000 = 1,000개, 2022년 1월에 2021년 12월보다 73,000 - 72,000 = 1,000개로 매년 1,000개씩 증가하고 있다. 그러므로 A공장의 생산량은 초항이 68,000, 공차가 1,000인 등차수열이며, 2021년 8월의 n개월 후에 A공장의 생산량은 68,000 + 1,000n개이다.

- B공장의 생산량 추이

  B공장의 생산량은 2021년 9월에 2021년 8월 25,000 - 24,000 = 1,000개, 2021년 10월에 2021년 9월보다 28,000 - 25,000 = 3,000개, 2021년 11월에 2021년 10월보다 33,000 - 28,000 = 5,000개, 2021년 12월에 2021년 11월보다 40,000 - 33,000 = 7,000개, 2022년 1월에 2021년 12월보다 49,000 - 40,000 = 9,000개 더 많다. 그러므로 B공장 생산량의 계차가 등차수열이며, 2021년 8월의 n개월 후에 B공장의 생산량은 $24{,}000 + 1{,}000 \times \sum_{k=1}^{n} 2k - 1 = 24{,}000 + 1{,}000 \times \{n \times (n + 1) - n\} = 24{,}000 + 1{,}000n^2$개이다.

2021년 8월의 n개월 후에 B공장의 생산량이 A공장의 생산량의 3배가 된다고 하면 다음과 같은 식이 성립한다.

$3 \times (68{,}000 + 1{,}000n) = 24{,}000 + 1{,}000n^2$

$n^2 - 3n - 180 = 0$

$(n - 15)(n + 12) = 0$

$\therefore n = 15\ (\because n > 0)$

따라서 B공장의 생산량이 A공장의 생산량의 3배가 되는 시기는 2021년 8월의 15개월 후인 2022년 11월이므로 정답은 ②이다.

추리

01	②	06	②	11	③	16	②	21	②	26	⑤
02	②	07	②	12	③	17	①	22	②	27	①
03	②	08	④	13	④	18	⑤	23	①	28	④
04	⑤	09	⑤	14	④	19	③	24	⑤	29	③
05	④	10	④	15	③	20	⑤	25	①	30	②

01 ②

[전제 1]을 도식화하면

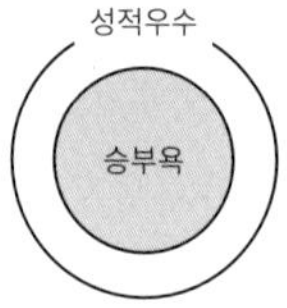

[전제 2]를 도식화하면

[결론]을 도식화하면

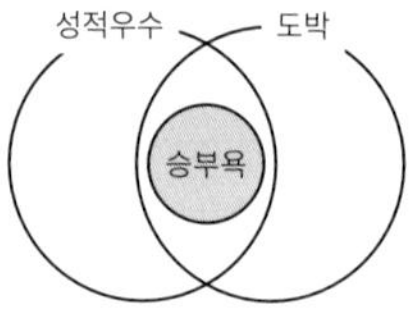

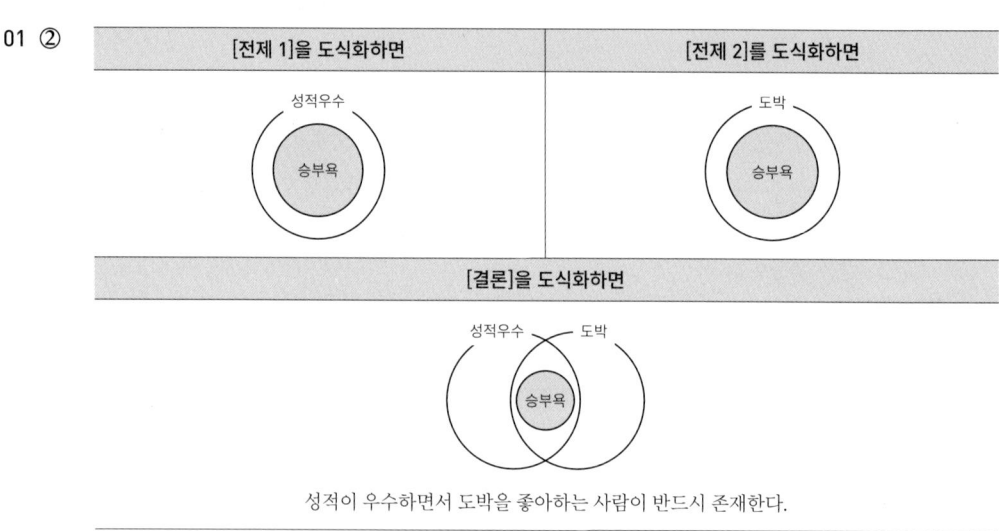

성적이 우수하면서 도박을 좋아하는 사람이 반드시 존재한다.

02 ② 정언삼단논법의 규칙에 따라 각 개념요소는 2번 이상 언급되어야 한다. 제시된 전제와 결론에서 개념요소는 '빨래', '부엉이', '보석'이다. 그러므로 [전제 2]에는 '빨래'와 '보석'에 대한 언급이 있어야 한다. 그리고 [전제 1]의 대우와 [결론]을 도식화하면 다음과 같다.

[전제 1]의 대우를 도식화하면

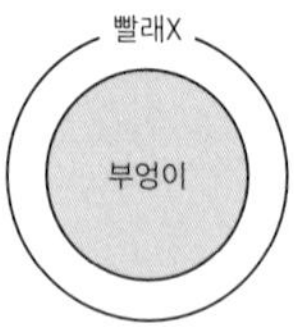

[결론]을 도식화하면

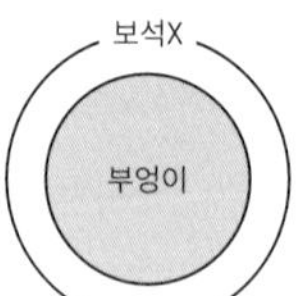

②를 도식화하면	[전제 1]과 ②를 도식화하면
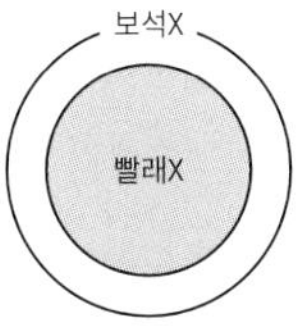	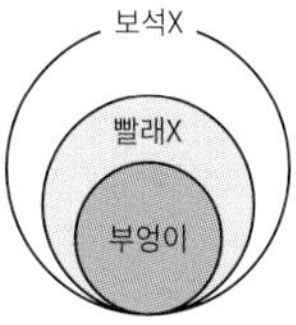

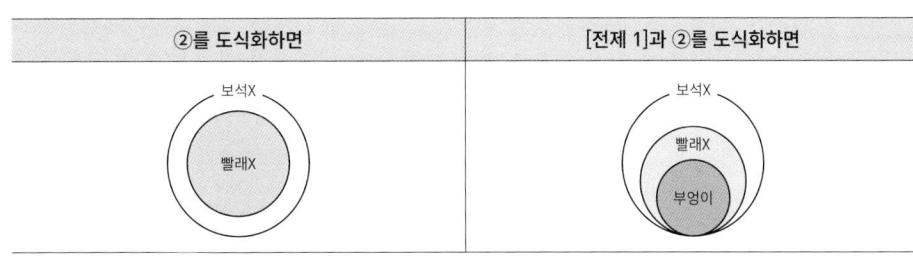

‘빨래를 좋아하지 않는 사람은 보석을 좋아하지 않는다’라는 전제가 있어야 전제들을 통해 ‘부엉이를 좋아하는 사람은 보석을 좋아하지 않는다’라는 [결론]은 항상 참이 된다. 따라서 정답은 ②이다.

03 ② 정언삼단논법의 규칙에 따라 각 개념요소는 2번 이상 언급되어야 한다. 제시된 전제에서 개념요소는 ‘롱보드’, ‘자전거’, ‘전동킥보드’이다. 그러므로 [결론]에는 ‘전동킥보드’와 ‘자전거’에 대한 언급이 있어야 한다. 따라서 ①은 제외된다. 그리고 [전제 1]과 [전제 2]를 도식화하면 다음과 같다.

[전제 1]을 도식화하면	[전제 2]를 도식화하면
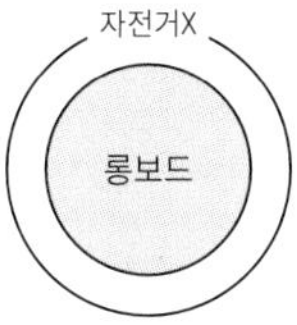	

[전제 1]과 [전제 2]를 같이 도식화하면
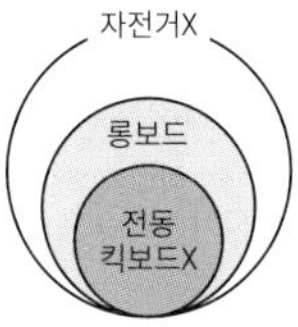

전제들을 통해 ‘전동킥보드를 타지 않는 사람은 자전거를 타지 않는다’라는 [결론]은 항상 참이 된다. 따라서 정답은 ②이다.

04 ⑤ 이 문제는 직접적인 모순관계를 파악하기 힘들다. 이때 각 지원자가 합격한 경우의 수를 검토하는 것이 좋다.

예를 들어 A가 합격했다면, 다운의 말과 민영의 말이 거짓이 되므로 거짓말을 한 사람이 한명이라는 전제를 어기고 있다. 따라서 A는 합격자가 될 수 없다. 이를 표로 정리하면 다음과 같다.

구분	누리	다운	민영	보람
A	O	X	X	O
B	X	X	O	O
C	O	X	O	X
D	X	O	O	X
E	O	O	X	O

합격자가 E일 때 누리, 다운, 민영은 참이고 보람만 거짓이 된다. 따라서 정답은 ⑤이다.

05 ④ 제시된 〈조건〉을 정리하면 다음과 같다.

㉠ 1, 2, 3, 4, 5등급 ≥ 1

㉡ 3등급 부상자 수(6명 미만) > 타 등급 부상자 수

㉢ 1등급 부상자 수 + 5등급 부상자 수 = 2등급 부상자 수 + 4등급 부상 자 수

㉣ 2등급 부상자 수 + 5등급 부상자 수 ≥ 3등급 부상자 수 + 4등급 부상자 수

㉤ 1등급 부상자 수 + 2등급 부상자 수 > 4등급 부상자 수 + 5등급 부상자 수

㉠, ㉡에 의해 3등급 부상자 수는 5명 이하이고, 1등급, 2등급, 4등급, 5등급 부상자 수의 합은 10명 이상이다. ㉡에 의해 3등급 부상자 수는 다른 등급 부상자 수보다 많으므로 1명이거나 2명이거나 3명이 아니고, ㉢에 의해 3등급 부상자 수가 4명일 경우, 1등급, 2등급, 4등급, 5등급 부상자 수의 합이 홀수인 11명이 되는데, 이 경우 1등급, 5등급 부상자 수의 합과 2등급, 4등급 부상자 수의 합이 같을 수 없으므로 3등급 부상자 수는 4명도 아니다. 그러므로 3등급 부상자 수는 5명이고, ㉢에 의해 1등급 부상자 수와 5등급 부상자 수의 합은 5명, 2등급 부상자 수와 4등급 부상자 수의 합은 5명이며, ㉤에 의해 1등급 부상자 수와 2등급 부상자 수의 합은 6명 또는 7명이므로 각 등급의 부상자 수로 가능한 조합은 다음과 같다.

1등급	2등급	3등급	4등급	5등급
2명	4명	5명	1명	3명
4명	2명	5명	3명	1명
3명	4명	5명	1명	2명
4명	3명	5명	2명	1명

그런데 이 중 ㉣을 만족하는 2등급 부상자 수가 4명, 5등급 부상자 수가 3명인 경우와 2등급 부상자 수가 4명, 5등급 부상자 수가 2명인 경우로 나누어 검토해 볼 수 있다.

1) 2등급 부상자 수가 4명, 5등급 부상자 수가 3명인 경우 1등급 부상자 수는 2명, 5등급 부상자 수는 3명이다. 이를 정리하면 다음과 같다.

1등급	2등급	3등급	4등급	5등급
2명	4명	5명	1명	3명

2) 2등급 부상자 수가 4명, 5등급 부상자 수가 2명인 경우 1등급 부상자 수는 3명, 5등급 부상자 수는 2명이다. 이를 정리하면 다음과 같다.

1등급	2등급	3등급	4등급	5등급
3명	4명	5명	1명	2명

따라서 어떠한 경우에도 4등급 부상자 수는 1명이므로 정답은 ④이다.

06 ② 미래는 병동이나 중환자실에 배치된다. 따라서 수술실이나 외래진료에는 배치되지 않는다. 정수는 수술실이나 중환자실에 배치된다. 따라서 병동이나 외래진료에는 배치되지 않는다. 위 조건을 표를 그려서 정리하면 다음과 같다.

병동	수술실	중환자실	외래진료
미래 ~~강민~~ ~~정수~~	정수 ~~미래~~	미래 정수	~~강민~~ ~~미래~~ ~~정수~~

외래진료에는 강민, 미래, 정수 모두 들어갈 수 없으므로 반드시 새롬이 배치되게 된다.
새롬이 외래진료에 배치가 확정되면 병동에 들어갈 수 있는 사람은 미래밖에 없다. 따라서 아래 두 가지 경우의 수만 가능하게 된다.

구분	병동	수술실	중환자실	외래진료
경우 1	미래	정수	강민	새롬
경우 2	미래	강민	정수	새롬

07 ② ㉡, ㉣, ㉥에 의해 B와 F 사이의 비어 있는 자리가 있는 행의 오른쪽 자리에 조장이 앉아 있고, E, B, F는 모두 왼쪽 첫 번째 열에 앉아 있음을 알 수 있다. 이를 정리하면 다음과 같다.

1행	E	
2행	B	
3행		조장
4행	F	

㉢에 의해 두 번째 행에는 C가 앉아 있으며, ㉤에 의해 G는 조장 바로 뒷자리에 앉아 있으므로 G는 네 번째 행에 앉아 있고 A와 D 중 한 명이 조장이다. 이를 정리하면 다음과 같다.

1행	E	A/D
2행	B	C
3행		D/A
4행	F	G

따라서 조장이 될 수 있는 사람은 A, D이므로 정답은 ②이다.

08 ④ <조건>을 통해 도식화하면 다음과 같다.(병실의 위치는 확정된 것이 아니며 같은 병실을 쓰는 사람으로만 구분한 것이다.)

경우 1	C, E	B, D, F	A, G
경우 2	C, E	B, D, G	A, F

따라서 G와 같은 병실을 이용할 수 있는 사람은 A, B, D이다.

09 ⑤ ㉠과 ㉥에 의해 A와 C가 구매한 신발은 흰색이고, ㉤에 의해 B가 구매한 신발은 4만 원 이하이다. 이때 ㉢에서 6만 원짜리 신발은 갈색이라고 하였으므로 D가 구매한 신발이 6만 원짜리 갈색 신발이다. 그리고 ㉠에 따라 B가 구매한 신발은 검은색이다. 이를 정리하면 다음과 같다.

구분	A	B	C	D
색상	흰색	검은색	흰색	갈색
가격				6만 원

㉡, ㉣에 따라 C가 구매한 신발은 2만 원, 8만 원이 아니므로 4만 원이고, ㉤에 의해 B가 구매한 신발은 2만 원이다. 그리고 A가 구매한 신발은 8만 원이다. 이를 정리하면 다음과 같다.

구분	A	B	C	D
색상	흰색	검은색	흰색	갈색
가격	8만 원	2만 원	4만 원	6만 원

따라서 A가 구매한 신발의 가격은 8만 원이고, 색상은 흰색이므로 정답은 ⑤이다.

10 ④ ㉣이 확정조건이므로 이를 중심으로 조건을 정리하자.

소아과	복도	안과 / 내과
치과		피부과
[외과]		내과 / 안과

입구

㉣에 의해서 입구 기준으로 왼쪽 첫 번째 병실은 외과이다. 조건 ㉠에 의해서 내과와 안과의 위치는 오른쪽 병실에 위치해야 하고 ㉡에 의해서 서로 한 병실을 띄우고 위치하게 된다. 이때 ㉡에 의해서 치과의 위치는 왼쪽 두 번째 병실로 위치가 확정된다. ㉢으로 치과와 소아과는 같은 쪽에 위치하므로 왼쪽 세 번째 병실은 소아과가 오게 되고 남은 오른쪽 두 번째 병실은 피부과가 온다. 따라서 항상 참인 것은 ④이다.

11 ③ <조건>을 정리하면 다음과 같다.

㉠

첫 번째	두 번째	세 번째	네 번째	다섯 번째
	명석			

㉡ 래원 > 두희, ㉢ 규현 > 두희, ㉣ 두희 > 누리

㉡, ㉢, ㉣을 정리하면 래원 규현 > 두희 > 누리가 성립한다.

따라서 래원과 규현이 첫 번째 또는 세 번째로 도착했고 네 번째는 두희, 마지막은 누리가 도착했음을 알 수 있다.

첫 번째	두 번째	세 번째	네 번째	다섯 번째
래원 / 규현	명석	규현 / 래원	두희	누리

12 ③ 신생아실이 6층이라는 것이 확정 조건이므로 ㉢의 조건을 활용해 두 가지 경우의 수를 생각해 볼 수 있다.

1) 산과가 8층에 있는 경우

산과가 8층에 있으면 조건 ㉣에 의해서 소아과가 10층에 오게 된다. 이 경우 ㉡에 의해서 정형외과와 뇌신경과가 올 수 있는 공간이 없다. 따라서 산과는 8층에 올 수 없다.

11층	
10층	소아과
9층	
8층	산과
7층	
6층	신생아실

2) 산과가 7층에 있는 경우

산과가 7층에 있으면 조건 ㉣에 의해서 소아과가 9층에 오게 된다. 이 경우 ㉡에 의해서 정형외과와 뇌신경과는 아래 위로 이웃해야 하므로 10층과 11층에 배치된다. 남은 8층은 부인과가 오게 된다. 따라서 아래와 같이 층별 진료 담당 진료과가 결정된다.

11층	정형외과 / 뇌신경과
10층	뇌신경과 / 정형외과
9층	소아과
8층	부인과
7층	산과
6층	신생아실

13 ④ ㉠을 정리하면 다음과 같다.

정류장	1번	2번	3번	4번	5번	6번	7번
내리는 사람			A				

㉤에 의해 F가 1번째 정류장에 내리는 경우와 2번째 정류장에 내리는 경우로 나누어 검토할 수 있다.

1) F가 1번째 정류장에 내리는 경우

㉢에 의해 D는 7번째 정류장에 내린다. ㉡에 의해 G > C > B의 순서로 정류장에 내리는데, G가 4번째 정류장에 내리는 경우 ㉣에 의해 B와 E가 연달아 정류장에 내릴 수 없다. 그러므로 G는 2번째 정류장에 내린다. B와 E는 연달아 정류장에 내려야 하므로 C는 4번째 정류장에 내리고, B와 E는 5번째 또는 6번째 정류장에 각각 내릴 수 있다. 이를 정리하면 다음과 같다.

정류장	1번	2번	3번	4번	5번	6번	7번
내리는 사람	F	G	A	C	B/E	E/B	D

2) F가 2번째 정류장에 내리는 경우 ⓒ에 의해 G > C > B의 순서로 정류장에 내리는데, ⓗ에 의해 G는 1번째 정류장에 내리지 않는다. G가 5번째 정류장에 내리는 경우 ⓔ에 위배되므로 G는 4번째 정류장에 내린다. B와 E가 연달아 정류장에 내려야 하므로 C는 5번째 정류장에 내리고 B와 E는 6번째 또는 7번째 정류장에 각각 내릴 수 있다. 이에 따라 D는 1번째 정류장에 내린다. 이를 정리하면 다음과 같다.

정류장	1번	2번	3번	4번	5번	6번	7번
내리는 사람	D	F	A	G	C	B/E	E/B

따라서 어떠한 경우에도 A와 G는 연달아 정류장에 내리므로 정답은 ④이다.

14 ④ ⓜ을 정리하면 다음과 같다.

구역	A	B	C	D	E	F
방향					북	

ⓗ에 의해 B, C, D, E 구역에는 동서남북 중 서로 다른 한 곳에 가로등을 세우는데, 이 중 ⓔ에 의해 B구역과 C구역은 반대 방향에 가로등을 세운다. 그러므로 B구역과 C구역은 동쪽 또는 서쪽에, D구역은 남쪽에 가로등을 세운다. ⓒ에 의해 A구역에도 남쪽에 가로등을 세우고, ⓔ에 의해 C구역과 F구역은 같은 방향에 가로등을 세운다. 여기서 가로등을 B구역의 동쪽에 설치하는 경우와 C구역의 동쪽에 설치하는 경우로 나누어 검토할 수 있다.

1) B구역의 동쪽에 설치하는 경우

가로등의 설치 위치는 다음과 같다.

구역	A	B	C	D	E	F
방향	남	동	서	남	북	서

이에 따라 가로등의 빛이 비치는 곳은 다음과 같다.

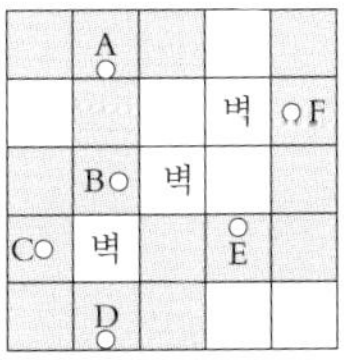

2) C구역의 동쪽에 설치하는 경우

가로등의 설치 위치는 다음과 같다.

구역	A	B	C	D	E	F
방향	남	서	동	남	북	동

이에 따라 가로등의 빛이 비치는 곳은 다음과 같다.

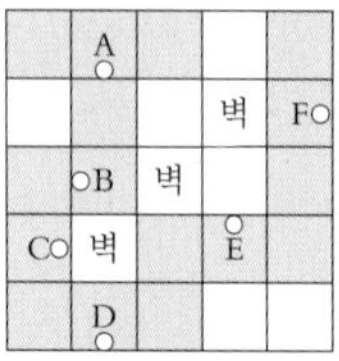

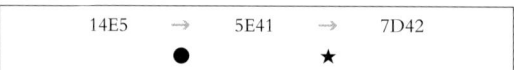

따라서 어떠한 경우에도 가로등의 빛이 비치지 않는 구역의 개수는 6개이므로 정답은 ④이다.

---

15 ③ ▲는 다음과 같이 값이 증감한다: ABCD → A(+1)B(0)C(+1)D(0)

★는 다음과 같이 값이 증감한다: ABCD → A(+2)B(-1)C(0)D(+1)

■는 다음과 같이 순서가 변화한다: ABCD → DCBA

■는 다음과 같이 순서가 변화한다: ABCD → ABDC

14E5	→	5E41	→	7D42
	●		★	

따라서 물음표에 들어갈 문자는 '7D42'이므로 정답은 ③이다.

---

16 ②

M31K	→	M3K1	→	N3L1
	■		▲	

따라서 물음표에 들어갈 문자는 'N3L1'이므로 정답은 ②이다.

---

17 ①

SH48	→	84HS	→	84SH
	●		■	

따라서 물음표에 들어갈 문자는 'SH48'이므로 정답은 ①이다.

---

18 ⑤

KS6B	→	84HS	→	NR7C
	▲		★	

따라서 물음표에 들어갈 문자는 'KS6B'이므로 정답은 ⑤이다.

19 ③ 첫 번째 열의 도형과 두 번째 열의 도형을 합치면서 일치하는 부분을 지우면 세 번째 열의 도형이 나온다.

20 ⑤ 각 행에서 외부 도형이 다음 열로 이동 시 외부 도형의 1행은 오른쪽으로 한 칸 이동, 2행은 오른쪽으로 두 칸 이동, 3행은 오른쪽으로 3칸 이동한 후, 1열은 시계 방향으로 270도 회전, 2열은 시계 방향으로 180도 회전, 3열은 시계 방향으로 90도 회전한다. 따라서 정답은 ⑤이다.

21 ② 외부 도형은 

의 방법으로 이동하며, 이동 시 내부 도형은 반시계 방향으로 90도 회전한 후, 정가운데의 도형을 제외하고 반시계 방향으로 한 칸씩 이동한다. 따라서 정답은 ②이다.

22 ② 우선 중세 시대에 유대인 박해로 생긴 유대인 거주지역을 '게토(ghetto)'라고 한다는 내용의 (C)가 가장 먼저 와야 한다. (C) 뒤에는 16세기 이탈리아 베네치아를 시작으로 서유럽에 많이 분포했다는 내용의 (A)가 오는 것이 자연스럽다. 또한 (A) 뒤에는 18세기 말 이후부터는 종교적인 이유로 생긴 게토는 점차 사라졌으나 20세기에는 독일 나치에 의해 계승되었다는 내용의 (D)가 이어져야 한다. 마지막으로는 20세기 이후에는 게토의 의미가 유대인 거주지역에서 확대되어 사용된다고 설명하는 (B)가 이어지는 것이 자연스럽다. 따라서 (A)~(D)를 문맥에 맞게 순서대로 배열하면 '(C) - (A) - (D) - (B)'이므로 정답은 ②이다.

23 ① 우선 음악 감상이 수면에 도움이 된다는 기존 관념과 달리 음악 감상이 수면을 방해할 수 있다는 연구 결과가 나왔으며, 이러한 현상은 이어웜(Earworm) 때문이라는 내용의 (C)가 가장 먼저 와야 한다. (C) 뒤에는 이어웜에 대해 설명하고 있는 내용의 (A)가 오는 것이 자연스럽다. 또한 (A) 뒤에는 이어웜이 깨어있을 때뿐만 아니라 수면 중에도 발생할 수 있다고 하며, 이어웜이 나타나는 습관과 그로 인한 수면 장애 현상에 대해 설명하는 (D)가 와야 한다. 마지막으로는 이어웜을 예방하는 방법에 대해 설명하는 (B)가 이어지는 것이 자연스럽다. 따라서 (A)~(D)를 문맥에 맞게 순서대로 배열하면 '(C) - (A) - (D) - (B)'이므로 정답은 ①이다.

24 ⑤ '전세계에서 발견되는 악성코드가 대다수가 중국산'이라고 해서, 이를 사용하는 조직이 '거의 대부분' 중국일 것이라 추정하는 것에는 비약이 있다. 오히려 전세계의 악성코드의 60%가 중국 생산이라면, 나머지 40%는 중국 이외의 타국에서 만들어지는 것이다. 더 나아가 악성코드의 생산지에 상관없이, 국적이 다른 특정 해커조직이 악성코드를 이용하여 해킹을 할 수 있고, 기업형 해킹조직의 경우 그 구성원의 국적이 동일하리라는 보장조차 없다. 따라서 상기한 내용들을 위주로 반박을 한다면 타당할 것이다.

① 이는 본문에 의해 오히려 지지될 수 있는 내용이다. 즉, '성형 전·후 사진' 등이다.

② 이 역시 본문의 내용을 강화하는 주장이 된다. 본문에서 제시된 사례는 전부 돈을 목적으로 하고 있다.

③ 본문에서는 해킹수법이 다양하다는 것만 언급하고 있다. 따라서 이 다양화된 원인이 기술 발전에 의한 것이라고 말하더라도, 이는 반박이 아니라 본문 내용에 '보충'할 수 있는 주장일 뿐이다.

④ 이 반박이 유효하기 위해서는, 본문의 내용에 '해커조직의 왕성한 활동으로 인해 피해가 만연하나 수사가 제대로 이루어지고 있지 못하다'는 것이 담겨있어야 한다. 그러나 이는 윗글의 어디에서도 찾아볼 수 없다.

25 ① 마케터는 맥락 효과를 고려하여 맥락을 조성하며, 이를 통해 소비자의 판단에 영향을 준다고 하였다. 또한 소비자는 선택의 타당성을 검토하지 않은 채 맥락에 의한 지각적 편향에 따라 마케터의 의도대로 움직인다고 하였다. 따라서 소비자가 합리적으로 대안을 선택하는 데 맥락 효과가 도움이 되는 것은 아니므로 정답은 ①이다.

② 맥락 효과 중에는 유인 효과가 있으며, 이는 기존 대안과 A요소의 수준은 동일하지만, B요소의 수준이 열등한 새로운 대안이 등장하면 기존 대안이 덜 극단적으로 느껴져 소비자의 선택 확률이 높아지는 것이라고 하였다. 이를 통해 동일한 상품군에서 신형 상품의 등장으로 오히려 구형 상품의 판매율이 높아질 수 있음을 추론할 수 있다.

③ 판단의 대상은 어떤 맥락에 있는지에 따라 긍정적 또는 부정적으로 평가되며, 이는 소비자의 선택 행동에서도 발견된다고 하였다. 또한 소비자는 선택하고자 하는 상품이 포함된 후보 상품군에 어떤 상품들이 포함되어 있는지에 따라 선택하고자 하는 상품의 가치를 다르게 느끼는데, 이를 맥락 효과라 한다고 하였다. 이를 통해 맥락 효과로 인하여 특정 상품의 가치는 긍정적으로 평가될 수도 있고, 부정적으로 평가될 수도 있음을 추론할 수 있다.

④ 맥락 효과 중 유사성 효과는 후보 상품군에 새로운 대안이 등장할 때, 기존 대안 중 새로운 대안과 더 유사한 대안일수록 소비자의 선택 확률이 낮아지는 것이며, 유인 효과는 기존 대안과 A요소의 수준은 동일하지만, B요소의 수준이 열등한 새로운 대안이 등장하면 기존 대안이 덜 극단적으로 느껴져 소비자의 선택 확률이 높아지는 것이라고 하였다. 또한 마케터는 맥락 효과를 고려하여 맥락을 조성하며, 이를 통해 소비자의 판단에 영향을 준다고 하였다. 이를 통해 마케터가 기존의 후보 상품군에 새로운 대안을 투입하는 것은 맥락 조성으로 볼 수 있음을 추론할 수 있다.

⑤ 맥락 효과에는 유사성 효과, 유인 효과, 타협 효과가 있다고 하였다. 그러나 이를 통해 소비자의 선택 행동에서 가장 빈번하게 나타나는 맥락 효과가 유인 효과인지는 알 수 없다.

26 ⑤ 라포르를 형성하기 위해서는 상대방과 나의 개별적 정신 세계가 통할 수 있도록 해야 하며, 이 특징으로 인해 라포르는 단순한 접촉이나 언어적 의사소통과는 구별된다고 하였다. 따라서 라포르가 형성된다는 것은 언어적 의사소통이 이루어진다는 의미가 아니므로 정답은 ⑤이다.

① 본래 라포르는 최면법으로 시행자와 피술자 간에 발생하는 깊은 심리적 교류를 의미하였으나, 이는 시행자로부터 일방통행적인 것이라고 하였다. 또한 오늘날 라포르는 상호 소통이 원활하게 이루어짐에 따라 구축된 신뢰 관계를 가리킨다고 하였다. 이를 통해 과거의 라포르와 오늘날의 라포르는 성격이 다름을 추론할 수 있다.

② 라포르는 타인과의 관계에서만 존재하는 것으로 생각하기 쉽지만, 자기 자신과 라포르를 형성하는 것도 가능하다고 하였다. 이를 통해 나와 라포르를 형성할 수 있는 대상에는 타인뿐만 아니라 나 자신도 있음을 추론할 수 있다.

③ 라포르는 일반적인 인간관계는 물론 상담·치료·교육 관계, 비즈니스 관계에서 기본적인 조건으로 여겨진다고 하였다. 이를 통해 사적 관계와 공적 관계 모두에서 라포르가 형성됨을 추론할 수 있다.

④ 라포르를 형성하기 위해서는 상대방의 감정과 사고, 경험을 이해해야 하며, 공통점을 발견함으로써 공감대를 이루어야 한다고 하였다. 이를 통해 양자 간 공통점이 많을수록 라포르를 형성하는 것이 더 쉬워짐을 추론할 수 있다.

---

27 ① 일반적으로 수돗물의 불순물 농도는 약 100ppm이며, 초순수의 불순물 농도는 10ppb 이하라고 하였다. 따라서 모든 초순수가 불순물이 완전하게 제거된 상태는 아니므로 정답은 ①이다.

② 초순수는 여과, 이온교환, 증류 등의 정제를 조합 및 반복하여 무기질, 미립자, 용존 가스, 박테리아 등을 제거한 물이라고 하였다. 이를 통해 초순수를 생산하는 데 여과, 이온교환, 증류 등의 다양한 정제 방식이 사용됨을 추론할 수 있다.

③ 공정 중간중간에 웨이퍼를 초순수로 세정함으로써 반도체의 청정도를 확보하고, 불량 최소화를 통해 수율을 높인다고 하였다. 이를 통해 웨이퍼를 세정하는 물의 종류나 특성에 따라 반도체 생산성이 달라짐을 추론할 수 있다.

④ 일반적으로 수돗물의 불순물 농도는 약 100ppm이며, 초순수의 불순물 농도는 10ppb 이하라고 하였다. 또한 초순수는 의약품 제조, 생화학적·생물학적 실험, 원자력 발전 등 다양한 분야에서 사용되는데, 이는 실험 결과에 영향을 미치는 불순물이 거의 없기 때문이라고 하였다. 이를 통해 초순수에 비해 수돗물에는 불순물이 많으므로, 실험 결과에 미치는 영향도 상대적으로 더 큼을 추론할 수 있다.

⑤ 초순수는 반도체 제조 과정에서 식각공정 이후 웨이퍼를 깎고 남은 부스러기를 씻어내는 경우, 이온주입공정 이후 남은 이온을 씻어내는 경우 등에 사용된다고 하였다. 또한, 반도체는 나노미터 단위의 초미세공정을 다루기 때문에 미세한 입자 하나에도 민감하게 반응하여 큰 오류가 발생할 수 있다고 하였다. 이를 통해 반도체 제조 과정에서 이온주입공정 이후 남아 있는 이온 때문에 큰 오류가 발생할 수 있음을 추론할 수 있다.

28 ④ 모로반사는 대표적인 신생아 반사행동 중 하나로, 바람이 불거나, 큰 소리가 나거나, 머리나 몸의 위치가 갑자기 바뀔 때 팔과 다리를 바깥쪽으로 벌렸다가 다시 안쪽으로 움츠리는 행동이라고 하였다. 따라서 모로반사가 직접적인 신체의 변화가 있을 때만 나타나는 것은 아니므로 정답은 ④이다.

① 모로반사는 대표적인 신생아 반사행동으로, 신생아 검사에서 가장 많이 관찰하는 행동 중 하나라고 하였다. 이를 통해 신생아 검사에서는 신생아 반사행동을 관찰함을 추론할 수 있다.

② 모로반사는 신생아 검사에서 가장 많이 관찰하는 행동인데, 만약 모로 반사가 관찰되지 않으면 신경계 손상을 의심한다고 하였다. 이를 통해 신경계 결함이 없는 신생아는 모로반사가 있음을 추론할 수 있다.

③ 일부 신생아 반사행동은 신생아의 생존 가능성을 높여주는 명백한 이유와 기능이 있으며, 그중에서도 모로반사는 위험한 상황에서 엄마에게 매달리려는 본능적 행동으로 해석된다고 하였다. 이를 통해 모로반사가 신생아의 생존과 관련 있는 반사행동임을 추론할 수 있다.

⑤ 신생아는 약 40개의 다양한 반사행동을 가지고 태어나며, 이는 자라면서 자연스럽게 사라지거나 의식적이고 자발적인 운동으로 대치되는 경우가 많다고 하였다. 이를 통해 모든 신생아 반사행동이 자연스럽게 사라지는 것은 아님을 추론할 수 있다.

---

29 ③ 컴퓨터 그래픽으로 가상 인플루언서 그 자체뿐만 아니라 주변 환경까지 연출 가능하므로, 가상 인플루언서를 활용한 마케팅은 시간과 장소의 제약 없이 마케팅이 가능하다는 장점이 있다고 하였다. 따라서 인간이 가상 인플루언서를 둘러싼 환경을 조성할 수 없는 것은 아니므로 정답은 ③이다.

① 가상 인플루언서는 본인의 SNS 계정을 통해 대중과 소통하고 일상을 공유한다고 하였다. 이를 통해 가상 인플루언서는 실제로 존재하는 사람들과 소통이 가능함을 추론할 수 있다.

② 가상 인플루언서는 정교한 컴퓨터 그래픽으로 구현된 가상의 디지털 인물이며, 실존 인물처럼 이름, 성별, 나이, 성격, 외모 등의 구체적인 특징이 규정된다고 하였다. 이를 통해 가상 인플루언서의 내적 특성뿐 만 아니라 외적 특성도 인간에 의해 결정됨을 추론할 수 있다.

④ 과거에 기업은 광고 모델에 적합한 유명인을 섭외하기 위해 고심했으나, 가상 인플루언서는 인간이 통제 가능한 대상이므로 기업은 광고 모델에 적합한 가상 인플루언서를 창조할 수 있다고 하였다. 이를 통해 광고 모델로 사용될 가상 인플루언서가 기업에 의해 새로 제작되기도 함을 추론할 수 있다.

⑤ 가상 인플루언서의 영향력이 확대되자 이를 활용한 마케팅 시장 규모도 전 세계적으로 커지는 중이라고 하였다. 그러나 이를 통해 한국이 가상 인플루언서를 활용한 마케팅 시장 규모가 가장 큰 나라인지는 알 수 없다.

30 ② 1초과~5μm의 미세먼지는 기침을 하거나 음식을 삼킬 때 제거된다. 한편 0.5초과~1μm의 미세먼지 폐의 대식세포가 제거한다.

1월 1일: 1초과~5μm의 미세먼지 비율 > 0.5초과~1μm의 미세먼지 비율

1월 2일: 1초과~5μm의 미세먼지 비율 < 0.5초과~1μm의 미세먼지 비율

따라서 1월 2일이 1월 1일보다 더 대식세포의 작용이 활발했을 확률이 크다.

① 4문단에 의하면 심혈관계 환자에게 치명적인 것은 0.5μm보다 작은 미세먼지이다. 따라서 1월 1일에 0.6μm크기의 미세먼지 비율이 유독 높았다고 해서, 1월 1일이 심혈관계 환자에게 더 위험했을 것이라는 추론은 옳지 않다.

③ 0.5μm, 0.5초과~1μm, 1초과~5μm의 미세먼지가 각각 제거되는 방법이 다르다고 소개되었을 뿐, 크기가 클수록 제거작용이 어렵다고는 간주할 수 없다.

④ 3문단에서 0.5μm의 미세먼지는 기도로 방향이 꺾이지 않고 식도 안쪽의 벽에 부딪혀 가래에 섞여 나오거나 음식물에 섞여 위장으로 들어간다고 하므로, 기도를 자극하지 않고, MIF를 분비하게 하여 대식세포의 작용에 장애가 생기지 않을 것이므로, 면역력을 떨어뜨린다는 추론은 잘못되었다.

⑤ 해당 추론의 참 거짓 여부를 알기 위해선 황사주의보가 발령될 때 평균적인 미세먼지의 농도와 황사주의보가 없는 공업지대의 평소 농도를 알아야 한다. 그러나 본문에는 이를 알 수 있는 정보가 없으므로 적절하지 못한 추론이다.

직무상식

01	⑤	06	②	11	①	16	②	21	③	26	③
02	④	07	③	12	⑤	17	④	22	④	27	②
03	②	08	⑤	13	①	18	③	23	④	28	①
04	⑤	09	④	14	②	19	⑤	24	③	29	⑤
05	①	10	①	15	②	20	①	25	⑤	30	⑤

01 ⑤

접근이 쉽고 정맥관을 유지하기 용이하므로 영아의 경우 두피정맥을 사용할 수 있다.

㉡ 동정맥루의 손상을 방지하고 보호하기 위해 정맥요법을 제한한다.

㉢ 림프순환을 방해하여 림프부종을 야기할 수 있다.

㉣ 상대정맥 증후군인 경우 상대정맥을 통한 혈액 환류에 장애가 발생해 안면, 경부, 상지 부종 등의 증상이 나타난다. 수액을 팔 쪽에 정맥 주사하는 경우, 상대정맥으로 가는 혈액량이 늘어나 증상을 악화시키므로 상대정맥을 거치지 않고 하대정맥을 거쳐 심장으로 들어가도록 다리 쪽에 정맥주사해야 한다.

02 ④

㉡ 잦은 흡인은 오히려 기침반사를 억제할 수 있으므로 대상자를 사정하면서 적절한 흡인 빈도를 결정한다.

㉢ 효과적인 분비물 흡인을 위해 적절한 크기의 카테터를 사용한다.

㉣ 저산소증을 예방하기 위해 카테터 삽입에서 제거까지 10초를 넘기지 않는다. 카테터를 삽입할 때에는 흡인하지 않으며 카테터를 제거할 때 부드럽게 돌리면서 흡인을 시행한다.

03 ②

기도흡인을 수행할 때는 기관 내 점막의 손상을 예방하기 위해 카테터를 제거하면서 흡인해야 한다. 저산소증을 예방하기 위해 카테터 삽입에서 제거까지 10초를 넘기지 않는다.

㉠ 효과적인 기도 분비물의 제거를 위해 카테터를 부드럽게 돌리면서 흡인한다.

㉣ 저산소증을 예방하기 위해 20~30초의 간격을 두고 시행한다.

04 ⑤

급성 호흡곤란 증후군(ARDS, Acute Respiratory Distress Syndrome)은 갑자기 발생하는 중증 저산소성 호흡부전으로, 일반적인 산소요법에 반응하지 않는 저산소혈증이 특징적이다. 이로 인해 청색증, 과호흡, 늑간 함몰, 빈맥 등이 나타나며 과호흡에 의해 초기에는 호흡성 알칼리증이 나타날 수 있다.(질환이 악화되면 호흡성 산증으로 진행될 수 있음)

05 ①

항암화학요법을 하게 되면 골수기능이 저하된다. 백혈구의 수가 감소하면서 면역력이 약화되어 감염에 취약해지므로 이에 대한 중재가 필요하다. 또한 오심, 구토, 식욕부진 등의 증상으로 영양 결핍이 발생할 수 있으므로 영양분을 고루 갖춘 기호에 맞는 음식을 섭취하도록 한다.

㉡ 아스피린은 출혈의 위험성이 있으므로 제한한다.

㉣ 탈모는 일시적으로 발생하며 치료가 끝나면 모발은 다시 자라난다.

개념

항암화학요법: 암의 크기 축소 및 성장 억제, 제거를 위해 항암제를 사용하는 치료법을 말한다.

06 ②

Digoxin은 강심제로 심근수축력, 심박출량을 증가시키고 심박동수를 감소시키며 심장의 자동성을 항진시킨다. 그러나 심근세포 내로 칼륨이 통과하는 것을 방해함으로써 독작용을 유발할 수 있다. 오심, 구토, 기면, 시력장애, 서맥 등의 독작용이 나타난 경우 즉시 의사에게 알려 적절한 중재를 수행한다.

④ 구강으로 투여 가능하며, 상황에 따라 정맥주사 혹은 근육주사를 시행한다.

⑤ 복용 전 청진기로 1분 간 심첨맥박을 측정하고 서맥이나 불규칙한 맥박이 나타난다면 즉시 투약을 중지하고 의사에게 알린다.

07 ③

화상의 초기는 체액 상실기로 수분 전해질의 균형 유지를 위한 간호중재가 중요하다. 적절한 수액요법을 통해 체액량을 보충한다.

08 ⑤

COPD(chronic obstructive pulmonary disease, 만성 폐쇄성 폐질환)란 폐기종, 만성 기관지염으로 유발되는 만성적인 환기장애를 의미한다. 점도가 높은 가래는 가스교환장애의 주원인이 될 수 있으므로 환자가 효과적으로 객담을 뱉어낼 수 없는 경우라면 흡인을 시행하여 객담을 제거할 수 있다.

① 저산소혈증을 교정하기 위해 산소요법이 필요하나, 호흡중추를 자극하기 위해 고농도의 산소 공급을 금지한다.

② 탄수화물은 소화되면서 체 내 이산화탄소를 생성하여 증상을 악화시킬 수 있으므로 50% 내외로 섭취를 제한한다. 고열량, 고단백식이를 제공한다.

③ 세기관지 허탈을 방지하기 위해 입술오므리기 호흡을 교육한다. 이는 이산화탄소를 효과적으로 배출할 수 있게 한다.

④ 활동의 피로도를 감소시키기 위해 침상에서 휴식을 취하게 하며, 호흡을 돕기 위해 상체 올린 자세를 취하게 한다.

09 ④

신체 활동이 증가하는 경우 당뇨병의 급성 합병증인 저혈당이 발생할 수 있다. 이를 예방하기 위해 간식과 음식을 추가적으로 섭취하도록 하며 사탕과 같은 간식을 휴대하게 한다.

① 운동은 혈액 순환을 활발하게 해주어 인슐린 작용을 돕는다.

② 당뇨병으로 인한 혈액순환 저하로 감염 및 상처 치유가 지연될 수 있다. 발을 보호하기 위해 맨발로 다니지 않으며 양말을 착용하고 앞부분이 막힌 신발을 신도록 한다.

③ 피부 손상이 발생할 수 있으므로 발톱을 바짝 깎지 않게 한다.

⑤ 같은 부위에 반복해서 투여하면 피하지방조직이 위축되어 인슐린의 완전한 흡수를 저해할 수 있으므로 주사 부위를 돌아가며 투여해야 한다. 인슐린 주사 후 마사지하지 않는다.

참고

인슐린의 주사 부위로는 흡수율이 좋은 복부가 가장 선호된다.(이외 대퇴부, 상완 외측 등에 피하주사할 수 있음)

10 ①

㉠ 섭취한 음식물이 천천히 이동하도록 기댄 자세에서 식사하도록 한다.

㉣ 탄수화물이 많은 경우 갑자기 혈당이 높아지면서 인슐린 분비가 자극되어 저혈당을 유발할 수 있으므로 저탄수화물식이를 제공한다.

[개념]

덤핑증후군: 섭취된 음식물(특히 고농도의 탄수화물)이 적절한 소화과정을 거치지 않고 공장 내로 빠르게 이동하면서 발생하는 여러가지 증상으로 심계항진, 허약, 실신, 발한, 불편감, 오심, 설사 등이 나타난다.

11 ①

S-B tube(Sengstaken-Blakemore tube)는 위 내로 삽입되며 식도와 위에서 풍선을 부풀어 식도 정맥류 출혈 시 손상된 정맥에 압력을 가해 지혈하는 기능을 갖는다. 식도의 풍선이 구강인두까지 올라왔을 때 기도가 막히는 응급상황이 발생할 수 있으므로 침상 옆에 가위를 준비해두며, 응급상황이 발생한 경우 즉시 기도 개방을 위해 S-B tube를 잘라주어야 한다.

② 적용하는 동안 식도 내 풍선의 압력을 주기적으로 확인한다.

③ 식도 내 팽창된 풍선이 있어 분비물이 기관으로 흡입될 수 있다. 이를 예방하기 위해 머리를 올려주는 체위를 취한다.

④ S-B tube는 식도의 괴사 및 천공, 흡인 등의 부작용을 유발할 수 있으므로 24시간을 초과해 사용하지 않는다.

⑤ S-B tube에는 3개의 port가 있어 위 내용물을 확인하고 세척하는 것이 가능하다. 따라서 세척용 위관을 따로 삽입할 필요가 없다.

12 ⑤

T-tube는 담낭절제술과 같은 담도계 수술 후 총담관에 삽입하는 T자 튜브를 의미한다. 이는 담즙이 복강 내로 유출되는 것을 예방하고 담관의 개방성을 유지하도록 돕는다. 수술 후 담관조영술에서 담관의 개통성이 유지됨을 확인 한 후 제거할 수 있다.

② 담즙은 피부에 자극이 되므로 드레싱이 젖었다면 즉시 교체한다.

④ 담즙이 십이지장으로 흘러내려가 소화를 도울 수 있도록 식사 전후 1~2시간 정도 T-tube를 잠근다.

13 ①

밀봉병 안의 파동은 배액관의 개통성을 나타내는 것으로 파동의 소실은 배액관의 꼬임이나 폐쇄 등을 의미할 수 있다. 배액을 돕기 위해 환자의 체위를 변경해 본다.

14 ②

B형 간염은 전 세계적으로 발병 가능하지만 감염률은 지역에 따라 다르다. B형 간염의 가장 효과적인 예방법은 예방접종이다.

㉠ B형 간염은 주로 오염된 체액, 혈액의 점막, 손상된 피부와의 접촉으로 전파된다.

㉢ B형 간염의 잠복기는 6~24주이다.

15 ②

혈액순환을 증진시키기 위해 압박스타킹을 착용하게 하며, 수술 후 조기이상을 격려한다.

㉡ Homan's sign이란 누워서 다리를 들고 발을 배굴하여 확인하는 검사로 발등 쪽으로 구부려서 확인한다. 통증이 있을 때 양성으로 표시하며 심부정맥혈전증을 의심할 수 있다.

㉣ 혈전 부위에 부종, 종창, 열감이 있으며 표재성 정맥이 돌출되고 압통 등이 나타난다.

16 ②

THR(Total Hip Replacement, 고관절전치환술)은 인공 고관절을 사용하여 대치하는 수술을 의미한다. 수술 후 고관절 탈구 예방을 위해 90° 이상의 고관절 굴곡, 내전, 내회전을 금지한다. 또한 수술한 쪽의 측위를 금지하고 다리를 꼬지 않도록 하며 낮지 않은 의자에 앉도록 한다. 내회전을 예방하기 위해 발등이 밖을 향하게 유지한다. 탄력스타킹을 착용하여 혈전을 예방하도록 한다. 또한 체중부하 한도 내에서 활동을 격려하며 침상운동부터 시작하여 점진적으로 운동을 늘려간다.

17 ④

자율신경계 기능 이상으로 빈뇨, 배뇨지연, 요정체 등이 나타날 수 있으나 우선적으로 유치도뇨관을 삽입하지 않는다. 유치도뇨관 삽입은 감염의 위험성을 높이고 배뇨기능을 저하시킬 수 있기 때문이다. 침대 옆에 소변기를 준비해놓거나 요의를 느끼면 바로 배뇨하기, 요의가 없어도 규칙적으로 배뇨하기 등의 중재를 제공한다.

② 비타민 B6는 Levodopa의 효과를 저해시키므로 섭취를 제한한다. 약물의 흡수율을 높이기 위해 공복에 복용하나, 오심이 있는 경우 식사와 함께 복용하도록 한다.

⑤ 자율신경계 기능 이상 및 Levodopa의 복용으로 체위성 저혈압이 나타날 수 있다. 이로 인해 현기증, 실신, 어지러움 등의 증상이 발생하므로 갑자기 자세를 변경하지 않도록 교육한다.

18 ③

㉠ oxytocin은 자궁수축제로 자궁수축을 유발한다.

㉡ 태아 심박동수 정상범위는 120~160회/분으로 정상범위 내에 있는 경우 태아상태를 사정하면서 투여를 지속한다.

㉣ oxytocin은 항이뇨효과로 소변량이 감소할 수 있으므로 섭취량과 배설량을 확인한다.

19 ⑤

급성 사구체신염은 연쇄상구균의 선행 감염 이후에 잠복기를 거친 뒤 급성으로 발병하는 질환으로 부종, 혈뇨(콜라색), 단백뇨, 고혈압, 복통 등의 증상이 나타난다.

20 ①

Lithium은 조증과 양극성 장애에 일차적으로 사용되는 약물로 신경과 근육세포에서의 나트륨 전달 기전을 변화시키는 작용을 한다. 리튬의 혈중농도에 따라 부작용 증상이 달라진다. 기면, 경한 근위축과 같이 경미한 증상부터 혼돈, 발작, 혼수 등 심각한 증상이 발생할 수 있다. 부작용이 발생한 경우 나트륨 및 전해질 불균형을 교정하기 위해 수액을 주입하며 이뇨제를 투여할 수 있다. 또한, 활력징후 측정 및 심전도 검사 등의 중재를 수행한다.

㉡ 부작용이 발생한 경우 즉시 투약을 중지한다.

㉢ Benztropine은 항파킨슨 약물로 추체외로계 부작용이 발생했을 때 투여한다.

21 ③

20mg : 2cc = 30mg : x

$\therefore x = 3cc$

22 ④

10mg, qid의 처방은 한 번에 1 tablet(10mg)을 하루 4번 복용하라는 의미이다.

그러므로 2일 동안 총 8개의 tablet을 복용하게 된다.

23 ④

125mg : 5cc = 75mg : $x$cc

$\therefore x = 3cc$

24 ③

1) $\dfrac{\text{주입량(ml)}}{\text{주입시간(hr)}} = \text{시간당 주입량(ml/hr)}$

$\dfrac{500(ml)}{10(hr)} = 50(ml/hr)$

2) 12pm~6pm(6시간) 수액 주입량

50ml × 6시간 = 300ml

남은 수액량: 500ml - 300ml = 200ml

∴ 200ml

25 ⑤

1) 0.9% N/S 900ml의 용질의 양

$\text{용질의 양} = \dfrac{\text{농도(\%)} \times \text{용액의 양}}{100}$

$x = \dfrac{0.9(\%) \times 900}{100}$

$x = 8.1g$

0.9% N/S 900ml의 수액에는 8.1g의 NaCl 성분이 들어있는 것

2) $\dfrac{\text{용질의 양}}{\text{용액의 양}} \times 100 = \text{농도}$

$\dfrac{(2.34 \times 5) + 8.1}{900 + (20 \times 5)} \times 100 = 1.98\%$

∴ 소수점 둘째자리 숫자는 8

26 ③

$\dfrac{\text{주입량(ml)} \times 20gtt/ml}{\text{주입시간} \times 60min} = \text{분당방울수(gtt/min)}$

$\dfrac{500(ml) \times 20gtt/ml}{24hr \times 60min} = \text{약 } 6.94(gtt/min)$

27 ②

$\dfrac{\text{주입시간} \times 60min \times 60sec}{\text{주입량(ml)} \times 20gtt/ml}$

= 한 방울 점적에 걸리는 시간(sec/gtt)

$\dfrac{24hr \times 60min \times 60sec}{500ml \times 20gtt/ml} = 8.64(sec/gtt)$

28 ①

$$\frac{\text{주입시간} \times 60\text{min} \times 60\text{sec}}{\text{주입량(ml)} \times 20\text{gtt/ml}}$$

= 한 방울 점적에 걸리는 시간(sec/gtt)

$$\frac{0.5\text{hr} \times 60\text{min} \times 60\text{sec}}{50\text{ml} \times 20\text{gtt/ml}} = 1.8(\text{sec/gtt})$$

29 ⑤

1) 800mg : 500cc = $x$mg : 1cc

∴ 1cc당 1.6mg(1600㎍)의 Dopamine이 녹아있는 것

2) 1시간 동안 4㎍ × 60kg × 60min = 14400㎍의 Dopamine이 투여된다.

1cc : 1600㎍ = $y$cc : 14400㎍

∴ y = 9cc/hr

30 ⑤

1) 250mg : 500cc = $x$mg : 1cc

∴ 1cc 당 0.5mg의 Nicardipine이 녹아있는 것

2) 1분 동안 0.5mg × 65kg = 32.5mg의 Nicardipine이 투여된다.

1cc : 0.5mg = $x$cc : 32.5mg

∴ x = 65(ml/min)

4부

실전 모의고사 3회

수리논리

01	④	06	④	11	④	16	②				
02	①	07	⑤	12	④	17	②				
03	①	08	②	13	④	18	⑤				
04	①	09	④	14	③	19	②				
05	③	10	⑤	15	④	20	④				

01 ④ 합격자의 평균 정답 개수를 x, 불합격자의 평균 정답 개수를 y, 전체 응시자의 평균 정답 개수를 z 라고 하면 다음과 같은 식이 성립한다.

$$\begin{cases} x = 2y - 6 \\ y = z - 5 \\ z = \dfrac{x+2y}{3} \end{cases}$$

$\therefore x = 36, y = 21, z = 26$

따라서 합격자의 평균 정답 개수와 불합격자의 평균 정답 개수의 차이는 36 - 21 = 15문제이므로 정답은 ④이다.

02 ① 우수사원이 된 팀원은 그 다음 주에 우수사원으로 뽑히지 않는다고 했으므로 A가 3주 동안 2번 우수사원으로 뽑히기 위해서는 첫째 주와 셋째 주에 우수사원으로 뽑혀야 한다. A가 첫째 주에 우수사원으로 뽑힐 확률은 $\frac{1}{10}$이고, 둘째 주에는 10명 중 A를 제외한 9명이 우수사원이 될 수 있으므로 $\frac{9}{9}$ = 1이다. 셋째 주에 A가 우수사원으로 뽑힐 확률은 둘째 주에 우수사원이 된 팀원 1명을 제외한 9명 중 A가 우수사원으로 뽑힐 확률이므로 $\frac{1}{9}$이다. 따라서 A가 3주 동안 2번 우수사원으로 뽑힐 확률은 $\frac{1}{10} \times 1 \times \frac{1}{9} = \frac{1}{90}$이므로 정답은 ①이다.

03 ① 도로포장률은 A시가 34,560 / 54,000 × 100 = 64%, B시가 27,900 / 62,000 × 100 = 45%, C시가 17,280 / 48,000 × 100 = 36%이다. 따라서 정답은 ①이다.

② 인구 1인당 자동차 대수는 A시가 1,400 / 400 = 3.5대이고 C시가 1,200 / 750 = 1.6대이므로 3.5 / 1.6 ≒ 2.2배이다.

③ 도로보급률은 C시가 48,000 / (200 × 750) × 100 = 32%이고, B시가 62,000 / (250 × 1,240) × 100 = 20%이므로 C시가 B시보다 32 - 20 = 12%p 더 높다.

④ 인구당 도로연장은 A시가 54,000 / 400 = 135km/천 명이다. B시가 62,000 / 1,240 = 50km/천 명이고, C시가 48,000 / 750 = 64km/천 명이므로 B시와 C시를 합하면 50 + 64 = 114km/천 명이다.

⑤ A와 B시의 포장 도로 길이의 합은 34,560 + 27,900 = 62,460km이므로, B시의 전체 도로 길이보다 62,460 - 62,000 = 460km 더 길다.

04 ① 2016년 대비 2020년에 광주의 수출액은 |13,340 - 14,500| / 14,500 × 100 = 8% 감소했다. 따라서 정답은 ①이다.

② 2016~2019년 내내 수입액이 동일한 광역시는 2016~2019년 내내 수입액이 4,500만 달러인 대구뿐이다.

③ 부산의 수입액은 2019년에 13,800만 달러에서 2020년에 12,550만 달러로, 수출액은 2019년에 13,900만 달러에서 2020년에 11,300만 달러로 전년 대비 모두 감소했다.

④ 수입액이 많은 순서대로 각 광역시를 나열하면 2019년과 2020년 모두 '인천 - 울산 - 부산 - 광주 - 대구 - 대전'이다.

⑤ 2017년에 6대 광역시의 전체 수입액은 14,500 + 4,500 + 41,000 + 6,500 + 3,500 + 30,000 = 100,000만 달러이고, 그중 인천의 수입액이 차지하는 비중은 41,000 / 100,000 × 100 = 41%이다.

05 ③ ㉠ 2019년 대비 2020년에 대구의 수출액 감소율은 |6,000 - 7,500| / 7,500 × 100 = 20%이고, 울산의 수출액 감소율은 |56,000 - 70,000| / 70,000 × 100 = 20%이다.

㉢ 2019년에 6대 광역시의 전체 수출액은 13,900 + 7,500 + 39,000 + 13,400 + 4,000 + 70,000 = 147,800만 달러이고, 전체 수입액은 13,800 + 4,500 + 42,000 + 5,900 + 3,000 + 33,000 = 102,200만 달러이므로, 2019년에 6대 광역시의 전체 수출액과 전체 수입액의 차이는 147,800 - 102,200 = 45,600만 달러이다.

따라서 〈보기〉에서 옳은 것만을 모두 고르면 '㉠, ㉢'이므로 정답은 ③이다.

㉡ 2017년에 수입액이 수출액보다 많은 광역시는 수입액이 41,000만 달러이고, 수출액이 39,600달러인 인천뿐이다. 2020년에 인천의 수출액은 38,000만 달러이고, 수입액은 38,500만 달러로 수입액이 수출액보다 많다.

06 ④ 조사기간 중 대한민국 유엔분담금이 가장 많은 해는 2017년이고, 이 해에 대한민국 유엔분담금이 유엔총예산에서 차지하는 비중은 4.2 / 105 × 100 = 4%이다. 따라서 정답은 ④이다.

① 유엔총예산은 전년 대비 2018년에 감소했다.

② 조사기간 중 대한민국 유엔분담금이 동일한 두 해는 2018년과 2019년이고, 대한민국 해외파병 총인원수는 2018년에 640 + 560 + 180 = 1,380명, 2019년에 600 + 480 + 280 = 1,360명이다.

③ 대한민국 다국적군 인원수와 대한민국 국방교류협력 인원수의 차는 2016년에 300 - 120 = 180명, 2017년에 280 - 140 = 140명, 2018년에 560 - 180 = 380명, 2019년에 480 - 280 = 200명, 2020년에 320 - 240 = 80명이다. 이에 따라 조사기간 중 대한민국 다국적군 인원수와 국방교류협력 인원수의 차가 200명 이상인 해는 2018년, 2019년으로, 2개 연도이다.

⑤ 2017~2020년 동안의 대한민국 UN PKO 인원수의 전년 대비 증감 추이는 '증가 - 증가 - 감소 - 감소'이고, 대한민국 국방교류협력 인원수의 전년 대비 증감 추이는 '증가 - 증가 - 증가 - 감소'이다.

07 ⑤ 가산금리가 높은 순으로 외평채를 나열하면 2019년에는 '2048년물 (USD) - 2044년물(USD) - 2028년물(USD) - 2027년물(USD) - 2024년물(USD) - 2029년물(USD)'이고, 2020년에는 '2044년물(USD) - 2028년물(USD) - 2029년물(USD) - 2048년물(USD) - 2027년물(USD) - 2024년물(USD)'이다. 따라서 2019년과 2020년에 순위가 동일한 외평채는 없으므로 정답은 ⑤이다.

① 2021년 2~6월 중 가산금리가 전월과 동일한 달이 있었던 외평채는 2028년물(USD)과 2029년물(USD) 2가지이다.

② 전월 대비 2021년 6월에 가산금리 증가량은 2024년물(USD)이 31 - 33 = -2bp, 2027년물(USD)이 36 - 37 = -1bp, 2028년물(USD)이 18 - 15 = 3bp, 2029년물(USD)이 19 - 18 = 1bp, 2044년물(USD)이 49 - 47 = 2bp, 2048년물(USD)이 44 - 46 = -2bp이므로 증가량이 가장 큰 외평채는 2028년물(USD)이고, 2028년물(USD)의 가산금 리는 6월 가산금리 중 가장 낮다.

③ 2021년 1월에 가산금리가 30bp 이상인 외평채는 2024년물(USD), 2027년물(USD), 2044년물(USD), 2048년물(USD) 4가지이고, 4가지 외평채 모두 6월에도 가산금리가 30bp 이상이다.

④ 2021년 2~6월 내내 전월 대비 가산금리 증감 추이는 2024년물 (USD)이 '증가 - 감소 - 증가 - 감소 - 감소', 2027년물(USD)이 '증가 - 감소 - 증가 - 감소 - 감소', 2028년물(USD)이 '감소 - 동일 - 감소 - 감소 - 증가', 2029년물(USD)이 '감소 - 증가 - 감소 - 동일 - 증가', 2044년물(USD)이 '증가 - 감소 - 증가 - 감소 - 증가', 2048년물(USD)이 '증가 - 감소 - 증가 - 감소 - 감소'이므로 2024년물(USD)과 가산금리 증감 추이가 동일한 외평채는 2027년물(USD), 2048년물(USD) 2가지이다.

---

08 ② 3분기에 교육훈련 대상자 수가 많은 순으로 연차를 나열하면 '4년차 - 3년차 - 1년차 - 2년차'이고, 교육훈련 참석률이 높은 순으로 연차를 나열하면 '2년차 - 1년차 - 3년차 - 4년차'이므로 교육훈련 대상자 수가 많은 연차일수록 교육훈련 참석률이 저조하다. 따라서 정답은 ②이다.

① 2분기에 1년차 교육훈련 대상자 중 교육훈련 미참석자 수는 25,000 × (100 - 94) / 100 = 1,500명이다.

③ 2020년 교육훈련 대상자 수는 2년차가 22,000 + 20,000 + 21,000 + 25,000 = 88,000명이고, 3년차가 25,000 + 21,000 + 24,000 + 23,000 = 93,000명이므로 교육훈련 대상자 수는 3년차가 2년차보다 93,000 - 88,000 = 5,000명 더 많다.

④ 4분기에 교육훈련 대상자 수가 전 분기 대비 증가한 연차는 2년차와 4년차이고, 2년차는 교육훈련 참석률이 전 분기 대비 감소했으나, 4년차는 교육훈련 참석률이 전 분기 대비 증가했다.

⑤ 조사기간 내내 4년차 교육훈련 대상자 수는 2년차보다 많지만, 4분기에는 4년차의 교육훈련 참석률이 2년차보다 더 높다.

---

09 ④ 2018년에 공유 자전거 수는 수도권이 29,400 / (1 + 0.05) = 28,000대이고, 비수도권이 33,600 / (1 - 0.04) = 35,000대이다. 따라서 비수도권의 공유 자전거 수는 수도권보다 35,000 - 28,000 = 7,000대 더 많으므로 정답은 ④이다.

① 공유 자전거 1대당 인구는 '인구 / 공유 자전거 수'로 구하므로 인구는 '공유 자전거 1대당 인구 × 공유 자전거 수'로 구할 수 있다. 이에 따라 수도권 인구는 2019년에 870 × 29,400 = 25,578,000명, 2020년에 780 × 32,200 = 25,116,000명이므로 전년 대비 |25,116,000 - 25,578,000| = 462,000명 감소했다.

② 2019년에 비수도권의 자전거 전용도로 길이는 수도권의 97,020 / 16,170 = 6배이다.

③ 2020년에 비수도권의 공유 자전거 1대당 자전거 전용도로 길이는 91,140 / 43,400 = 2.1km이다.

⑤ 우리나라 전체 공유 자전거 수는 2019년에 29,400 + 33,600 = 63,000대이고, 2020년에 32,200 + 43,400 = 75,600대이므로 전년 대비 (75,600 - 63,000) / 63,000 × 100 = 20% 증가했다.

10 ⑤ 3분기 전체 계약금액은 17,100 + 19,500 = 36,600백만 원이고, 이 중 토목공사 계약금액은 36,600 × 0.8 = 29,280백만 원이다. 경쟁계약 금액 중 토목공사의 비중이 87%라면 토목공사 금액은 19,500 × 0.87 = 16,965백만 원이므로 수의계약 금액 중 토목공사 금액은 29,280 - 16,965 = 12,315백만 원 = 123억 1,500만 원이다. 따라서 정답은 ⑤이다.

① 4분기에 경쟁계약 금액은 전 분기 대비 (22,230 - 19,500) / 19,500 × 100 = 14% 증가했다.

② 수의계약 1건당 계약금액은 4분기에 21,500 / 25 = 860백만 원이고, 3분기에 17,100 / 18 = 950백만 원이므로 4분기에 전 분기 대비 |860 - 950| = 90백만 원 감소했다.

③ 1분기 전체 계약금액은 10,360 + 14,240 = 24,600백만 원이므로, 전체 계약금액 중 토목공사 계약금액과 건축공사 계약금액의 차이는 24,600 × 0.82 - 24,600 × 0.18 = 157억 4,400만 원이다.

④ 2020년 전체 수의계약 금액은 10,360 + 19,040 + 17,100 + 21,500 = 68,000백만 원이므로 2분기의 수의계약 금액이 차지하는 비중은 19,040 / 68,000 × 100 = 28%이다.

11 ④ 조사기간 중 열상 치료 환자 수가 가장 많은 해는 2019년이고, 이 해에 급여 매출액은 비급여 매출액의 9,230 / 2,110 ≒ 4.4배이다. 따라서 정답은 ④이다.

① 2017년 대비 2019년에 전체 내원 환자 수의 증가율은 {(760 + 860) - (680 + 750)} / (680 + 750) × 100 ≒ 13.3%이다.

② 조사기간 중 비급여 매출액이 가장 많은 해는 2016년이고, 이 해에 전체 내원 환자 수는 560 + 620 = 1,180명이다.

③ 조사기간 중 여성 내원 환자 수가 가장 많은 해는 2019년이고, 남성 내원 환자 수가 가장 많은 해는 2018년이다.

⑤ 2017~2020년 동안의 기타 치료 환자 수의 전년 대비 증감 추이는 '증가 - 감소 - 감소 - 감소'이고, 염좌 치료 환자 수의 전년 대비 증감 추이는 '증가 - 증가 - 감소 - 증가'이다.

12 ④ 총매출액은 2016년에 8,900 + 2,900 = 11,800만 원, 2017년에 10,700 + 2,170 = 12,870만 원, 2018년에 10,200 + 2,680 = 12,880만 원, 2019년에 9,230 + 2,110 = 11,340만 원, 2020년에 7,250 + 2,110 = 9,360만 원이므로 2020년에 가장 적고, 이 해에 환자 1인당 매출액은 9,360 / (720 + 840) = 6만 원이다. 그리고 조사기간 중 골절 치료 환자 수가 두 번째로 많은 해는 2018년이고, 이 해에 환자 1인당 매출액은 12,880 / (810 + 800) = 8만 원이다. 따라서 A, B는 각각 차례로 '60,000, 80,000'이고, A + B의 값은 60,000 + 80,000 = 140,000이므로 정답은 ④이다.

13 ④ 항생제 처방률은 '항생제 처방건수 / 내원일수 × 100'이므로 항생제 처방건수는 '내원일수 × 항생제 처방률 / 100'으로 구할 수 있다. 항생제 처방건수는 1분기에 32,400 × 24 / 100 = 7,776건, 2분기에 27,500 × 26 / 100 = 7,150건이다. 내원환자 중 항생제 처방환자 1명당 항생제 처방은 1건으로 가정한다고 했으므로, 항생제 처방환자 수는 항생제 처방건수와 동일하다. 내원환자 중 항생제를 처방받지 않은 환자 수는 1분기에 18,000 - 7,776 = 10,224명, 2분기에 22,800 - 7,150 = 15,650명이다. 따라서 2분기에 항생제를 처방받지 않은 내원환자 수는 전 분기 대비 15,650 - 10,224 = 5,426건 증가했으므로 정답은 ④이다.

① 항생제 처방건수는 1분기에 32,400 × 24 / 100 = 7,776건, 2분기에 27,500 × 26 / 100 = 7,150건, 3분기에 26,700 × 22 / 100 = 5,874건, 4분기에 30,600 × 20 / 100 = 6,120건이므로 2020년 전체 항생제 처방건수는 7,776 + 7,150 + 5,874 + 6,120 = 26,920건이다.

② 내원환자 1인당 내원일수는 1분기에 32,400 / 18,000 = 1.8일, 4분기에 30,600 / 20,400 = 1.5일이므로 4분기에 1분기 대비 |(1.5 - 1.8)| / 1.8 × 100 ≒ 16.7% 감소했다.

③ 항생제 부적응률은 '항생제 부적응자 수 / 내원환자 수 × 100'이므로 항생제 부적응자 수는 '내원환자 수 × 항생제 부적응률 / 100'으로 구할 수 있다. 1분기 항생제 부적응자 수는 18,000 × 4 / 100 = 720명이므로 1분기 내원환자 수는 해당 분기 항생제 부적응자 수의 18,000 / 720 = 25배이다.

⑤ 2~4분기 동안의 내원환자 수의 전 분기 대비 증감 추이는 '증가 - 감소 - 증가'이고, 내원일수의 전 분기 대비 증감 추이는 '감소 - 감소 - 증가'이다.

14 ③ 내원환자 중 항생제 처방환자 1명당 항생제 처방은 1건으로 가정한다고 했으므로, 항생제 처방환자 수는 항생제 처방건수와 동일하다. 이에 따라 항생제 처방환자 수는 2분기에 27,500 × 26 / 100 = 7,150명, 3분기에 26,700 × 22 / 100 = 5,874명이다. 항생제 부적응자 수는 2분기에 22,800 × 4.5 / 100 = 1,026명, 3분기에 19,500 × 3.4 / 100 = 663명이므로 항생제 처방환자 중 항생제 부적응이 발생하지 않은 환자 수는 2분기에 7,150 - 1,026 = 6,124명, 3분기에 5,874 - 663 = 5,211명이다. 따라서 3분기 항생제 처방환자 중 항생제 부적응이 발생하지 않은 환자 수는 전 분기 대비 5,211 - 6,124 = 913명 감소했으므로 정답은 ③이다.

15 ④ A사와 B사의 수출액 추이를 통해 규칙을 찾아야 한다.

- A사의 수출액 추이

  A사의 수출액은 2017년에 2016년보다 310 - 300 = 10억 원, 2018년에 2017년보다 320 - 310 = 10억 원, 2019년에 2018년보다 330 - 320 = 10억 원, 2020년에 2019년보다 340 - 330 = 10억 원 더 많으므로 매년 10억 원씩 증가하고 있다. 그러므로 A사의 수출액은 초항이 300, 공차가 10인 등차수열이며, 2016년의 n년 후에 A사의 수출액은 300 + 10 × n = 10n + 300억 원이다.

- B사의 수출액 추이

  B사의 수출액은 2017년에 2016년보다 210 - 200 = 10억 원, 2018년에 2017년보다 230 - 210 = 20억 원, 2019년에 2018년보다 260 - 230 = 30억 원, 2020년에 2019년보다 300 - 260 = 40억 원 더 많다. 그러므로 B사 수출액의 계차가 등차수열이며, 2016년의 n년 후에 B사의 수출액은 200 + $\sum_{k=1}^{n}$ 10k = 200 + 5n × (n + 1) = $5n^2$ + 5n + 200억 원이다.

B사의 수출액이 A사의 수출액의 두 배 이상이 되는 해는 $5n^2 + 5n + 200 \geq 2 \times (10n + 300)$이고, $n \geq 11$이므로 2016년의 11년 후인 2027년이다.

2016년부터 2027년까지의 B사의 수출액 합은 $\sum_{k=0}^{11} (5n^2 + 5n + 200) = 5 \times \frac{11 \times 12 \times 23}{6} + 5 \times \frac{11 \times 12}{2} + 200 \times 12$ = 2,530 + 330 + 2,400 = 5,260억 원이다. 따라서 정답은 ④이다.

16 ② 2019년에 발생한 인명피해 중 부상자 수는 사망자 수의 53,690 / 7,670 = 7배이다. 따라서 정답은 ②이다.

① 2018년에 발생한 사고 1건당 인명피해는 (7,430 + 48,850 + 420) / 3,150 = 18명이다.

③ 전체 인명피해는 2016년에 6,830 + 40,200 + 970 = 48,000명, 2020년에 6,490 + 56,400 + 470 = 63,360명이므로 2020년에 발생한 전체 인명피해는 2016년 대비 (63,360 - 48,000) / 48,000 × 100 = 32% 증가했다.

④ 2017년에 발생한 전체 인명피해는 8,850 + 49,560 + 590 = 59,000명이고, 2017년에 발생한 전체 인명피해에서 실종자가 차지하는 비중은 590 / 59,000 × 100 = 1%이다.

⑤ 2017~2020년 동안의 해양사고 발생건수의 전년 대비 증감 추이는 '감소 - 증가 - 감소 - 감소', 부상자 수의 전년 대비 증감 추이는 '증가 - 감소 - 증가 - 증가'로 정반대이다.

17 ② 물가상승률 6%를 (가)와 (나)에 각각 대입하면 다음과 같다.

1) (가)에 대입할 경우

실업률: $3 + \frac{6}{6} - \frac{1}{2} = 3.5\%$

2) (나)에 대입할 경우

실업률: $3 \times \{\frac{2}{6} + 1\} \times \frac{6}{8} = 3\%$

(가)와 (나) 중 물가상승률에 따른 실업률을 구하는 식은 (가)이다. 이에 따라 ㉠과 ㉡의 값을 구하면 다음과 같다.

- ㉠: $3 + \frac{6}{x} - \frac{1}{2} = 4.5$

  ∴ $x = 3$

- ㉡: $3 + \frac{6}{4} - \frac{1}{2} = 4$

  ∴ ㉡ = 4

또한 실업률은 '실업자 수 / 경제활동인구 × 100'이므로 X국의 경제활동인구는 '실업자 수 / 실업률 × 100'으로 구할 수 있고, 경제활동인구는 14,400 / 4.5 × 100 = 320,000명이다. 실업자 수는 '실업률 × 경제활동인구 / 100'으로 구할 수 있으므로 ㉢의 값을 구하면 다음과 같다.

- ㉢: 3.5 × 320,000 / 100 = 11,200

따라서 ㉠, ㉡, ㉢에 들어갈 값은 각각 차례로 '3, 4, 11,200'이므로 정답은 ②이다.

18 ⑤ 사은품 A~C의 2019년과 2020년의 개당 공급가와 2019년 대비 2020년 개당 공급가 증가율을 정리하면 다음과 같다.

사은품	2019년 개당 공급가	2020년 개당 공급가	2019년 대비 2020년 개당 공급가 증가율
A	74,800 / 34 = 2,200원	98,560 / 40 = 2,464원	(2,464 - 2,200) / 2,200 × 100 = 12%
B	68,400 / 57 = 1,200원	81,840 / 62 = 1,320원	(1,320 - 1,200) / 1,200 × 100 = 10%
C	57,000 / 76 = 750원	64,395 / 81 = 795원	(795 - 750) / 750 × 100 = 6%

따라서 2020년에 사은품 A~C 중 전년 대비 개당 공급가 증가율이 가장 낮은 제품은 C이므로 정답은 ⑤이다.

① 2019년과 2020년의 총 견적 비용의 차이는 244,795 - 200,200 = 44,595원이다.

② 사은품 A의 개당 공급가는 2019년에 74,800 / 34 = 2,200원이고, 2020년에 98,560 / 40 = 2,464원이므로 2020년에 사은품 A의 개당 공급가는 전년 대비 2,464 - 2,200 = 264원 높다.

③ 2019년에 사은품 B의 개당 공급가는 68,400 / 57 = 1,200원이고, 사은품 C의 개당 공급가는 57,000 / 76 = 750원이므로 사은품 B의 개당 공급가는 사은품 C의 개당 공급가의 1,200 / 750 = 1.6배이다.

④ 2020년에 사은품의 전년 대비 구매 수량의 증가량은 A가 40 - 34 = 6개, B가 62 - 57 = 5개, C가 81 - 76 = 5개이므로 증가량이 가장 큰 제품은 A이다.

19 ② 경제활동인구는 '실업자 / 실업률 × 100'으로 구할 수 있으며, 전체 경제활동인구는 A시가 17,500 / 7 × 100 = 250,000명, B시가 15,000 / 8 × 100 = 187,500명, C시가 14,000 / 7 × 100 = 200,000명, D시가 32,000 / 8 × 100 = 400,000명이다. 청년 경제활동인구는 A시가 2,800 / 14 × 100 = 20,000명, B시가 3,600 / 10 × 100 = 36,000명, C시가 4,200 / 12 × 100 = 35,000명, D시가 6,400 / 8 × 100 = 80,000명이다. 이에 따라 전체 경제활동인구 중 청년 경제활동인구가 차지하는 비중은 A시가 20,000 / 250,000 × 100 = 8%, B시가 36,000 / 187,500 × 100 = 19.2%, C시가 35,000 / 200,000 × 100 = 17.5%, D시가 80,000 / 400,000 × 100 = 20%이다. 따라서 정답은 ②이다.

---

20 ④ A사와 B사의 영업이익 추이를 통해 규칙을 찾아야 한다.

- A사의 영업이익 추이 A사의 영업이익은 2013년에 2012년보다 45 - 40 = 5억 원, 2014년에 2013년보다 50 - 45 = 5억 원, 2015년에 2014년보다 55 - 50 = 5억 원, 2016년에 2015년보다 60 - 55 = 5억 원 많으므로 매년 5억 원씩 증가하고 있다. 그러므로 A사의 영업이익은 초항이 40, 공차가 5인 등차수열이며, 2012년의 n년 후에 A사의 영업이익은 40 + 5 × n = 40 + 5n억 원이다.
- B사의 영업이익 추이 B사의 영업이익은 2013년에 2012년보다 3 - 2 = 1억 원, 2014년에 2013년보다 6 - 3 = 3억 원, 2015년에 2014년보다 11 - 6 = 5억 원, 2016년에 2015년보다 18 - 11 = 7억 원 더 많으므로 B사의 영업이 익의 계차가 등차수열이며, 2012년의 n년 후에 B사의 영업이익은

$$2 + \sum_{k=1}^{n} 2k - 1 = 2 + n \times (n + 1) - n = 2 + n^2$$억 원이다.

2026년은 2012년의 14년 후이므로 2026년에 A사 영업이익은 40 + 5 × 14 = 110억 원이고, 2030년은 2012년의 18년 후이므로 2030년에 B 사 영업이익은 2 + 18 × 18 = 326억 원이다. 따라서 2026년 A사 영업 이익과 2030년 B사 영업이익의 합은 110 + 326 = 436억 원이므로 정답은 ④이다.

추리

01	④	06	⑤	11	①	16	⑤	21	④	26	④
02	③	07	③	12	②	17	④	22	③	27	②
03	③	08	⑤	13	③	18	②	23	④	28	⑤
04	①	09	②	14	④	19	③	24	④	29	④
05	④	10	④	15	①	20	②	25	③	30	①

01 ④ 정언삼단논법의 규칙에 따라 각 개념요소는 2번 이상 언급되어야 한다. 제시된 전제와 결론에서 개념요소는 '부품', '공장', '제조부서'이다. 그러므로 [전제 2]에는 '공장'과 '제조부서'에 대한 언급이 있어야 한다. 따라서 ①, ②는 제외된다. 그리고 [전제 1]과 [결론]을 도식화하면 다음과 같다.

[전제 1]을 도식화하면

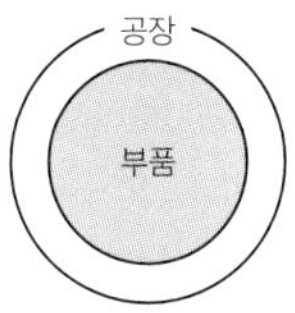

[결론]을 도식화하면

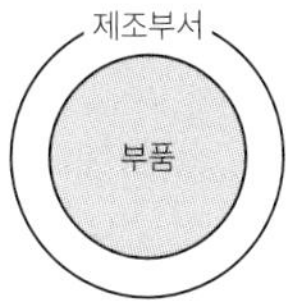

④를 도식화하면

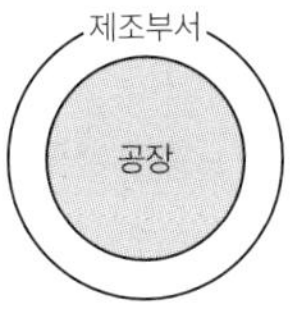

[전제 1]과 ④를 도식화하면

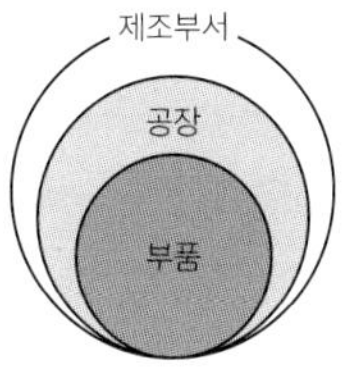

'공장이 있는 회사는 제조부서가 있다'라는 전제가 있어야 전제들을 통해 '부품을 생산하는 모든 회사는 제조부서가 있다'라는 [결론]이 항상 참이 된다. 따라서 정답은 ④이다.

02 ③

[전제 2]를 도식화하면

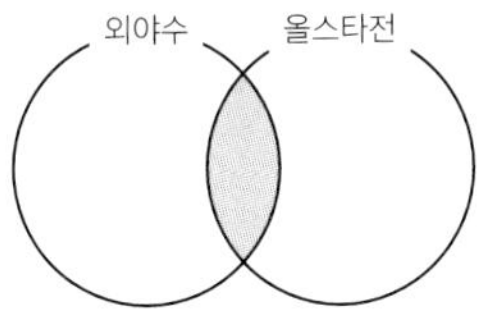

[결론]을 도식화하면

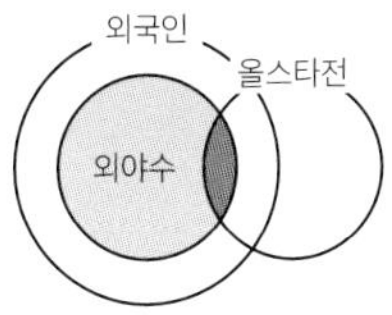

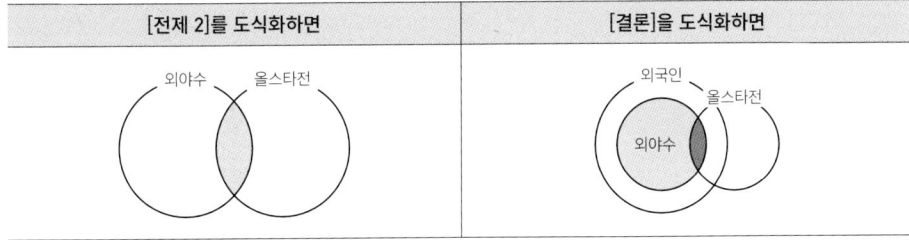

①, ④ 삼단논법의 개념요소 조건에 위배

[선택지 ②]를 도식화하면	[결론]을 도식화하면
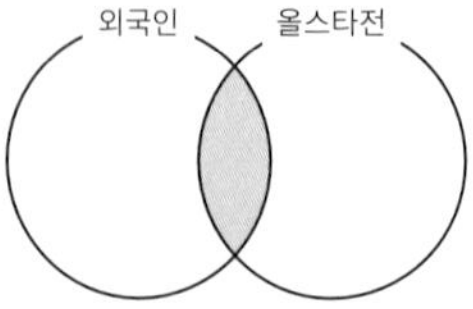	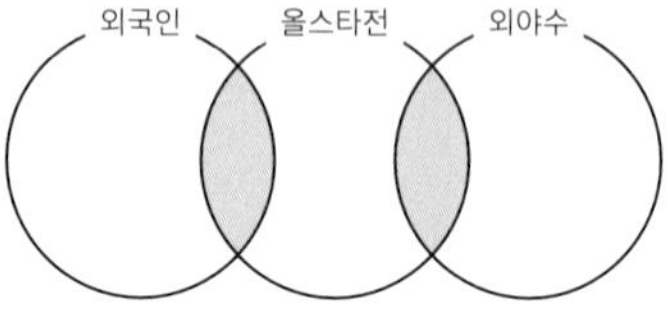 이런 결론이 가능하므로 타당하지 않음
[선택지 ③]을 도식화하면	**[결론]을 도식화하면**
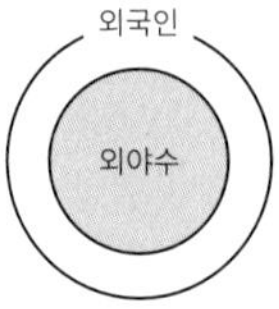	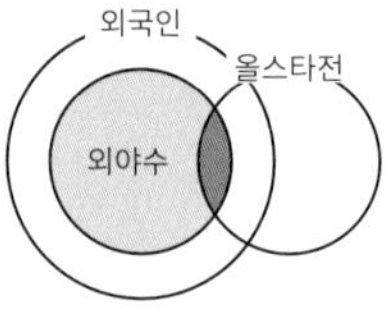
[선택지 ⑤]를 도식화하면	**[결론]을 도식화하면**
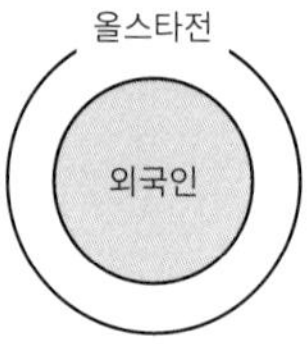	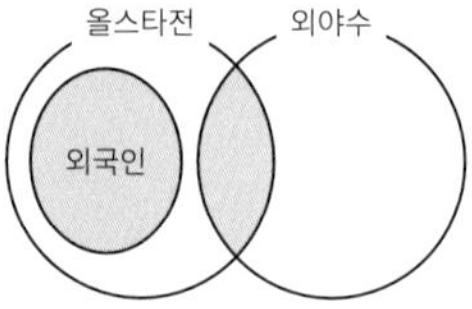 이런 결론이 가능하므로 타당하지 않음

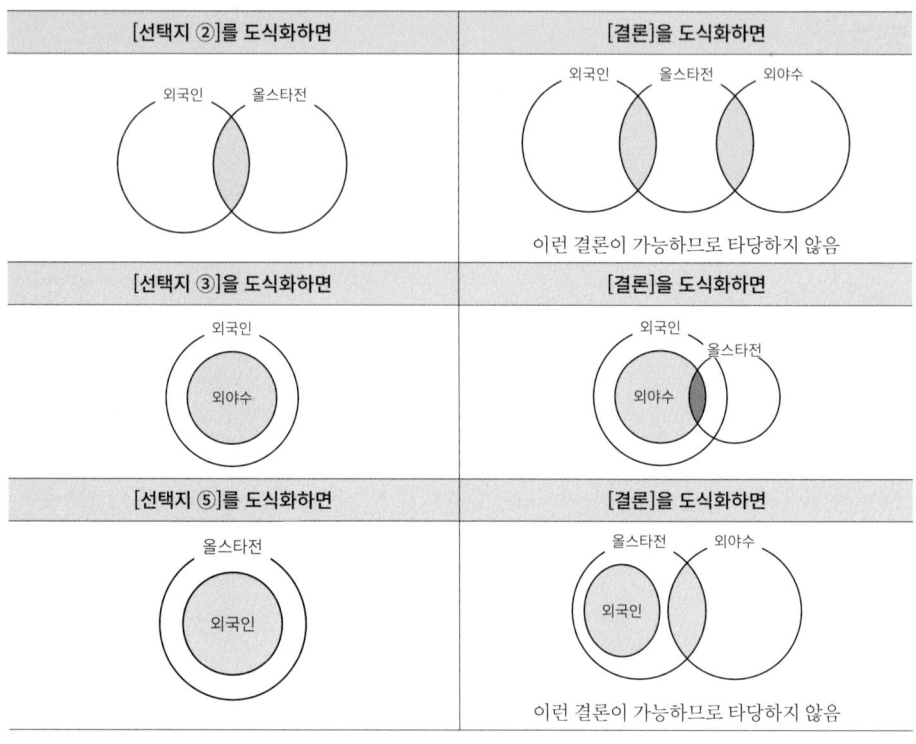

03 ③ 정언삼단논법의 규칙에 따라 각 개념요소는 2번 이상 언급되어야 한다. 제시된 전제에서 개념요소는 '대통령 선거', '국회의원 선거', '재보궐 선거'이다. 그러므로 [결론]에는 '국회의원 선거'와 '재보궐 선거'에 대한 언급이 있어야 한다. 따라서 ④, ⑤는 제외된다. 그리고 [전제 1]과 [전제 2]를 도식화하면 다음과 같다.

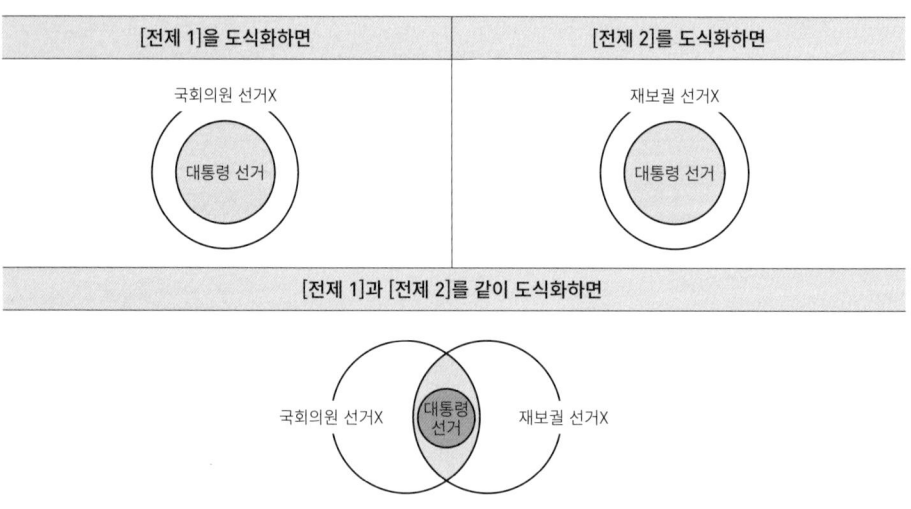

[전제 1]을 도식화하면	[전제 2]를 도식화하면
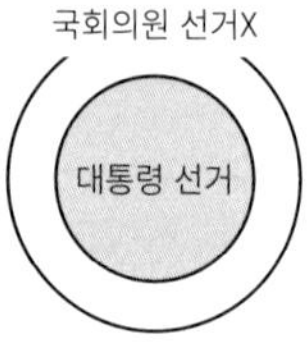	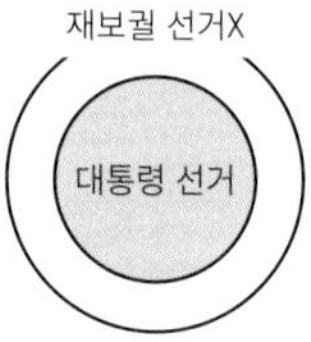

[전제 1]과 [전제 2]를 같이 도식화하면

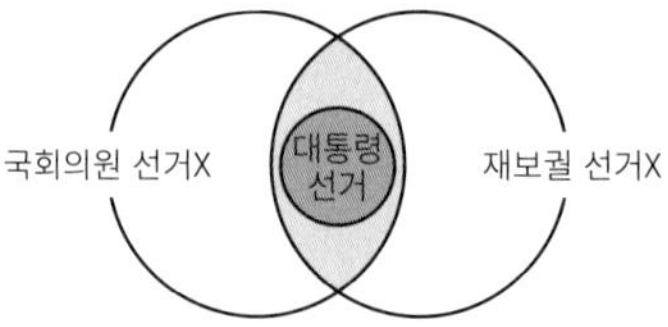

전제들을 통해 '국회의원 선거에 참여하지 않는 사람 중 재보궐 선거에 참여하지 않는 사람이 있다'라는 [결론]은 항상 참이 된다. 따라서 정답은 ③이다.

04 ① ㉠에 따라 A는 꽃꽂이와 댄스 중 하나를 수강하는데, ㉡에 의해 B가 꽃꽂이를 수강하므로 A는 댄스를 수강한다. A가 댄스를 수강하므로 ㉢에 의해 C는 볼링을 수강한다. 이에 따라 D는 자전거 혹은 축구를 수강한다. 이를 정리하면 다음과 같다.

A	B	C	D
댄스	꽃꽂이	볼링	자전거/축구

따라서 어떠한 경우에도 A는 댄스를 수강하므로 정답은 ①이다.

05 ④ X, Y, Z 세 종류의 부품을 각각 적어도 1개 이상씩 구매해야 하며, ㉡, ㉦에 의해 Y부품은 1개만 구매하고, X부품과 Z부품은 각각 2개씩 구매해야 한다. ㉣에 의해 E회사에서 구매하는 종류의 부품을 A회사에서 구매 하는 종류의 부품보다 많이 구매하므로 A회사에서 구매하는 종류의 부품은 Y부품이다. 이를 ㉤과 함께 정리하면 다음과 같다.

구분	A회사	B회사	C회사	D회사	E회사
부품	Y부품			Z부품	
가격	2,000원			2,000원	

㉢에 의해 B회사와 C회사에서 구매하는 부품의 종류는 서로 다르므로 B 회사와 C회사에서 구매하는 종류의 부품은 각각 (X부품, Z부품) 또는 (Z부품, X부품)이고, 나머지 E회사에서 구매하는 종류의 부품은 X부품이다. 이를 정리하면 다음과 같다.

구분	A회사	B회사	C회사	D회사	E회사
부품	Y부품	X부품 / Y부품	Z부품 / X부품	Z부품	X부품
가격	2,000원	2,500 / 2,000원	2,000 / 2,500원	2,000원	2,500원

따라서 E회사에서 구매하는 부품 가격은 2,500원이므로 정답은 ④이다.

06 ⑤ 이 문제는 오전인 경우와 오후인 경우 두 가지 경우의 수를 검토해보는 것이 좋다.

1) 발언 시간이 오전인 경우 (가국 - 거짓 / 나국 - 진실)

A의 발언은 참, B의 발언은 거짓이 된다. 따라서 A는 나국 사람, B는 가국 사람이 된다.

따라서 C의 발언이 참이 되고, D의 발언도 참이므로 C와 D 모두 나국 사람이다. 이는 나국 사람의 수가 2명이라는 전제에 어긋난다.

2) 발언 시간이 오후인 경우 (가국 - 진실 / 나국 - 거짓)

A의 발언은 거짓, B의 발언은 진실이 된다. 따라서 A는 나국 사람, B는 가국 사람이 된다. B는 진실을 말했으므로 C의 발언이 거짓이 된다. A는 나국 사람이므로 D의 발언은 참이 된다. C는 나국 사람, D는 가국 사람이 된다.

따라서 A, C는 나국 사람 B, D는 가국 사람이 된다.

07 ③ ㉣에 의해 처음 1층에서는 E만 엘리베이터에 탔다. ㉤에 의해 C가 3층에서 올라가는 엘리베이터에 탔을 때, 엘리베이터 안에는 A만 있었으므로 E는 2층에서 내렸고, A는 2층에서 엘리베이터에 탔다. 또한 ㉥에 의해 D는 5층에서 내려가는 엘리베이터에 탔으며, A는 2층에서 엘리베이터를 타고 올라와 5층에서 내렸다. 이에 따라 3층에서 올라가는 엘리베이터에 탄 C는 4층에서 내린 것이 된다. 이를 정리하면 다음과 같다.

구분		1층	2층	3층	4층	5층
올라갈 때	탄 사람	E	A	C		
	내린 사람		E		C	A
내려갈 때	탄 사람					D
	내린 사람					

㉥에 의해 D가 내려가는 엘리베이터에 탔으므로 남은 4층에서 B가 엘리베이터에 탔다. ㉦에 의해 B가 근무하는 층보다 D가 근무하는 층이 더 낮으므로, B는 3층에서 내리고, D는 1층에서 내린다. 이를 정리하면 다음과 같다.

구분		1층	2층	3층	4층	5층
올라갈 때	탄 사람	E	A	C		
	내린 사람		E		C	A
내려갈 때	탄 사람				B	D
	내린 사람	D		B		

따라서 B가 근무하는 층은 3층이므로 정답은 ③이다.

08 ⑤ ㉡에 의해 카드 뒷면에 적혀 있는 숫자로 가능한 조합은 (1, 2, 5), (3, 4) 또는 (1, 3, 4), (2, 5)이다. 이 중 ㉢에 의해 두 번째 카드 뒷면에 적혀 있는 숫자는 2이고, 네 번째 카드 뒷면에 적혀 있는 숫자보다 다섯 번째 카드 뒷면에 적혀 있는 숫자가 더 크므로 카드 뒷면에 적혀 있는 숫자의 순서는 1, 2, 5, 3, 4 또는 5, 2, 1, 3, 4이다. ㉣에 의해 세 번째 카드 뒷면에 적혀 있는 숫자와 네 번째 카드 뒷면에 적혀 있는 숫자의 합은 5보다 작으므로 카드 뒷면에 적혀 있는 숫자의 순서는 5, 2, 1, 3, 4이다. 이를 정리하면 다음과 같다.

앞면	1	1	1	1	1
뒷면	5	2	1	3	4

1) 진규가 처음 카드를 뒤집었을 때 보이는 카드 숫자

5	1	1	3	1

2) 진규가 다음으로 카드를 뒤집었을 때 보이는 카드 숫자

5	2	1	3	4

따라서 진규가 마지막으로 카드를 뒤집은 후 보이는 카드 숫자의 합은 15이므로 정답은 ⑤이다.

---

09 ② ㉠~㉣의 정보를 정리하면 다음과 같다.

창측

뒤				앞
		~C, ~E, ~A, ~F	~C, ~E	
		~A, ~E, ~F	~B, ~D, ~F	

내측

F의 좌석은 01번, 09번, 10번 중 하나인데 ㉣에 의해 F의 좌석은 D의 좌석과 같은 줄이며, D의 좌석 바로 앞이므로 F의 좌석은 01번, D의 좌석은 05번이다.

창측

뒤				앞
		D	F	
		~A, ~E	~B	

내측

06번에는 B 또는 C가 앉으므로 06번에 B가 앉는 경우와 C가 앉는 경우로 나누어 검토할 수 있다.

1) 06번에 B가 앉는 경우

B의 앞 좌석은 02번뿐인데, 이 경우 ㉤에 위배된다.

2) 06번에 C가 앉는 경우

㉥에 의해 B의 좌석은 09번이며, A와 E의 좌석은 02번과 10번 중 하나이다. 이를 정리하면 다음과 같다.

창측

뒤				앞
	B	D	F	
	A / E	C	E / A	

내측

따라서 내측에 앉은 사람은 A, C, E이므로 정답은 ②이다.

10 ④ <조건>을 정리하면 아래와 같다.

성	김	이	박
출신	~~서울~~, 구리	인천 or 서울	서울 or 인천
입사순	2	1 or 3	3 or 1
배치	병동 or 중환자실	응급실	중환자실 or 병동

ⓒ에서 김씨 간호사는 입사 순서가 두 번째라는 것이 확정된다.

ⓓ에서 첫 번째로 입사한 사람이 인천 출신이고 ⓒ을 보면 두 번째로 입사한 사람이 서울 출신이 아니므로 세 번째로 입사한 사람이 서울 출신임을 알 수 있다.

ⓔ에서 이씨 간호사는 응급실로 배정받는 것이 확정된다.

표를 보면 마지막으로 입사한 사람은 이씨 또는 박씨인데 응급실, 중환자실, 병동 모두 배치될 수 있으므로 거짓이다. 따라서 정답은 ④번이다.

11 ① ㉠, ㉤에 의해 마케팅부를 제외한 나머지 부서에서는 2명 이상의 사원을 채용하고, ㉢, ㉥에 의해 해외영업부, 신규사업부, 물류부의 채용인원으로 가능한 조합은 (2명, 3명, 4명), (3명, 2명, 3명)인데 ㉣에 의해 (2명, 3명, 4명)은 제외된다. 즉, 채용인원은 해외영업부 3명, 신규사업부 2명, 물류부 3명이고, 마케팅부의 채용인원은 홀수이다. 그리고 ㉠에 의해 부서별로 신입사원을 1명 이상 채용하므로 신규사업부에서 신입사원과 경력사원을 각각 1명씩 채용하고, 해외영업부에서 신입사원과 경력사원을 각각 (1명, 2명) 또는 (2명, 1명) 채용한다. 이를 정리하면 다음과 같다.

구분	해외영업부	신규사업부	마케팅부	물류부	계
신입	2명 / 1명	1명			
경력	1명 / 2명	1명	0명		
계	3명	2명	홀수	3명	

해외영업부에서 신입사원 1명, 경력사원 2명을 채용하는 경우와 신입사원 2명, 경력사원 1명을 채용하는 경우로 나누어 검토할 수 있다.

1) 해외영업부에서 신입사원 1명, 경력사원 2명을 채용하는 경우

물류부도 신입사원과 경력사원을 각각 (1명, 2명) 또는 (2명, 1명) 채용한다.

(1) 물류부에서 신입사원 1명, 경력사원 2명을 채용하는 경우

경력사원은 총 5명이므로 ㉡에 의해 마케팅부는 신입사원을 7명 채용한다. 그런데 이 경우, ㉠에 위배된다.

(2) 물류부에서 신입사원 2명, 경력사원 1명을 채용하는 경우

경력사원은 총 4명이므로 ㉡에 의해 마케팅부는 신입사원을 4명 채용한다. 그런데 이 경우, ㉣에 위배된다.

2) 해외영업부에서 신입사원 2명, 경력사원 1명을 채용하는 경우

물류부도 신입사원과 경력사원을 각각 (1명, 2명) 또는 (2명, 1명) 채용한다.

(1) 물류부에서 신입사원 1명, 경력사원 2명을 채용하는 경우

경력사원은 총 4명이므로 ㉡에 의해 마케팅부는 신입사원을 4명 채용한다. 그런데 이 경우, ㉣에 위배된다.

(2) 물류부에서 신입사원 2명, 경력사원 1명을 채용하는 경우

경력사원은 총 3명이므로 ㉡에 의해 마케팅부는 신입사원을 1명 채용한다.

구분	해외영업부	신규사업부	마케팅부	물류부	계
신입	2명	1명	1명	2명	6명
경력	1명	1명	0명	1명	3명
계	3명	2명	1명	3명	9명

따라서 4개 부서 채용인원의 합은 9명이므로 정답은 ①이다.

12 ②

운전 : 간호부장
파트장
파트장

운전 : 팀장
평간호사
평간호사
평간호사

운전 : 파트장
간호부장

평간호사 3명이 팀장 차에 타면, 남는 사람은 팀장 1명, 파트장 2명, 평간호사 2명이다. 같은 직급이 운전하는 차에 탈 수 없으므로 파트장은 반드시 간호부장이 운전하는 차에 타야 한다.
따라서 간호부장 차에는 파트장 2명과 남은 자리에 팀장 또는 평간호사 1명이 탈 수 있다.

13 ③

㉠, ㉢, ㉤에 의해 1호와 2호를 칠하는 페인트 색상으로 가능한 조합은 (흰색, 회색), (파란색, 회색)이므로 1호, 2호, 3호 각각을 칠하는 2가지 색상 중 3개의 방에 동일하게 칠하는 1가지 색상은 회색이다. 1호를 흰색과 회색, 2호를 파란색과 회색으로 칠하는 경우와 1호를 파란색과 회색, 2호를 흰색과 회색으로 칠하는 경우로 나누어 검토할 수 있다.

1) 1호를 흰색과 회색, 2호를 파란색과 회색으로 칠하는 경우 ㉡에 의해 4호는 흰색과 초록색으로 칠하고, ㉣에 의해 3호는 초록색과 회색으로 칠한다.

구분	1호	2호	3호	4호
색상	흰색, 회색	파란색, 회색	초록색, 회색	흰색, 초록색

2) 1호를 파란색과 회색, 2호를 흰색과 회색으로 칠하는 경우 ㉡에 의해 4호는 파란색과 초록색으로 칠하고, ㉣에 의해 3호는 초록색과 회색으로 칠한다.

구분	1호	2호	3호	4호
색상	파란색, 회색	흰색, 회색	초록색, 회색	파란색, 초록색

따라서 어떠한 경우에도 3호는 초록색과 회색으로 칠하므로 정답은 ③이다.

14 ④ ㉢에 의해 A는 항상 2가 나오며, ㉣에 의해 B는 2, 1, 3, 2, 3이 나오고, ㉦에 의해 E는 1과 2가 반복해서 나오므로 세 명의 이동 경로는 다음과 같다.

시작	1회차	2회차	3회차	4회차	5회차
A	신발	의자	차	옷	여행
B	투자	음료	PC	핸드폰	라면
C	이어폰	과자	TV	햄	보험
D	책상	가방	참치	햄버거	커피
E	피자	지갑	은행	빵	게임

㉤에 의해 C는 1, 2회차에만 2를 얻었으므로 회차 순서대로 이어폰, 과자 광고를 시청한다. 모든 광고가 E와 겹치지 않으므로 3회차 광고는 PC 또는 참치여야 하는데, PC 광고일 경우 E와 광고가 겹치지 않기 위해 4회차 또는 5회차에서 반드시 2를 얻어야 하므로 조건에 위배된다. 따라서 C가 시청하는 광고는 이어폰, 과자, 참치, 빵, 커피이다. D는 2와 3만 얻었으며 햄버거 광고를 시청하므로 4회차까지는 항상 2가 나와야 하고, 5회차에 3을 얻어 게임 광고를 시청한다. 이를 정리하면 다음과 같다.

시작	1회차	2회차	3회차	4회차	5회차
A	신발	의자	차	옷	여행
B	투자	음료	PC	핸드폰	라면
C	이어폰	과자	TV	햄	보험
D	책상	가방	참치	햄버거	커피
E	피자	지갑	은행	빵	게임

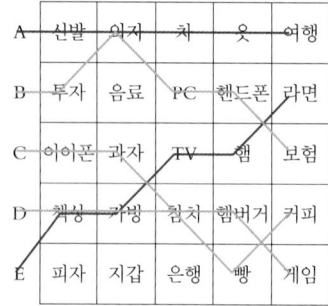

따라서 C는 여행 광고를 시청하지 않으므로 정답은 ④이다.

15 ① △는 다음과 같이 값이 증감한다: ABCD → A(+1)B(+2)C(+3)D(+4)

☆는 다음과 같이 값이 증감한다: ABCD → A(0)B(+1)C(+1)D(0)

□는 다음과 같이 순서가 변화한다: ABCD → ACBD

□는 다음과 같이 순서가 변화한다: ABCD → DCAB

JBYK	→	JYBK	→	JZCK
	○		☆	

따라서 물음표에 들어갈 문자는 'JZCK'이므로 정답은 ①이다.

16 ⑤

MKS4	→	NMV8	→	8VNM
	△		□	

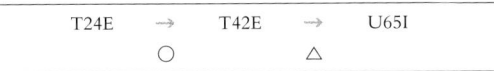

따라서 물음표에 들어갈 문자는 ‘8VNM’이므로 정답은 ⑤이다.

17 ④

T24E	→	T42E	→	U65I
	○		△	

따라서 물음표에 들어갈 문자는 ‘T24E’이므로 정답은 ④이다.

18 ②

UCB9	→	UDC9	→	9CUD
	☆		□	

따라서 물음표에 들어갈 문자는 ‘UCB9’이므로 정답은 ②이다.

19 ③ 각 행에서 1열의 도형과 그 도형을 좌우 대칭한 도형을 합친 것이 2열의 도형이고, 2열의 도형과 그 도형을 상하 대칭한 도형을 합친 것이 3열의 도형이다. 따라서 정답은 ③이다.

20 ② 각 열에서 외부 도형이 다음 행으로 이동 시 내부 도형은  의 방법으로 이동한다. 내부 도형은 오른쪽으로 이동 시 색 반전, 아래쪽으로 이동 시 시계 방향으로 180도 회전, 위쪽으로 이동 시 상하 반전, 왼쪽으로 이동 시 시계 방향으로 90도 회전하고, 9에서 1로 이동 시 그대로 이동한다. 따라서 정답은 ②이다.

21 ④ 외부 도형은  의 방법으로 이동하고, 내부 도형은  의 방법으로 이동한다. 내부 도형이 홀수에 해당하는 위치로 이동 시 시계 방향으로 180도 회전하고, 짝수에 해당하는 위치로 이동 시 색 반전한다. 따라서 정답은 ④이다.

22 ③ 먼저 탈모의 정의와 치료방법의 종류를 설명하는 (D)가 와야 한다. (A)에서 먼저 비수술적 방법인 약물요법에 대해 설명하고 있으므로 (D) 뒤에는 (A)가 오는 것이 자연스럽다. (C)에서는 약물요법의 단점을 설명하면서, 약물의 효과가 미미할 경우에는 자가모발이식과 같은 수술적인 방법을 시도할 수 있다고 설명하고 있으므로, (A) 뒤에는 (C)가 와야 한다. 그리고 자가모발이식에 대해 설명하는 (B)가 (C) 뒤에 와야 한다. 따라서 (A)~(D)를 문맥에 맞게 순서대로 배열하면 '(D) - (A) - (C) - (B)'이므로 정답은 ③이다.

23 ④ 베타카로틴에 대해 설명하는 (B)가 가장 먼저 와야 한다. (B)의 후술에서 식물의 광합성 과정에서의 베타카로틴의 역할에 대해 설명하고 있고, (A)에서는 베타카로틴이 식물의 광합성뿐만 아니라 인체의 생리 활성화 측면에서도 매우 중요하다고 설명하고 있으므로, (B)의 뒤에는 (A)가 오는 것이 자연스럽다. 또한 (A)의 후술에서 체내에 일정량의 베타카로틴을 유지할 경우, 유해산소로 말미암은 암, 동맥경화증 등과 같은 성인병을 예방할 수 있다고 하였고, (D)에서는 이렇듯 베타카로틴은 그 자체로도 인체의 면역력을 강화시키지만, 체내에 비타민A가 부족할 경우, 비타민A로 전환되어 작용하기도 한다고 하였으므로 (A)의 뒤에는 (D)가 와야 한다. 마지막으로 알파카로틴이나 감마카로틴의 경우도 비타민A의 전구체로 작용하지만, 베타카로틴의 활성 능력이 더 강하다는 (C)가 와야 한다. 따라서 (A)~(D)를 문맥에 맞게 순서대로 배열하면 '(B) - (A) - (D) - (C)'이므로 정답은 ④이다.

24 ④ 제시문에서는 원격의료가 병원에 직접 방문하기 어려운 의료 소외 계층의 의료 접근성을 향상시킬 수 있는 가장 효과적인 방안이므로 본격적 도입이 고려되어야 한다고 주장한다. 이에 따라 제시문에 반박하기 위해서는 우리나라는 방문 진료가 활성화될 수 있는 좋은 조건이며, 방문 진료는 병원 방문이 필요 없는 것은 물론 원격의료에 필요한 별도의 장비도 요구하지 않으므로 의료 접근성을 대폭 향상시키는 방안이라고 주장하는 것이 적절하다. 따라서 정답은 ④이다.

25 ③ 제시된 글의 주장은 '반사회성이 없으면 인간의 능력은 계발될 수 없다'는 것이다. 여기에 대한 반박이 될 수 있는 것은 '반사회성이 없더라도 인간의 능력이 계발될 수 있다'가 된다. 따라서 ③ '사회성만으로도 재능이 계발될 수 있다.'가 가장 적절한 내용이 된다.

26 ④ 밀키트는 손질된 식자재와 그에 맞는 적절한 분량의 양념, 조리법 등이 하나의 세트로 구성된 제품으로, 조리되지 않은 식자재를 제공한다고 하였다. 따라서 밀키트는 제공된 식자재와 양념을 이용하여 조리법에 따라 직접 조리해야 하는 제품이므로 정답은 ④이다.

① 밀키트는 식자재 손질에 드는 시간이 줄어들고, 적절한 분량으로 음식 쓰레기가 적게 발생하여 특히 1인 가구와 맞벌이 가구로부터 호평을 받고 있다고 하였다. 그러나 이를 통해 밀키트 소비 가구 중 1인 가구가 차지하는 비중이 가장 큰지는 알 수 없다.

② 밀키트는 적절한 분량으로 음식 쓰레기가 적게 발생한다고 하였다. 또한 밀키트는 과잉 포장으로 지나치게 많은 플라스틱 쓰레기를 양산한다는 지적을 받고 있다고 하였다. 이를 통해 밀키트의 가장 큰 문제점은 대량의 음식 쓰레기가 아닌 과잉 포장으로 인한 플라스틱 쓰레기임을 추론할 수 있다.

③ 외식과 비교할 때 밀키트는 비교적 저렴하게 영양식을 접할 수 있어 인기가 매우 높다고 하였다. 이를 통해 밀키트는 저렴하면서도 영양가 높은 음식을 제공함을 추론할 수 있다.

⑤ 밀키트는 조리되지 않은 식자재를 제공한다는 점에서, 이미 조리된 상태로 데우기만 하면 되는 가정간편식과 구별된다고 하였다. 이를 통해 밀키트는 가정간편식의 한 종류가 아님을 추론할 수 있다.

27 ② 알고리즘을 구성하는 것은 컴퓨터 프로그램 제작 과정 중 계획 단계에 해당하며, 동일한 결과가 도출되더라도 알고리즘에 따라 시간이나 조작성 등에서 큰 차이가 발생할 수 있다고 하였다. 이를 통해 컴퓨터 프로그램 특성상 특정 결과를 도출하는 알고리즘이 여러 개일 수 있음을 추론할 수 있다. 따라서 정답은 ②이다.

① 컴퓨터 프로그램의 알고리즘은 0개 이상의 입력과 1개 이상의 출력이 있어야 하며 모든 명령어는 명백하고 실행 가능해야 한다고 하였다. 이를 통해 컴퓨터 프로그램의 알고리즘은 입력이 없을 수도 있음을 추론할 수 있다.

③ 알고리즘은 문제를 논리적으로 해결하기 위해 요구되는 일련의 순서화된 절차, 방법, 명령어 등의 모임으로, 넓게는 문제를 사람의 손으로 해결하는 것, 컴퓨터로 해결하는 것, 수학적으로 해결하는 것, 비수학적으로 해결하는 것 모두를 포함하는 개념이라고 하였다. 이를 통해 사람이 문제를 논리적으로 해결하는 절차들도 알고리즘에 해당함을 추론할 수 있다.

④ 컴퓨터 프로그램의 알고리즘은 0개 이상의 입력과 1개 이상의 출력이 있어야 하며 모든 명령어는 명백하고 실행 가능해야 한다고 하였다. 또한 알고리즘은 한정된 단계를 거친 후에는 반드시 종료되어야 한다고 하였다. 이를 통해 컴퓨터 프로그램의 알고리즘은 반드시 출력이 있어야 하며, 끝이 나야 함을 추론할 수 있다.

⑤ 컴퓨터 프로그램에 있어 알고리즘은 여러 단계의 명령어 집합들로 구성되며, 각 단계의 명령어 집합은 하나 또는 그 이상의 연산을 필요로 한다고 하였다. 이를 통해 컴퓨터 프로그램의 알고리즘이 총 3단계로 구성된다면, 수행 연산은 단계별로 최소 1개씩, 총 3개 이상임을 추론할 수 있다.

28 ⑤ 운동을 꾸준히 하지 않으면 미토콘드리아는 사라지거나 그 부피가 줄어든다고 하였다. 이를 통해 미토콘드리아는 소멸할 수 있음을 추론할 수 있다. 따라서 정답은 ⑤이다.

① 몸속에 음식물이 들어오면 미토콘드리아의 내막에 존재하는 단백질인 'ATP 합성 효소'가 에너지원인 ATP를 만든다고 하였다. 이를 통해 미토콘드리아가 많으면 미토콘드리아의 내막에 존재하는 ATP 합성 효소가 많아지고, 이에 따라 ATP의 생성도 활발해질 것임을 추론할 수 있다.

② 미토콘드리아가 많을수록 기초대사량이 높다고 하였다. 이를 통해 미토콘드리아의 수와 기초대사량은 비례함을 추론할 수 있다.

③ 몸속에 음식물이 들어오면 미토콘드리아의 내막에 존재하는 단백질인 'ATP 합성 효소'가 에너지원인 ATP를 만든다고 하였다. 이를 통해 인체가 음식물 등과 같은 영양소를 흡수하면 ATP가 생성된다는 것을 추론할 수 있다.

④ 미토콘드리아는 세포 안에서 부피를 가장 많이 차지하는 세포소기관이라고 하였다. 이를 통해 세포 내에서 미토콘드리아보다 부피의 비중이 큰, 즉 부피를 더 많이 차지하는 것은 없음을 추론할 수 있다.

29 ④ 양성종양은 종양 부위만 제거하면 일반적으로 큰 문제가 없고 재발이 적다고 하였다. 따라서 양성종양이 한 번 제거되면 재발하지 않는 것은 아니므로 정답은 ④이다.

① 악성종양은 종양 주위를 제거한 후에도 종양 주변부의 치료를 위한 방사선 치료가 필요하며 전이 및 재발을 막기 위한 약물 치료도 동반 된다고 하였다. 이를 통해 종양을 제거하는 수술을 받더라도 추가적인 치료가 필요할 수 있음을 추론할 수 있다.

② 근종, 선종, 지방종, 섬유종 등의 양성종양은 성장 속도가 느리며, '암'이라 불리는 악성종양은 주변 조직을 파고들며 빠르게 성장한다고 하였다. 이를 통해 암은 섬유종보다 상대적으로 성장 속도가 빠름을 추론할 수 있다.

③ 악성종양은 혈관, 림프관 등을 통해 신체의 다른 부위로 쉽게 확산되고 전이되며, 주변 조직을 파괴한다고 하였다. 그러나 이를 통해 악성 종양이 혈관과 림프관을 통해서만 전이되는지는 알 수 없다.

⑤ 양성종양은 일정한 크기 이상 자라지 않기 때문에 크기에 따른 압박 증상이나 미용상 문제가 없으면 평생 갖고 있어도 큰 문제가 되지 않는다고 하였다. 이를 통해 양성종양은 반드시 제거하지 않아도 됨을 추론할 수 있다.

30 ① 팬슈머는 '본인이 상품이나 브랜드를 키운' 경험을 통해 즐거움을 느끼며 애정을 가지고 적극적으로 상품을 소비하기는 하지만, 맹목적으로 지지하지만은 않으며, 정서적·재무적 투자에 비례하여 간섭하고, 브랜드에 전반적으로 관여한다고 하였다. 따라서 정답은 ①이다.

② 기업에 대한 투자가 재무적 관점에서 한정적으로 접근되었던 과거와는 달리, 크라우드 펀딩은 기업이 아닌 투자자가 관심을 갖는 아이템에 직접 투자한다고 하였으므로, 재정적 측면이 덜 중요한 투자 방식임을 추론할 수 있다.

③ 팬슈머는 정서적·재무적 투자에 비례하여 간섭하고, 브랜드에 전반적으로 관여한다고 하였으므로 상품이나 브랜드에 감정을 쏟는 것도 투자의 일종이라고 볼 수 있음을 추론할 수 있다.

④ 일방향 마케팅의 시대가 종료되면서 상품이나 브랜드의 출범에 소비자의 의견을 반영하는 것이 중요해졌다고 하였다. 이를 통해 과거에는, 즉 일방향 마케팅의 시대에는 출시된 많은 상품과 브랜드에 소비자 의견이 고려되지 않았음을 추론할 수 있다.

⑤ 팬슈머는 크라우드 펀딩으로 세상에 없던 상품을 만드는 데 일조한다는 자부심을 가지며, 투자 수익과 보상까지 기대할 수 있다고 하였으므로 투자자는 크라우드 펀딩을 통해 수익을 창출할 수 있음을 추론할 수 있다.

직무상식

01	③	06	②	11	②	16	②	21	③	26	②
02	⑤	07	②	12	③	17	②	22	⑤	27	⑤
03	③	08	②	13	②	18	③	23	②	28	①
04	④	09	②	14	②	19	④	24	①	29	②
05	④	10	⑤	15	②	20	③	25	③	30	④

01 ③

심장정지 환자에게 약물을 투여할 때는 정맥주사를 우선 시도해야 하며 정맥주사가 불가능하거나 실패한 경우 골내(Intraosseous, IO)주사를 시행한다.

① Subcutaneous: 피하
② Intramuscular: 근육내
④ Intratracheal: 기관내
⑤ Intradermal: 피내

02 ⑤

갑상샘 기능저하증은 갑상샘 호르몬이 결핍되어 발생하는 질환을 의미하며 신체 대사율이 감소하여 여러 증상이 나타난다.

㉠ 조직의 대사가 감소하면 그에 따른 보상기전으로 갑상샘종이 발생하고 이로 인해 연하곤란이 발생할 수 있다.
㉡ 갑상샘 호르몬의 감소로 지방대사가 변화하여 체중이 증가한다.
㉢ T3, T4 감소를 보상하기 위해 혈청 TSH가 증가한다.
㉣ 신진대사가 느려져 맥박 및 혈압이 낮아질 뿐만 아니라 신장 혈류도 감소하여 수분 배설이 감소하게 된다.

03 ③

㉣ 삼각근은 상박의 외측에 위치하며 근육량이 적은 부위다. 성인에게만 근육주사하는 부위로 B형간염 예방접종 등에 흔히 사용한다. 최대 주입용량은 1mL이다.

참고
삼각근 근육주사 부위

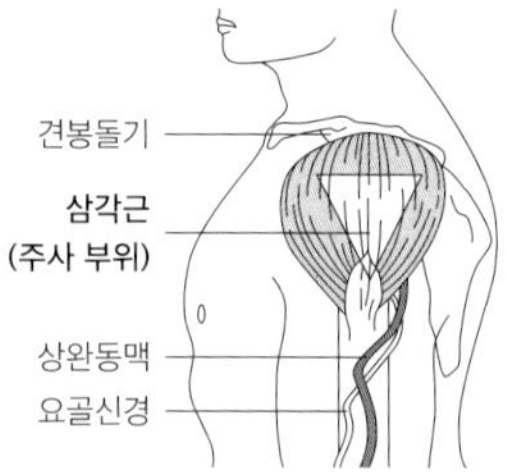

04 ④

내호흡은 혈액과 조직의 세포 간에 이루어지는 가스교환을 말하며 외호흡은 폐 모세혈관과 폐포 간에 이루어지는 가스교환을 말한다.

05 ④

packed-Red blood cell은 혈액제제 종류 중 농축적혈구를 의미한다. 농축적혈구란 다량의 적혈구가 포함된 혈액제제를 말하는 것으로 Hb의 수치를 높이기 위해 수혈한다.

① Whole blood: 전혈(혈구와 혈장이 모두 포함된 혈액제제)
② Platelet concentrate: 농축혈소판(다량의 혈소판이 포함된 혈액제제)
③ Fresh frozen plasma: 신선동결혈장제제(전혈에서 농축혈소판을 제거하고 신선혈장을 냉동시킨 혈액제제)
⑤ Cryoprecipitate: 동결침전제제(신선동결혈장을 침전하여 다시 냉동시킨 혈액제제)

06 ②

TNM 분류법 중 T는 원발종양, N은 림프절 전이, M은 원격 전이를 의미한다. T2는 3cm 이상의 직경을 가지고 있거나 흉막을 침범한 상태를 의미한다. N1은 직접 또는 관련 기관지 주변의 림프절 또는 폐 문부의 림프절 전이를 의미한다. M0은 원위부 전이가 없음을 의미한다.

① 종격동 침범은 T3 종양을 의미한다.

⑤ 육안으로 확인할 수 없으며 악성 세포만 발견되는 것은 Tx를 의미한다.

07 ②

재생불량성빈혈이란 다양한 원인으로 범혈구 감소증이 발생하는 질환을 의미한다. 적혈구, 백혈구, 혈소판 모두 감소된다. 다만, 적혈구의 모양과 혈색소 함량은 정상이다.

08 ②

다음의 심전도는 심실세동(Ventricular fibrillation)을 의미한다. 심전도 상 파형을 구분하기 어렵고 불규칙한 리듬과 모호한 파형이 반복된다. 심실세동이란, 심실이 비효과적으로 떨리는 상태로 제대로 수축하지 못해 심박출량이 저하되며 이로 인해 혈압과 맥박을 측정하기 어렵다. 즉시 중재하지 않으면 사망이 초래될 수 있으므로 심실세동이 나타난 즉시 제세동을 시행해야 하며 바로 제세동을 시행할 수 없는 경우라면 심폐소생술을 시행한다.

09 ②

N95 마스크는 공기 중 떠다니는 미세 입자의 95% 이상을 걸러주는 기능을 갖고 있다. 결핵과 같이 공기전파 질환의 환자를 간호할 때는 N95 마스크를 착용해야 한다. 격리실 내부 공기가 격리실 밖으로 나가지 않도록 음압 격리실을 적용한다.

㉡ 결핵은 공기를 통해 전파되는 질환으로 공기전파 지침을 준수한다.

㉣ 음압 상태가 유지될 수 있도록 격리실 문은 항상 닫아두어야 한다.

10 ⑤

혈소판(Platelet)의 정상범위는 150,000~400,000/㎕이므로 정상보다 낮은 상태임을 알 수 있다. 혈소판 수치 저하는 출혈 위험성의 증가를 의미하므로 출혈 증상을 주의 깊게 사정해야 하며 변비 예방을 위한 중재를 수행한다. 가능한 침습적인 처치(근육주사, 피하주사 등)는 제한하며 전기면도기와 부드러운 칫솔을 사용하도록 교육해야 한다.

11 ②

흉관배액관 제거 시 기흉을 예방하기 위해 빠르게 제거하며, 제거 후 무균술을 준수하여 바셀린 거즈로 폐쇄 드레싱을 시행한다.

㉠ 제거 전 흉부 X선 촬영을 시행하여 폐의 팽창 여부를 확인한다.

㉢ 숨을 참은 상태에서 재빨리 제거한다.

12 ③

호흡곤란은 환자의 생명과 직결되는 문제로 즉각적인 중재가 필요하다. 호흡하기 용이한 체위(반좌위, 좌위)를 취하도록 돕는다.

13 ②

수혈 중 가슴 답답함을 호소하는 것으로 보아 수혈 부작용이 나타났음을 알 수 있다. 수혈 부작용은 환자의 생명에 직접적인 영향을 미치므로 즉각적인 중재가 이루어져야 한다.

그 다음, 수액 주입 부분을 사정하고 적절한 중재를 수행한다. 수액 주입 부분이 붓는다는 것은 실제적인 문제가 있음을 의미하기 때문이다. 이후 환자가 실제적으로 불편감을 느끼거나 영향을 미치는 부분들에 대한 중재를 수행한다.

14 ②

가슴압박 시 2분마다 심전도를 확인하도록 하며 이때 두 명 이상의 구조자가 있을 경우 교대할 수 있다. (가슴압박과 인공호흡은 30:2의 비율로 5주기 시행한 후 심전도를 확인한다.)

① 가슴압박 깊이는 약 5cm로 6cm를 넘지 않는다.
③ 가슴압박은 분당 100~120회 정도로 시행한다.
④ 단단한 표면에서 가슴압박을 수행하는 것이 좋으나 침대에 있는 환자를 바닥으로 옮기지는 않는다. (2020 한국심폐소생술 가이드라인 변경사항)
⑤ 가슴압박 대 인공호흡은 30:2의 비율을 유지한다.

15 ②

멸균 용액은 용기 입구의 오염물을 제거하기 위하여 소량 따라 버린 후 사용한다.

① 이동섭자의 끝은 항상 아래를 향하도록 한다.
③ 멸균 물품의 뚜껑을 들 때에는 안쪽 면이 아래를 향하도록 한다.
④ 외과적 손씻기를 한 경우, 손끝은 팔꿈치보다 높게 위치해야 한다.
⑤ 멸균 물품의 포장이 젖었다면, 오염된 것으로 간주한다.

16 ②

총담관 폐색으로 인해 담즙이 정체되는 경우 회백색의 대변, 진한 소변, 황달 등의 증상이 나타난다. 반면에 총담관의 개방성이 유지되는 경우 T-tube를 제거하게 되는데 이때는 담즙이 원활하게 배출되어 대변이 갈색이 된다.

17 ②

만성 신부전이란 점진적이고 비가역적인 신장 기능의 상실을 의미한다. 그로 인해 빈혈, 핍뇨, 단백뇨, 전신부종, 소양감, 전해질 불균형 등 다양한 증상이 나타난다. 만성 신부전 시 신장 기능 저하로 인해 노폐물이 배설되지 못해 요독증이 나타나게 되며 이로 인해 혈소판 응집이 방해되어 출혈 위험성이 높아진다.

① 적혈구 생성인자는 주로 신장에서 생성되는 호르몬으로 만성 신부전 시 적혈구생성인자의 분비가 감소되어 빈혈이 발생하게 된다.
③ 신장에서 중탄산염의 재흡수가 감소하고 수소이온을 배설하지 못해 대사성산증이 나타나게 된다. 그로 인한 보상작용으로 호흡수가 증가하게 된다.
④ 사구체여과율이 감소되어 고칼륨혈증, 고나트륨혈증, 고인산염혈증 등과 같은 전해질 불균형이 발생하게 된다.
⑤ 신성골이영양증이란 만성 신부전 시 나타나는 모든 골 이상을 의미한다. 사구체여과율 감소로 인의 배설이 감소하고 칼슘의 배설이 증가한다. 그로 인해 부갑상샘호르몬의 분비를 증가시켜 뼈로부터 칼슘이 혈중으로 유리된다. 또한 신장에서 비타민 D3의 생성 저하로 인해 장에서 칼슘 흡수가 감소하고 인의 정체가 촉진된다. 신성골이영양증으로 골절, 골 기형, 관절통 등이 발생하게 된다.

18 ③

태반 분만 직후 자궁 수축을 돕기 위해 ergonovine을 투여한다. 다만, 말초혈관을 수축하여 혈압을 상승시키므로 고혈압의 문제를 지닌 산부에게는 투여하지 않는다.

참고
고혈압 산부의 경우 ergonovine 대신 oxytocin을 투여한다.

19 ④

맥박 90회/분(1점), 규칙적인 호흡양상(2점), 몸통: 분홍색 / 사지: 창백(1점), 큰 소리로 울음(2점), 활발히 움직임(2점)

개념 APGAR 점수

구분	점수		
	0	1	2
피부색 (Appearance)	전신: 청색증, 창백	몸통: 분홍, 사지: 창백	전신: 분홍
심박동(Pulse)	없음	<100	≥100
반사능력 (Grimace)	없음	얼굴을 찌푸림	재채기, 기침, 울음
근육긴장 (Activity)	기운이 없고 늘어짐	사지 신전할 때 약간 저항	활발히 움직임
호흡능력 (Respiration)	없음	느리고 불규칙함, 얕은 호흡	규칙적임, 잘 움
결과평가	0~3점: 심각한 곤란 4~6점: 중등도 곤란 7~10점: 정상		

20 ③

자궁근종은 무증상인 경우가 많으나 근종이 방광을 압박하는 경우 빈뇨, 배뇨곤란이 발생할 수 있고, 직장을 압박하는 경우 변비, 배변통 등이 발생할 수 있다.

㉠ 무증상인 경우가 많으나 자궁근종의 위치나 크기에 따라 임상증상이 다르게 나타날 수 있다. 흔하게 월경과다, 월경통, 압박에 의한 증상 등이 나타난다.

㉢ 자궁근종은 에스트로겐과 프로게스테론의 영향을 받기 때문에 폐경 이후에는 크기가 감소하거나 자연적으로 소실될 수 있다.

㉣ 크기가 작은 무증상의 자궁근종인 경우 주기적으로 추적 관찰을 시행한다. 자궁근종의 악성 변형은 매우 드물지만 자궁의 크기가 크거나, 호르몬 요법에 반응하지 않는 비정상적 자궁출혈 등이 나타난 경우, 폐경 후 크기가 증가하는 경우 등에서 수술요법을 고려할 수 있다.

21 ③

100unit : 1cc = 30unit : $x$cc

$\therefore x = 0.3$cc

22 ⑤

30mg : 2cc = 45mg : $x$cc

$\therefore x = 3$cc

23 ②

$$\frac{\text{용질의 양}}{\text{용액의 양}} \times 100 = \text{농도}$$

$$\frac{3 \times 2}{960 + 40} \times 100 = 0.6$$

24 ①

$$\frac{\text{주입량(ml)}}{\text{주입시간}} = \text{시간당 주입량(ml/hr)}$$

$$\frac{1000\text{ml}}{12\text{hr}} = \text{약 } 83.3\text{(cc/hr)}$$

25 ③

1) $\frac{\text{주입량(ml)}}{\text{주입시간}} = \text{시간당주입량(ml/hr)}$

$$\frac{1000\text{(ml)}}{10\text{(hr)}} = 100\text{(ml/hr)}$$

2) 7am~3am(8시간) 수액 주입량

100ml × 8시간 = 800ml

남은 수액량: 1000ml - 800 = 200ml

26 ②

$$\frac{\text{주입량(ml)} \times 20\text{gtt/ml}}{\text{주입시간} \times 60\text{min}} = \text{분당 방울수(gtt/min)}$$

$$\frac{100\text{(ml)} \times 20\text{gtt/ml}}{4\text{(hr)} \times 60\text{min}} = \text{약 } 8.3\text{(gtt/min)}$$

27 ⑤

$$\frac{\text{주입량(ml)} \times 20\text{gtt/ml}}{\text{주입시간} \times 60\text{min}} = \text{분당 방울수(gtt/min)}$$

$$\frac{x\text{(ml)} \times 20\text{gtt/ml}}{24\text{(hr)} \times 60\text{min}} = 20\text{(gtt/min)}$$

$\therefore x = 1440$ml

28 ①

$$\frac{\text{주입시간} \times 60\text{min} \times 60\text{sec}}{\text{주입량(ml)} \times 20\text{gtt/ml}}$$

= 한 방울 점적에 걸리는 시간(sec/gtt)

$$\frac{24\text{hr} \times 60\text{min} \times 60\text{sec}}{1500\text{ml} \times 20\text{gtt/ml}} = 2.88\text{(sec/gtt)}$$

29 ②

$$\frac{\text{주입시간} \times 60\text{min} \times 60\text{sec}}{\text{주입량(ml)} \times 20\text{gtt/ml}}$$

= 1방울 점적에 걸리는 시간(sec/gtt)

$$\frac{24\text{hr} \times 60\text{min} \times 60\text{sec}}{1000\text{ml} \times 20\text{gtt/ml}} = 4.32(\text{sec/gtt})$$

30 ④

1) 250mg : 250cc = $x$mg : 1cc

∴ 1cc당 1mg의 Aminophylline이 녹아있는 것

2) 1시간 동안 0.5mg × 80kg = 40mg의 Aminophylline이 투여된다.

1cc : 1mg = $x$cc : 40mg

∴ x = 40(cc/hr)

부록

실전 모의고사 SELF-CHECK

실전 모의고사 OMR 카드

실전 모의고사 1회 SELF-CHECK

STEP 1 | 틀린 문제 확인

수리논리					추리					직무상식				
번호	세부 유형	O	X	△	번호	세부 유형	O	X	△	번호	세부 유형	O	X	△
1	방정식				1	삼단논법				1	기본간호학			
2	확률				2	삼단논법				2	기본간호학			
3	표				3	삼단논법				3	기본간호학			
4	표				4	진실과 거짓				4	기본간호학			
5	그래프				5	논리게임				5	성인간호학			
6	표				6	논리게임				6	성인간호학			
7	표				7	논리게임				7	성인간호학			
8	표				8	진실과 거짓				8	성인간호학			
9	표				9	논리게임				9	성인간호학			
10	그래프				10	진실과 거짓				10	성인간호학			
11	표				11	논리게임				11	성인간호학			
12	표				12	논리게임				12	성인간호학			
13	표				13	논리게임				13	성인간호학			
14	표				14	논리게임				14	성인간호학			
15	자료응용/변형				15	문자추리				15	성인간호학			
16	표				16	문자추리				16	성인간호학			
17	표				17	문자추리				17	성인간호학			
18	표				18	문자추리				18	기타간호학			
19	자료응용/변형				19	도형추리				19	기타간호학			
20	자료응용/변형				20	도형추리				20	기타간호학			
					21	도형추리				21	약물계산			
					22	문단배열				22	약물계산			
					23	문단배열				23	약물계산			
					24	반박/거짓찾기				24	약물계산			
					25	반박/거짓찾기				25	약물계산			
					26	반박/거짓찾기				26	약물계산			
					27	반박/거짓찾기				27	약물계산			
					28	반박/거짓찾기				28	약물계산			
					29	반박/거짓찾기				29	약물계산			
					30	반박/거짓찾기				30	약물계산			

STEP 2 | 부족한 과목 확인

수리논리		
세부유형		맞은 개수 / 문제 수
응용수리	방정식	/ 1
	확률	/ 1
자료해석	표	/ 13
	그래프	/ 2
	자료응용/변형	/ 3

추리		
세부유형		맞은 개수 / 문제 수
문자 · 도형추리	문자추리	/ 4
	도형추리	/ 3
언어추리	삼단논법	/ 3
	진실과 거짓	/ 3
	논리게임	/ 8
추론	문단배열	/ 2
	반박/거짓찾기	/ 7

직무상식		
세부유형		맞은 개수 / 문제 수
전공이론	기본간호학	/ 4
	성인간호학	/ 13
	기타간호학	/ 3
약물계산	-	/ 10

실전 모의고사 SELF-CHECK 활용법

1. 실전 모의고사를 모두 풀어본 뒤 채점한다.
2. STEP 1에서는 맞은 문제(O), 틀린 문제(X), 찍거나 실수한 문제(△)를 칸에 맞춰 표시한다.
3. STEP 2에서는 STEP 1에서 확인한 문제를 바탕으로 유형별 맞은 개수를 작성한다.
4. 정답률이 70% 이하인 과목은 추가 학습을 한다.

실전 모의고사 2회 SELF-CHECK

STEP 1 | 틀린 문제 확인

수리논리					추리					직무상식				
번호	세부 유형	○	×	△	번호	세부 유형	○	×	△	번호	세부 유형	○	×	△
1	방정식				1	삼단논법				1	기본간호학			
2	확률				2	삼단논법				2	기본간호학			
3	표				3	삼단논법				3	기본간호학			
4	표				4	진실과 거짓				4	성인간호학			
5	표				5	논리게임				5	성인간호학			
6	그래프				6	논리게임				6	성인간호학			
7	표				7	논리게임				7	성인간호학			
8	그래프				8	논리게임				8	성인간호학			
9	그래프				9	논리게임				9	성인간호학			
10	표				10	논리게임				10	성인간호학			
11	표				11	논리게임				11	성인간호학			
12	표				12	논리게임				12	성인간호학			
13	표				13	논리게임				13	성인간호학			
14	표				14	논리게임				14	성인간호학			
15	표				15	문자추리				15	성인간호학			
16	그래프				16	문자추리				16	성인간호학			
17	그래프				17	문자추리				17	성인간호학			
18	자료응용/변형				18	문자추리				18	기타간호학			
19	자료응용/변형				19	도형추리				19	기타간호학			
20	자료응용/변형				20	도형추리				20	기타간호학			
					21	도형추리				21	약물계산			
					22	문단배열				22	약물계산			
					23	문단배열				23	약물계산			
					24	반박/거짓찾기				24	약물계산			
					25	반박/거짓찾기				25	약물계산			
					26	반박/거짓찾기				26	약물계산			
					27	반박/거짓찾기				27	약물계산			
					28	반박/거짓찾기				28	약물계산			
					29	반박/거짓찾기				29	약물계산			
					30	반박/거짓찾기				30	약물계산			

STEP 2 | 부족한 과목 확인

수리논리		
세부유형		맞은 개수 / 문제 수
응용수리	방정식	/ 1
	확률	/ 1
자료해석	표	/ 10
	그래프	/ 5
	자료응용/변형	/ 3

추리		
세부유형		맞은 개수 / 문제 수
문자 · 도형추리	문자추리	/ 4
	도형추리	/ 3
언어추리	삼단논법	/ 3
	진실과 거짓	/ 1
	논리게임	/ 10
추론	문단배열	/ 2
	반박/거짓찾기	/ 7

직무상식		
세부유형		맞은 개수 / 문제 수
전공이론	기본간호학	/ 3
	성인간호학	/ 14
	기타간호학	/ 3
약물계산	-	/ 10

실전 모의고사 SELF-CHECK 활용법

1. 실전 모의고사를 모두 풀어본 뒤 채점한다.
2. STEP 1에서는 맞은 문제(○), 틀린 문제(✕), 찍거나 실수한 문제(△)를 칸에 맞춰 표시한다.
3. STEP 2에서는 STEP 1에서 확인한 문제를 바탕으로 유형별 맞은 개수를 작성한다.
4. 정답률이 70% 이하인 과목은 추가 학습을 한다.

실전 모의고사 3회 SELF-CHECK

STEP 1 | 틀린 문제 확인

수리논리					추리					직무상식				
번호	세부 유형	O	X	△	번호	세부 유형	O	X	△	번호	세부 유형	O	X	△
1	방정식				1	삼단논법				1	성인간호학			
2	확률				2	삼단논법				2	성인간호학			
3	그래프				3	삼단논법				3	기본간호학			
4	표				4	논리게임				4	기본간호학			
5	표				5	논리게임				5	성인간호학			
6	표				6	진실과 거짓				6	성인간호학			
7	표				7	논리게임				7	성인간호학			
8	표				8	논리게임				8	성인간호학			
9	표				9	논리게임				9	성인간호학			
10	그래프				10	논리게임				10	성인간호학			
11	그래프				11	논리게임				11	성인간호학			
12	그래프				12	논리게임				12	기본간호학			
13	표				13	논리게임				13	기본간호학			
14	표				14	논리게임				14	성인간호학			
15	자료응용/변형				15	문자추리				15	기본간호학			
16	표				16	문자추리				16	성인간호학			
17	자료응용/변형				17	문자추리				17	성인간호학			
18	표				18	문자추리				18	기타간호학			
19	자료응용/변형				19	도형추리				19	기타간호학			
20	자료응용/변형				20	도형추리				20	기타간호학			
					21	도형추리				21	약물계산			
					22	문단배열				22	약물계산			
					23	문단배열				23	약물계산			
					24	반박/거짓찾기				24	약물계산			
					25	반박/거짓찾기				25	약물계산			
					26	반박/거짓찾기				26	약물계산			
					27	반박/거짓찾기				27	약물계산			
					28	반박/거짓찾기				28	약물계산			
					29	반박/거짓찾기				29	약물계산			
					30	반박/거짓찾기				30	약물계산			

STEP 2 | 부족한 과목 확인

수리논리		
세부유형		맞은 개수 / 문제 수
응용수리	방정식	/ 1
	확률	/ 1
자료해석	표	/ 10
	그래프	/ 4
	자료응용/변형	/ 4

추리		
세부유형		맞은 개수 / 문제 수
문자 · 도형추리	문자추리	/ 4
	도형추리	/ 3
언어추리	삼단논법	/ 3
	진실과 거짓	/ 1
	논리게임	/ 10
추론	문단배열	/ 2
	반박/거짓찾기	/ 7

직무상식		
세부유형		맞은 개수 / 문제 수
전공이론	기본간호학	/ 5
	성인간호학	/ 12
	기타간호학	/ 3
약물계산	-	/ 10

실전 모의고사 SELF-CHECK 활용법

1. 실전 모의고사를 모두 풀어본 뒤 채점한다.
2. STEP 1에서는 맞은 문제(○), 틀린 문제(×), 찍거나 실수한 문제(△)를 칸에 맞춰 표시한다.
3. STEP 2에서는 STEP 1에서 확인한 문제를 바탕으로 유형별 맞은 개수를 작성한다.
4. 정답률이 70% 이하인 과목은 추가 학습을 한다.

삼성병원 GSAT 답안지

모의고사 1회

※ 본 답안지는 절취선을 분리하여 사용하실 수 있습니다.

성명	

수험번호								
				-				
⓪	⓪	⓪	⓪		⓪	⓪	⓪	⓪
①	①	①	①		①	①	①	①
②	②	②	②		②	②	②	②
③	③	③	③		③	③	③	③
④	④	④	④		④	④	④	④
⑤	⑤	⑤	⑤	-	⑤	⑤	⑤	⑤
⑥	⑥	⑥	⑥		⑥	⑥	⑥	⑥
⑦	⑦	⑦	⑦		⑦	⑦	⑦	⑦
⑧	⑧	⑧	⑧		⑧	⑧	⑧	⑧
⑨	⑨	⑨	⑨		⑨	⑨	⑨	⑨

주의사항

[바른 표기] ●

[틀린 표기] ⓥ ⓧ ⦿ ◑

수리논리		추리		직무상식	
1	① ② ③ ④ ⑤	1	① ② ③ ④ ⑤	1	① ② ③ ④ ⑤
2	① ② ③ ④ ⑤	2	① ② ③ ④ ⑤	2	① ② ③ ④ ⑤
3	① ② ③ ④ ⑤	3	① ② ③ ④ ⑤	3	① ② ③ ④ ⑤
4	① ② ③ ④ ⑤	4	① ② ③ ④ ⑤	4	① ② ③ ④ ⑤
5	① ② ③ ④ ⑤	5	① ② ③ ④ ⑤	5	① ② ③ ④ ⑤
6	① ② ③ ④ ⑤	6	① ② ③ ④ ⑤	6	① ② ③ ④ ⑤
7	① ② ③ ④ ⑤	7	① ② ③ ④ ⑤	7	① ② ③ ④ ⑤
8	① ② ③ ④ ⑤	8	① ② ③ ④ ⑤	8	① ② ③ ④ ⑤
9	① ② ③ ④ ⑤	9	① ② ③ ④ ⑤	9	① ② ③ ④ ⑤
10	① ② ③ ④ ⑤	10	① ② ③ ④ ⑤	10	① ② ③ ④ ⑤
11	① ② ③ ④ ⑤	11	① ② ③ ④ ⑤	11	① ② ③ ④ ⑤
12	① ② ③ ④ ⑤	12	① ② ③ ④ ⑤	12	① ② ③ ④ ⑤
13	① ② ③ ④ ⑤	13	① ② ③ ④ ⑤	13	① ② ③ ④ ⑤
14	① ② ③ ④ ⑤	14	① ② ③ ④ ⑤	14	① ② ③ ④ ⑤
15	① ② ③ ④ ⑤	15	① ② ③ ④ ⑤	15	① ② ③ ④ ⑤
16	① ② ③ ④ ⑤	16	① ② ③ ④ ⑤	16	① ② ③ ④ ⑤
17	① ② ③ ④ ⑤	17	① ② ③ ④ ⑤	17	① ② ③ ④ ⑤
18	① ② ③ ④ ⑤	18	① ② ③ ④ ⑤	18	① ② ③ ④ ⑤
19	① ② ③ ④ ⑤	19	① ② ③ ④ ⑤	19	① ② ③ ④ ⑤
20	① ② ③ ④ ⑤	20	① ② ③ ④ ⑤	20	① ② ③ ④ ⑤
		21	① ② ③ ④ ⑤	21	① ② ③ ④ ⑤
		22	① ② ③ ④ ⑤	22	① ② ③ ④ ⑤
		23	① ② ③ ④ ⑤	23	① ② ③ ④ ⑤
		24	① ② ③ ④ ⑤	24	① ② ③ ④ ⑤
		25	① ② ③ ④ ⑤	25	① ② ③ ④ ⑤
		26	① ② ③ ④ ⑤	26	① ② ③ ④ ⑤
		27	① ② ③ ④ ⑤	27	① ② ③ ④ ⑤
		28	① ② ③ ④ ⑤	28	① ② ③ ④ ⑤
		29	① ② ③ ④ ⑤	29	① ② ③ ④ ⑤
		30	① ② ③ ④ ⑤	30	① ② ③ ④ ⑤

삼성병원 GSAT 답안지

모의고사 2회

※ 본 답안지는 절취선을 분리하여 사용하실 수 있습니다.

성명	

수험번호								
				-				
⓪	⓪	⓪	⓪		⓪	⓪	⓪	⓪
①	①	①	①		①	①	①	①
②	②	②	②		②	②	②	②
③	③	③	③		③	③	③	③
④	④	④	④		④	④	④	④
⑤	⑤	⑤	⑤	-	⑤	⑤	⑤	⑤
⑥	⑥	⑥	⑥		⑥	⑥	⑥	⑥
⑦	⑦	⑦	⑦		⑦	⑦	⑦	⑦
⑧	⑧	⑧	⑧		⑧	⑧	⑧	⑧
⑨	⑨	⑨	⑨		⑨	⑨	⑨	⑨

주의사항

[바른 표기] ●

[틀린 표기] ⓥ ⊗ ⦿ ◑

수리논리		추리		직무상식	
1	① ② ③ ④ ⑤	1	① ② ③ ④ ⑤	1	① ② ③ ④ ⑤
2	① ② ③ ④ ⑤	2	① ② ③ ④ ⑤	2	① ② ③ ④ ⑤
3	① ② ③ ④ ⑤	3	① ② ③ ④ ⑤	3	① ② ③ ④ ⑤
4	① ② ③ ④ ⑤	4	① ② ③ ④ ⑤	4	① ② ③ ④ ⑤
5	① ② ③ ④ ⑤	5	① ② ③ ④ ⑤	5	① ② ③ ④ ⑤
6	① ② ③ ④ ⑤	6	① ② ③ ④ ⑤	6	① ② ③ ④ ⑤
7	① ② ③ ④ ⑤	7	① ② ③ ④ ⑤	7	① ② ③ ④ ⑤
8	① ② ③ ④ ⑤	8	① ② ③ ④ ⑤	8	① ② ③ ④ ⑤
9	① ② ③ ④ ⑤	9	① ② ③ ④ ⑤	9	① ② ③ ④ ⑤
10	① ② ③ ④ ⑤	10	① ② ③ ④ ⑤	10	① ② ③ ④ ⑤
11	① ② ③ ④ ⑤	11	① ② ③ ④ ⑤	11	① ② ③ ④ ⑤
12	① ② ③ ④ ⑤	12	① ② ③ ④ ⑤	12	① ② ③ ④ ⑤
13	① ② ③ ④ ⑤	13	① ② ③ ④ ⑤	13	① ② ③ ④ ⑤
14	① ② ③ ④ ⑤	14	① ② ③ ④ ⑤	14	① ② ③ ④ ⑤
15	① ② ③ ④ ⑤	15	① ② ③ ④ ⑤	15	① ② ③ ④ ⑤
16	① ② ③ ④ ⑤	16	① ② ③ ④ ⑤	16	① ② ③ ④ ⑤
17	① ② ③ ④ ⑤	17	① ② ③ ④ ⑤	17	① ② ③ ④ ⑤
18	① ② ③ ④ ⑤	18	① ② ③ ④ ⑤	18	① ② ③ ④ ⑤
19	① ② ③ ④ ⑤	19	① ② ③ ④ ⑤	19	① ② ③ ④ ⑤
20	① ② ③ ④ ⑤	20	① ② ③ ④ ⑤	20	① ② ③ ④ ⑤
		21	① ② ③ ④ ⑤	21	① ② ③ ④ ⑤
		22	① ② ③ ④ ⑤	22	① ② ③ ④ ⑤
		23	① ② ③ ④ ⑤	23	① ② ③ ④ ⑤
		24	① ② ③ ④ ⑤	24	① ② ③ ④ ⑤
		25	① ② ③ ④ ⑤	25	① ② ③ ④ ⑤
		26	① ② ③ ④ ⑤	26	① ② ③ ④ ⑤
		27	① ② ③ ④ ⑤	27	① ② ③ ④ ⑤
		28	① ② ③ ④ ⑤	28	① ② ③ ④ ⑤
		29	① ② ③ ④ ⑤	29	① ② ③ ④ ⑤
		30	① ② ③ ④ ⑤	30	① ② ③ ④ ⑤

삼성병원 GSAT 답안지

모의고사 3회

※ 본 답안지는 절취선을 분리하여 사용하실 수 있습니다.

성명	

수험번호								
				-				
⓪	⓪	⓪	⓪		⓪	⓪	⓪	⓪
①	①	①	①		①	①	①	①
②	②	②	②		②	②	②	②
③	③	③	③		③	③	③	③
④	④	④	④		④	④	④	④
⑤	⑤	⑤	⑤	-	⑤	⑤	⑤	⑤
⑥	⑥	⑥	⑥		⑥	⑥	⑥	⑥
⑦	⑦	⑦	⑦		⑦	⑦	⑦	⑦
⑧	⑧	⑧	⑧		⑧	⑧	⑧	⑧
⑨	⑨	⑨	⑨		⑨	⑨	⑨	⑨

주의사항

[바른 표기] ●

[틀린 표기] ⓥ ⓧ ⊙ ◐

수리논리		추리		직무상식	
1	① ② ③ ④ ⑤	1	① ② ③ ④ ⑤	1	① ② ③ ④ ⑤
2	① ② ③ ④ ⑤	2	① ② ③ ④ ⑤	2	① ② ③ ④ ⑤
3	① ② ③ ④ ⑤	3	① ② ③ ④ ⑤	3	① ② ③ ④ ⑤
4	① ② ③ ④ ⑤	4	① ② ③ ④ ⑤	4	① ② ③ ④ ⑤
5	① ② ③ ④ ⑤	5	① ② ③ ④ ⑤	5	① ② ③ ④ ⑤
6	① ② ③ ④ ⑤	6	① ② ③ ④ ⑤	6	① ② ③ ④ ⑤
7	① ② ③ ④ ⑤	7	① ② ③ ④ ⑤	7	① ② ③ ④ ⑤
8	① ② ③ ④ ⑤	8	① ② ③ ④ ⑤	8	① ② ③ ④ ⑤
9	① ② ③ ④ ⑤	9	① ② ③ ④ ⑤	9	① ② ③ ④ ⑤
10	① ② ③ ④ ⑤	10	① ② ③ ④ ⑤	10	① ② ③ ④ ⑤
11	① ② ③ ④ ⑤	11	① ② ③ ④ ⑤	11	① ② ③ ④ ⑤
12	① ② ③ ④ ⑤	12	① ② ③ ④ ⑤	12	① ② ③ ④ ⑤
13	① ② ③ ④ ⑤	13	① ② ③ ④ ⑤	13	① ② ③ ④ ⑤
14	① ② ③ ④ ⑤	14	① ② ③ ④ ⑤	14	① ② ③ ④ ⑤
15	① ② ③ ④ ⑤	15	① ② ③ ④ ⑤	15	① ② ③ ④ ⑤
16	① ② ③ ④ ⑤	16	① ② ③ ④ ⑤	16	① ② ③ ④ ⑤
17	① ② ③ ④ ⑤	17	① ② ③ ④ ⑤	17	① ② ③ ④ ⑤
18	① ② ③ ④ ⑤	18	① ② ③ ④ ⑤	18	① ② ③ ④ ⑤
19	① ② ③ ④ ⑤	19	① ② ③ ④ ⑤	19	① ② ③ ④ ⑤
20	① ② ③ ④ ⑤	20	① ② ③ ④ ⑤	20	① ② ③ ④ ⑤
		21	① ② ③ ④ ⑤	21	① ② ③ ④ ⑤
		22	① ② ③ ④ ⑤	22	① ② ③ ④ ⑤
		23	① ② ③ ④ ⑤	23	① ② ③ ④ ⑤
		24	① ② ③ ④ ⑤	24	① ② ③ ④ ⑤
		25	① ② ③ ④ ⑤	25	① ② ③ ④ ⑤
		26	① ② ③ ④ ⑤	26	① ② ③ ④ ⑤
		27	① ② ③ ④ ⑤	27	① ② ③ ④ ⑤
		28	① ② ③ ④ ⑤	28	① ② ③ ④ ⑤
		29	① ② ③ ④ ⑤	29	① ② ③ ④ ⑤
		30	① ② ③ ④ ⑤	30	① ② ③ ④ ⑤

간호사
GSAT